現代中国
刑事裁判論 裁判をめぐる政治と法

坂口一成・著

北海道大学出版会

北海道大学は、学術的価値が高く、かつ、独創的な著作物の刊行を促進し、学術研究成果の社会への還元及び学術の国際交流の推進に資するため、ここに「北海道大学刊行助成」による著作物を刊行することとした。

二〇〇九年九月

はしがき

　中国法には，日本法（およびそのモデルである西洋近代法）で考えられている「常識」に反する，「信じられない」現象が多々ある。本書の主たる素材である「厳打」もその1つである。

　裁判官は独立していなければならない，そうでなければ公正な裁判ではない，と日本で法学を学んだ者は考えるであろう。

　ところが中国では，権力が「今日から『厳打』だ，『重く速く』犯罪者を処罰せよ」と号令を発すれば，直ちにそのとおりに，それまでよりも手続がスピーディーに進められ，また刑も重くなる。

　こうした「厳打」における「裁判」［審判］が，日本で考えられている「裁判」の対極に位置することはいうまでもない。それは日本では「信じられない」現象である（なお，Ⅰ部の「衝撃」からは霞んでしまうかもしれないが，本書のテーマはあくまでも（刑事）裁判である）。

　だが，その「信じられない」現象は，中国で現実に起きているし，また「支持」されている。

　なぜ両者はこれほどに異なるのか？

　日本法の解釈に役立たないようなところは構うな，それを研究して日本法の解釈・立法に何のメリットがあるのか，という考え方があることは想像にかたくない。

　しかし，かつての日本法のモデルは中国法であった。その影響は法だけにはとどまらず，政治・社会の各領域に広く，深く及んだ。その中国を対象として，この「なぜ」を問題として立て，彼我の違いをもたらすメカニズムを

解明することは，西洋近代法をモデルとしつつも，どうも「和風」テイストが残ってしまうとされる日本法の現在地を知るための必須作業である。しかも，そのテイストが本当に「和風」なのかも，西洋との対比のみでは分からないはずである（例えば裁判官の官僚化，罪刑法定主義の不徹底，調書裁判，人質司法などは中国でも問題とされている）。

　さらに大きなことを言えば，本書は日本の法学者が慣れ親しんだ「法」とは異質の「法」のあり方を探究する作業であり，それは，人類にとって「法」とは何なのか，という壮大なテーマにもつながり得る。

　こうした問題意識において，本書はこの「なぜ」に答えたい。

目　次

はしがき

凡　例

1. はじめに … 1
1.1　問題意識および課題 … 1
1.2　先行研究の検討 … 7
1.2.1　厳打に関する先行研究　8
1.2.2　「裁判の独立」に関する先行研究　14
1.3　本書の構成と視座 … 21
1.4　本書の意義 … 24
1.5　基本概念の整理 … 25
1.5.1　刑事司法の関係組織・者　25
1.5.2　刑事手続の概要　30
1.5.2.1　立案・捜査　30
1.5.2.2　起　訴　33
1.5.2.3　裁　判　34
1.5.2.4　死刑制度　37
1.5.3　解釈制度　38

I　裁判の実像――厳打を素材に … 41

2.　厳打前夜の治安状況と犯罪対策 … 47
　　――「重く速く」の登場
2.1　刑事司法システムの再建 … 47
2.2　全国都市治安会議(1979年) … 54
2.2.1　会議で示された方針　54
2.2.2　法整備　61
2.2.2.1　労働矯正制度の整備　61
2.2.2.2　死刑許可権の高裁への委譲　63
2.3　5大都市治安座談会(1981年) … 65
2.3.1　座談会で示された方針　65
2.3.2　法整備　69
2.3.2.1　両労の決定　70
2.3.2.2　死刑許可権の高裁への委譲　77
2.4　章　結 … 78

3. 83年厳打 ……………………………………………………………… 83
　3.1 決定と展開 ……………………………………………………… 83
　　3.1.1 決定プロセス　83
　　3.1.2 3つの「戦役」　96
　　　3.1.2.1 第1戦役　97
　　　3.1.2.2 第2戦役　98
　　　3.1.2.3 第3戦役　98
　　　3.1.2.4 「戦果」　99
　3.2 法 整 備 ………………………………………………………… 100
　　3.2.1 刑法の改正——法定刑の引上げを中心に　100
　　3.2.2 刑事訴訟法の改正　103
　　　3.2.2.1 手続期間の短縮　103
　　　3.2.2.2 死刑許可権の高裁への委譲の恒久的制度化　107
　　3.2.3 ま と め　108
　3.3 刑事司法の実際——裁判のあり方を中心に ……………… 109
　　3.3.1 指 揮 系 統　110
　　3.3.2 裁判前段階　112
　　　3.3.2.1 取締・検挙活動　112
　　　3.3.2.2 預審から起訴へ　114
　　　3.3.2.3 「速く」のための措置　115
　　3.3.3 裁判段階1——迅速化　122
　　　3.3.3.1 統計から見た「速く」　123
　　　3.3.3.2 「速く」のための措置　124
　　　3.3.3.3 事例から見た「速く」　133
　　3.3.4 裁判段階2——厳罰化　135
　　　3.3.4.1 統計から見た「重く」　135
　　　3.3.4.2 「重く」のための措置　145
　　　3.3.4.3 事例から見た「重く」　152
　　3.3.5 裁判後段階　158
　　　3.3.5.1 犯罪者の社会からの隔離　158
　　　3.3.5.2 申訴の制限　160
　　3.3.6 法 制 宣 伝　163
　3.4 学界の評価 ……………………………………………………… 171
　3.5 中 間 考 察——83年厳打における裁判とは何か ………… 173
4. その後の厳打の展開 ………………………………………………… 181
　4.1 厳打の日常化 …………………………………………………… 181
　4.2 96年 厳 打 ……………………………………………………… 187

        4.2.1　決定プロセス　189
        4.2.2　刑事司法の実際——裁判のあり方を中心に　192
          4.2.2.1　党の指揮　192
          4.2.2.2　大衆の動員　194
          4.2.2.3　裁判1——迅速化　194
          4.2.2.4　裁判2——厳罰化　197
          4.2.2.5　法制宣伝　200
        4.2.3　小　括　201
      4.3　01年厳打 ……………………………………………………… 202
        4.3.1　決定プロセス　203
        4.3.2　法整備——刑法294条1項をめぐる司法解釈と立法解釈　209
        4.3.3　刑事司法の実際——裁判のあり方を中心に　214
          4.3.3.1　党の指揮　214
          4.3.3.2　大衆の動員　215
          4.3.3.3　裁判1——迅速化　216
          4.3.3.4　裁判2——厳罰化　222
          4.3.3.5　法制宣伝　230
        4.3.4　小　括　233
      4.4　裁判の実像 …………………………………………………… 235

  II　なぜ裁判が権力の道具となるのか？ ……………………………… 243

  5.　裁判統制システム ………………………………………………… 245
    5.1　裁判官の人物像 ………………………………………………… 245
      5.1.1　裁判官になるための資格　246
      5.1.2　誰が裁判官になっているのか　249
      5.1.3　まとめ　260
    5.2　裁判統制制度 …………………………………………………… 260
      5.2.1　裁判所内部　261
        5.2.1.1　所長審査制　261
        5.2.1.2　裁判委討議制　270
      5.2.2　地方ブロック——党委審査制　275
      5.2.3　縦ライン——上級裁判所への指示伺い　282
      5.2.4　まとめ　286
    5.3　統制の潤滑油——裁判官の身分の不保障と責任 …………… 286
      5.3.1　裁判官の人事権者——党管幹部　287
      5.3.2　裁判官の序列化　296
      5.3.3　裁判官の責任　300

　　　　5.3.3.1　誤判責任制　300
　　　　5.3.3.2　所長引責辞任制——裁判所指導者の責任　305
　　5.3.4　ま　と　め　309
 5.4　政府と裁判所の関係 …………………………………………… 309
 5.5　システムの全体像 ……………………………………………… 320
6.　裁　判　観 ………………………………………………………… 329
 6.1　法の立場——任務規定の検討 ………………………………… 329
　　6.1.1　裁 判 所 法　330
　　6.1.2　刑　　　法　332
　　6.1.3　刑事訴訟法　334
　　6.1.4　ま　と　め　336
 6.2　権力の裁判観 …………………………………………………… 337
　　6.2.1　党中央の期待　337
　　6.2.2　最高裁の立場　341
　　6.2.3　ま　と　め　348
 6.3　厳打の賛否をめぐる論争概観——論争の前提となる裁判観 ………… 348
 6.4　裁判観の析出——日中比較を切り口に …………………………… 355
7.　裁判をめぐる政治と法 …………………………………………… 359
 7.1　総　　括 ………………………………………………………… 359
 7.2　党の支配の正統性から ………………………………………… 360
 7.3　法の本質から …………………………………………………… 371
 7.4　残された課題 …………………………………………………… 379

あ と が き
索　　引

凡　例

本　文
・本文中の(　)および引用文中の〔　〕は筆者による補足である。
・[　]およびルビは筆者による。[　]は中国語を示し，原則として初出時にのみ付した。
・傍点は特に注記のない限り筆者による。
書誌情報
・書誌情報における〔　〕内の人名は当該引用箇所の執筆者を示す。また「(CNKI)」は，当該論文を「中国学術情報データベース」(China National Knowledge Infrastructure)から入手したことを示す。
・法令・司法解釈・通達・共産党規則の出所は，特に所在が分かりにくいと思われる場合に限り示す(本書では各種公報・法令集・年鑑，国務院法制辦公室のWebサイト「中国政府法制信息網」(http://www.chinalaw.gov.cn/)等を参照した)。
・参照したWebページの最終アクセス日はいずれも2009年8月1日である。
その他
・裁判例の登場人物は英数字(被告人 X_1 など)で表記する。

【資料の略称】
　　下記の資料は省略して表記する。コロン以下に正式名称をおく。
『法律年鑑』：『中国法律年鑑』(1987〜1989年版まで法律出版社，1990年版以降は中国法律年鑑社。年1回発行)。(　)内に対象年度を記す。
『法院年鑑』：『人民法院年鑑』(人民法院出版社，1993〜1995年)。(　)内に対象年度を記す。
『〇〇以来』：中共中央文献研究室編『〇〇以来——重要文献選編』(三中全会および十二大から十六大まで。十五大まで人民出版社，十六大は中央文献出版社)。(　)内に上中下別を記す。
『党組織史資料』：中共中央組織部・中共中央党史研究室・中央档案館編『中国共産党組織史資料』(中共党史出版社，2000年)。末尾に巻および上下別を記す。
『法院公報全集(85-94)』：最高人民法院公報編輯部編『中華人民共和国最高人民法院公報全集(1985−1994)』(人民法院出版社，1995年)
『法院公報全集(95-99)』：最高人民法院公報編輯部編『中華人民共和国最高人民法院公報全集(1995−1999)』(人民法院出版社，2000年)
『公安大事要覧』：本書編写組『建国以来公安工作大事要覧(1949年10月至2000年)』(群衆出版社，2003年)
『司法統計資料』：最高人民法院研究室編『全国人民法院司法統計歴史資料匯編：1949〜

1998(刑事部分)』(人民法院出版社，2000 年)
『司法手冊』：最高人民法院研究室編『司法手冊』(人民法院出版社，1981 年以降)。(　)内に輯を記す。
『公安史稿』：《中国人民公安史稿》編写組『中国人民公安史稿』(警官教育出版社，1997 年)
『当代審判工作』：何蘭階・魯明健主編『当代中国的審判工作(上)』(当代中国出版社，1993 年)
『彭真 1』：『彭真文選(1941－1990 年)』(人民出版社，1991 年)
『彭真 2』：彭真『論新中国的政法工作』(中央文献出版社，1992 年)
『教材刑法学』：法学教材編輯部審定『高等学校法学教材刑法学』(法律出版社，1982 年)
『厳打的理論与実践』：孫中国・李健和主編『中国厳打的理論与実践』(中国人民公安大学出版社，1998 年)
『厳打中的法律与政策』：中国検察理論研究所・中国検察官協会編『「厳打」中的法律与政策適用——第三届全国検察理論研究年会論文集』(中国検察出版社，2002 年)
『刑法学文集(2001)』：高銘暄・馬克昌主編『刑法熱点疑難問題探討——中国法学会刑法学研究会 2001 年学術研討会論文選集(上冊)』(中国人民公安大学出版社，2002 年)
『刑法学文集(2003)』：趙秉志・張軍主編『中国刑法学年会文集(2003 年度)第 2 巻：刑法実務問題研究(下冊)』(中国人民公安大学出版社，2003 年)
『法治的界面』：陳興良主編『法治的界面』(法律出版社，2003 年)
『刑事政策検討』：陳興良主編『中国刑事政策検討——以"厳打"刑事政策為視角』(中国検察出版社，2004 年)
『政法委職能』：林中梁編『各級党委政法委的職能及宏観政法工作』(中国長安出版社，2004 年)
『現代中国法』：小口彦太・田中信行『現代中国法』(成文堂，2004 年)
『現代中国法入門』：木間正道・鈴木賢・高見澤磨・宇田川幸則『現代中国法入門(第 4 版)』(有斐閣，2006 年)
　注：地方誌は初出時の書誌情報を記載するが，それ以降は書名のみを記す。

【法令等の表記】
　法令・司法解釈・通達等の名称は邦訳して表記する。またそこに冠されている「中華人民共和国」は省略する。頻出法律は次頁の略称を用いる。
　また法令等の邦訳については，中国研究所編『中国基本法令集』(日本評論社，1988 年)，宮坂宏編訳『増補改訂現代中国法令集』(専修大学出版局，1997 年)のほか，平野龍一・浅井敦編『中国の刑法と刑事訴訟法』(東京大学出版会，1982 年)，小口彦太「中華人民共和国新・旧刑法典対照一覧(一)」早稲田法学 73 巻 1 号(1997 年)165〜211 頁，野村稔・張凌『注解・中華人民共和国新刑法』(早稲田大学比較法研究所，2002 年)，松尾浩也・田口守一・張凌訳「中華人民共和国刑事訴訟法全訳」ジュリスト 1109 号(1997 年)62〜83 頁を参照した。ただし，表記の統一のために修正を加えたものもある。

凡　例　xi

名　称	採択(改正)日・施行日	略　称
憲法	1954年9月20日採択・施行	54年憲法
	1975年1月17日改正・施行	75年憲法
	1978年3月5日改正・施行	78年憲法
	1982年12月4日改正・施行	(現行)憲法*
刑法	1979年7月1日採択，1980年1月1日施行	旧刑法
	1997年3月14日改正，1997年10月1日施行	(現行)刑法*
刑事訴訟法	1979年7月1日採択，1980年1月1日施行	旧刑訴法
	1996年3月17日改正，1997年1月1日施行	(現行)刑訴法
裁判官法	1995年2月28日採択，同年7月1日施行	旧裁判官法
	2001年6月30日改正，2002年1月1日施行	(現行)裁判官法
人民裁判所組織法	1954年9月21日採択，同月28日公布	54年裁判所法
	1979年7月1日採択，1980年1月1日施行	79年裁判所法
	1983年9月2日改正・施行	83年裁判所法
	1986年12月2日地方組織法改正により改正・施行	(86年)裁判所法
	2006年10月31日採択，2007年1月1日施行	現行裁判所法**
人民検察院組織法	1979年7月1日採択，1983年9月2日改正，1986年12月2日地方組織法改正により改正・施行	(現行)検察院法
法律解釈活動強化に関する決議	1981年6月10日採択・施行	解釈決議
地方各級人民代表大会および地方各級人民政府組織法	1979年7月1日採択，1982年12月10日・1986年12月2日・1995年2月28日・2004年10月27日改正・施行	地方組織法

注：＊　その後に部分改正がなされている。
　　＊＊　裁判所法は83年改正により9条が欠番となったが，2006年改正により条番号が詰められた。本書では現行裁判所法に拠ることはほとんどないため，86年法を単に「裁判所法」と呼ぶ。

1. はじめに

1.1 問題意識および課題

　中華人民共和国(以下,「中国」と略す)においては,プロレタリア文化大革命(以下,「文革」と略す)終了後の治安の混乱を正常化させる方策として,中国共産党(以下,「党」または「中共」と略す)の号令の下で,1983年に「厳打」と呼ばれる犯罪撲滅キャンペーンが展開された(以下,「83年厳打」と呼ぶ)。「厳打」とは,[厳属打撃刑事犯罪活動]([刑事犯罪活動への厳しい打撃」の意))の略称であり,具体的には「法により重く速く」[依法従重従快][1)] 犯罪者に厳しく打撃を加えることとされている。実際,厳打期間中には,警察[公安][2)] 等が大量の被疑者を一斉検挙し,通常よりも迅速に起訴し,裁判においてはそれ以前

---

1) [依法]の[法]は成文法を意味すると解される。また,以下に引用・参照する[法律]の中にも,成文法を意味すると解される場合がある。そこで本書の本文および訳文においては,成文法を念頭に置いて「法」を用いる。なお,[法律]は狭義で全国人民代表大会および同常務委員会(以下,それぞれ「全国人大」・「常委会」と略す)が制定する法形式を意味する(憲法62条3号,67条2・3号など参照。以下,そのまま「法律」と記す)。
2) [公安]の役割は日本の警察に相当し(なお,従来それが管轄していたスパイ・特務事件の捜査は,全国人大常委会「国家安全機関が警察機関の捜査,逮捕,[預審]および勾留執行の職権を行使することに関する決定」(1983年9月2日採択)により国家安全機関に移管された。なお,[預審]についてはⅠ参照),また「公安」という単語は誤解を招きやすいため,本書では「警察」と訳す。ただし,人民警察法(全国人大常委会1995年2月28日採択・施行。以下,「警察法」と略す)2条2項によると,「人民警察は[公安]機関,国家安全機関,監獄および労働矯正管理機関の人民警察ならびに人民裁判所および人民検察院の司法警察を含む」とされており,[公安]以外の国家機関にも「警察」人員が配置されている点に留意されたい。

と比べてより速く手続が進められ，またより重い刑罰が科される。そして，こうした手続の迅速化および厳罰化は，ともに法の枠内で行わなければならないとされるが，現行法では迅速化および厳罰化に事足りないと考えられたときには，立法が行われる。つまり，党の政策決定に基づき，三権分立でいうところの立法，行政および司法の各国家作用が厳打に邁進するのである。

翻って，日本においても特定の犯罪類型の発生が目立つようになれば，それに対してキャンペーンが行われている。例えば，交通事犯に対する定期的な交通取締キャンペーン，薬物事犯に対する麻薬取締月間などである。これらは警察が行うキャンペーンであり，行政領域の活動と位置づけることができよう。また，行政領域のキャンペーンとは別に，立法的な対応策が講じられることもある。悪質な交通事故の惹起者への刑罰を重くするために2001年に新設された危険運転致死傷罪(刑法208条の2)は，その最たる例である。

また，台湾においても1984年に無頼犯を対象とする[一清専案]と呼ばれるキャンペーンが展開されたのを皮切りに，その後も，「政府は無頼を消滅させるために，数年おきに無頼取締行動を採っている」[3]。この台湾のキャンペーンについて中国の論者は，「ここ数年，台湾地区も何度も『掃討』行動を行っている。これは我々の『厳打』と似ており，その『掃討』の主な対象もマフィアや重大刑事犯である。しかし，『掃討』に参加するのは『法務部』が指揮する捜査・公訴機関のみであり，裁判機関は『掃討』行動から独立している。『掃討』において，『法務部』は警察および憲兵を指揮して，マフィアや重大暴力犯を徹底的に捕まえ，極力逃がさないようにするが，これらの犯罪者についてどのような罪を認定し，刑を量定するかについて，裁判機関は通常の手続および実体法に基づいて行う」[4]と指摘する。

　　また，「人民裁判所」の原文は[人民法院]である。鈴木賢「人民法院の非裁判所的性格──市場経済化に揺れる法院の動向分析」比較法研究55号(1993年)174頁以下が指摘するように(また本書がこれから明らかにするように)，[人民法院]と日本の裁判所のイメージにはかなりのズレがあるが，中国ではこれを「裁判機関」([審判機関]。憲法123条)としているため，本書では[法院]を「裁判所」と訳す。
 3) 蔡墩銘『当今刑事司法新課題』(蔚理法律，1989年)79頁。

これら3者は外観的には似ているようである。しかし，中国の論者による指摘(上記傍点部)からも明らかなように，実は似て非なるものである。というのも，日本や台湾では，三権分立でいうところの行政および立法の領域内で犯罪対策が講じられるだけで，司法が——立法の影響を受けるとしても——これに積極的に加わることはないからである。

　このことは，日本および台湾が継受した西洋近代法の原理[5]の1つである司法権の独立，およびその核心たる裁判官(の職権行使)の独立の見地からすれば，当然のことといえよう。すなわち，日本では「刑事裁判の意義は，裁判所が行政権による刑罰権の行使を法の見地から控制することにある。この意味で，治安維持の責任は，検察官にある。裁判官は，治安維持の責任者ではなく，刑罰権行使に対する人権保障・適正手続の見地からの監督者である。〔改行〕このような役割を果たすためには，裁判所は，検察官からは距離を置き，被告人からも検察官からも等距離の，中立的で客観的・公平な立場に立たなければならない。……裁判所が公平・公正であるためには，裁判所が外部からの干渉・圧力を受けずに独立して裁判を行なうことが必要である。司法権の立法権・行政権からの独立(司法権の独立)が近代立憲主義の大原則とされているのは，このためである。……裁判が公平・公正に行なわれるためには，司法府が行政府から独立しているだけでなく，個々の裁判官が他からの干渉・圧力を受けることなく独立して裁判を行なえることが必要である」[6]

---

4) 黄華平・花林広「論"厳打"中死刑的合理控制」公安大学学報2002年2期26～27頁。なお，その実際について同論文は，2001年9月19・21日の北京大学法学院における廖正豪(台湾前法務部長)の講演「打黒反貪——両岸刑事政策比較研究」に依拠する。

5) それが一体何を意味するのかに答えることは容易ではない。本書ではさしあたり米倉明の議論に拠り，その核心を「問題処理にあたって，手続の適正に留意しながら客観的ルールの画一的適用をめざす」，「そのルールをだれに対しても無差別に，画一的に，杓子定木にあてはめて問題を処理していく」ことと考える。そしてそれには，①公平な処理(とりわけ Similar cases call for similar treatment)，②予測可能性の確保，③恣意の排除(法は権力者をも拘束する，権力者もまた法の支配を受ける)，④秩序の維持(法的安定性の確保)といったメリットがある(以上について，同『法学・法学教育(民法研究第8巻)』(新青出版，2000年)190, 200, 201～204頁参照)。

と考えられている。そして「刑事訴訟においてはとくに政治的性格が強いところから、司法権独立の原則は、とくに刑事裁判権において重要な意味をもつ」[7]とされる。

つまり、「行政権による刑罰権の行使を法の見地から控制する」という刑事裁判の役割を果すためには、「中立的で客観的・公平な立場に立たなけ ればなら〔ず〕」、そのために司法権、さらには個々の裁判官の独立が不可欠 とされるのである。また、治安維持の責任は裁判官ではなく、検察官にある とされる。それは「刑罰法の目的の一つは、社会の治安維持に寄与するもの ではあるけれども、それは法を正しく解釈・適用することによる必然的な結 果であって、〔裁判は〕それを直接的な目的とするものではない」[8]のに対し、 「検察事務は、本来の司法権そのものではなく、刑罰権の実行という具体的 な国家目的を追求する一種の行政作用である」[9]からである。この意味で 「裁判所の任務が、法秩序の維持そのものにあるに対し、検察官の任務の重 点は、むしろ社会秩序の維持にある。裁判所は、法的安定性を原理とし、検 察官は合目的性を原理とするともいえよう」[10]。

そして、こうした考え方によれば、司法が犯罪対策キャンペーンに参加し、 普段より重い刑罰を科せば、端的に司法権の独立、さらにはその核心である 裁判官の独立と正面衝突することになることは明らかである。けだし、「司 法の独立は、本来は裁判への不干渉、すなわち他の国家機関が裁判事務につ いて、事前に裁判官に裁判内容について指揮命令……することを否定するこ とに外ならない」[11]からである。したがって、司法の独立の下においては、

---

6) 平川宗信『刑事法の基礎』(有斐閣、2008年)211〜212頁。
7) 井戸田侃『刑事訴訟法要説』(有斐閣、1993年)40頁。
8) 井戸田侃『刑事訴訟理論と実務の交錯』(有斐閣、2004年)305頁。
9) 兼子一・竹下守夫『裁判法(第4版補訂)』(有斐閣、2002年)345頁。なお、本書においては、行政を「現実に国家目的の積極的実現をめざして行なわれる全体として統一性をもった継続的な国家作用」と実質的に把握する(田中二郎『要説行政法(新版・補訂版)』(弘文堂、1979年)5頁)。
10) 平野龍一『刑事訴訟法』(有斐閣、1958年)62〜63頁。
11) 兼子ほか・前掲注9)37頁。

犯罪対策キャンペーンにより裁判の結果に影響が出ることは，原理的に否定されることになる。

　これに対して中国では，党の号令により厳打が始まれば，裁判所は「重く速く」裁判を行う。まさに事前に裁判内容について，党により指揮命令が行われているのである。しかも，実務においては「重く速く」裁判をするために，様々な措置が講じられており，そこではまさに権力(その核心はいうまでもなく党である。以下同じ)の指示に従って裁判がなされている。

　とはいえ，中国においてはこのことが直ちに違憲・違法となるわけではない。まず，国に対する「党の指導」は憲法前文に明記されている[12]。また，憲法上，「国家機構は民主集中制の原則を採る」(3条1項)とされ，権力分立制が否定されている。すなわち，国家権力機関たる各級人大(57条前段，96条1項)は，全ての国家権力(例えば三権分立でいう立法権，司法権および行政権)を一手に握る全権的機関であり，人民政府・人民裁判所・人民検察院を組織し，それらは人大に「責任を負い，その監督を受ける」(3条3項。なお，中国では政府，裁判所[法院]，検察院を[一府両院]と総称する)。ここでは，司法権の独立は「原理論的にも制度的にもありえないと観念される」[13]。

　他方で中国法が，裁判に全く独立性がなくともよい，という立場を採っているわけでもない。すなわち，54年憲法78条は「人民裁判所は独立して裁判を行い，法律にのみ従う」(54年裁判所法4条，79年裁判所法4条も同じ)と，また現行憲法126条は「人民裁判所は法律の規定に照らして独立して裁判権を行使し，行政機関，社会団体および個人の干渉を受けない」(83年裁判所法4条も同じ。現行刑訴法5条も同旨)とし，憲法上，「裁判の独立」なるものが認めら

---

[12] なお，「指導」とは[領導]の訳語である。日本では一般的に「指導」と訳されているため，本書でも原則として「指導」と訳す。ただし，[領導]は本来的には上下の命令・服従関係がある場合に用いられるタームであり(高見澤磨『現代中国の紛争と法』(東京大学出版会，1998年)8頁参照)，このニュアンスが濃厚なときは「指示」ないしは「指揮」と訳す。なお，「党の指導」はまさに指示・指揮を意味するが，これまでの慣例から，「党の指導」と表記する。

[13]『現代中国法入門』240頁〔木間〕。

れてきた(ただし，75・78年憲法は，「裁判の独立」を規定しなかった)。規定上，裁判権を独立して行使する主体は人民裁判所[14]であり，いわゆる「裁判の独立」の実質は「人民裁判所の独立」である[15]。その意味は，「個々の人民法院(裁判所)単位の独立を指しており，わが国のような三権分立制度のもとでの裁判機関の独立を指すものではない。また一方で，ソ連におけるような『裁判員の独立』を規定するものとも異なり，民主集中の原則に基づく集団指導体制のもとで，裁判員個々の独立は否定されている」[16]ということである。つまり，個々の裁判所は対外的には独立しているが，その内部においては，「民主集中制の原則に基づく集団指導体制」が採られているという建前である(その具体的な法的制度は後述(1.5.2.3(2)，5.2.1.2参照)の「裁判委討議制」である)。

　だが，現行憲法126条の「裁判の独立」には大きな制約がある[17]。というのも，同条の「社会団体」に党は含まれていないと一般に解されている[18]ため，党が裁判所を指導することが，直ちに憲法違反となるわけではないことになるからである。

　とはいえ，別の解釈もあり得るし[19]，また上の解釈を採ったからといって，

---

14) 「国の裁判機関」は個々の裁判体(合議制・単独制)ではなく人民裁判所である(憲法123条)。そして，実際に事件を審理し，判決・裁定を言い渡す合議体・単独裁判官は，裁判委員会とともに，裁判機関である人民裁判所が裁判するための具体的な組織形式である「裁判組織」とされる(陳光中主編『刑事訴訟法(第2版)』(北京大学出版社・高等教育出版社，2005年)62～63頁〔陳瑞華〕参照。なお，宋英輝主編『刑事訴訟法学』(中国人民大学出版社，2007年)62～64頁〔廖明〕参照)。
15) 木間正道「中国の裁判制度と『裁判の独立』原則——法学論争からみたその特徴と問題点」法律論叢72巻1号(1999年)2頁参照。
16) 田中信行「中国における裁判の独立と党の指導——1954年～1981年」季刊中国研究5号(1986年)49～50頁。
17) なお，54年憲法下においても，裁判は「党の指導」から独立していたわけではなかった(福島正夫編『社会主義国家の裁判制度』(東京大学出版会，1965年)295～297頁〔高橋勇治〕参照)。
18) 賀衛方『司法的理念与制度』(中国政法大学出版社，1998年)43～44頁参照。
19) 例えば董和平・韓大元・李樹忠『憲法学』(法律出版社，2000年)528頁〔李〕，李昌林

党が裁判事務に干渉してよいということにストレートに結びつくわけでもない。「指導」にも様々なバリエーションがあろう[20]。だが，厳打が示すように，その「指導」は裁判に対する指揮命令までをも含んでいる。しかも，現実において，裁判所は行政機関からの干渉をも受けている。

結局，「党の指導」の下で「裁判の独立」原則は，党との関係においてはそれを認めないように規定・解釈・運用され，また行政機関との関係においては，条文が無視されている。「裁判の独立」は形骸化し，裁判は権力の下した任務を遂行する道具となっている[21]。なぜそうなるのか。これを解き明かすことが本書の課題である。

なお，本書では考察の対象とする時期を文革以降に限定する。というのは，「厳打」は1983年に初めて行われたものであるが，それ以前の段階も83年厳打の前史として視野に入れておく必要があり，その際，文革終了が1つの区切りとなると考えられるからである。

また，これまで何の断りもなく「裁判」という表現を用いてきたが，ここで念頭に置いている裁判は刑事裁判である。以下においても同様である。

1.2　先行研究の検討

以上の課題に取り組む本書にとっての先行研究には，厳打に関するものと，裁判のあり方に関するものとがある。後者は日本において，これまで「裁判の独立」(ないしは司法の独立)をテーマとして論じられてきた内容である。以下

『従制度上保証審判独立：以刑事裁判権的帰属為視角』(法律出版社，2006年)32～37頁参照。
20) 例えば，法律は「党の指導」の下で制定されるため，法律に従うことは「党の指導」に服することである(したがって，裁判所は法律にのみ従えばよい)，という「指導」方法もあり得よう(周道鸞『司法改革与司法実務探究』(人民法院出版社，2006年)6頁参照)。
21) それはまさに行政と同質の作用となる。「そこには行政などとは区別される司法に独自の論理なり，性質というものへの自覚はない」(鈴木・前掲注2)181頁)。

では分けて検討する。

1.2.1 厳打に関する先行研究

厳打に正面から取り組んだ国内の先行研究は管見に及ばない[22]が，アメリカの中国法研究者による成果を目にすることができた。それは(1) D.C. クラーク 'Concepts of Law in the Chinese Anti-Crime Campaign'[23] および (2) H.M. タナー "Strike Hard! Anti-Crime Campaigns and Chinese Criminal Justice, 1979-1985"[24] である(以下，それぞれ「クラーク論文」，「タナー書」と呼ぶ)。両者はともに厳打期の裁判のあり方に着目する本書とは直接的にリンクしていないが，厳打という現象(さらには中国法の本質)を分析する一助となるため，ここで検討しておく。以下，順に見ていこう。

(1) クラーク論文

同論文は，83年厳打という現象を通じて，中国において「法」とは一体どのようなものと考えられているのかを究明しようとする大胆な試みである (study the structure of Chinese thinking about law)。同論文は以下の2点において本書にとって示唆に富む議論を展開している。

①同論文は83年厳打以前において，「法が法的決定者を指導する政策とは別物であり，かつその上位にあるものと考えられていたことは明白である」(1903頁)と指摘した上で，83年厳打においては政策が「法的決定者を指導する」地位(いわゆる「政策は法の魂」)に返り咲いたとする。その上で，政策復活の要因について次のように論じる。すなわち，それは「これまで続いてきた法制度の構造的脆弱性および訓練された法執行人員の不足によるものかもし

---

22) 王雲海「開発過程における犯罪変容の実態，その原因およびその対策」針生誠吉・安田信之編『中国の開発と法』(アジア経済研究所，1992年)338〜339頁，鈴木・前掲注2)177〜178頁のように，厳打に言及するものはある。

23) Donald C. Clarke, Concepts of Law in the Chinese Anti-Crime Campaign, *Harvard Law Review*, vol. 98, no. 8 (June 1985), pp. 1890-1908.

24) Harold M. Tanner, *Strike Hard! Anti-Crime Campaigns and Chinese Criminal Justice, 1979-1985*, Cornell Univ East Asia Program (1999).

れない。単に各地に行き渡らせるだけの裁判所および裁判官が足りないだけではない。多くの場合に真の決定者である党官僚は，その専門領域および正統性根拠，すなわち党およびその政策に頼るのである」。党はこうした現実に対応して，当初掲げていた，成文法体系により許された行為と禁止された行為を明確に線引きするという大志を捨て去ったようである。そして厳打の切迫したニーズ，さらにはそれらの実施における党の卓越した役割も加わり，刑罰(legal sanction)を用いるか否かの判断において，法よりも政策が用いられるようになったのである(1903〜1904頁)。

だが，筆者はこの議論について次の2点の疑問を抱いている。1つは，83年厳打以前において，法が政策の上位にある(superior to policy)と考えられていたとする点である。というのも，83年厳打以前の犯罪対策においても，やはり政策により法の適用が左右されていた。そこでは，重く処罰することよりも，教育に政策の重点が置かれていたのである(この点については後述2.2および2.3参照)。強いていうなれば，83年厳打を契機に政策の優位性がより強まったのであり，政策が復活(revival)したわけではない。

もう1つは，政策復活の——筆者にとっては政策が「法の魂」であり続ける——要因として，法制度の構造的脆弱性(structural weakness of legal institutions)と質の高い裁判官の不足を挙げた点についてである。まず，前者は裁判所が足りないことを意味するようであるが(1896, 1904頁)，裁判所の数と政策が「法の魂」となることのつながりが，筆者には分からない。

また後者について，質の高い裁判官が豊富になれば，政策は「法的決定者を指導する政策」ではなくなることになるのだろうか。中国において「政策」とは，とりもなおさず「党の政策」であり，「党の指導」の貫徹メカニズムが構造的に形成されている以上，裁判官の量・質は決定的な意味を持たないと考えられる[25]。

---

25) この点については，後掲注52)で紹介する小口彦太『現代中国の裁判と法』(成文堂，2003年)に対する宇田川幸則の批判が，クラーク論文にも当てはまる。なお，クラークは「真の決定者」の存在も要因に挙げるが，各要因の関係にまで踏み込んでいない。

②同論文は「法により（According to law）」というスローガンが，実は「法の枠内」という意味ではないと主張する。この主張は中国の学界の通説的理解とは異なるユニークなものである。その論旨は以下のとおりである。中国のサンクションは刑罰（legal sanction），行政的処罰（administrative sanction），懲戒処分（disciplinary sanction）の3種類があり[26]，これらは質的に区別されるものではなく，行為の当罰性の程度によって区別されるにすぎない[27]。そして厳打において「法により」と叫ばれたのは，中国の通説的理解である「適切な手続により処罰する」ということではなく，「単なる懲戒処分や行政的処罰ではなく，公式の法的な刑罰（a formal, legal punishment）を科す」ことを意味する，と（1900頁）。つまり，これまで行政的処罰や懲戒処分で処理されてきた行為に対して，法＝刑法を適用せよということを意味するというのである。これは，83年厳打において実際に生じた現象である（後述3.3.4参照）。

だが，厳打のスローガンは「法により重く速く」である。クラーク説では「法により速く」の「法により」の意義を説明することはできない。また，実際により重い制裁が科されるようになったことは，「重く」の文脈で理解

「政策」を語る「真の決定者」が存在しさえすれば，政策は「法的決定者を指導」し続けることになるのではなかろうか。

26) "legal sanction"は「法的制裁」と訳すべきかもしれないが，著者はこれと行政的処罰とを区別し，またこれを「公式な法的な刑罰」と同じ意味で用いていると考えられるため，ここではより限定的に「刑罰」と訳した。

また，著者は［行政処分］を"administrative sanction"と訳し，その代表例として労働矯正，治安管理処罰（2.2.2.1参照）を挙げる。しかし，中国語の［行政処分］は，「所属先［単位］での紀律違反に対する身分にかかわる処分」を意味し（『現代中国法入門』293頁〔高見澤〕），懲戒処分に当たる。そこで本書では，"administrative sanction"を行政的処罰と，また"disciplinary sanction"を懲戒処分と訳す。なお，行政的処罰も"legal sanction"であると考えられるが，著者が敢えてこのように分類したのは，後述する著者流の「法により」の理解に合わせるためであると思われる。

27) この点について，日本では高見澤磨「罪観念と制裁――中国におけるもめごとと裁きとから」『シリーズ世界史への問い5 規範と統合』（岩波書店，1990年）304頁以下が同様の議論を展開する。

すべきである。これらの点がクラーク説——それ自体は極めて鋭く，また魅力的な指摘であるが——の決定的な欠点である。やはり中国の通説的理解のように，「法により」とは，「法の枠内で」と解するのが妥当と考えられる。

(2) タナー書

タイトルでは「厳打(Strike Hard)」がメインテーマに据えられているが，同書の主役は厳打ではなく，サブタイトルの部分である。筆者の読むところ，同書は近代化・犯罪・刑事司法という3者の相関関係について中国の経験を析出し，それがユニバーサルなものであるかを検討しようとする試みである[28]。

こうした問題意識の下，同書において厳打は，80年代における中国刑事司法システムの展開のキーポイントと位置づけられている。曰く「諸問題の多くは，80年代初頭から中期にかけて行われた犯罪撲滅キャンペーンにおいて悪化した」(189頁)と。

以上のような同書は，本書とは直接的にリンクしていないが，本書が参考にすべき指摘もある。それは次の2点である。1つは，文革以降の中国刑事司法の本質的特徴が「不足と法道具主義(poverty and the legal instrumentalism)」(187頁)にあるとし，法道具主義の存在を指摘した点である[29]。タナーはさらに論を展開し，中国の法道具主義の特徴を次のように説明する。すなわち，法道具主義は中国独自のものではなく，社会主義国や開発途上国

---

[28] この点についてタナーは，「80年代中国における犯罪，刑事司法，そして近代化のストーリーは，多くの点において悲壮感と挫折感が漂っているが，それは中国だけではなく，また中国だけが突出して悪いわけでもない。多くの点において，中国の犯罪，刑事司法，近代化の関係は，人類史のどこでも見られる現象と類似している」(189頁)とし，中国の経験は普遍的な現象であると捉える。なお，ここでいう「犯罪，刑事司法，近代化の関係」とは，近代化(＝資本主義化・市場経済化)に伴い，犯罪が増加し，また刑事司法システムが西洋近代法的に発展していく，という意味と考えられる。

[29] 「不足」とは刑事司法に関わる人的資源(量・質ともに)および物的資源の不足を指しており，この点でクラークの議論に近い。しかし，タナーは「不足」を現代中国刑事司法の諸問題の要因と位置づけており，「不足」を理由に厳打が発動された——少なくとも明示的には——とは主張していない。

においては一般的であり，また西側諸国でも見られる。しかし，中国(他の社会主義国や開発途上国も同様に)の法道具主義の特徴は，一党独裁という政治システムにリンクして，警察，検察，裁判所，行刑機関を党の統一的指導の下に置き，その道具・武器とした点にある。この点が「ウェベリアンの近代法モデル」[30]との重要な違いである，と。

筆者もタナーの指摘を大枠において支持する。しかし私見では，西洋近代法システムから見た中国の法道具主義の最大の特徴は，裁判所までもが道具になっていることである。この点，三権分立でいう行政に属する警察，検察，行刑機関が道具になることとは本質的に異なる。なぜなら，行政とは「現実に国家目的の積極的実現をめざして行なわれる全体として統一性をもった継続的な国家作用」[31]であり，そもそも目的実現に奉仕すべき国家作用だからである[32]。この意味で，「公権力を有する国家(または公共団体)と人民との間

---

[30] タナーのいう「ウェベリアンの近代法モデル」は，ギャランターの見解に依拠している(see, Marc Galanter, "The Modernization of Law" in Lawrence M. Friedman and Stewart Macaulay (ed.), *Law and the Behavioral Sciences, Second Edition*. Indianapolis: The Bobbs Merrill (1977) pp. 1046-1049. なお，本論文は M. Weiner (ed.), *Modernization: the Dynamics of Growth*, New York: Basic Books (1966)にも収録されている。同書の邦訳として，マイロン・ウィーナー編(上林良一・竹前栄治訳)『近代化の理論』(法政大学出版局，1968年)があり，これも参照した(該当箇所は150〜152頁))。タナーの整理によると，近代法システムには次のような特徴がある。まず，法の性質については，①適用は統一的かつ不変(uniform and unvarying)であること，②相関的(transactional)であること，③普遍的(universalistic)であること，法システムについては，①ヒエラルヒー構造であること，②官僚的に編成されていること，③専門家により運営されること，④裁判所と市民の間に介在する弁護士が存在すること，⑤修正可能であること，⑦近代法システムは国家機関として機能しても，立法および行政とは区別されなければならないこと，⑧強制力や刑罰の行使は犯罪の再訓練・改造に必要なときのみ使用されることを提示する(タナー書182頁)。なお，法システムの特徴⑥が欠けているが，これは原文のママである。原文では"Fifth"の直後に"Seventh"があることから，"Sixth"が抜け落ちたものと考えられる。ギャランターの見解と照らし合わせると，"Sixth"は法システムが「合理的であること」が入ると推測される。

[31] 田中・前掲注9)5頁。

[32] なお，警察と検察の行政目的の違いについて，亀山継夫「検察の機能」石原一彦・

の，公益と私益との衝突の調整を目的とする」[33] 司法が道具となることが，中国の法道具主義の本質的特徴である。タナーの指摘ではここが明確に浮かび上がってこない。

　もう1つは，伝統法，社会主義法そして現在の法の関係について，伝統中国法と社会主義法の「適合(fit)」という論点を指摘している点である。こうした見解は，中国はもとより[34]日本にも存在する[35]。筆者もそう考えている内の1人である[36]。その上でタナーは「伝統中国は我々の80年代中国刑事司法システム理解になお関係するが，当該システムの本質的特徴は，過去よりも，そのシステムそのものに位置づけるのがベストである」(187頁)とし，「過去と何らかの連続性があったとしても，それは『深層構造』レベルにおいてである——長年にわたり維持されてきた文化的仮説は，中国人による西洋近代的制度・技術の選択および適応に影響するだろう」(同上)とする。

　筆者は，タナーのように「当該システムの本質的特徴は……そのシステムそのものに位置づけるのがベスト」とまで言い切ることはできないが，少なくとも，現在の事象については，まず現在のシステムや理念から説明すべきであると考える。そして，過去との連続性については，タナーと同様に，「深層構造」レベルに位置づけるべきであると考える[37]。

　それでは，タナーが本質的特徴とする法道具主義は，80年代の中国刑事

　　佐々木史郎・西原春夫・松尾浩也編『現代刑罰法大系(第5巻)』(日本評論社，1983年)36頁参照。
33) 兼子ほか・前掲注9)2頁。
34) 例えば，蔡定剣「階級闘争与新中国法制建設——建国以来法学界重大事件研究(11)」法学1998年4期3〜4頁参照。
35) 滋賀秀三『中国法制史論集(法典と刑罰)』(創文社，2003年)4章，鈴木賢『現代中国相続法の原理——伝統の克服と継承』(成文堂，1992年)304頁参照。
36) 拙稿「中国刑法における罪刑法定主義の命運——近代法の拒絶と受容(2・完)」北大法学論集52巻4号(2001年)262頁，同「裁判実務から見る中国の罪刑法定主義——1997年改正刑法典の下で」比較法研究64号(2003年)174〜176頁参照。
37) 「過去との連続性」は現在のシステムを形成・維持する現在の意識・観念のルーツの1つであり，それは，現在の人々がなぜそうした意識・観念を有するのか，というメタな論点と考える。

司法システムにおいてどのように位置づけられるのだろうか。換言すると，法道具主義という考え方が存在していたとしても，当該システムにおいて，それが具体的にどのように実現されていたのか，ということである。また，さらにいうならば，その法道具主義は一体「裁判」をどのように捉えているのか，という点も問題となる。

1.2.2 「裁判の独立」に関する先行研究

先行研究から明らかなように，裁判の独立を阻害する要素は少なくない。まず，現行憲法は「裁判の独立」を規定する(126条)一方で，党の国家に対する指導的地位を定める(前文)。また，事案の性質・程度に応じて，審理を担当する裁判官だけでは終局裁判の判決・裁定(それぞれ実体問題・手続問題を対象とする。なお，[判決]は広義で裁定を含む。本書も両義を用いるが，原文での使い分けは必ずしも明らかではないため，可能かつ特に必要な場合に限り明示する)をすることができず，党委員会，裁判委員会，裁判所長[院長]等が判決(広義)を決める法／非法的制度がある(以下，それぞれ「党委審査制」，「裁判委討議制」，「所長審査制」と呼ぶ)。党委審査制とは，重要な事件や警察・検察・裁判所の間で争いのあるハードケース(以下，「難解事件」と互換的に用いる)については地方党委員会が判決を審査・決定する非法的制度を指す。裁判委討議制とは，裁判所の要職に就く者からなる会議体＝裁判委員会が，重大・難解事件を討議し，その事件の判決を決定する新旧刑訴法上の制度である。また，所長審査制は一部の事件について所長・副所長・廷長・副廷長(1.5.1参照)が事前に判決を審査するという非法的制度である。

これら以外にも人大や行政機関からの干渉，および下級裁判所が上級裁判所に裁判について指示を伺う，いわゆる[案件請示制度][38]も裁判の独立を阻害する要素となっていると中国で批判され，また日本でも指摘されてい

---

38) [請示]とは，「上級機関への指示または承認の請求に用いる」タームである(最高人民裁判所「人民裁判所公文書処理辦法」(1996年4月9日)6条)。以下，「(指示)伺い」と訳す。

る[39]。少なくとも実態として中国の裁判官の独立性が極めて低く，司法の独立と大きな隔たりがある点については，日中両国においてコンセンサスに達しているといえる。

そこで次に問われなければならないのが，中国において裁判が独立できない（していない）要因は何であるか，という点である。従来の日本の先行研究は，主に上の法／非法的制度の必要性ないしは合理性はどこにあるのか，という視点からこの論点に取り組んできた。これまでの議論を眺めると，おおよそ(1)「党の指導」貫徹のため，(2) 司法（裁判）の性格が行政的であること，(3) 裁判官の資質が低いことの3点が指摘されている。これらの内(3)が要因の1つではあるが，決定的な要因ではないという点[40]については，ほぼ異論がないものと考えられる[41]。そこで以下では，(1)と(2)の代表的論者の主張に即して，その論旨を整理する。

(1)「党の指導」説

この説は裁判が独立できないのは「党の指導」が存在するからであるとする。具体的には，「党の指導」を貫徹するために上述の判決の事前審査制度が必要となり，また「党の指導」の実効性を担保する仕組みがあるため，裁判が独立できないとする。いわば，どのようにして裁判に対する「党の指導」が貫徹されているのか，という問題関心に基づき，裁判の独立を論じる

---

[39] 例えば，鈴木・前掲注2)174頁以下，葉陵陵「中国の地方保護主義と司法の独立」熊本法学83号(1995年)73頁以下など。

[40] ここで「決定的な要因ではない」とは，今現在において，「裁判官の資質が向上すれば，裁判官の独立が達成できる」わけではない，という意味である。このように考えるのは，端的にまず「党の指導」がなくならない限り，裁判官の独立は考えられないからである。

[41] 木間正道は，所長審査制を排除して，裁判の独立を確立する「関鍵は独立して職権を行使できる裁判人員をいかに経常的に確保できるかである」とする（同・前掲注15)39頁）。したがって，所長・廷長からの独立については，裁判官の資質が決定的要因であると解しているよう読める。ただし，党委審査制や行政および人大からの干渉については論じられていないため不明である。なお，本論文は後発論文ながら，この点について下記の田中論文①との対話がない。

議論といえよう。

　本説の代表的論者は田中信行である。以下では，その論文①「中国における裁判の独立と党の指導——1954年〜1981年」，②「中国——『党政分離』と法治の課題」，③「中国刑事訴訟法の改正と裁判の独立」，④「中国の司法改革に立ちはだかる厚い壁」を検討する（以下，丸数字と頁数で引用する）[42]。

　まず，党委審査制，裁判委討議制および所長審査制について，田中は「それぞれの組織の性格上，おのずから役割を異にする部分も存在するが，すぐれて本質的な部分では，裁判活動における党の指導性を確保するための手段として，いずれも共通する使命を帯びている」（③7頁。党委審査制および所長審査制を対象とした①86頁も同旨）と捉える。ただし，所長審査制については，一般的な裁判官の資質の低さから，「それだけではなく，もっと事務的な意味合いにおいて，法律の解釈，適用，および判決の形成について問題がないかどうかをチェックするという役割が求められている。……したがって，事前審査制度はすべて党の意思や利益を確保するという目的のためにだけ運用されているわけではないが，逆に言えば，事前審査制度を利用して，党は必要とあればいつでも裁判に介入し，その指導力を発揮できることが制度的に保障されている」（④28頁）とする。また，「院長審査制度〔本書でいう所長審査制を指す〕の方は，裁判業務の水準が向上するという実務的な条件の整備によって，あるいは変化をみせる可能性も考えられないことはないが，この制度を支えている主要なファクターが，あくまでも党による指導の問題にあると考えれば，やはり両者の将来はパラレルな関係において推移するとみるべきであろう」（①86頁）という。

　それでは，どのようにして「党の指導」が堅持され，「党政不分」がもたらされているのか。この点について，田中は文革以降の党の指導体制を，

---

[42] それぞれ①前掲注16）47頁以下，②近藤邦康・和田春樹編『ペレストロイカと改革・開放——中ソ比較分析』（東京大学出版会，1993年）246頁以下，③中国研究月報50巻11号（1996年）1頁以下，④中国研究月報61巻4号（2007年）23頁以下。なお，［党政］とは党（組織）と国家（機関）を意味する。以下，そのまま「党政」と記す。

「複合的一元化システム」と名付け，それを，「組織的には党と国家という二元的な構造を前提とはしているものの，国家はすぐれて形式的，手続き的な意味しかもちえず，実体的には党が国家を直接指導する一元的な指導体制」（②251頁）と定義する。そして，「複合的一元化システム」(裁判に引きつけていえば，裁判を統制するための諸制度)のスムーズな運行を可能にする要素として，[対口]指導体制[43]，党グループ[党組][44]，党による人事管理[党管幹部]を指摘する。

そして，なぜこうした仕組みが構築されたのかというと，それは「裁判はたんなる犯罪の処罰や民事紛争の処理をおこなうことを意味するのではなく，反革命活動を弾圧し，そのことによって同時に革命闘争の正当性を主張する，すぐれて政治的な行為であった。そうした事情は建国後もしばらく変化はなく，それゆえ裁判活動は厳しい党の指導と管理のもとで進められたのであった」，「そもそも判決の事前審査制度は，裁判をたんなる真実追求の場とするのではなく，政治的基準からこれを管理しようとするものであり，裁判活動を階級闘争＝政治闘争の一環とみなす思想に裏付けられている。したがって，そこではもとより裁判の目的が真実の追求にのみ限定されているわけではなく，むしろ革命＝政治目標の実現という外在的な基準によって規制されているのである」（③9, 25頁）とする。つまり，裁判が「たんなる真実追求の場」ではなく，「革命＝政治目標の実現」を目的としていたからという。

さて，以上の田中の議論は，建国前後までの歴史を遡り，裁判を統制する諸制度を明らかにした上で，それら諸制度のスムーズな運行を可能にする仕

---

43) 国家機関を指導するためのカウンターパートを党内に設置して指導を行うことを指す。これについては，行政機関に限定したものであるが唐亮『現代中国の党政関係』(慶應義塾大学出版会，1997年) 2章参照。

44)「当該組織の実質的な指導機関であり，上級党機関の命令にもとづいて当該機関を指導する。党は党組を通じて完全に上意下達の指揮命令系統を構築しており，当該組織の人事権を掌握している」(『現代中国法』46頁〔田中〕)。これについて，唐亮・前掲注43)書1章は対象を行政機関に限定したものであるが，その成果は裁判所の問題を考える上でも有益である。

組みを，さらにそうした裁判のあり方を支える実質的な裁判観を解明したと考えられる。こうした知見が，なぜ裁判が権力の道具となるのかの解明を課題とする本書にとって，極めて重要な先行研究であることはいうまでもない。

他方で，筆者は次の2点について不十分であると考える。1つは，「党の指導」の実効性を担保する仕組みである「対口」指導体制，党グループ，党による人事管理の関係が必ずしも明らかにされていない点である。また，本説では行政による裁判に対する干渉を説明することができないという問題もある(論者にとってはそもそも課題ではないのかもしれないが，「裁判の独立」にとっては，行政の干渉も重要な問題である。本書では前者を5.3で，後者を5.4で検討する)。

また，裁判のあり方について，かつてはそれが「革命」を目的としていたから「党の指導」が必要だったのである，という説明は説得力を持っていただろうが，今日ではその説得力はなくなったといわざるを得ない。それは端的に，社会主義と原理論的に矛盾を来す「社会主義市場経済」[45]を推し進める今の中共が，「革命」をしているとは到底いえないからである。しかし，今日でも裁判は「党の指導」を受けている(もちろん，田中も「革命」で現代を説明しようとしているわけではない)。だとすると，今の裁判をどのように位置・性格づければよいのであろうか[46]。これはまさに本書の課題である。

(2) 裁判＝行政的性格説

この説は裁判が独立していないのは，中国の裁判が，三権分立における司法ではなく，行政的な国家作用とされているからであるとする[47]。現代中国についてこうした主張を展開しているのは小口彦太『現代中国の裁判と法』(とりわけ1編1・2章，2編1章および終章)[48]である。ここで「現代中国

---

45) 『現代中国法入門』50頁〔木間〕参照。
46) なお，田中は1996年の刑訴法改正に画期的な変化を見る(③25〜26頁参照)。
47) (1)説と(2)説は問題関心・切り口を異にする議論であり，対立しているわけではないと考えられる。
48) 小口・前掲注25)。終章は書き下ろしであるが，それ以外の初出はそれぞれ，「国家権力と刑事裁判」野村浩一編『講座現代中国第1巻　現代中国の政治世界』(岩波書店，1989年)所収，「現代中国における裁判の性格——法的決定の主体の面に着目して」藤

について」というのは，この説が，法制史の知見——滋賀秀三の「王朝が天下を治める行為——天下の管理——すなわち行政の一環でしかなかった」[49]という伝統法時代の裁判の性格づけ——をベースにしたものだからである。この意味で，本説は伝統法との連続性という新たな視点をもたらす議論であると位置づけることができる。宇田川幸則が評したように，同書は「『変わらぬ中国法』—中華人民共和国建国〜今日までという文脈と，伝統法〜現代法までという文脈の2つの意味で—を析出した」[50]ものといえよう。

　同書は中国において裁判の独立を阻害する制度が存続する要因を，大略次のように論じる。すなわち，所長審査制，上級裁判所による判決の事前チェック，党委審査制といった「重畳的な審査承認制度」が機能し続けてきた実在的根拠は，裁判官の「主体的力量，すなわち廉潔性と高度な専門的業務遂行能力を具備していない」という「不信の構造」(221頁)である。したがって，彼らの主体的力量が増大すれば，「中国社会においても裁判の独立＝裁判官の独立が確立することになるかもしれない。しかし，ここで翻って，帝政中国の官僚達による司法業務に目を向けるとき，……〔彼らは〕専門的業務遂行能力，ここでは特に法の解釈適用能力および事実認定能力を……相当程度身につけていた。……〔にもかかわらず帝政中国においては〕裁判の独立＝裁判官の独立が達成されていたとはとてもいえない。……帝政中国において何故こうした現象が生じるかと言えば，結局，そこでの司法＝裁判が行政の中に解消されてしまっているということに帰着する」(223頁)，と。つま

田勇編『権威的秩序と国家』(東京大学出版会，1987年)所収，「中国法の常識」早稲田大学エクステンションセンター編・小口彦太監修『中国ビジネスの法と実際』(日本評論社，1994年)所収である。
49) 滋賀秀三『清代中国の法と裁判』(創文社，1984年)80頁。
50) 宇田川幸則「小口彦太『現代中国の裁判と法』」社会体制と法5号(2004年)96頁。具体的には次の指摘に表れていよう。すなわち，78年以降の裁判のあり方は，「人民共和国成立以後十一期三中全会に至る三十年の刑事裁判の流れの中から，その流れに規定されるかたちで，形成されてきたものである」，「八〇年代に問題とされた諸論点がそのまま九〇年代，さらに二一世紀初頭に持ち越されている」(小口・前掲注25)4，211頁。また，伝統法については附論「清代中国における刑事事件・民事紛争の処理」参照)。

り，結局のところ，裁判の性格が行政的であるが故に，裁判の独立を阻害する制度が存在し続けるのだとするのである。

確かに，先述のように司法の独立，さらには裁判官の独立は，刑罰権行使のチェックという作用から生じる原理であり，国家目的の積極的実現を図る行政からは生まれない。この意味で本説は，中国にはそもそも「裁判の独立」という観念を生み出す土壌がないことを指摘するものと考えられる。

以上の2点は小口の議論の重要な功績と考えられる。

他方で，筆者は次の2点について不十分であると考える。1つは，伝統と現代の連続性についてである。伝統法時代から現在までの中国史は必ずしも順風満帆に流れてきたわけではない。すなわち中国は，清末から民国期にかけ，法制度の西洋近代化に努め，またその後の共産党政権樹立に伴いそれまでの努力（近代法）が否定され，旧ソ連から社会主義法を継受した。いわば伝統→西洋近代化→社会主義法の継受という歴史を辿ってきたのである。こうした紆余曲折に満ちた（と見える）プロセスにおいて，なぜ裁判のあり方に関する伝統中国法の遺伝子（裁判＝行政的）が今日においても残存しているのか，同書ではこの点が明らかにされていない[51]。

もう1つは，なぜ裁判が行政に解消されるのか，あるいは行政的性格であるのかが，必ずしも明らかにされていない点である。これについては，［対口部］である政法委員会の存在，党による裁判官の人事管理，政府が裁判所の財政権を握っていることが挙げられている（218〜220頁）。筆者もこれらが裁判の独立の命運に大きな影響を与えていると考えている。しかし，同書では実際にこれらがどのように作用し，またそれぞれがどのような関係にあるのかが十分に明らかにされていない[52]。さらに，より根源的には，それが如

---

51) 同書に対するものではないが，小口の議論に対する同様の問題提起として，鈴木賢は「現代においても伝統法的な思考がなぜ残存しているのか，それを継続させるメカニズムは何であるのか」という疑問を投げかける（同「小口彦太・田中信行著『現代中国法』」社会体制と法6号（2005年）102頁）。
52) 宇田川は同書を評して，「なぜ党，法院内部とりわけ裁判委員会による具体的事件に対する関与が存在し続けるのか，その背景ないしは原因について，より突っ込んだ分析

1. はじめに　21

何なる意味で「行政的」なのか，「裁判」とは何をすることなのか，という問題も控えているであろう。

　以上の「裁判の独立」に関する先行研究の不足点は，以下の3点に整理することができる。①裁判を権力の道具とする仕組みのパーツはある程度明らかになっているが，それが全体としてどのような構造になっているのかは，まだ十分に解明されたとはいえない点である[53]。②今日において，裁判とは一体何をすべきとされているのかが，十分に解明されたとはいえない点である。③現在のこうした裁判のあり方について伝統法との連続性が指摘されているが，なぜ連続しているのかについては，十分な議論がなされていない点である。ただし，③については今後の課題としたい。

1.3　本書の構成と視座

　本書は以上の先行研究の到達点および不足点を踏まえ，次のような2部構成を採る。
　まず，実際に裁判が権力の道具になっているのか，またなっているとすれば如何なる道具になっているのかを明らかにする必要がある。というのも，先ほどは一般的抽象的に厳打において裁判が権力の道具になっていると述べたが，実際にそうであったかは，なお本書の課題の前提問題として残されたままだからである。しかも，それが如何なる道具なのかも検討する必要がある。

　　に欠けるきらいがある」とし，「党の指導なり関与なりが制度ないしは装置としてあらかじめ組み込まれていること……を看過してはならない」と批判する（同・前掲注50）97頁）。要するには，裁判の独立が脅かされるのは，それなりの「制度ないしは装置」があるからであり，そこを明らかにしなければならない，ということであろう。けだし同感である。
53)　鈴木・前掲注2) 174頁以下，葉陵陵・前掲注39) 73頁以下についても同様のことがいえる。

そこでⅠ部では，裁判のあり方に焦点を置き，実際の厳打がどのように行われているのかを実証的に明らかにした上で，厳打期に生じた裁判に関する諸現象から帰納的に裁判の実像を浮かび上がらせる。検討材料は，文革終結以降(1976年)から83年厳打までの治安状況および犯罪対策(2章)，83年厳打(3章)，および83年厳打以降に展開された厳打である(4章)。

次にⅡ部では，「裁判の独立」が形骸化し，裁判が権力の道具となるカラクリを解明する。まず5章では，権力が裁判をその道具とする，あるいは視点を逆にすれば，裁判が権力の指示・指揮に従ったり，その意向を反映したりせざるを得ない諸制度の総体(以下，「裁判統制システム」と呼ぶ)を解きほぐす。ここでは先行研究[54]が明らかにしてきた諸制度が，総体として如何なる仕組みとなっているのかを明らかにする。

そして6章では，現代中国における裁判のあり方に関する理念・観念，すなわち裁判に期待されている役割，あるいは裁判とは何をすべきであり，またどうあるべきと考えられているのかを明らかにする(以下，「裁判観」と呼ぶ)。本書では，こうした裁判観が今日において，上の裁判統制システムを実質的に支え，また厳打という現象を生み出していると考える。この点は本書のモチーフ[55]となるため，ここであらかじめ敷衍しておく。

---

54) なお，森川伸吾「外国判決承認・執行の要件としての裁判官の独立——中国を例として(1)～(4・完)」法学論叢161巻2・3・5・6号(2007年)は，「日本法の下での外国判決の承認・執行要件の解釈・運用」((1)6頁)という視点から，中国には「㋐『裁判官の職権の独立』の制度，㋑『裁判官の身分保障』，㋒『司法府の独立(権力分立)』，㋓『権力を憲法・法律で制約していくという枠組』の四点がいずれも存在しないこと，並びに㋔それらの不存在にかかわらず裁判官の独立性を達成するような制度(乃至状況)が存在しないこと」(同5頁。また(4・完)38～39頁参照)を論じる。同論文の問題意識は本書と異なるが，本書のいう裁判統制システムの検討という課題は共通している。本書5章(特に5.2)では以上の先行研究のほか，同論文も参考にした。

55) それを考えるに際しては，「裁判の正当性を支える原理」(その正統性根拠と理解できよう)は「裁判官の果たすべき社会的役割」あるいは「裁判の目的」(本書でいう「裁判観」がこれに相当すると考える)によって異なり得る，とする中村治朗『裁判の客観性をめぐって』(有斐閣，1970年)196頁以下を参考にした。なお，本書では「正統性」と「正当性」を区別し，それぞれ"legitimacy", "rightness"の意味で用いる。このほか，

1. はじめに　23

　先述のように，日本では「刑事裁判の意義は，裁判所が行政権による刑罰権の行使を法の見地から控制することにある」ことから，裁判官の独立が必要とされる。

　だが，中国では裁判官の独立はもとより，憲法に根拠を持つ「裁判の独立」をも正面から否定する裁判統制システムが構築されている。それはまさに権力が裁判を自己の道具として操るための仕組みであり，厳打はその仕組みが正常に作動したにすぎない。

　このように，日中両国においては，全く異なるロジックが裁判を支配しているといえよう。それを図式的に示せば，裁判官が上命下服の関係に組み込まれることを非とする日本と，（少なくとも現実としては）それを是とする中国となろうか。なぜ両者はかくも異なるのか。あるいは，本書の問題意識に引きつけていえば，中国ではなぜそうした裁判統制システムが存続し得るのであろうか。

　この問いを解くカギは，「裁判観」にあると考えられる。すなわち，日本で裁判官の独立が必要とされるのは，裁判が「行政権による刑罰権の行使に対する法の見地からの控制」という役割を担うべきとされているからである。そうすると，裁判が担うべきとされる役割によっては，司法の独立，なかんずく裁判官の独立が必須とされないこともあり得ることになる（もちろん，それを日本語として「裁判」と呼べるかは大いに問題があろうが，本書では中国で有罪・無罪を判断し，刑を量定する作用・手続である［審判］を一応「裁判」と訳すことにして，議論を進めていきたい。なお，「裁判」は判決・裁定の意味で用いる場合もある（例えば「発効裁判」や［裁判］の訳語））。

　このように考えれば，日本において裁判に期待されている役割と，裁判官を上命下服の関係に組み込む裁判統制システム[56]を構築している中国のそ

　「裁判」の捉え方について，滋賀秀三『続・清代中国の法と裁判』（創文社，2009 年）181〜183 頁を参照した。
56) 裁判統制は日本でも問題ではあるが，裁判官の身分保障を前提としない中国の裁判統制手法は直接的であり，またハードである。

れとは，そもそも異なるのではないか，という問題が浮上する。本書に引きつけて今少し具体的にいうと，日中両国では裁判観が異なるため，日本とは異なり，中国では裁判統制システムが構築され，また現実に厳打という現象が生じるのではないか，という疑問である（なお，先述の田中の議論およびそれに対する私見も参照されたい）[57]。そうすると，次に取り組むべき課題は，中国の裁判観の解明となる。これが6章の課題である。

そして最後に終章では，以上の検討を総括した上で，政治と法のあり方から，本書の課題＝「なぜ裁判が権力の『道具』となるのか」を考えたい。

1.4　本書の意義

以上の先行研究の検討を考慮に入れた上で，本書は少なくとも次の3点において学界に貢献できるのではないかと考えている。

①本書は中国の裁判をその実態，制度構造，観念・理念，およびそれらを支える政治・法的背景からトータルに把握しようとする試みである。ここでは日本とは異質の「裁判」のあり方が自覚的に探究される。この作業により，現代中国という時空に生じた文化現象である「裁判」の等身大の姿に迫ることができる。また同時に，有意義な比較法研究を行うための視座を得ることができるだけではなく，さらに縦の比較，つまり歴史の縦軸に現代の裁判を位置づけることも可能となる。

②裁判が独立できない仕組み，本書の用語法でいえば，裁判統制システムの各パーツ（党委審査制，裁判委討議制，所長審査制，党による裁判官人事の掌握，政府による裁判所財政の掌握など）は，先行研究によりすでに明らかにされている。しかし，各パーツを有機的につなぎ合わせた全体像はまだ示されていない。本書はこの課題の解決に取り組み，この点で先行研究を一歩進めることがで

---

[57] なお，こうした裁判観は一方的に裁判統制システムを規定するだけではなく，裁判統制システムの存在がかかる裁判観の存続に寄与する一面もあると考えられる。なお，この点について，広渡清吾『比較法社会論研究』（日本評論社，2009年）63頁を参考にした。

きよう[58])。

③そもそも日本には厳打に関する先行研究はない。しかし，厳打は中国において実際に刑法・刑訴法がどのように実現されているかを知る格好の素材である。本書において厳打の実際を実証的に明らかにすることにより，"Law in Action"の中国刑法・刑訴法を明らかにすることができる。また本書の作業を通じて，中国における裁判とは何か，また法とは何かを実証的に検討するための素材を提供できるのではないかと考えられる。

1.5 基本概念の整理

論述の便を図るため，本書の考察に関連する基本概念をあらかじめ整理しておく。

1.5.1 刑事司法の関係組織・者

刑事司法に関係する組織は，国家を指導する立場にある党組織と，その指導を受ける国家機関に大別できる。まず，党組織としては，最高指導機関である党中央がある[59]。またそれを補佐し，主に犯罪の予防・鎮圧や治安維持に関わる国家機関を指導する党組織として，中央政法委員会[60]，中央社会治安総合対策[61]委員会がある。前者は，①中央の指導の下，全国の政法業務

---

58) 現在，中国では司法改革が行われている。これを受けて中国の学界でもどのように改革するかについて白熱した議論が展開されている。こうした中，裁判統制システムが一部の学者の批判に晒されている。今後の中国の司法改革を見る上でも，裁判統制システムが実際にどのようなものであるかを見極めることは重要であろう。
59) 正確に言えば，党中央は党の全国代表大会と並ぶ最高指導機関である(中国共産党規約(2007年10月21日改正)10条3号。以下，「党規約」と略す)。
60) 中共中央「中央政法委員会の設立に関する通知」(1980年1月24日)により設置された(筆者未見。その内容については『公安大事要覧』448頁，『政法委職能』70〜71頁を参照)。
61) 1991年の中共中央・国務院「社会治安総合対策の強化に関する決定」(2月19日)により設置された。なお，これは全国の社会治安総合対策活動[社会治安綜合治理]に対する

[政法工作][62]に関する重大問題を検討し，中央に提案すること，②政法業務について各地から寄せられる伺報告を中央が処理する際の補助，③政法各部門の活動を調整し，これらに共通する全局的な問題について，中央の方針・政策・指示に基づき，認識を統一し，統一的に計画を立て，行動を統一すること，④中央の方針・政策，国の法令を徹底執行しているかの調査・研究，⑤政法隊伍の組織状況および思想状況の調査・研究，⑥中央から指示された他の活動を行う。なお，後者については後述2.2.1参照。

地方も同じ枠組みであり，各クラス(省－地区－県クラス[63])に地方党委員会が，またその下には同政法委員会[64]および同社会治安総合対策指導機構が設置され，両者は組織の一体化[合署辦公]が指示されている[65]。ただし，後者は郷クラスや[街道][66]にも設置される(以下，党委員会を「党委」と，また政法委員会を「政法委」と略すことがある)。

他方，国家機関は国家権力機関である各級人大を基軸として展開される。各級人大は一府両院を組織・監督し，一府両院は同級人大に責任を負う(憲法3条3項)。なお，郷クラスには裁判所・検察院は置かれない。また，各級

　　党中央・国務院の指導を補助するための常設機構と位置づけられている(『法律年鑑(1992)』889～890頁参照)。

62)「[政法工作]とは，党委員会およびその政法委員会の統一的指導の下で，警察，検察，裁判所，司法行政，国家安全などの部門が分担協力し，共同で国の刑事，民事，訴訟，国家安全などの基本法を実施する[工作]である」(『政法委職能』8頁)。なお，[工作]とは活動，業務，仕事などを意味する。

63)『現代中国法』45, 48頁〔田中〕参照。なお，「地区クラス」と後述の「市クラス」の関係については後掲注68)参照。

64) 中共中央「社会の安定を守り，政法業務を強化することに関する通知」(1990年4月2日。『十三大以来(中)』998頁以下)六によると，地方党委政法委員会の職務は「中央政法委員会の職責・任務を参照することができ，各省・自治区・直轄市の党委員会が確定する」。

65) 前掲注61)の決定参照。

66)[街道]とは，市轄区・区を置かない市の人民政府の派出機構である[街道辦事処](地方組織法68条3項)が置かれる行政単位を指す(天児慧ほか編『岩波現代中国事典』(岩波書店，1999年)103頁〔田原史起〕参照)。

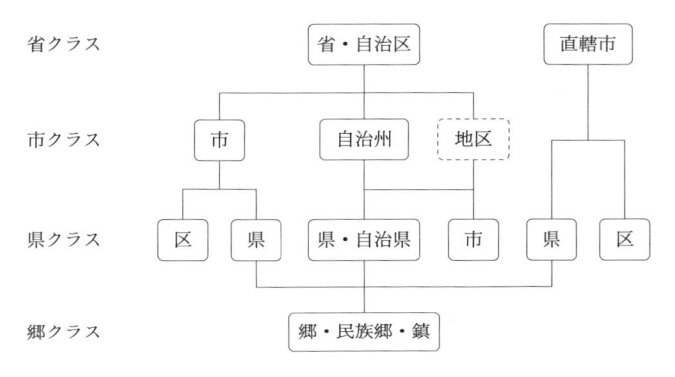

```
省クラス              省・自治区          直轄市

市クラス        市      自治州    [地区]

県クラス     区  県   県・自治県  市    県   区

郷クラス              郷・民族郷・鎮
```

図 1-1　地方各級人大

注：実線内には人大が設置され，点線で囲んだ「地区」には人大が設置されず，上級政府の派出機構が置かれる。
出典：蔡定剣『中国人民代表大会制度(第 4 版)』(法律出版社，2003 年)218 頁，崔乃夫主編『中国民政詞典』(上海辞書出版社，1990 年)70 頁を元に作成。

人大間に指導関係は存在しない[67]。

　地方各級人大には，①省クラス人大(省・自治区・直轄市)，②市クラス人大(区を置く市・自治州)[68]，③県クラス人大(区を置かない市・県・区・自治県)，④郷クラス人大(郷・民族郷・鎮)の 4 クラスがある(30・95 条[69])。図 1-1 参照。なお，

---

67) 蔡定剣『中国人民代表大会制度(第 4 版)』(法律出版社，2003 年)250～251 頁参照。
68) かつてはこのクラスのほとんどは，人大が設置されず，省クラス政府の派出機構が置かれる「地区」であった(地方組織法 68 条 1 項)。しかし，1983 年の改革により，区を置く市が大幅に増加した(劉君徳主編『中国行政区劃的理論与実践』(華東師範大学出版社，1996 年)374～376 頁〔同・靳潤成〕参照)。2002 年末時点では，区を置く市が 272 単位，自治州が 30 単位，地区(盟)が 27 単位となり(史衛民・劉智『間接選挙(上)』(中国社会科学出版社，2004 年)303 頁参照)，このクラスの行政区画の 9 割以上で人大が組織されるようになっている。なお，講学上このクラスの呼称は統一されていないが，その 8 割を「区を置く市」が占めることから，本書ではさしあたり，「区を置く市クラス」の省略形として「市クラス」と呼ぶことにする(省・県クラスにも「市」(直轄市・区を置かない市)があることに留意されたい)。
　また，これに類似する概念として，党・行政実務上の用語である「地区クラス市／県クラス市」がある(なお，地区クラス市は省轄市とされる。崔乃夫主編『中国民政詞典』

全ての地方の各級人大がこの4クラスで構成されているわけではない)。

　刑事司法の主な担い手は，警察・検察院・裁判所である(中国では「公検法」(公安・検察院・法院)と呼ばれる)。これらはいずれも県クラス以上の4クラスに設置される(同一系統の縦のラインは[条条]と，また一地方における地方党委員会を頂点とし，人大の下に一府両院がある同級党・国家機関のつながりは[塊塊]と呼ばれている。以下，それぞれ「縦ライン」，「地方ブロック」と呼ぶ)。

　警察は政府の業務部門であり，各級警察は，同級政府の指導を受けるとともに，上級警察の指導も受ける。また，警察部([部]は日本の省に相当する)は全国の警察を指導する(地方組織法66条)。なお，県クラスの市・県・自治県警察局は業務の必要に応じて警察派出所を置く[70]。

　裁判所は，最高人民裁判所を頂点として，高級人民裁判所，中級人民裁判所，基層人民裁判所の各級地方人民裁判所(以下，それぞれ「最高裁」，「高裁」，「中裁」，「基層裁」と略す)，および軍事裁判所などの専門人民裁判所がある(裁判所法2条)。検察もこれとパラレルに設置される(検察院法2条。また，各級検察院を裁判所の略称と同様に(例えば最高人民検察院を「最高検」と)略す)。なお，基層裁の分廷として人民法廷[人民法庭]がある(裁判所法20条)。

　最高裁は下級裁判所の裁判業務を，また上級裁判所は下級裁判所の裁判業務を監督する(憲法127条2項)。最高検は下級検察院の業務を，また上級検察院は下級検察院の業務を指導する(132条2項)。また先述のように各級裁判所・検察院は同級人大の監督も受ける。

　　(上海辞書出版社，1990年)101頁参照)。実際上，両者はほとんど重なり合うが，人大のクラスにおいて県クラスである「区を置かない市」の中には，「地区クラス市」とされる市があるため(2002年末時点では広東省の東莞市および中山市，ならびに海南省の三亜市の3市)，完全には一致しない(以上について史衛民ほか・同上参照)。これは極めて例外的な存在であるため，本書では論外に置く。
69) なお，民族区域自治法(全国人大常委会1984年5月31日採択，2001年2月28日改正)15条1項参照。
70) 警察派出所組織条例(全国人大常委会1954年12月31日採択，同日公布)1条，警察機関組織管理条例(国務院2006年11月1日採択，同月13日発布，2007年1月1日施行)6条参照。

1. はじめに　29

　そして以上の 3 者は，「刑事事件を処理する際に，分業して責任を負い，相互に協力し，相互に制約し，もって法律の正確かつ効果的な執行を保証しなければならない」(憲法 135 条。刑訴法 7 条，旧刑訴法 5 条も同旨)とされる。

　最後に，裁判官について見ておく。本書では裁判官法上の［法官］を裁判官と呼ぶ。これは所長，副所長，裁判委員会委員(以下，「裁判委員」と略す)，廷長，副廷長，判事［審判員］および判事補［助理審判員］[71] を指す(2 条)。また，「裁判人員」［審判人員］という概念もある。これは裁判官よりも広く，人民参審員[72] も含まれる[73]。このほか，本書では所長，副所長，裁判委員，廷長および副廷長を「裁判所管理職」と呼ぶ。

　なお，廷長について補足説明しておく。中国の裁判所において，判事・判事補は刑事(裁判)廷，民事(裁判)廷などの裁判廷(「業務廷」とも呼ばれる)に配属され，そこで複数の合議廷［合議庭］が構成される。廷長はこうした裁判廷の管理職である。なお，裁判所の規模によっては，刑事第 1 廷，刑事第 2 廷

---

[71] これまで［審判員］・［助理審判員］は「裁判員」・「裁判員補佐」と訳されることが多かったが，日本で「裁判員制度」が実施され，誤解を招くおそれが生じたため，本書ではさしあたりこれらを「判事」・「判事補」と訳す。

[72] 人民参審員［人民陪審員］は選挙権・被選挙権を有する満 23 歳以上の国民［公民］から選ばれ(裁判所法 38 条 1 項)，職務執行に際しては，「判事と同等の権限を有する」(同 2 項，刑訴法 147 条 3 項，旧刑訴法 105 条 3 項)。以下，単に「参審員」と呼ぶ。なお，憲法 33 条 1 項によると，「およそ中華人民共和国国籍を有する人は，いずれも中華人民共和国［公民］である」。本書では，［公民］が国籍保有者を意味するという理由から，これを「国民」と訳す(なお，許崇徳主編『中国憲法(修訂本)』(中国人民大学出版社，1996 年)399 頁，中国研究所編『中国基本法令集』(日本評論社，1988 年)478 頁〔浅井敦〕，高見澤磨「中国(解説)」高橋和之編『世界憲法集(新版)』(岩波書店，2007 年)497 頁など参照)。

[73] 周道鸞主編『法官法講義』(人民法院出版社，1995 年)20 頁参照。なお，裁判所法 3 章「人民裁判所の裁判人員その他の人員」には「裁判委員」が規定されていない。そのため，例えば《法学詞典》編輯委員会編『法学詞典(増訂版・第 2 版)』(上海辞書出版社，1984 年)592 頁は「裁判人員」にこれを含めない。しかし実際上，裁判人員の任免において裁判委員が任免されていた(例えば「全国人大常委会任免最高人民法院審判人員名単」(1990 年 9 月 7 日)『法院公報全集(85-94)』1006 頁参照)。なお，裁判官法 2 条は明示的に裁判委員を裁判人員に含める。

といった具合に複数の刑事廷が置かれる[74]。

1.5.2 刑事手続の概要

刑事手続は公訴事件と自訴事件に分かれるが，厳打の対象とされる犯罪の大部分は，公訴事件，とりわけ警察が捜査を担う事件[75]である(以下，これを「警察扱いの事件」と呼ぶ)。この場合は，警察が[立案]・捜査を行い，検察の起訴を経て，裁判に至る[76]。以下では本書の論述に必要な限りにおいて，旧刑法・刑訴法(原則として制定時点)に則して[77]，その手続の流れを概観する[78](以下，条番号は原則として旧刑法・刑訴法を指す)。

1.5.2.1 立案・捜査

刑事訴訟は[立案]と呼ばれる刑訴法上の手続から始まる[79]。立案の端緒に

---

74) 各刑事廷間の業務分担のあり方は全国一律ではない(なお，最高裁「地方各級人民裁判所機構改革に関する実施意見」(1996年8月11日)および同添付の「地方人民裁判所内設機構職責」参照)。鈴木賢が1993年秋から1994年夏にかけて行った調査結果によると，例えば，長春市中裁では刑事1廷が無期懲役以上の犯罪事件の1審を，同2廷が2審を担当するという(同「中国における市場化による『司法』の析出——法院の実態，改革，構想の諸相」小森田秋夫編『市場経済化の法社会学』(有信堂，2001年)241～242頁)。

75) 旧刑訴法13条によると，自訴事件および「公務上横領の罪，国民の民主的権利を侵害する罪，涜職の罪および人民検察院が自ら直接受理する必要があると認めるその他の事件」以外の事件である。なお，全国人大常委会「国家安全機関が警察機関の捜査，逮捕，[預審]および勾留執行の職権を行使することに関する決定」，同「中国人民解放軍保衛部門が軍隊内部で発生した刑事事件について警察機関の捜査，逮捕，[預審]および勾留執行の職権を行使することに関する決定」(1993年12月29日採択)参照。

76) 中国では一般に立案→捜査→起訴→裁判→執行，というそれぞれ独立の訴訟段階の順に進んでいくものと把握されている(旧法につき王国枢主編『刑事訴訟法概論』(北京大学出版社，1981年)183頁〔同〕，陶髦主編『刑事訴訟法学』(高等教育出版社，1993年)73頁〔徐静村〕，現行法につき程栄斌主編『刑事訴訟法(第2版)』(中国人民大学出版社，2005年)6頁〔郝銀鐘〕，宋英輝・前掲注14)5頁〔同〕など参照)。

77) 現行法については本論において適宜補足する(特に4.2参照)。

78) 附帯民事訴訟手続は割愛する。

79) 中央政法幹校刑法・刑事訴訟法教研室編『中華人民共和国刑事訴訟法講義』(群衆出版社，1982年)284～285頁参照。

は告訴［控告］，第三者の申告［検挙］，自首などがあり[80]，自己の管轄範囲内で「犯罪事実があり刑事責任を追及する必要があると思料するときは立案しなければならない」(刑訴法59・61条)。なお，立案後に［被告人］[81]の刑事責任を追及すべきではないことが判明したときは，立案が取り消される(94条。これを［撤案］と呼ぶ)[82]。

立案が決定されれば刑事事件としての捜査が始まる。捜査は「専門調査活動」と強制処分［強制措施］に分かれる(58条1号)。前者は［被告人］の取調べ，証人への事情聴取，検証・検査，捜索・差押え，鑑定などを指す[83]。［被告人］に黙秘権は認められておらず，「捜査員の質問にありのままに回答しなければならない」(64条)。また，拷問を筆頭とする違法な証拠収集は厳禁されている(32条)が，そのことが違法収集証拠の排除に直結するわけではない[84]。

強制処分[85]には，勾引［拘伝］，担保提供による身柄の不拘束［取保候審］，住居監視［監視居住］，逮捕［拘留］[86]，勾留［逮捕］がある。特に厳打に関連が深いのは逮捕・勾留と考えられるため，以下，両者をやや詳しく見ておこう。

まず，逮捕とは緊急時に勾留相当の現行犯・重大被疑者に対して採る臨時

---

80) 陶髦・前掲注76)239頁〔崔敏〕，中央政法幹校刑法、刑事訴訟法教研室・前掲注79)286〜287頁など参照。

81) 旧刑訴法は立案以降の刑事訴訟の対象を，「被疑者」と「被告人」とを区別せず，［被告人］と総称する。

82) 刑事責任を追及すべきではないとされても，治安管理処罰または労働矯正に処せられる可能性はある。このことは不起訴処分・無罪判決の場合でも同様である(例えば李士英主編『当代中国的検察制度』(中国社会科学出版社，1988年)220頁，陳興良「当代中国的刑法理念」国家検察官学院学報2008年3期138頁参照)。

83) 中央政法幹校刑法、刑事訴訟法教研室・前掲注79)294〜295頁など参照。

84) なお，最高裁「刑事事件審理手続に関する具体的規定」(1994年3月21日発布・施行。以下，「最高裁刑事手続規定」と呼ぶ)45条は「およそ拷問による自白の強要または脅迫，誘引，偽計等の違法な方法で取得した証人の証言，被害者の陳述または被告人の供述であることが確かめられたときは，証拠として使用することはできない」とし，違法収集供述証拠の排除を定める。

85) 中国では身柄の拘束・制限に関する(対人的)強制処分を［強制措施］と呼んでいる。

86) ここでいう［拘留］は［刑事拘留］である。

的な自由制限処分である(41条)[87]。その対象は日本でいう緊急逮捕および現行犯逮捕に近いが，執行の際には「必ず逮捕状[拘留証]を提示しなければならない」(43条1項)[88]。ただし，その発付権限者は県クラス以上の警察責任者であり，それは裁判官令状ではない[89]。

次は勾留である。警察は「主要な犯罪事実が明らかになっており，懲役以上の刑の言渡しを受けるであろう被疑者について，担保提供による身柄の不拘束，住居監視等の方法によっても，なお社会危険性の発生を防止するに足りず，勾留の必要性があるとき」(40条1項)，同級検察院に勾留を請求する(45条前段)。

警察は逮捕を経ずに直接勾留承認を請求することができる。検察は審査後，その承認，不承認または補充捜査を決定しなければならない(47条)[90]。逮捕後に勾留する場合，警察は[被告人]逮捕後，最長で7日以内(原則3日以内)に勾留を請求しなければならない。検察は3日以内にそれに対して承認または不承認[91]を決定しなければならない(よって，逮捕に伴う身柄拘束は最長で10日間

---

87) 陶髦・前掲注76) 134頁〔崔敏〕参照。
88) そのため「実務では警察機関が被疑者[人犯]を逮捕するときは，通常，現行犯を強制的に警察機関に引致してから逮捕手続を行って逮捕し，時間的に間に合うものについては逮捕状による逮捕[有証拘留]を執行する」(李忠誠『刑事強制措施制度研究』(中国人民公安大学出版社，1995年)236〜237頁)といわれている。なお，「現行犯を強制的に警察機関に引致〔する〕」処分は不明である。可能性としては収容審査や職務質問(2.1，2.2.2.1，4.2参照)，あるいは治安管理処罰条例(現在は治安管理処罰法)上の強制召喚(〔強制伝喚〕。86年改正時に明文規定された)が考えられる。また，「『人犯』とは，刑法に反し，法により強制処分を採るべき，またはすでに強制処分を採った者を指す。一般的に，警察機関が事件の捜査・預審の段階において，法により逮捕，勾留または身柄拘束している者を，担保提供による身柄の不拘束，住居監視などの強制処分を採られた者も含み，『人犯』と呼ぶ」と説明される(「如何具体運用"人犯"、"被告人"、"犯人"和"罪犯"這些称呼？」人民公安1983年6期(CD)39頁)。「未決囚」と訳すのが適切な場面も想定されるが，ここでは「被疑者」と訳しておく。
89) 王景栄主編『公安法制通論』(群衆出版社，1994年) 83頁〔邵振翔〕参照。
90) 「主要な犯罪事実が不明瞭で，証拠が不足している」場合は補充捜査意見書を付して警察に差し戻す(最高検「人民検察院刑事検察業務試行細則」(1980年7月21日) 10条1項)。
91) 警察は1級上の検察院に再議を請求することができ，意見が受け入れられなかった場

となる)。不承認の場合,警察は[被告人]を直ちに釈放しなければならない(48条1項)。

勾留それ自体の期間について法規定はない。しかし,捜査過程全体における身柄拘束期間は原則2ヶ月とされており(92条1項前段)[92],これには逮捕の期間も含まれる[93]。

以上の過程を経て,捜査を終結するにあたり,警察は起訴意見書または起訴免除意見書を作成し,一件記録とともに送検する(93条2項)。こうして手続は「起訴審査」と呼ばれる段階に移行する。

1.5.2.2 起　訴

警察から事件送致を受けた後,検察は原則1ヶ月以内(重大・複雑事件は半月延長可)に起訴・起訴免除・不起訴のいずれかを決定しなければならない(97条)[94]。

(1)　起訴　「犯罪事実がすでに明らかになっており,証拠が確実で,十分で,法により刑事責任を追及すべきと認めるとき」(100条)は起訴を決定しなければならない。起訴する場合は起訴状とともに一件記録を裁判所に提出する。

(2)　起訴免除　「刑法規定により刑を言い渡す必要がない,または刑を免除するとき」(101条)は,起訴を免除することができる[95]。なお,これは検察による有罪の認定であり,刑の免除の判決と同等の法的効力を有するとされる[96]。

(3)　不起訴　①情状が顕著に軽く,危害が大きくなく,犯罪と認められ

合には,さらに上級検察に再審査を請求することができる(49条)。
92) 期間延長手続について92条参照。なお,2.1参照。
93) 最高裁・最高検・警察部「捜査の身柄拘束期間をいつから起算するかの問題に関する連合通知」(1981年3月18日)参照。
94) 起訴免除・不起訴を決定したときは,直ちに釈放しなければならない(102条1項,104条2項)。
95) 起訴免除決定に対する警察の再議・再審査の請求,および被害者の[申訴](不服申立て)については102条2・3項参照。
96) 陶髦・前掲注76)273頁〔同〕参照。

表 1-1　事物管轄対応表

1 審	事件内容
基層裁	上級裁判所が管轄しない通常事件
中裁	①反革命事件，②無期懲役・死刑を言い渡す通常事件[97]，③渉外事件
高裁	全省(直轄市，自治区)的な重大事件
最高裁[98]	全国的な重大事件

ないとき，②訴追時効が完成したとき，③特赦令により刑が免除されたとき，④被害者等の訴えを待ち処理すべき事件について，被害者等が訴えていない，または訴えを取り下げたとき，⑤被告人死亡などに該当するときは，不起訴を決定しなければならない(104・11 条)。

なお，補充捜査が必要な場合には，警察に差し戻すか，または自ら捜査を行う。その期間は 1 ヶ月以内とされている(99 条)が，その回数は規定されていない。

1.5.2.3　裁　　判

(1)　1 審の管轄

1 審裁判所は土地管轄と事物[級別]管轄により決まる[99]。土地管轄は原則として犯罪地の裁判所が有する(19 条)。事物管轄は事件の性質や刑期を基準とする(14～17 条)。具体的には表 1-1 のとおりである。

(2)　公　　判

裁判所はまず「公訴を提起された事件を審査し，犯罪事実が明らかで，証拠が十分なものについては，開廷して裁判を行うことを決定しなければならない。主要な事実が不明で，または証拠が不十分であるときは，人民検察院

---

97) 原文は[判処無期徒刑、死刑的普通刑事案件]であるが，最高裁・最高検・警察部「刑法・刑事訴訟法実施におけるいくつかの問題に関する連合通知」(1979 年 12 月 17 日)一では，「無期懲役または死刑を言い渡すであろう」[可能判処無期徒刑、死刑]事件が中裁の管轄とされた。

98) 最高裁の判決・裁定は終審判決である(143 条)。

99) 管轄の競合・不明の解決方法については 20・21 条参照。なお，事物管轄の例外について 18 条参照。

に補充捜査のため差し戻すことができる。刑を言い渡す必要のないときは，人民検察院に起訴の取下げを請求することができる」(108条)。これは実質的には予審である[100]。また，裁判所は必要に応じて「検証，検査，捜索，差押えおよび鑑定を行うことができる」(109条)。なお，補充捜査の回数について明文規定はない。

開廷決定後，合議廷構成員の確定，起訴状謄本の送達，弁護人依頼権の告知などの公判準備がなされる(110条1項)。弁護人はこの段階になりようやく一件記録の閲覧，拘禁中の被告人との接見・交通といった弁護活動を開始できる。なお，中国では弁護士代理の原則が採られておらず，弁護士以外にも①人民団体・被告人の所属先が推薦した者，または裁判所が許可した国民，および②被告人の親類・監護人が弁護人となることができる(26条2・3号)。ただし，弁護人が弁護士である場合([弁護律師]。以下，「弁護士弁護人」と呼ぶ)とは異なり，これらの弁護人が上の弁護活動を行う際には，裁判所の許可が必要となる(29条)。

実際に事件の裁判を担う裁判体(以下，単に「裁判体」と呼ぶ)は，判事1名の単独制または判事および参審員からなる合議制である(刑訴法105条。表1-2参照)。

公判手続は職権主義が採られる。罪責が軽微で裁判所が同意した場合には，検察官は出廷しなくともよい(112条1項)。証拠調手続において，公訴人の起訴状朗読後，真っ先に被告人を尋問[審問]するのは裁判官であり，また物証を提示し，当事者に弁別させるのは裁判人員の職責である(114・116条)。その後の法廷弁論手続においては，公訴人，被害者が発言した後，被告人が陳述・弁護し，弁護人が弁護し，相互に弁論する。裁判長の終了宣言の後に，被告人は最終陳述をすることができる(118条)。なお，合議廷が証拠不十分と判断し，または新たな事実を発見した場合には，検察に補充捜査のために差し戻し，または自ら調査することができる(123条3号)。

---

100) 浅井敦「中国刑事法の特色と問題点」平野龍一・同編『中国の刑法と刑事訴訟法』(東京大学出版会，1982年)36頁参照。

表1-2　裁判体の構成

1審	基層裁・中裁	判事1名および参審員2名による合議制 軽微な刑事事件は判事1名による単独制
	高裁・最高裁	判事1～3名および参審員2～4名による合議制
2審		判事3～5名による合議制

　合議廷の評議は多数決による(106条前段)。なお，重大・難解事件については，所長が必要と判断すれば，裁判委員会に付議する。そして合議廷はその決定を執行しなければならない(107条)。合議廷のみでは裁判の決着がつかないことが法的に制度化されている(裁判委討議制)。

(3)　上　　訴

　上訴(検察による上訴は[抗訴][101]と，またそれ以外の者(例えば被告人)による上訴は上訴と呼ばれる。以下，それぞれ「プロテスト」，「上訴」と呼ぶ)は，判決書を受け取った翌日から10日以内(裁定は5日以内)に1級上の裁判所にこれをする(129条1項，130・131条)[102]。上訴理由に特に制限はない。他方，プロテスト理由は「同級人民裁判所の1審の判決または裁定に確かに誤りがあると認めるとき」であり，この場合，プロテストは検察の義務である(130条)。なお，上級検察院が下級検察院のプロテストを不当と認めたときは，それを取り下げることができる(133条2項)。

　上訴・プロテスト提起期間を徒過した場合，当該判決・裁定は法的効力を生じ[発生法律効力]，執行に移される(以下，法的効力を生じることを「発効する」と表現し，発効した判決および裁定を「発効裁判」と呼ぶ)[103]。また，終審の判決・

---

[101] [抗訴]は検察による上訴に対する呼称には限られず，本来的には法律監督機関である検察が法律監督として裁判所に対してなす訴訟行為の呼称である(梁国慶主編『検察業務概論』(中国検察出版社，1991年)292, 294～295頁)。そのため，検察による再審の申立ても[抗訴]と呼ばれている。本書ではこれも「プロテスト」と呼ぶ。

[102] 具体的な申立手続については，このほか132・133条も合わせて参照されたい。

[103] 中国法の「発効」は日本法の「(裁判の)確定」と誤解しやすい概念である。両者を厳密に区別しなければならない理由については，滋賀・前掲注49)255～257頁を参照されたい。

裁定および次に見る最高裁(高裁)に許可された死刑(死緩)判決も発効裁判である(151条)。

2審では1審の事実認定および法適用について全面的に審査を行わなければならず(覆審制),しかも上訴・プロテストに拘束されない。また,共犯事件について一部の被告人のみが上訴したときには,「事件全体について審査を行い,一括して処理しなければならない」(134条)。

上訴のみの場合は不利益変更禁止の原則([上訴不加刑]と呼ばれる)が働く(137条)。

1.5.2.4 死刑制度

死刑には「即時執行死刑」[死刑立即執行]と「執行延期2年付死刑」[104)[死刑緩期二年執行]がある(以下,「死刑」は特に注記がない限り「即時執行死刑」を意味するものとする。また,後者を「死緩」と呼ぶ)。なお,死緩は独立した刑種ではなく,死刑の執行方法の1つにすぎないとされている[105)]。

死刑は「罪が重く極悪な[罪大悪極]犯罪者にのみ適用する」(刑法43条1項前段)。他方,死緩は「死刑を言い渡すべき犯罪者が,直ちに執行しなければならないわけではないとき」(同項後段)に適用される。2年の延期期間中に確かに改悛したと認められたときには,期間満了後無期懲役に減刑され,さらに功績があったときには期間満了後15年以上20年以下の有期懲役に減刑される。逆に,改造を拒み情状が悪質であることが確かめられたときは,最高裁の裁定または許可により死刑が執行される(46条)。

また,「犯罪時に18歳未満の者および裁判時に懐胎している女子には死刑

---

104) [緩期執行]は「執行猶予」と訳されることが多い。しかし,中国刑法には日本刑法でいう「執行猶予」に相当する[緩刑]という制度がある。その猶予期間経過の効果は,刑の執行の免除(70条前段。現行法76条も同じ)であり,条件付刑の執行免除主義による執行猶予である(浅井・前掲注100)21頁参照)。これに対し[緩期執行]の結果は,死刑執行か減刑であり,両者は法的効果の点で質的違いがある(浅井敦「『執行延期付き死刑』について」法律のひろば34巻4号(1981年)69頁参照)。さらに,日本では中国の[死刑緩期二年執行]に示唆を受けた同様の制度を「死刑執行延期制度」と名付けて議論していることも考慮して,本書ではこれを「執行延期」と訳す。

105) 『教材刑法学』237頁参照。

を適用しない。満16歳以上18歳未満の者で，その犯行が特に由々しいときには，執行延期2年付死刑を言い渡すことができる」(44条)。本条前段の「死刑を適用しない」とは，学説上，「死刑を言い渡さないことを指し，満18歳になってから，または分娩してから死刑を執行することを指すものではない」[106]とされている。

　死刑は最高裁が判決・許可しなければならないが，死緩は高裁が判決・許可することができる(43条2項)。そして中国では死刑・死緩の許可を求める手続を「死刑再審査手続」[死刑復核程序]と呼ぶ。これは，[少殺]政策(死刑を厳格に抑制する政策)の徹底および誤判による死刑の防止のために[107]，わざわざ設けられた手続である。具体的には以下の3パターンがある。

　①中裁が1審で死刑を言い渡した場合に，被告人が上訴しなかったときは，高裁の審査[108]を経て，これが最高裁に許可を請求する。高裁が同意しないときは，破棄した上で，自判するか，または差し戻す。

　②高裁が1審で死刑を言い渡し，被告人が上訴しなかったとき，およびこれが2審で死刑を言い渡したときは，これが最高裁に許可を請求する。

　③中裁が死緩を言い渡したときは，これが高裁に許可を求める(刑訴法145・146条)。

1.5.3　解 釈 制 度

　中国法において「解釈」という場合，それは日本で通常いうところの解釈，すなわち裁判官が裁判において法を適用する際に行う解釈だけにとどまらない。中国法にはさらに，「立法解釈」，「司法解釈」，「行政解釈」と呼ばれる制度が存在する[109]。

---

106)『教材刑法学』235頁。
107) 中央政法幹校刑法、刑事訴訟法教研室・前掲注79)390～391頁参照。
108) これは2審ではないが，高裁は「必ず被告人を取り調べ[提審]，事実および証拠を確認しなければならない」(最高裁「死刑再審査事件の報告のいくつかの規定に関する通知」(1979年12月12日，1980年1月1日施行)(二))。
109) 立法解釈についてはすでに拙稿「中国における立法解釈活発化の背景──刑法の立

これらは学説上の呼称であり，それぞれ解釈決議[110]が定める次の主体による「解釈」を指す。すなわち，立法解釈は全国人大常委会が，司法解釈は最高裁および最高検が単独または連名で，そして行政解釈は国務院・主管部門が行う「解釈」を指している。以下では，立法解釈と司法解釈を簡単に説明しておこう。

　まず，立法解釈は，法律上「法律解釈」と呼ばれている。立法法(全国人大2000年3月15日採択，7月1日施行)42条は，「法律解釈権は全国人民代表大会常務委員会に属する」(1項)とし，立法解釈が全国人大常委会の専権事項であることを明示した上で，立法解釈を行使する事由を①「法律の規定について，具体的な意味をさらに明確にする必要のあるとき」(2項1号)，②「法律制定後に生じた新たな状況について，適用する法律の根拠を明確にする必要のあるとき」(同項2号)と定める(なお，憲法67条4号，解釈決議1条参照)。①は日本で一般的にいわれている「法の意味内容の説明」という意味での解釈に相当する。他方，②はどのように法律を適用するかについての指示である[111]。後(4.3.2参照)に検討する刑法についての立法解釈は，内容上，①にカテゴライズされると考えられる。そして，立法解釈は「法律と同等の効力を有する」とされている(47条)。

　次に，司法解釈とは，最高裁(最高検)が裁判(検察)活動における法の具体的運用の問題についてなした「解釈」である(解釈決議2条)。事が裁判活動と検察活動の両者に及ぶ場合は，最高裁と最高検(以下，「両高」と総称する)の連名で司法解釈が行われることもある[112]。また，両高の間で解釈に原則的な相

　　法解釈を素材として」社会体制と法4号(2003年)87頁以下で論じたことがあるため，本書ではこれを引用する形で説明していく。
110) 旧法として全国人大常委会「法律解釈の問題に関する決議」(1955年6月23日採択)があるが，本書で取り上げる立法解釈および司法解釈のほとんどが解釈決議の下で制定されたものであるため，割愛する。
111) 劉明利編『立法学』(山東大学出版社，2002年)214〜215頁は，その具体例として，香港住民の国籍について，如何に国籍法を適用するかについて定めた「『国籍法』を香港特別行政区で実施する際のいくつかの問題の解釈」(1996年5月15日採択)を挙げる。
112) 警察部や司法部が加わり，両高と連名で出す文書もある。この場合，当該文書を何

違があるときに，全国人大常委会に解釈(＝立法解釈)または決定(＝立法)を求める。

司法解釈(以下，最高裁のそれに焦点を絞る)は一般に文書で示されるが，最高裁が出した文書の全てがそれに当たるわけではない。だが従来，その形式は定められておらず，またその法的な効力[113]も明らかではなかった。そこで最高裁「司法解釈業務に関する若干の規定」(1997年7月1日施行)が制定され，「解釈」，「規定」，「批復」の3種類の形式を定め(9条)，「法律効力を有する」(4条)とした。現行規定である最高裁「司法解釈業務に関する規定」(2007年4月1日施行)は，法的効力については旧規定4条を踏襲した(5条)が，形式については「決定」を追加した(6条)。

なお，下級裁判所への業務命令(例えば，「法により重く速く」裁判せよと指示するなど)といった性格の文書もある。これについては，法の「具体的運用の問題」についての解釈と呼ぶべきかには疑問があり，また誤解を招く元ともなり得るため，本書では「通達」と呼ぶことにする。

と呼ぶかについて定説はないようである。なお，裁判官は最高検の司法解釈があったとしても，「これを根拠に犯罪認定・量刑を行ってはならない」とされている(「41. 人民法院能否参照最高人民検察院的司法解釈定罪量刑？」最高人民法院《人民司法》編輯部編『司法信箱集(第3輯)』(人民法院出版社，2002年)48頁)。したがって，受け取る側にとって重要なのは，当該文書を何と呼ぶかではなく，自己が所属する系統の最高機関(例えば裁判官なら最高裁，検察官なら最高検)がその文書を発したかどうかであると考えられる。またそのため，他の国家機関と歩調を合わせる必要がある場合には，連名で司法解釈・行政解釈が出されるのである(尹伊君・陳金釗「司法解釈論析──関於伝統司法解釈理論的三点思考」政法論壇1994年1期35頁参照)。

113) 1997年規定以前においては，「司法解釈には普遍的な司法効力がある。すなわち，司法解釈がひとたび発布されれば，法律に次ぐ効力を有し，各級国家司法機関は事件の審理に際して必ず遵守[遵照]して執行しなければならない」とされていた(周道鸞「新中国司法解釈工作的回顧与完善司法解釈工作的思考」最高人民法院研究室編『中華人民共和国最高人民法院司法解釈全集』(人民法院出版社，1994年)1頁)。

I　裁判の実像──厳打を素材に

本部の狙いは、裁判のあり方に着目して、実際の厳打がどのように行われているのかを実証的に明らかにした上で、そこでの裁判とは一体何であったのかを帰納的に示すことである。

論述の順序は以下のとおりである。まず2章では、文革終結以降(1976年)から83年厳打までにおける治安状況、および犯罪対策としてどのような措置が講じられたのかを見る。次いで3章では、初めての厳打である83年厳打[1]において、どのようなことが行われたのかを明らかにする。そして、ここで中間考察を行い、83年厳打を定式化した上で、そこでの裁判とは一体何であったのかを帰納的に示す。最後に4章では、3章で示した定式を手がかりに、裁判のあり方を軸として、83年厳打以降に行われた厳打を素描する。

なお本部においては、実証的に厳打の実際を解明していこうとするため、統計データを多用する。データの多くは公式データであるが、中国の犯罪に関する統計データについては、いわゆる「暗数」に特に注意しなければならない。むろん、犯罪に関する統計データの暗数はどこの国にも存在するものであるが、中国の統計上の暗数問題、特に立案件数のそれはかなり深刻である。例えば、1976年から2004年までの各年の立案件数、検挙[2]件数、1審

---

1) ここで「初めて」というのは、決して厳打期に行われた「こと」についていっているのではない。ここで「初めて」というのは、「厳打」と呼ばれるキャンペーンが初めて行われた、ということである。ここでこうした回りくどい表現をするのは、後述するように類似の現象がそれ以前にもあったからである。
2) 「検挙」[破案]は警察内部の手続である。警察部「警察機関刑事事件処理手続規定」(1987年3月10日)17条1項によると、「犯罪者および主要な犯罪事実がすでに判明し、かつ、確実な証拠を取得し、検挙[破案]すべきときは『検挙報告表』を作成しなければならない」。そしてそれは一般に、被疑者を特定し、証拠収集も一段落し、強制処分などにより被疑者の身柄を確保して刑事手続を進めることができるようになった状態を指す(例えば高文英・厳明主編『警察法学教程』(警官教育出版社、1999年)308頁、『厳打的理論与実践』140頁〔梁永生〕など参照)。警察内部において、検挙までは捜査部門が捜査を担当し、検挙後は[預審]部門がそれを引き継ぎ、送検に向けて詳細な取調べ[預審]が行われる(上記規定17条2項、楊殿升・張若羽・張玉鑲編『刑事偵査学(第2版)』(北京大学出版社、1993年)228頁〔楊〕参照。以下、そのまま「預審」と記すが、「(裁判官)

表 I-1　立案・検挙・新受件数等状況表（1976～2004 年）

年	立案件数	検挙件数(A)	検挙率	新受件数(B)	B/A	判決発効人員
1976	488,813	317,258	64.9%	150,187	47.3%	147,970
1977	548,415	400,132	73.0%	205,321	51.3%	210,464
1978	535,698	385,782	72.0%	146,968	38.1%	144,304
1979	636,222	439,696	69.1%	123,846	28.2%	140,108
1980	757,104	538,425	71.1%	197,856	36.7%	197,134
1981	890,281	650,874	73.1%	232,165	35.7%	258,457
1982	748,476	579,039	77.4%	245,219	42.3%	275,223
1983	610,478	431,292	70.6%	542,648	125.8%	657,257
1984	514,369	395,735	76.9%	431,357	109.0%	600,761
1985	542,005	427,090	78.8%	246,655	57.8%	277,591
1986	547,115	433,426	79.2%	299,720	69.2%	325,505
1987	570,439	463,883	81.3%	289,614	62.4%	326,374
1988	827,594	626,494	75.7%	313,306	50.0%	368,790
1989	1,971,901	1,111,176	56.4%	392,564	35.3%	482,658
1990	2,216,997	1,265,172	57.1%	458,909	36.3%	582,184
1991	2,365,709	1,460,622	61.7%	427,840	29.3%	509,221
1992	1,582,659	1,079,517	68.2%	422,991	39.2%	495,364
1993	1,616,879	1,211,888	75.0%	403,267	33.3%	451,920
1994	1,660,734	1,298,005	78.2%	482,927	37.2%	547,435
1995	1,691,256	1,350,159	79.8%	495,741	36.7%	545,162
1996	1,600,716	1,279,091	79.9%	618,826	48.4%	667,837
1997	1,613,629	1,172,214	72.6%	436,894	37.3%	529,779
1998	1,986,070	1,264,635	63.7%	482,164	38.1%	533,794
1999	2,249,319	1,375,109	61.1%	540,008	39.3%	608,259
2000	3,637,307	1,644,094	45.2%	560,432	34.1%	646,431
2001	4,457,579	1,910,635	42.9%	628,996	32.9%	751,146
2002	4,336,712	1,925,090	44.4%	631,348	32.8%	706,707
2003	4,393,893	1,842,699	41.9%	632,605	34.3%	747,096
2004	4,718,122	2,004,141	42.5%	647,541	32.3%	767,951

注：立案・検挙件数は警察が立案・検挙した件数である。新受件数は警察扱い以外の公訴および自訴も含む。このように統計の対象が異なる点で，「B/A」には問題がある。だが，新受件数中の警察扱いの事件の比率が分からないことから，参考として示すことにする（以下同じ）。なお，1983 年から 1998 年までの新受件数の内，公訴事件が 91.3％を占める（『司法統計資料』(1984 年以前は「普通刑事一審案件統計表」，1985 年以降は「刑事一審案件統計表」)参照）。また，1986 年から 2004 年までの公訴事件の内，警察扱いが 93.5％を占める（『法律年鑑』(各年度版)参照）。このほか「判決発効人員」の 1980 年のデータについて，『司法統計資料』3 頁は「197,143」とするが，同 158・162 頁によると「197,134」となる。以下，本書では後者による。

出典：2000 年までの立案・検挙件数については，『公安大事要覧』各年末尾のデータを，1998 年までの新受件数・判決発効人員については『司法統計資料』1～4，158，162 頁を，これら以外については『法律年鑑』(各年度版)を参照した。なお，以下においても立案・検挙・新受件数等のデータを示すが，出典は本表と同じであるため，以下では一々出典を示さない。また，太字は本書で考察するキャンペーンが行われた年を示す。

新規受理件数(以下,「新受件数」と呼ぶ)および判決(狭義)が発効した人員(以下,「判決発効人員」と呼ぶ)をまとめた表Ⅰ-1を見ていただきたい。1989年の立案件数は前年比138.3%増(約114万件増)である。しかし,1989年になって実際の犯罪事件が一挙にこれだけ増えたわけではなく,主には,1988年に警察部が[立案不実]と呼ばれる問題(本来ならば立案すべき事件を立案せず,その結果,立案件数が実際よりも少なくなる問題)にメスを入れた結果であるといわれている[3]。

「立案不実」が生じる要因として,立案率(人口1万人当たりの立案件数)や検挙率(検挙件数÷立案件数×100)[4] が警察組織(または人員)の業務評価の基準の1つとなっていることが指摘されている[5]。立案率を下げるためには分子である立案件数を,また検挙率を上げるためには,分母である立案件数を減らせばよい,ということになる。これに対して,検挙件数は水増しされることはあっても,減らされることはないであろうと推測される。

さて,こうした暗数の存在を考えると,そもそも中国の立案件数は信頼できないのではないか,ということになろう。表Ⅰ-2はこうした「立案不実」の深刻さを示している。本表は警察部が1985,1987,1988年に全国の派出所の約1%を対象として行ったサンプル調査の結果である。本表から明らかなように,重大事件を含む全事件の実際の立案件数は,立案すべき件数の平均26.67%しかない(中国ではこれを[真実度]と呼んでいる)。つまり,4分の3近

予審」と混同しないよう留意されたい)。
3) 『法律年鑑(1990)』996頁参照。ただし,局地的な調査によると,実際の立案件数が約30〜40%増えた地方もあり,犯罪実数も増加したという(同上)。
4) 指標の算出方法について本書編写組『厳打闘争与社会治安幹部読本』(中共中央党校出版社,2001年)35〜36頁参照。なお,立案率は人口10万人当たりで求められる場合もあるが,本書では人口1万人当たりの立案件数を指すものとする。また,[(刑事犯罪)発案数(率)]はほとんどの場合は立案数(率)と同義で用いられる。その場合は,本書では原則として「立案数(率)」と表記する(ただし,立案されていないが立案すべき事件の件数を[実際発案数]と呼んだりもする)。
5) 劉根菊『刑事立案論』(中国政法大学出版社,1994年)132頁,董聖文「対22個派出所刑事案件統計不実問題的調査」公安大学学報1996年6期72〜73頁など参照。

表 I-2 立案統計の精度対照表

年	全事件			重大事件		
	立案すべき件数	実際の立案件数	立案真実度	立案すべき件数	実際の立案件数	立案真実度
1985	34,742	11,332	32.62%	2,433	1,707	70.16%
1987	69,371	13,472	19.42%	2,496	1,397	55.97%
1988	74,548	22,844	30.64%	7,514	5,080	67.61%
計	178,661	47,648	26.67%	12,443	8,184	65.77%

注:「立案すべき件数」とは、派出所が通報を受けた事件の内、後の調査により立案すべきことが確認された件数を指す。
出典:衆雷主編『中国現階段犯罪問題研究(総巻)』(中国人民公安大学出版社、1993年)108, 111頁。

表 I-3 立案件数と推計値の比較表
(単位:件)

年	公式データ	試算データ
1985	54.2万	208万
1986	54.7万	―
1987	57.0万	244万
1988	82.8万	366万

注:公式データは四捨五入した。
出典:衆雷主編『中国現階段犯罪問題研究(総巻)』(中国人民公安大学出版社、1993年)129頁。

くの事件が立案すべきであるにもかかわらず、立案されていなかったのである(表I-3は、同調査により得た「立案真実度」に基づき試算した1985, 1987, 1988年の推計値である)。

そして、同調査チームは、調査期間中の立案件数成長率を元に、「1989年の全国で立案すべき刑事事件数は約419万件で、1990年は約471万件であったと推計する。警察部辦公庁が1988年から1990年にかけて行った調査によると、1990年の全国の立案すべき刑事事件は約457万件強、警察部5局の推計も400万件強であり、これらは本課題の推計結果とかなり近い」[6]と指摘する。これらのデータと公式データを照らし合わせると、大幅是正が行われたといわれる1988年以降でも、「立案不実」の問題が根強く残ってい

---

6) 衆雷主編『中国現階段犯罪問題研究(総巻)』(中国人民公安大学出版社、1993年)129頁。

ることが明らかであろう(公式データは試算データの約半分である)。しかも、「1998年に警察部が全国的に行った犯罪立案状況調査によると、統計に計上される刑事事件数は実際の事件発生数の20%前後しかなかった」[7]というように、1998年時点では2割しか統計に反映されていないというのである。数値だけ見れば、80年代と比べてむしろ悪化しているのである。したがって、立案件数の統計データの信頼性はかなり低い[8]。

他方、重大事件については、真実度が平均65.77%であり、全立案件数の統計データと比べると、その信頼性は高いといえよう。重大事件については、「政法各部門は自主的に党の指導に服し、如何なる場合、如何なる状況においても、重大問題は全て党委員会に指示を伺うために報告」[9]することが求められているため、通常の事件よりも隠しにくいという事情があるのだろう。

このように立案件数の統計は信頼性がかなり低いが、以下に見ていくように、中国においては政策決定者・学者ともに、立案件数に基づき治安の善し悪しを測ることが常である[10]。そこで、本書では立案件数を用いると同時に、それに上記の問題が存在することに鑑み、極力、それ以外のデータ(主には重大事件の立案件数および裁判結果)も併記するようにする。

---

7) 馮殿美・曲振涛「対'厳打'中幾個問題的探討」,「"厳打"整治闘争理論与実践研討会」交流論文(筆者未見。本書の引用は、李川「当前厳打研究中的四個誤区」中国刑事法雑誌2003年2期7頁による)。
8) 暗数の発生原因については、それだけで1つの大きな問題をなすため、本書ではこれ以上立ち入らない。
9) 「全国政法工作会議紀要(節録)」(1982年8月12日)『司法手冊(2)』302頁。
10) 近年においては、立案不実の問題の深刻さから、「全国の刑事事件立案統計データは刑事犯罪および社会治安の実際的状況を完全かつ的確に反映することができておらず、社会治安の情勢[形勢]を判断する上での唯一の根拠とすべきではなく、重要な点として参考にすることしかできない」という批判の声が挙がっている(『政法委職能』338頁)。

2. 厳打前夜の治安状況と犯罪対策
——「重く速く」の登場

　本章では，文革終了後から，83年厳打までの治安状況およびそれに対する対策を概観する。以下ではまず，文革により徹底的に破壊されたとされる刑事司法システムの立て直しのプロセスおよび犯罪状況を概観する(2.1)。ここでは文革後期から1982年までを主な考察対象とする。次に，犯罪激増への対策が示された1979年の全国都市治安会議および1981年の5大都市治安座談会を見る(2.2および2.3)(本章および次章においては，刑法・刑訴法の条番号は，それぞれ旧法を指す)。

2.1　刑事司法システムの再建

　1966年から始まった文革において，警察・検察・裁判所は「深刻な破壊の10年」[1]と評されるほどのダメージを負った[2]。紅衛兵などによりその機関が襲撃され，スタッフは濡衣を着せられ「法」的に処理されたり，批判大会で吊し上げられたり，さらには農村に[下放]されたりした。
　その結果，警察・検察・裁判所の業務がマヒ状態に陥ったという[3]。警察

---

1) これは1966年5月から1976年までを回顧する『当代審判工作』1編3章のタイトルである。
2) 以下の記述については，李士英主編『当代中国的検察制度』(中国社会科学出版社，1988年)171〜177頁，『当代審判工作』129〜139頁，王芳主編『当代中国的公安工作』(当代中国出版社，1992年)21〜27頁，『公安大事要覧』325〜326頁，『公安史稿』329〜350頁を参照した。

は 1968 年 12 月 9 日に軍事管制が敷かれた後，徹底的に改組された。またこのとき，検察および裁判所は警察機関軍事管制委員会の下属組織に改組・吸収された。だが，最も風当たりが強かった検察は，その存在を維持することすらできなかった。すなわち 1968 年 12 月に最高検軍代表・最高裁軍代表・内務部軍代表・警察部指導小組が中共中央および中央文革小組に提出した「最高人民検察院・内務部・内務辦の 3 機構を廃止し，警察部・最高人民裁判所に少数の者を残すことに関する伺報告」(「内務辦」は国務院内務辦公室の略称)が承認され，検察院が順次撤廃されていった。そして 75 年憲法では，「検察機関の職権は，各級警察機関が行使する」(25 条 2 項)と規定され，このことが確認された。

　こうした「破壊」から，最初に立ち直り，再建に向けて歩み始めたのは警察であった。そのターニングポイントは，1970 年 12 月 11 日から 1971 年 2 月 11 日まで開催された第 15 回全国警察会議であった。同会議に前後して，かつての主要人員を警察部に呼び戻し，その後，1972 年に軍事管制が解除され，翌 73 年には全国の警察が以前の幹部・職員を呼び戻しはじめた。

　裁判所も同会議を転機として再建の道を歩み始めた。1972 年初頭から，下放されていた幹部が続々と最高裁に呼び戻され，順次，下級裁判所が再建されるとともに，各地の警察機関軍事管制委員会も続々と廃止されていった。だが，憲法によりその存在が否定された検察の再建は，1978 年の憲法改正を待たなければならなかった。

　以上の紆余曲折を経て再建の緒に就いたばかりの警察・検察・裁判所が直面したのは，文革中から続く犯罪の激増であった。文革前期の統計データは

3）とはいえ統計を見る限り，裁判所は文革中においても一貫して刑事・民事訴訟を受理し，「裁判」を行っていた(『司法統計資料』1 頁，最高人民法院研究室編『全国人民法院司法統計歴史資料匯編 1949-1998（民事部分）』(人民法院出版社，2000 年) 1～2 頁参照)。なお，統計上は文革期においても民事裁判が行われていたことについては，宇田川幸則「中国における精神損害に対する金銭賠償をめぐる法と実務(1)」北大法学論集 47 巻 4 号(1996 年) 83 頁がすでに指摘している。ただし，当時の「裁判」がどのようなものであったのかは分からない。

表 2-1 立案・検挙状況一覧表(1960〜1979 年)

年	立案件数	立案率	検挙件数	検挙率	年	立案件数	立案率	検挙件数	検挙率
1960	222,734	3.4	201,574	90.5%	1973	535,829	6.0	340,641	63.6%
1961	421,934	6.4	330,796	78.4%	1974	516,419	5.7	337,372	65.3%
1962	324,639	4.8	240,882	74.2%	1975	475,432	5.2	327,345	68.9%
1963	251,226	3.6	199,473	79.4%	1976	488,813	5.2	317,258	64.9%
1964	215,352	3.1	167,514	77.8%	1977	548,415	5.8	400,132	73.0%
1965	216,125	3.0	142,378	65.9%	1978	535,698	5.6	385,782	72.0%
1972	402,573	4.6	218,228	54.2%	1979	636,222	6.6	439,696	69.1%

出典：立案率については康樹華主編『犯罪学通論(第2版)』(北京大学出版社，1996年) 111〜112頁参照。

管見に及ばないが，その前後を比較すれば，1972年以降は1965年以前よりも全体的に数値が悪化していることが明らかである(表2-1参照)[4]。

特にこの時期に目立ったのは，青少年犯罪グループ［青少年犯罪団夥］[5] の増加，すなわち犯罪の低年齢化と集団化の同時進行である。

表 2-2 は，1976年から1982年までの判決発効人員における青少年の比率を示すものである。本表から，青少年犯が急激に増えていることが明らかであろう。特に1980年から1982年までは4割以上を占めるようになっている。

また，「『文革』後期，青少年犯の比率が過去の30%から60%に上昇し

---

[4] 1971年7月から統計業務が再開されたが，同年1月から6月までのデータは事後的に補充されたものであるため，省略した(『公安大事要覧』339頁参照。なお，公安部政治部編『犯罪学』(中国人民公安大学出版社，1997年)87頁〔張純珂〕参照)。なお，1961年に立案件数が急増したのは，大躍進の失敗や自然災害などにより窃盗事件などが急増した(同罪の立案件数は前年比約15.8万件増。『公安大事要覧』204，222頁参照)ことが大きな要因であったと指摘されている(『公安史稿』304頁参照)。

[5] 「青少年」は法律上の概念ではない。一般に「青少年犯罪」は，満14歳以上25歳以下の者を主体とする犯罪を指す(康樹華主編『犯罪学通論(第2版)』(北京大学出版社，1996年)202頁参照)。また，［団夥］も法律上の概念ではない。これは特に警察実務で用いられる用語であり，複数人が徒党を組んで犯罪を行うことをグループ犯罪［団夥犯罪］と，またそのグループを犯罪グループ［犯罪団夥］と呼ぶ。刑法上は共犯またはその特殊類型である集団犯罪と評価されることになる。83年厳打中のものであるが，最高裁・最高検・警察部「当面の集団犯罪事件の処理における法律の具体的運用の若干の問題に関する解答」(1984年6月15日)一は，「およそ刑事犯罪集団の基本的要件に該当すると

表 2-2 判決発効人員における青少年の比率(1976～1982 年)

年	総数	18 歳未満 人	%	18～25 歳 人	%	計 人	%
1976	147,970	1,810	1.2	38,363	25.9	40,173	27.1
1977	210,464	2,885	1.4	53,228	25.3	56,113	26.7
1978	144,304	2,201	1.5	35,499	24.6	37,700	26.1
1979	140,108	4,954	3.5	36,780	26.3	41,734	29.8
1980	197,134	16,155	8.2	68,736	34.9	84,891	43.1
1981	258,457	24,630	9.5	99,430	38.5	124,060	48.0
1982	275,223	20,356	7.4	106,969	38.9	127,325	46.3

注:「1982 年普通刑事案件被告人処理情況統計表」(178 頁)の「総数」は「27,360」であるが、本書では内訳の和である「273,601」によった。
出典:『司法統計資料』(1979 年以前は「(各年)刑事被告人処理情況統計表」、1980 年以降は「(各年)反革命案件被告人処理情況統計表」および「(各年)普通刑事案件被告人処理情況統計表」)参照。

た」[6]、「北京、上海、天津、瀋陽、福州、鄭州など 6 大都市における調査によると、1965 年、6 大都市の青少年犯罪率は 1 万分の 1.99 であり、全刑事犯罪の 30%であった。1979 年に至り、同じくこの 6 大都市の青少年犯罪の絶対数は 1965 年の約 12.9 倍となり、全刑事犯罪における比率は 72%に上昇した。青少年犯罪率は 1 万分の 20.6 であり、1965 年と比べて 18.61%〔万分率と考えられる〕上昇した。人口増加の要素を考慮に入れても、青少年犯罪の絶対数は 9.6 倍になっている」[7]という指摘からも、青少年犯罪の激増の様がうかがえる[8]。

他方、こうした青少年犯罪においては徒党を組んで行う犯罪が大きな比率を占め、様々な程度に組織化された非行・犯罪青少年の集まりが登場するよ

きは、犯罪集団として処理しなければならない。犯罪集団の基本的要件に該当しないときは、一般の共同犯罪として処理〔する〕」とする。
6) 公安部政治部・前掲注 4)87 頁〔張純珂〕。
7) 曹漫之主編『中国青少年犯罪学』(群衆出版社、1987 年)370 頁〔徐建〕。
8) 党も青少年犯罪の危険性を認識しており、1979 年 8 月には党中央が、中共中央宣伝部・教育部・文化部・警察部・国家労働総局・全国総工会・共産主義青年団中央・全国婦女連合会「党全体が青少年の違法・犯罪問題の解決を重視するよう提案する報告」を下達した(『司法手冊(1)』251 頁以下。以下、「8 部門総合対策報告」と呼ぶ。その内容については後述 2.2.1 参照)。

うになった[9]。「グループ犯罪はわが国において70年代以降に登場した青少年犯罪の主要な形態である」[10] といわれる。そして，こうした犯罪の集団化傾向は年々強まり，1979年下半期以降，多くの都市では犯罪者が徒党を組み，凶器を持って殺人，強盗，強姦，集団強姦などを行う重大事件が急激に上昇し，倍増した地方もあったという[11]。

こうした中，警察・検察・裁判所の組織再建と並行して，法制度の再建も進められた。まず上述の第15回全国警察会議では，「当時の社会治安の実際の状況に基づき，大・中都市で労働矯正業務を再開・整頓することが決定された」[12]。文革以前の規定によれば，労働矯正は，大・中都市において生活の術がない者や違法行為を繰り返すが犯罪として処理するには至らない者を，最長で3年間強制収容し，「強制的な教育改造を行う措置であり，これらの者に対する就業配置［安置就業］の方法でもある」（国務院「労働矯正問題に関する決定」（全国人大常委会1957年8月1日承認，同月3日発布）2条1項。以下，「57年決定」と呼ぶ）とされた[13]。

また1975年には，警察が取調べのために，その判断で被疑者の身柄を拘束する「収容審査」と呼ばれる制度も再開された。当時は鉄道輸送の秩序回復を目指して，その主たる問題であった放浪犯罪者［流竄犯］[14] が，また脱獄者，指名手配犯などが対象とされた[15]。

---

9) 王洛生「試論青少年犯罪団夥」郭翔・許前程ほか編『団夥犯罪研究』（出版社不明，1984年）51頁参照。
10) 康樹華・前掲注5) 219頁参照。
11) 『公安史稿』369頁参照。
12) 廖万里「労働教養制度的歴史沿革」趙秉志・楊誠主編『中国労働教養制度的検討与改革』（中国人民公安大学出版社，2008年）10頁。
13) 57年決定1条，第11回全国警察会議「当面の警察業務の10の具体的政策問題に関する補充規定」(1961年3月17日) 参照。
14) 警察部・最高裁・最高検・司法部「放浪犯罪事件の処理におけるいくつかの問題に関する意見の通知」(1989年12月13日) 一によると，［流竄犯］とは「市・県の管轄範囲を超えて犯行を行う犯罪者を指」し，具体的には，原則として「市・県の管轄範囲を超えて連続して犯行を行った」場合，および「居住地で犯行を行った後に，他の省・市・県に逃走して引き続き犯行を行った」場合がこれに当たる。

そして，文革の教訓から「民主と法制」が掲げられ，1979年7月1日には待望の中華人民共和国最初の刑法・刑事訴訟法典が採択され，翌年1月1日に施行されることとなった[16]。

しかし政策決定者の目には，再建に向けて歩み始めたばかりの警察・検察・裁判所の業務遂行能力では，刑法・刑訴法，特に刑訴法の実施に支障を来すと映った。とりわけ問題であったのは「人」の問題であった。

上述のように，文革期に警察・検察・裁判所から追放されたスタッフは，再建後，従来の職場に呼び戻された。かといって，直ちに全員が職場復帰を果たしたわけではなかった。例えば彭真(全国人大常委会副委員長)は「正直に言って，現在の警察隊伍は文化大革命以前に劣っている。文化大革命以前，我々の警察幹部は警察業務を熟知しており，政治的にも良好であった。現在，大量の新人を増員し，その多くは部隊から復員した者である。これらの者が良くないとはいえないが，彼らが過去に行ってきたのは警察業務ではない。あれだけ複雑な一連の警察業務を熟知しておらず，〔警察に〕入ったときには訓練も受けておらず，また折しも林彪・『四人組』のときであった」[17]と指摘した。また，彭真が1979年7月に「今後の2，3年間で裁判所の職員を現在の5.8万人から20万人前後まで増員するよう提案した」[18]ように，量的不足も焦眉の課題であった。そこで彭真は「『四人組』粉砕後，我々は検察院を再建し，警察機関および裁判所を整頓・強化したが，なお社会主義的適法性を強化・健全化するという現在および今後のニーズに応えることができな

---

15) 田中信行「中国の収容審査と人治の終焉」小口彦太編『中国の経済発展と法』(早稲田大学比較法研究所，1998年) 287〜289，297〜298頁参照。
16) なお，それに先立ち勾留逮捕条例(全国人大常委会1979年2月23日採択，同日公布・施行)が制定され，勾留・逮捕の手続が定められた(なお，1954年12月20日に採択・施行された旧法は廃止)。
17) 彭真「在全国公安局長会議上的講話」(1979年9月16日)『彭真2』188頁。また裁判所も，再建当初は文革期に下放された幹部が，幹部全体の約10%しかいなかったという(『当代審判工作』135頁参照)。
18) 胡夏冰「司法公正与我国法官制度的変革」張衛平主編『司法改革論評(第3輯)』(中国法制出版社，2002年) 103頁。

い」[19]とした上で，政治思想教育の強化，優秀な人員の補充の必要性を説いた。

だが，「人」の問題がすぐに解決できるはずもなく，結局は，刑訴法所定の法定期限を延長する措置が講じられた[20]。その嚆矢となったのが，1980年2月12日に採択された全国人大常委会「刑事訴訟法の実施問題に関する決定」(同日施行)である。本決定2条は刑訴法施行後に受理した事件について，「事件が過度に多く，事件処理人員が不足し，刑事訴訟法所定の捜査，起訴，1審または2審に関する期限に照らして事件を処理できないときには，1980年中は，省，自治区または直轄市の人民代表大会常務委員会の承認を経て事件処理期限を延長することができる」とした[21]。これにより延長されたのは捜査段階の身柄拘束期間(92条1項)，起訴審査期間(97条)，補充捜査期間(99条2項)，1・2審の審理期限(125・142条)であった[22]。

またその一方で，全国人大常委会は同年4月16日に「刑事訴訟法実施計画の問題に関する決議」を採択し，「1980年末までに，ごく少数の交通がかなり不便な辺鄙な地方を除き，全国各地は段階的に刑事訴訟法の全面実施に移行しなければならない」とした。

しかし，延長措置は1980年だけに限られなかった。全国人大常委会は1981年9月10日に「刑事事件の処理期限問題に関する決定」を採択し，

---

19) 彭真「関於七個法律草案的説明」(1979年6月26日)『彭真1』380頁。
20) この点については，田中信行「中国的法治の現段階——刑法・刑事訴訟法の実施をめぐって」アジア経済旬報1288号(1984年3月上旬号)3〜5頁が詳しい。
21) 最高裁・最高検・警察部「人大常委会『刑事訴訟法の実施問題に関する決定』の執行のいくつかの具体的意見に関する通知」(1980年4月3日)(三)は，逮捕の期限は勾留逮捕条例および刑訴法の規定を守り，同決定により延長してはならないとする。
22) 例えば，広西チワン族自治区人大常委会「刑事事件の処理期限の延長に関する決定」(1980年5月8日採択)参照(蔡聯命主編『広西法規全書(1979-1997)(上巻)』(広西人民出版社，1998年)471頁)。また，北京について田中・前掲注20)4頁参照(次に見る1981年の決定に基づく上海の例も掲載されている)。このほか最高裁・最高検・警察部「1980年末までに終局していない事件の時限の計算問題に関する通知」(1981年2月3日)参照。

ハードケースまたは交通が不便な辺鄙な地方の刑事事件に限り，1981年から1983年までの間，省クラス人大常委会の決定・承認により，捜査・起訴・1審・2審の期限延長を認めたからである。

こうして低い業務遂行能力を理由として，刑訴法所定の法定期限の延長が認められたのであった。そしてこうした状況の中で，犯罪激増という現実に直面し，次節以降に見る犯罪対策が打ち出された[23]。

2.2　全国都市治安会議(1979年)

2.2.1　会議で示された方針

文革中から続く犯罪増加は，1979年に入るとさらにペースを上げて増加するとともに，凶悪化していった。「1979年8月以降，刑事事件の増え幅はわりあい大きく，重大・重要事件および悪質事件が絶え間なく生じていた」[24]といわれている。

こうした状況に直面し，刑法・刑訴法の施行直前[25]の1979年11月22日から26日にかけて，全国都市治安会議が党中央の決定に基づき開催され

---

23) その後，全国人大常委会は1984年7月7日に「刑事事件の事件処理期限に関する補充規定」を採択し，事件処理期限の延長を認めた。ただし，本補充規定は①時限立法ではないこと，②延長される手続は捜査段階の身柄拘束期間および1・2審の審理期限だけであること，③延長対象事件・期間・手続が厳格化されたこと，の3点において従来と異なる。また，捜査期間中に重要な余罪を発見したときは捜査のための身柄拘束期間の計算をやり直すことができるとされたこと(3条)など，本補充規定により総じて捜査・起訴・裁判に対する時間的制約を緩和する措置が講じられた。
24) 馬克昌主編『中国刑事政策学』(武漢大学出版社，1992年)277頁〔熊選国〕。
25) 陶希晋の「来年1月1日から両法を実施するために，各地では現地の党委員会の指導および力強い支持の下，中央の指示に照らして，少なくない準備作業を行っており，しかもほとんどが両法を試験的に実施しており，両法施行の初歩的経験を蓄積している」(同「為刑法、刑訴法的切実実施而闘争——在中央政法幹校法制宣教班的報告」(1979年12月24日)同『新中国法制建設』(南開大学出版社，1988年)155頁)との発言が示すように，多くの地方で施行前に試行されていた。例えば浙江省紹興県人民法院「実施《両法》試点的一些経験」人民司法1980年1期1頁以下参照。

た[26]。本会議は会議名が示すように都市，特に大・中都市[27]の治安回復をテーマとするものである。

会議において彭真は大略次のような演説を行った[28]。

現在の治安状況は，全体的には良好であるが，最近の一部の大・中都市においては犯罪が猖獗を極めており，人民は不安におののき，女性は独りでは外出することも不安に思っており，生活・生産秩序が混乱に陥っている。労働者，幹部および市民はこうした状況を強く不満に思っており，広範な人民大衆は党および政府に対して犯罪者に厳しく打撃を加えるよう強く求めている。今こうしなければ，党および政府の失政［失職］である。

今回の重点は大・中都市，特に北京，上海，天津などの大都市である。活動においては，専門機関と大衆との結合，教育と懲罰の結合を堅持しなければならない。今回の方針は，力を集中して，最近行われた殺人，強盗，強姦，放火などの社会秩序を由々しく乱す犯罪者，特に群れをなしている犯罪集団のリーダー，教唆犯を厳しく懲らしめることである。ただし，犯行が軽微な者，特に18歳未満の青少年については，「忍耐強い教育改造および〔悪の道からの〕救出を心がけなければならない」。また，捕まえても捕まえなくてもよい者は捕まえず，死刑に処しても処さなくてもよい者は死刑に処さない。

具体的には，力を組織して，上述の犯罪者を迅速に処理する。まず，典型的事案を処理して，中央または省クラスの新聞で公表し，［法制教育］を行う。また，犯罪者に自首［投案自首］[29]を呼びかけ，ありのままに白状した者や

---

26) 『公安大事要覧』440頁参照。
27) 2.3.2.1で検討する全国人大常委会「脱走または再犯した労改犯および労矯者の処理に関する決定」(1981年6月10日採択，7月10日施行。以下，「両労の決定」と呼ぶ。なお，「労改(犯)」は労働改造(犯)を，「労矯(者)」［労教(人員)］は労働矯正(処分を受けている者)を指す。両者を合わせて「両労(人員)」と呼ぶ)所定の「大中都市」についてであるが，警察部・司法部「労働矯正および労矯者の都市戸籍抹消の問題に関する通知」(1984年3月26日)二(二)は，「大中都市(すなわち人口30万人以上の都市)」とする。
28) 彭真「関於整頓城市社会治安的幾点意見」『彭真2』198～203頁参照。
29) ［投案自首］を直訳すれば「出頭して自首する〔こと〕」であるが，本人の自主的な出頭

他の犯罪を申告した者は寛大に処理する。

　党委員会は，指導，認識および行動を統一し，今後短期間内，法により速く正しく刑事事件を処理するために，警察・検察・裁判所は党委員会の指導の下で合同事務処理[30]を行う。また，居民委員会・調停委員会・治安防衛委員会[31]を再建・再編・強化し，治安維持に関する民兵[32]組織の積極的役割を発揮させる。軍隊は治安維持の後ろ盾であり，社会秩序回復を手助けする。

　以上の彭真演説の骨子は，次の6点にまとめることができる。①党委員会の指導の下で，軍隊や民兵のみならず，大衆をも動員して活動を展開すること，②対象者(大・中都市で最近行われた［現行］[33]殺人，強盗，強姦，放火などの社会秩序を由々しく乱す犯罪者)に対する厳しく(重く)[34]，迅速な，そして正確な処

は「自首」の一要件である(3.3.6参照)ため，単に「自首」と訳す(以下同じ)。なお，刑法上は単に[自首]である。
30) 原文は[集体辦公]である。[聯合辦公]と呼ばれる場合もある。
31) 居民委員会とは都市部に組織される「末端の大衆的自治組織」である。農村には村民委員会が組織される(憲法111条1項)。なお，両者ともに「『自治組織』とはいっても，実質は末端行政機関の出先に近い役割を担っているとみたほうがよい」(『現代中国法入門』85頁〔鈴木〕)。また，人民調停委員会・治安防衛委員会(以下，「治防委」と略す)は両委員会の下部組織であり，それぞれ民間紛争を調停し(人民調停)，警察などの社会治安維持に協力する(同2項，警察部「治安防衛委員会暫定組織条例」(政務院1952年6月27日承認，8月11日発布)2条参照)。
32) 民兵とは，「中国共産党指導下の兼業の大衆的武装組織であり，国の武装力の構成要素であり」，「警察部門に協力して社会治安を守ることは，従来民兵の重要な任務の1つである」(韓懐智主編『当代中国民兵』(中国社会科学出版社，1988年)1，342頁)とされる。
33) こうした限定が加えられているのは，文革中に起きた紅衛兵や大衆による殴打・破壊・略奪などの刑事事件は慎重に処理するという，党中央の方針があったためと考えられる(中共中央「『文化大革命』中の殴打・破壊・略奪の問題を慎重に処理することに関する通知」(1978年8月13日)，中共中央「都市治安の整頓においては目標を集中し，最近の犯罪者に打撃を加えるべきことに関する通知」(1979年12月9日)参照)。
34) 江華(最高裁所長)は同会議において，「重く処罰する」[従重処罰]と表現する(「搞好治安搞好安定団結是搞好四化的組成部分——在全国城市治安会議上的発言」人民公安1980年1期(CD)7頁参照)。

罰，③犯行が軽微な者および少年に対する教育改造・救出の強調，④メディアを利用した「法制教育」の展開，⑤党委員会指導の下での合同事務処理の実施，そして⑥以上の活動を展開し，治安回復を図らなければ「党および政府の失政」となること，である。最終的に会議の結論としても，彭真演説と同様の点が指摘されている[35]。

　ここでは特に以下の2点について敷衍しておく。1つは，最近の治安事犯については「重く速く」打撃を加えよと指示する一方で(②)，犯行が軽微な者および少年については忍耐強い教育改造・救出をも指示した(③)ことである。陶希晋はこうした方針を「懲罰と教育を結びつけ，教育を主とする方法」[36]と概括する。

　少年かどうかは年齢を基準とするため容易に区別することができる。しかし，何をもって犯行が「軽微」であるとするかについては，必ずしも一義的に決めることができるものではない。「打撃」と「教育」をどこで線引きするのか，換言すると「敵対矛盾」と「人民内部の矛盾」[37]をどこで線引きするのかが明らかではないため，実務において，「現在の犯罪者の大多数は青年であり，労働者・農民・幹部の子弟であり，一貫してこれは人民内部の矛盾であり，人民内部の違法行為と考えてきた。そのため，彼らを法により重く懲らしめることに及び腰になっている」という「人民内部の矛盾と敵対矛

---

35)「全国城市治安会議在北京召開」人民公安1979年12期(CD)2頁参照。
36) 陶希晋・前掲注25)154頁。
37) 毛沢東は，社会主義社会の矛盾には，性質が異なる「敵対矛盾」(人民と敵との矛盾)と「人民内部の矛盾」があると捉えた。そして，前者には独裁の方法(強制・圧服)を，後者には民主的方法(説得・教育)を用いなければならず，処理を誤れば相互に転化してしまうとした(同「関於正確処理人民内部矛盾的問題」(1957年2月27日)『毛沢東選集(第5巻)』(人民出版社，1977年)363頁以下)。そして当時は，社会主義建設事業を支持し，これに参加するあらゆる階級，階層および社会集団が「人民」に，また社会主義革命に反抗し，社会主義建設を敵視・破壊する社会勢力と社会集団が人民の「敵」にカテゴライズされた(以上について福島正夫「社会主義社会における矛盾と法——中国法理論の新動向」東洋文化研究所紀要40冊(1966年)1頁以下，田中信行「矛盾論と現代中国法」中国研究月報353号(1977年)1頁以下など参照)。

盾との区別」[38]の混乱が生じた。例えば江西省では次のような状況であったという。「1979 年 11 月および 1981 年 5 月の全国都市治安会議および 5 大都市治安座談会以降，全省の各級人民裁判所は社会治安に由々しき危害を及ぼす犯罪者を法により重く速く懲らしめてきたが，1983 年上半期に至ってもなお打撃力不足の現象が存在していた。事件の科刑において，より重くを十分に具現化できていない裁判所もあれば，殺人を誤って傷害と認定したり，強姦・集団強姦犯について未遂や自白などの事由を過度に強調したり，本来ならばより軽くする［従軽］事由に属さないものさえも，そうであるとしたり，執行猶予を適用すべきでないのにこれを適用したりする裁判所もあった」[39]。ここから，多くの事件が「2 つの矛盾を誤ることを恐れ」，「人民内部の矛盾」として処理されたことが看取できよう。そして 83 年厳打の決定に際して，中央の政策決定者はこれを「打撃力不足」［打撃不力］の要因の 1 つであると考えた[40]。

　なお，ここで教育が強調されたのは，［綜合治理］(後の社会治安総合対策)と呼ばれる新たな考え方の影響を受けたものであると考えられる。この［綜合治理］というタームは，次節で検討する 5 大都市治安座談会紀要において初めて党の文書で使用された概念である[41](その後，国の公式文書にも登場するようになる)。

　この考え方自体は，本会議に先立つ 1979 年 8 月に党中央が転達した 8 部

---

38) 劉復之「堅決打撃刑事犯罪，争取社会治安根本好転」中国法学 1984 年 1 期 58 頁。
39) 《江西省法院誌》編纂委員会編『江西省法院誌』(方志出版社，1996 年)104 頁。なお，「より軽く」［従軽］とは，法律上の概念である。これは法定刑の枠内において，刑をより軽くすることを指す(以下，その事由を「従軽事由」と呼ぶ)。「より重く」［従重］はその反対である(58 条)。この場合，何より軽く(重く)するのかが問題となるが，それはいわゆる「量刑相場」である(高見澤磨「罪観念と制裁――中国におけるもめごとと裁きとから」『シリーズ世界史への問い 5　規範と統合』(岩波書店，1990 年)322〜324 頁参照)。なお，83 年厳打のスローガンである「重く」(これも原文は［従重］だが，このように訳し分ける)は，3.3.4.3 で検討するように，法律概念である「より重く」を超える内容を持つと解される。
40) 後述 3.1.1 の劉復之の回顧，鄧小平の発言などを参照されたい。
41) 公安部政治部・前掲注 4)293 頁〔郝宏奎〕参照。

門総合対策報告において示されていた[42]。そこでは,「違法行為・犯罪を行った青少年について,我々の方針は教育,救出および改造に着眼すべきである。しかし,ごく少数の罪責が重い反革命分子およびその他の犯罪者については必ず法により懲らしめなければならない」とされた。要するに,教育と打撃の両者を用いるが,教育を主とするということである。

より具体的には,「党の統一的指導の下,国家機関,人民団体,工場・鉱山・企業,家庭,街道,学校,部隊および広範な人民大衆を動員し,心を合わせて協力し,相互に助け合い,一斉に行動し,各自がそれぞれの責任を負い,政治,思想,組織,経済,文化,教育,道徳,法などの各手段を用いて,多面的に青少年が健全に成長するよう教育・保護し,刑事犯罪活動に厳しく打撃を加え,青少年の違法行為・犯罪を予防し,非行青少年を教育・救出し,社会治安の維持,人民民主主義独裁の安定化,社会主義現代化建設の順調な進展の保障という目的を達成することである」[43]と定義されていた。いわば国全体を挙げて行う犯罪(特に青少年犯罪)を抑制するための措置の総称であり,その主な内容は「教育」および「打撃」という手段による違法行為・犯罪の「予防」という目的の実現である[44]。

さて,もう1つは,党委員会指導下の合同事務処理(⑤)という刑事手続の進め方が指示されたことである。例えば,遼寧省瀋陽市では1980年に3件の重大事件を処理する際に,省・市の党委指導者の「絶え間ない具体的指導」の下で,以下のような合同事務処理が行われたという[45]。すなわち,被

---

42) 肖揚主編『中国刑事政策和策略問題』(法律出版社,1996年)115頁参照。なお,建国後の「反革命鎮圧」,「三反五反」で採られた「懲罰と教育を結びつける原則」は社会治安総合対策にほかならないとする見解もある(北京市法学会「関於社会治安綜合治理的幾個問題」法学雑誌1984年6期13頁参照)。
43) 郭翔・馬晶淼「論綜合治理——兼析解決青少年犯罪的根本対策」郭翔・許前程ほか編『綜合治理的理論与実践』(出版社不明,1984年)2頁。
44) 本刊特約評論員「厳厲打撃刑事犯罪活動与綜合治理」法学1983年9期1頁は,社会治安総合対策を「概括的にいうと,1つは打撃であり,もう1つは教育である」とまとめる。
45)「集体辦公 密切配合 瀋陽市公検法機関及時公判処理一批重大案件」人民公安1980

疑者を捕まえた後に，警察・検察・裁判所3機関は一緒に資料を閲覧し，事案の把握に努める。警察は預審をしながら調査を行い，検察は幹部を派遣して証拠を審査しながら，監督する。警察が起訴意見書を起草し，検察が起訴するかを検討する。警察と検察が別々に事件処理を進めているときに，裁判所は経験豊富な裁判官を選び，一方で事案の把握と証拠の審査を行わせ，他方で開廷の準備作業を行わせる。また，事実が明らかではなく，または証拠が不足するときは，警察・検察・裁判所が共同で事実調査・検討・証拠収集を行う。そして，検察が起訴を決定すれば，裁判所は直ちに起訴状謄本を被告人に送達し，期限の規定により開廷する。

このように，合同事務処理とは，「速く」かつ「正しく」刑事手続を進めるために，党委員会の指導の下で，警察・検察・裁判所が事実や証拠の面で問題がある場合は協力一致して解決を図り，その後は，検察の起訴や裁判所の裁判は各自で行う，というものである[46]。警察・検察・裁判所の「人」の質的・量的不足から刑訴法所定の法定期限を時限的に延長せざるを得なかった，という当時の状況(2.1参照)において，これは正確さを維持しつつ，「速く」を実現するための便宜策だったのだろう。

だが，こうした手法は，中国の学界において，警察・検察・裁判所の役割分担を実質的に喪失させ，憲法・刑訴法所定の相互制約の原則に反するものと批判されている[47]。他方，黄火青(最高検検察長)は「3機関の合同事務処理

年3期(CD)8頁参照。

46) 全国政法業務会議紀要(1982年8月12日。『司法手冊(2)』293頁以下)三は，[経済犯罪]事件について，「重大・難解事件は必ず党委員会に報告し，警察・検察・裁判所・司法行政部門を組織して党内合同事務処理を実施し，まず基本的な犯罪事実を明らかにしてから，認識を統一し，しかる後に司法手続を進める」とする。なお，中国の[経済犯罪]概念については小口彦太「経済改革と中国刑法」針生誠吉・安田信之編『中国の開発と法』(アジア経済研究所，1992年)75～78頁参照。

47) 例えば，「この間に求められるのは一致のみであり，制約はなく，また法による相互協力も語るに及ばない」(石泰峰「政法体制改革芻議」複印報刊資料法学1987年3期38頁〔原載：江海学刊(経済社会版)1987年1期〕)，「合同事務処理を行い，協力・協調を強調し，監督・制約を軽視する場合が多々ある」(胡学相『量刑的基本理論研究』(武漢大

は仕事のやり方の1つにすぎず，それは相互協力・相互制約に資し，相互の分業・責任を妨げない。集団での討論において，事案の認定，事件の処理に異論があれば，議論することができる。主要な犯罪事実が不明瞭で，証拠が足りないときには，明らかになってから結論を下すことができる。共通の目的は事件を正確に処理することである」[48]と，その擁護論を展開する。

2.2.2　法整備

本項では全国都市治安会議の前後に行われた法整備について考察する。まず，この時期に急ピッチで進んだ，一般に文革で破壊されたとされる労働矯正制度の整備を見る。次に，一部の犯罪類型について死刑許可権を高裁に委譲した時限立法を見る。

2.2.2.1　労働矯正制度の整備

全国都市治安会議直後の1979年11月29日に，全国人大常委会は国務院「労働矯正に関する補充規定」を承認した(以下，これを「(79年)補充規定」と呼ぶ)。そして会議後の1980年2月26日には，本補充規定は57年決定(2.1参照)とともに，文革後の混乱の中，有効であることを示すため再発布された[49]。その背景には，労働矯正の活用による治安回復への期待がある[50]。以下，本書の問題意識に即して，特に重要と思われる点を指摘しておこう。

まず，補充規定は法令として初めて労働矯正の対象を「大中都市の労働矯正が必要な者」(2条前段)に限定した。これは「大・中都市の治安情況に対応した措置という意味において，まさに労働矯正の今日的課題を表明するもの

　学出版社，1998年)225頁)などである。
48) 黄火青「維護法制　打撃敵人　保護人民——在全国城市治安会議上的発言」人民公安1980年1期(CD)4頁。
49) 治安管理処罰条例(1957年10月22日採択・施行)も再発布された。これは，刑事処分には至らない同条例違反行為に対して，警察限りで，①警告，②過料[罰款]および③行政拘留(最長10日。加重処罰の場合は最長15日)を科すことができることを定める。
50) 中共中央・国務院「警察部の労働矯正活動を上手くやり遂げることに関する報告の承認転達」(1980年9月14日)参照。

にほかならない」[51]。また，3条は収容期限についても，法令としては初めて「期間は1年ないし3年とする。必要なときは1年延長することができる」と定めた。

次に，処分決定の手続について，補充規定は省クラスおよび大・中都市の政府が民政・警察・労働部門責任者からなる労働矯正管理委員会を設置し，これが審査・承認するとした(1条,2条後段)。ただし，それは事実上警察の支配下にある[52]。

他方で，本補充規定は刑法・刑訴法などとともに，「各種の刑事犯に打撃を加えるための強力な武器であり，社会秩序を乱す活動に制裁を加える法的根拠である」[53]とされ，労働矯正の「就業配置の方法」(57年決定2条1項)という一面は薄れつつあった。その後，警察部「労働矯正活動を立派にやり遂げることに関する党中央・国務院への報告」(1980年8月9日)では労働矯正を「強制的な教育改造措置であり，人民内部の矛盾を処理する方法である」とし，「就業配置」と性格づけなかった[54]。

なお，国務院は1980年2月29日，「強制労働と収容審査の両処分を労働矯正に統一することに関する通知」を出し，「軽微な違法・犯罪行為を行い真実の氏名，住所，素性を述べない者，または軽微な違法・犯罪行為を行い，放浪しながら犯行を重ね，何度も，もしくは集団で罪を犯した嫌疑がある者」を強制的に労働矯正施設に収容して取調べを行うとした(2条)。ただし，警察実務では収容審査が労働矯正に統一されてなくなったわけではない。「大・中都市を中心とする治安状況の改善が焦眉の課題となっていた」[55]ことを背景に，労働矯正施設に収容審査専門班を置いたり，専ら収容審査業務を行う労働矯正分所を設けたりしてよいとされ，実際には収容審査は存続し

---

51) 田中信行「労働矯正の強化と人権の危機」中国研究月報424号(1983年)9頁。
52) 廖万里・前掲注12)10頁参照。
53) 前掲注35)参照。
54) 姚建新はこれにより「『就業配置』の性質はもはやもたなくなった」と指摘する(劉紹武主編『公安法制業務研究』(群衆出版社，2004年)581頁〔姚〕)。
55) 田中・前掲注15)292頁。

た[56]。

2.2.2.2　死刑許可権の高裁への委譲

　全国都市治安会議で打ち出された「重く速く」の方針を実現するために，採択後間もない刑法・刑訴法の規定を死文化させる時限的修正が行われた。それは，刑法・刑訴法が最高裁の専権事項と定める死刑許可権を，全国人大常委会の決定に基づき高裁に委譲した全国人大常委会10号通知(1980年3月6日。以下，「10号通知」と呼ぶ)[57] である。

　本通知は「黄火青検察長が最高人民裁判所および最高人民検察院を代表して2月9日に第5期全国人民代表大会常務委員会第13回会議に提出した建議に基づき，社会治安に由々しき危害を及ぼす刑事犯に迅速に法により懲罰を科し，人民の生命および財産の安全を守り，安定および団結を守るために，第5期全国人民代表大会常務委員会第13回会議は2月12日に，次のことを承認した。すなわち，1980年内，最近行われた殺人，強姦，強盗，放火などの由々しき罪を犯し，死刑に処すべき事件については，最高人民裁判所は省，自治区および直轄市の高級人民裁判所にその許可を授権することができる」とする。これが，全国都市治安会議を受け，迅速に治安事犯に打撃を加えるための措置であったことは明らかであろう[58]。

　これを受け，最高裁は1980年3月18日に「いくつかの類型の最近の犯罪

---

56) 詳細は田中・前掲注15)291頁以下参照。
57) 本通知は最高裁・最高検「全国人民代表大会常務委員会(80)人大常委会字第10号通知の転達に関する通知」(1980年3月11日)により各高裁・高検に転達された。なお，王漢斌は1979年11月の全国人大常委会第13回会議が死刑許可権の高裁への時限的委譲を決定したと述べる(同「関於加強法律解釈工作等三個決定(草案)的説明」全国人民代表大会常務委員会公報1981年2号19頁参照)。だが，人民日報1979年11月27日1面は，全国人大常委会12回会議の記事を掲載し，また同紙1980年2月6日1面は，同月5日から同13回会議が始まったことを告げる。本書では10号通知によった。
58) なお，この点について田中信行は，「過去2度にわたる改正〔本通知および後述の81年の死刑許可決定を指す〕が，主として最高人民法院の業務処理能力〔の不足〕を理由に，本手続き〔死刑再審査手続を指す〕を高級人民法院に暫時委譲し，刑事訴訟法を全面的に実施するまでの過渡的措置としていた」とする(同・前掲注20)14頁)。

者について高級人民裁判所に死刑の許可を授権することについての若干の具体的規定に関する通知」を出した。この最高裁通知は，上記10号通知に基づき「1980年内，1月1日以降に警察機関が立案・捜査し，人民検察院が起訴した最近行われた殺人，放火，強盗，強姦などの由々しき罪を犯し，死刑に処すべき事件について，当裁判所はすでに各高級人民裁判所にその許可を授権した」とする。つまりこの時点で，すでに最高裁は高裁に死刑許可権を委譲していたというのである。いつ最高裁が高裁に授権したのかは不明[59]だが，それが2月12日の全国人大常委会の決定以降であることは確かである。だとすると，「1月1日以降に警察機関が立案・捜査し，人民検察院が起訴した」事件に本措置を適用することは遡及適用となる。

とはいえ，刑事訴訟法の遡及適用が，学理上，直ちに問題となるわけではない[60]。しかし今回の時限的修正は，死刑事件のチェックのためにわざわざ設けた最高裁の審査手続を，一部の犯罪類型について免除するものである[61]。

しかも私見では，10号通知には違憲の疑いがある。というのも，78年憲

---

[59] 周永坤「死刑核準制度中的法治問題」法学2007年1期76頁参照。なお張永紅は，3月11日の最高裁・最高検通知(前掲注57参照)が，10号通知の「遵守執行」［遵照執行］を要求したことを，高裁への死刑許可権委譲の根拠とする(同「死刑核準権鋭議」趙秉志・邱興隆主編『死刑正当程序之探討──死刑的正当程序学術研討会文集』(中国人民公安大学出版社，2004年)301頁参照)。

[60] 日本でも同様であり，刑事訴訟法施行法2・4条は，「公訴提起を標準として，以前に公訴提起のあった事件については旧法主義，以後の事件については混合主義をとった」(田宮裕『刑事訴訟法(新版)』(有斐閣，1996年)9頁)。

[61] 高裁が死刑を許可する際には，被告人が1審の死刑判決に上訴しなかったときは裁定で許可し，また高裁が2審で死刑を言い渡すときは，「判決書の結論部分の後に改行して『最高人民裁判所のいくつかの類型の最近の犯罪者について高級人民裁判所に死刑の許可を授権することについての規定に基づき，本判決は死刑を許可する判決である』と記載」する(最高裁通知(一)参照)。後者は2審手続と死刑再審査手続が一体化していることから，中国では［合二為一］と呼ばれている。

なお，浅井敦は，死刑許可権の高裁への委譲，死刑条文の大幅増設および公開処刑の存在を挙げ，「立法の当初そこにこめられた死刑制度の理念は，その後相当に変容を強いられてきているように思われるのである」と指摘する(同「中国刑事法の変遷と展望」ジュリスト919号(1988年)49頁)。筆者も同感である。

法上，全国人大常委会には［法令］[62]制定権がある(25条3号)。同通知を「法令」と考えれば，形式的には合憲となる。しかし，たとえそう解することができたとしても，その内容は実質的に刑法・刑訴法を改正するものであり，「法令」によって法律[63]を改正したことになる。しかし，78年憲法は全国人大常委会に法律の改正権限を全く認めていなかった。少なくともこの意味で違憲と考えられる。さらに付け加えるならば，それは「通知」と呼ばれており，果たして憲法25条3号の意味における「法令」といい得るものであるのかすら疑問である。

このほかにも最近の議論ではあるが，10号通知が「内部通知」であり，「法律文書」の形式で公開されておらず，また最高裁が高裁に死刑許可権を委譲した時期・方法も不明であることから，基本的な法治原則である「法の公開性」に反するという批判もある[64]。

ただし，違憲立法の効果・事後処理について憲法規定はない。また非公開の法であっても，効力がなくなるわけではない[65]。その意味では，以上の議論は解釈論としては実益があまりない。しかし，こうした法制度形成のあり方の根底には，西洋近代法的思考様式とは異質な憲法・法律観が横たわっているように思われる。

2.3　5大都市治安座談会(1981年)

2.3.1　座談会で示された方針

表I-1および図2-1から明らかなように，1976年以降，立案・検挙・新受件数は多少の起伏はあるものの，全体としては右肩上がりであった。1981

---

62) ここでの［法令］は78年憲法上，全国人大常委会が制定する法形式である。なお，現行憲法上，全国人大常委会が制定する法形式は「法律」とされている(67条2号)。
63) 「法律」の制定は全国人大の専権事項である(78年憲法22条2号)。
64) 周永坤・前掲注59)76頁参照。
65) この点については小口彦太『現代中国の裁判と法』(成文堂，2003年)96頁以下の「中国刑事法における表の世界と裏の世界」を参照されたい。

(万件)

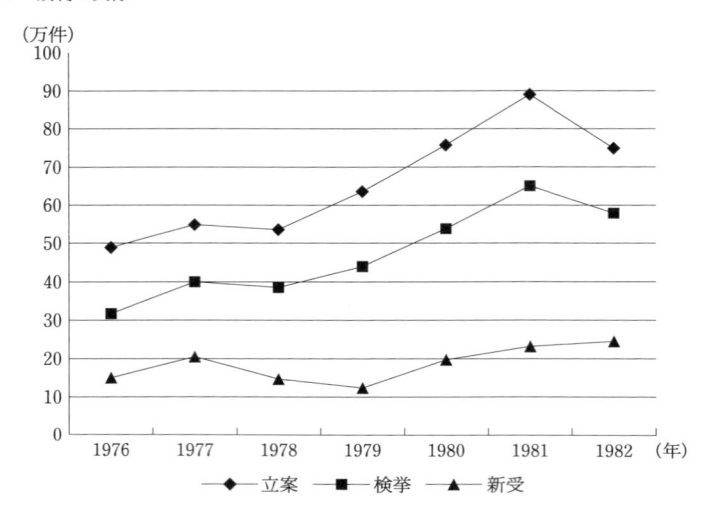

図2-1 立案・検挙・新受件数状況図(1976〜1982年)

年はまさにこれらがピークに達した年であった[66]。

　この時期とりわけ目立ったのは，再犯の増加である。王漢斌(全国人大常委会法制委員会副主任)は，「両労の決定」草案を説明する際に，「北京市で本年第1四半期に処理した者の内，労働改造・労働矯正施設からの脱走者・満期釈放者の再犯が42％を占めた。特に重大悪質事件の多くはこれらの者の手による」[67]と指摘した。(元)労矯者による犯罪も「再犯」[重新犯罪]とされており，当時の立法機関が労働矯正と刑罰とを厳密に区別していなかったこともさることながら，ここでは，わずか3ヶ月という短期間であるとはいうものの，処理した者の42％が再犯者であったという事実が，問題の深刻さを物語っているといえよう。

---

66) 中国では1950年，1961年，1973年に続く，第4次犯罪ブームといわれている(曹鳳『第五次高峰——当代中国的犯罪問題』(今日中国出版社，1997年)3〜13頁参照)。
67) 王漢斌・前掲注57)20頁。全国人大常委会法制工作委員会刑法室『論《中華人民共和国刑法》的補充修改』(法律出版社，1992年)14頁によると，本説明は1981年6月5日に行われた。

こうした事態を受け，中央政法委員会は中央書記処の承認を得て，1981年5月中旬に北京・天津・上海・広州・武漢の5大都市治安座談会を開催した。

　その紀要[68]によると，本座談会では，犯罪の原因は複雑であり，「社会治安の問題は，社会問題の重要な反映であり，全活動を前進させる際の問題である」との認識から，全面的な「総合対策」が不可欠であるとされた。そして，政法部門とはもっぱら治安維持[治安工作]を担う機関であり，具体的に以下の任務を果たさなければならないとされた。それは，①ごく少数の殺人・放火・強盗・強姦・爆破犯およびその他の社会に由々しき危害を及ぼす最近の犯罪者を引き続き法により重く速く処罰し，打撃力不足［打撃不力］の現象を是正しなければならないこと，②大量の軽微な違法行為者については，刑罰や労働矯正に処さず，党全体・社会の力に依拠して教育・感化・救出し，犯罪を予防しなければならないこと，③一部の最近の刑事犯については，情状に応じて区別して対処し，労働矯正に処すべき者は労働矯正に処し，勾留すべき者は勾留し，刑罰を科すべき者については刑罰を科すこと，の3点[69]である。

　これら3点については，全国都市治安会議でも言及されていたことであり，実質的な変化はない。目新しいことといえば，「法により重く速く」というテーゼが打ち出されたこと，および「重く速く」の対象に爆破犯が加えられた[70]ことである。

---

68)「京、津、滬、穂、漢五大城市治安座談会紀要(節録)」『司法手冊(2)』311頁以下。
69) 彭真も「5大都市治安座談会で解決した問題の内，最も重要なことは次の3点であると思う。1つは，全党を動員し，大衆に依拠して治安を管理し，『総合対策』を実施することを強調したこと。もう1つは，打撃力不足および打撃が速やかではない［打撃不及時］現象を是正し，ごく少数の最近の重大犯罪者に法により重く速く懲罰を科し，犯罪活動の増長する気炎に集中的打撃を加え，それを制圧するよう決断することをはっきりと提起したこと。最後は，大多数の一般の刑事犯，違法行為・犯罪者を状況に応じて処置し，特に非行青少年に教育・感化・救出を実施することを強調したことである」と指摘する(『中国社会治安綜合治理年鑑(1991-1992)』(法律出版社，1996年)8頁。筆者未見。引用は，厳励「厳打的理性審読」『刑事政策検討』239頁による)。

また，彭真は本座談会において，犯罪対策および事件処理のあり方について，次のように指示した。

まず前者については，現在の犯罪は「主に人民内部で生じており，大多数は青少年，青年労働者および学生であり，基本的大衆(労働者，農民，インテリゲンチア，幹部)の子弟であり，……彼らは社会秩序の紊乱者であるばかりか，林彪・『四人組』反革命集団の毒に染められた被害者でもある。我々は……情熱を持って，忍耐強くきめ細やかに彼らを看護・教育・感化・改造しなければならない。打撃や懲罰のみに頼ってはいけない」[71]と指摘する。ここでは現在の主要な問題は人民内部の矛盾であり，それらについては社会治安総合対策の「教育」面を重視しなければならないという考えが示されている。「教育を主とする」方針が改めて確認されたことになる。

次に，後者については，有罪認定基準を引き下げる「2つの基本」([両個基本])が打ち出された。彭真はその内容を，「確実な基本的証拠があり，基本的情状が明らかであれば，判決することができる。1つの事件で複数の罪に及ぶときでも，主な犯罪行為の証拠が確実であれば判決することができ，各犯罪者の犯行全てを細部にわたり明らかにしなければならず，各証拠を全て手に入れなければならないとする要求は極めて困難であり，また一部の枝葉的なものは判決にとって何の役にも立たない」[72]と説く(現在，これは「基本的事実が明らかで，基本的証拠が確かであること」とテーゼ化されている)。この考え自体は，1980年2月に彭真が広東省を視察した際にすでに示されていた[73]が，

---

70) 爆破犯が新たに付け加えられた背景として，田中信行は「おそらく80年10月29日の北京駅爆弾事件が大きく影響しているであろう」と指摘する(同・前掲注20)21頁参照)。
71) 彭真「在五大城市治安座談会上的講話」(1981年5月21・22日)『彭真1』406頁。
72) 彭真・前掲注71)409頁。
73) 1980年2月1日に彭真が広東省および広州市の警察・検察・裁判所活動報告会にて在席した関係者にその考えを示したのが最初であるという(張穹「関於『厳打』整治闘争中的法律適用的幾個問題」最高人民検察院公訴庁・公安部刑事犯罪捜査局編『厳厲打撃危害社会秩序犯罪法律適用指導』(中国検察出版社，2002年)13頁参照)。なお，その発言内容については，彭真「在広東省和広州市公検法匯報会上的講話要点」(1980年2

表 2-3 刑訴法 100 条と「2 つの基本」

刑訴法 100 条	「2 つの基本」(彭真発言)
犯罪事実が明らか	犯罪の基本的事実が明らか
証拠が確実	確実な基本的証拠
証拠が十分	なし

全国的に「2 つの基本」が指示されたのは本座談会が初めてであると目される。

　有罪認定基準について，刑訴法に規定はない。しかし，100 条は公訴提起の基準として，「犯罪事実がすでに明らかになっており，証拠が確実で，十分」であることを求めており，学説は一般に本条を有罪認定基準と解している[74]。そのことを前提として，同条と「2 つの基本」を比較すれば(表 2-3 参照)，後者では証明すべきとされる対象が限定され，また証拠も「十分」といえなくともよいことになる。そのため，刑訴法 100 条によれば有罪を認定できなくとも，「2 つの基本」によれば有罪を認定できる場合が出てくる。少なくともこの意味で，有罪認定基準が引き下げられたといえよう[75]。

　このほか，政法業務に対する党委員会の指導の強化が提唱されると同時に，全国都市治安会議に引き続き，重大・難解事件について党内合同事務処理の実施も指示されたことを付け加えておく。

2.3.2　法 整 備

　5 大都市治安座談会を受けて行われた主な立法的手当は，次の 2 つである。1 つは，先述の「両労の決定」である。本決定草案は 5 大都市治安座談会で検討の上，修正が加えられた[76]。もう 1 つは，同じく 6 月 10 日に採択・施行された全国人大常委会「死刑事件許可の問題に関する決定」(以下，「死刑許

　　月 1 日)『彭真 2』213 頁参照。
74)　例えば陶髦主編『刑事訴訟法学』(高等教育出版社，1993 年)229 頁〔樊崇義〕参照。
75)　王平「刑罰軽重的根拠——兼論"厳打"」政法論壇 2002 年 2 期 94 頁，顧肖栄・游海東「20 年来中国刑事政策的回顧与研究」『刑法学文集(2003)』899 頁など参照。
76)　全国人大常委会法制工作委員会刑法室・前掲注 67)13～14 頁参照。

可決定」と呼ぶ）である。以下，順にその内容を見ていこう。

2.3.2.1 両労の決定

本決定は前文において，制定目的を「現在社会治安に由々しき危害を及ぼす犯罪者の中で，労働改造施設もしくは労働矯正施設から脱走し，または満期釈放後，引き続き罪を犯し，何度諭しても改めない者たちが相当数に上る。社会治安を維持し，労改犯および労矯者に対する教育改造を強化するために，特に以下の決定をする」と定める。そして，この目的を実現するために，本決定は主に以下の4点の改正を行った。

(1) 再犯制度の創設

刑法には「累犯」が規定されているが，「再犯」は規定されていない。本決定で創設された再犯は，累犯と比較すると，要件が緩和されており，また法的効果も重くなっている[77]。

刑法が定める累犯は，学説上，一般累犯（刑法61条1項）と特別累犯（62条）に分けられる[78]。後者は反革命犯罪を対象とする特別類型であるため，ここで比較対象となるのは前者である。一般累犯の要件は，①前犯・後犯ともに故意犯であり，②前犯について有期懲役刑以上の刑の言渡しを受け，③その執行完了・赦免後3年以内に，④「有期懲役刑以上の刑を言い渡すべき」[79]後犯を犯すことである。これらの要件を充たす場合は，「処罰をより重くしなければならない」。

他方，本決定2条2項は，労改犯，すなわち有期懲役刑以上の刑[80]に処

---

77) ただし，かといってこれにより一般累犯が改正されたとか，空文化されたわけではない。この点については，小口・前掲注65)173頁以下参照。
78) 『教材刑法学』261頁参照。刑法61条1項は次のように規定する。
　　有期懲役以上の刑の言渡しを受けた犯罪者が，刑の執行完了または赦免の後，3年以内に再び有期懲役以上の刑を言い渡すべき罪を犯したときは，累犯であり，処罰をより重くしなければならない。ただし，過失犯罪を除く。
79) 「有期懲役刑以上の刑を言い渡すべき」とは，法定刑に有期懲役刑以上の刑が規定されていることではなく，実際に言い渡すべき刑が有期懲役刑以上の刑であることと解されている（高銘暄主編『刑法学原理（第3巻）』（中国人民大学出版社，1994年）283頁〔周振想〕参照）。

せられた者が満期釈放後に再び罪を犯したときは「処罰をより重くする」とする(以下,これを「再犯」と呼ぶ)。再犯と一般累犯は量刑上の法的効果においては同じであるが,再犯は一律に強制的留置就業の対象とされ(後述(4)参照),また要件において次の2点の違いがある。それは,①再犯には前犯と後犯の間の時間的間隔についての制約がないこと,②後犯の刑について,一般累犯は「有期懲役刑」以上であることを要するが,本規定は文言上,有罪であれば適用できるとしたことである[81]。

(2) 脱走後または報復目的の犯罪に対する罰則強化

脱走者の増加現象[82]に対応し,本決定は,労改犯が脱走後に罪を犯したときは,「処罰をより重くし,または加重する」と定めた(2条2項)。なお,「加重」は刑法に規定されていない。これは,加重前の法定刑の上限に1等加えた刑を加重後の上限とし,加重前の法定刑の上限を加重後の下限として量刑することを指す[83]。本決定の草案説明によると,「例えば,法定最高刑

---

80) 最高裁「全国人大常委会『脱走または再犯した労改犯および労矯者の処理に関する決定』の適用におけるいくつかの問題に関する批復」(1993年7月24日)二は,「刑法38・41条の規定により,拘役の言渡しを受けた受刑者は労働改造営に該当しない」ため,本決定を適用しないとする。なお,刑法上「労働改造を実施する」のは懲役囚および死緩囚である(41条,43条1項)。

81) なお,小口・前掲注65)175頁は,「後罪は故意犯に限定されず,過失犯についても適用は可能である」とする。確かに条文上は故意犯という限定はない。ただし,本決定の草案説明(王漢斌・前掲注57)20頁参照)は,後犯を故意犯に限定すると明示している。また立法当局や最高裁判事も故意犯に限定すると解しているため,実務上,故意犯に限定されていたものと思われる(全国人大常委会法制工作委員会刑法室・前掲注67)15頁,周道鸞『単行刑法与司法適用』(人民法院出版社,1996年)105頁参照。また,最高人民法院《人民司法》編輯部編『司法信箱集(第3輯)』(人民法院出版社,2002年)44頁も同旨)。なお,後犯の罪質について,全国人大常委会法制工作委員会刑法室・同上および周道鸞・同上104頁は,満期釈放後に社会治安に危害を及ぼす罪を犯した場合にのみ,本決定の適用があるとする(なお,本決定前文参照)。

82) 警察部「第8回全国労改業務会議紀要」(1981年9月9日。以下,「第8回労改会議紀要」と呼ぶ)二(一)によると,1980年の全国の脱走者は前年比47%増,前々年比148%増であり,1981年上半期は前年同期比89%増であったという(具体的なデータは不明)。

83) 陳興良『刑法適用総論(下)』(法律出版社,1999年)307~308頁参照。

が有期懲役10年の場合は，10年以上15年以下の有期懲役を言い渡すことができる。……法定最高刑が無期懲役の場合は，死刑(死刑2年執行延期を含む)を言い渡すことができる」[84]。

また，3条は深刻な報復現象[85]に対して，「労矯者または労改受刑者が通報者，被害者および関係司法勤務人員ならびに違法犯罪行為を制止した幹部および大衆に対して凶行報復したときは，その犯した犯罪行為について法律の規定に照らして処罰をより重くし，または加重する」とした。

(3) 労働矯正と刑罰の同等視

本決定1条2項前段は，「労矯者が矯正解除後3年以内に罪を犯し，または脱走後5年以内に罪を犯したときは，処罰をより重く〔する〕」と定める。本規定は，刑罰ではない労働矯正についても，その処分解除後3年・脱走後5年以内の犯罪を「処罰をより重くする」とした。つまり，労働矯正も実質的には「再犯」の射程に入れられたのである。また，労矯者の報復目的の犯罪については，労改犯のそれと同じく「処罰をより重くし，または加重する」とされた。これらの措置は，労働矯正が刑罰である労働改造と同等視されていることを示すものといえよう[86]。

(4) 両労人員の社会からの隔離

本決定は，要件に該当する労改犯・労教者を刑期・処分期間満了後も，強制的に監獄・労働矯正施設に留め，そこで生活・就業させ(〔強制留場就業〕。以下，「強制的留置就業」と呼ぶ)，捕まる前に住んでいた大・中都市に帰さない，という措置を定めた[87]。これはまさに両労人員を社会から隔離するためのも

---

84) 王漢斌・前掲注57)21頁参照。また最高裁・最高検・警察部・司法部「労改犯・労矯者の犯罪事件の処理における関係法律の執行のいくつかの問題に関する答復」(1984年3月3日)三はこの草案説明を直接引用して「加重」を説明する。
85) 王漢斌・前掲注57)20頁。
86) 小口・前掲注65)172頁，曲新久『刑事政策的権力分析』(中国政法大学出版社，2002年)150頁。
87) 強制的留置就業者の待遇については，「政治的権利を剥奪された者以外は公民権を有するが，監督改造を実行しなければならない。経済的には同一業務同一報酬が採られる」とされた(第8回労改会議紀要三(三)1参照)。

のである。なお，本決定施行以前においても労改犯については，満期釈放後も強制的に監獄に留置就業させる場合があった（自らの意思による場合もあった）[88]。しかし，その対象は改造状態が良くない者や帰るべき家もなく就くべき職もない者などであった（なお，農村（大都市の郊外区も含む）居住者はその対象ではなかった）。つまり，それは満期後の具体的状況を判断した上での措置であり，下記③のように，所定の行為類型の該当者（裁判時の判断）を一律に対象とするものではなかった[89]。また，労矯者はその対象ではなかった[90]。

本決定によると強制的留置就業の対象となるのは以下の場合である。まず，労矯者については，処分解除後3年以内・逃走後5年以内に罪を犯した［犯罪］ときは，①「本人の都市戸籍［戸口］を抹消し，期間満了後，思想改造の跡が確かに認められる者を除き，一律に施設に留めて就業させ，元の大中都市に帰してはならない」。②その中で情状が軽く，刑事処分に至らないときは，再度労働矯正を科し，または処分期間を延長し，かつ「新たに労働矯正を科

---

[88] 本決定以前のルールについては労働改造条例（政務院1954年8月26日採択，9月7日発布）62条，政務院「労働改造受刑者の満期釈放および就業配置の暫定処理辦法」（1954年8月26日）2条，第6回全国労改業務会議紀要である警察部「労改業務強化に関する若干の問題」(1964年8月5日)参照。また，90年代初頭までの留置就業の歴史的展開については，田中信行「中国における受刑者労働の現状と問題点」法政理論25巻4号(1993年)228頁以下参照。なお，田中は本決定について「法治主義の強化と民主的権利の擁護という当時の基本方針にそっておこなわれた一連の立法のなかに位置づけられるものであり，服役期間を過ぎたにもかかわらず強制的に残留させなければならないケースを，法によって明確に限定しようとしたものと受け取ることができる。そもそもこのような強制的残留を認めること自体，民主的権利の擁護という方針と相容れないものではないかという疑問もありえようが，それ以前の歴史的経緯に照らしてみれば，強制的残留が以下のような場合に限定されたことの意義は，それなりに評価してよいもののように思われる」(同上244頁)と評する。

[89] 田中・前掲注88)246頁参照。なお，労働改造条例は「1994年12月29日に全国人大常委会が採択し，かつ，公布した監獄法，1990年3月17日に国務院が発布した看守所条例により取って代わられた」ことを理由に，国務院「2000年末以前に発布した一部の行政法規の廃止に関する決定」(2001年10月6日)により廃止された。そして監獄法には同条例62条に相当する規定は置かれなかった。

[90] 高銘暄・前掲注79)194頁〔力康泰〕参照。

し，または労働矯正期間を延長し，かつ本人の都市戸籍を抹消することができ，期間満了後原則として施設に留めて就業させ，元の大中都市に帰してはならない」(1条2項)[91]。

次に労改犯については，③逃走後の犯罪・満期釈放後の再犯者は一律に，④満期釈放後に労働矯正に処されたときは原則として，満期後に「施設に留めて就業させ，元の大中都市に帰してはならない」。また⑤満期釈放時に改造されていないとされたときも留置就業させる(2条2〜4項)。

要するに，要件に該当する大・中都市居住者[92]については，強制的留置就業とし，元の大・中都市に帰らせないとしたのであった[93]。

こうした期間の定めのない強制的留置就業は，実質的に有期懲役・労働矯正を終身拘禁刑化する危険性を孕んでいる。とはいえ，実際には一定期間経過後に改造状況が良ければ，元の居住地に戻ることができた[94]。なお，「帰してはならない」とされたのが大・中都市に限定されていたことを看過してはならない。このことは，本決定が大・中都市の治安回復を最優先課題としたものであることを如実に物語っている。

---

[91] なお，①②の細則として，警察部「全国人大常委会『決定』の徹底執行における労矯に関するいくつかの具体的問題に関する通知」(1981年12月9日)三(一)参照(以下，「警察部81年通知」と呼ぶ)。

[92] 王漢斌は本決定草案説明において「住居が都市にある者については，さらに本人の都市戸籍を抹消し，その者達を違法・犯罪活動を容易に行うことのできない地方に移送し，労働矯正または労働改造を行い，期間満了後施設に留めて就業させ，元の大・中都市に帰してはならない」とする(同・前掲注57)20頁)。

[93] 文言上，⑤は「元の大中都市に帰してはならない」とはされていないが，例えば高銘暄・前掲注79)194頁〔力康泰〕は⑤もその対象に含める。

[94] 満期釈放後の強制的留置就業については第8回労改会議紀要三(三)1参照。また労働矯正解除後のそれについては，警察部81年通知三，労働矯正試行辦法(国務院1982年1月21日承認。以下「82年辦法」と呼ぶ)65条参照。また，警察部・司法部「労働矯正および労矯者の都市戸籍抹消の問題に関する通知」によると，都市戸籍を抹消された者は3年以上の観察期間を経過し，確かに改造されたときには，警察に設置された「労働矯正管理委員会の審査承認機関」の承認を経て元の大・中都市に戻ることができ，そのときにその戸籍も回復される(二(五)，一(二)参照)。

そして本決定の威力は凄まじく、「『今、我々のとるべき道は1つしかない、以前の過ちを改め、新しく生まれ変わるのだ』、『縛られるのも殴られるのも怖くない。ただ、都市戸籍を抹消されるのが怖い』、『この決定を見て、背筋が凍りついた』などと言う者もいた」[95]という。本決定がこれだけの脅威をもたらしたのは、中国では戸籍が都市戸籍と農村戸籍に分けられており、前者は生活・社会保障面で後者と比べて格段に手厚い優遇を受けることができるという二元構造が採られているからである[96]。そのため、都市戸籍保有者にとっては、都市戸籍を抹消され[97]、大・中都市に帰ることができなくなることが脅威となったのである。

こうした本決定の狙いは、打撃力不足を是正するための罰則強化、すなわち打撃力の強化による犯罪の予防、および両労人員を大・中都市から隔離し、再犯の機会を与えないことによる犯罪の予防という2点に集約することができよう[98]。

そして本決定公布後、北京市では「党委員会の統一的指導の下、警察・検察・裁判所の3機関が関係分野と密接に協力し、強大な政治的攻勢および広範な法制宣伝教育を展開し、著しい成果を挙げた。7月上旬までに、市全体で1万9700名余りの者が素直に自供し、各種の問題および手がかりを3万

[95) 魏彬「掌握法律武器、厳属打撃犯罪活動」法学雑誌1981年4期7頁。
[96) 具体的には鈴木賢「社会保障制度」鄭杭生・奥島孝康編『中国の社会』(早稲田大学出版部、2002年)62〜64頁参照。ただし今日においては、経済市場化に伴いこうした枠組みも大きく揺らいでいる。
[97) なお、都市戸籍の抹消は①②についてしか規定されなかった。しかし労改犯の戸籍は、監獄が「登記の責を負〔う〕」(王景栄主編『公安法制通論』(群衆出版社、1994年)139頁〔王建勇〕)ため、「元の大中都市に帰してはならない」とされた者は、「元の大中都市」の戸籍を抹消されたままということになる(なお、戸籍登記条例(全国人大常委会1958年1月9日採択、同日公布・施行)6条、13条2項3号参照)。
[98) 王漢斌は、両労人員を大・中都市に帰さなくしたことは、「都市の治安を維持するために必要なことばかりか、またこれらの者に再び罪を犯させないようにすることができ、その教育改造にプラスである」とする(同・前掲注57)20頁)。

3400件強提供し……市外に脱走していた者の97％が自主的に労働改造・労働矯正施設に戻ってきた。同時に，脱走者も大幅に減少し，『決定』公布前の40日間と比べて，73.5％減少した」[99]という。

なお，本決定は「教育改造」の強化を目的に掲げる。しかし，強制的留置就業および都市戸籍抹消処分が認められたことから，「ここにおいて労働矯正の目的は，もはや教育改造による社会復帰をめざすものから，実質的には一般社会への復帰を放棄した隔離措置へと変質した」[100]と考えられる。

またこのことは，労働矯正と刑罰の同等視や本決定が目的について「就業配置」に触れなかったこと[101]とも相俟って，労働矯正の実質的刑罰化が進展したことを意味する[102]。そしてこの流れは82年辦法にも受け継がれた。このことは端的に，その適用対象を定める10条に，「就業配置的色彩を帯びた，労働を拒絶し，除名されて生活の術がないという要件」[103]がない一方で，各号規定が違法・犯罪行為を行ったが「刑事処分に至らない者」に収斂される点[104]に表れている。

最後になるが，本決定にも違憲の問題がある。それは全国人大常委会が制

---

99) 金鏵・厳雯『両法執行中的問題与探討』(群衆出版社，1982年)65頁。
100) 田中・前掲注51)15頁。なお，この指摘は労働矯正についてのものであるが，私見では，「労働を通じて真人間に改造する」という理念が謳われている労働改造刑についても妥当する。
101) 1980年8月9日付の警察部報告を全国人大常委会の立法という形で追認したことになる。
102) 陳興良はこうした変化について，「治安機能が主導的地位を占めている」と評する(同「中国労働教養制度研究——以刑事法治為視角」儲槐植・陳興良・張紹彦主編『理性与秩序——中国労働教養制度研究』(法律出版社，2002年)162頁参照)。また，但見亮「中国の行政拘禁制度改革——労働教養制度改廃の議論に関連して」比較法学38巻1号(2004年)103〜105頁も，文革後に労働矯正の「治安維持機能」がさらに突出したと指摘する。
103) 姚喜平主編『労教学基礎理論』(法律出版社，1998年)130頁〔高瑩〕参照。
104) 陳瑞華「労働教養的歴史考察与反思」儲槐植ほか・前掲注102)書11頁参照。また，但見亮は「対象者の累犯性と常習性という要件が徐々に後退し，単に軽微な犯罪を犯した者に対する処罰であるという性格が現れてきた」と指摘する(同「中国の労働教養制度」早稲田大学大学院法研論集102号(2002年)126頁)。

定した本決定が，再犯，罰則強化，さらには刑期満了後も釈放しない強制的留置就業を規定し，刑法の内容を実質的に改正したという，全国人大常委会の立法権限踰越である。

2.3.2.2　死刑許可権の高裁への委譲

本決定は「最近行われた殺人，強盗，強姦，爆破，放火などの社会治安に由々しき危害を及ぼす犯罪者に迅速に打撃を加えるため」（前文），「1981年から1983年までの間，殺人，強盗，強姦，爆破，放火，毒物混入，出水および交通，電力等設備破壊の犯罪」について，①高裁が終審で死刑判決を言い渡した場合，②中裁が1審で死刑判決を言い渡し，被告人が上訴せず，高裁が許可した場合，③高裁が1審で死刑判決を言い渡し，被告人が上訴しなかった場合のいずれかに該当するときには，刑法・刑訴法で定める最高裁への死刑許可申請を行わなくてもよいとする（1条）。

王漢斌は本決定採択の理由について，大略次のように説明した[105]。

刑法・刑訴法が死刑許可権を最高裁に限定したのは，「少殺の方針」を徹底するとともに，文革期に生じた冤罪・でっち上げ・誤判を避けるためである。しかし，1979年秋から全国の大・中都市で悪質事件が多発し，「社会治安の問題が深刻で，人民大衆はかなり不満である」。そこで全国人大常委会は1980年の1年間に限り，死刑許可権を高裁に委譲した。この措置は，「最近の刑事犯に迅速に打撃を加え，犯罪者を震撼させ，人民を教育し，社会治安を維持することに対して積極的な役割を果たした」。現在なお治安情勢は悪い。「我々は，これらの社会治安に由々しき危害を及ぼす最近の刑事事件は，一般的に事件事実がはっきりしており，証拠は確実であり，間違えにくいと考えた」。また，当面の状況では，最高裁が全ての死刑許可申請を処理していては，迅速にこれらの犯罪に打撃を加えることができない。

つまり，1980年と同様に，最高裁に死刑許可業務を集中させることは，「〔そ〕の負担を増やすばかりでなく，犯罪に迅速に打撃を加え，社会秩序を維持するのにもマイナスである」[106]という発想である。最高裁のオーバー

---

105) 王漢斌・前掲注57) 19〜20頁参照。

ワークについては，同年6月11日に最高裁が出した本決定の細則にあたる通知[107]が，「これらの事件〔本決定が高裁に死刑の許可を授権した事件〕ですでに最高人民裁判所に報告したが，なお許可されていないものについては，いずれも各高級人民裁判所に差し戻し，各高級人民裁判所が許可〔する〕」(一)としていることからもうかがえよう。またここから，本決定が遡及適用されていることも分かる。

なお，本決定も先述(2.2.2.2参照)の全国人大常委会10号通知と同じく，全国人大常委会の立法権限を踰越している点で違憲であると考えられる。

2.4 章　結

本章ではまず，「10年の動乱」と呼ばれる文革により深刻なダメージを負った刑事司法システムの再建のプロセス，および文革中から続く犯罪激増の有様を見た。そして，刑事司法システムが再建途上にある中，激増する犯罪に対して，全国都市治安会議および5大都市治安座談会が打ち出した対策を見た。

その対策とは，「打撃」と「教育」を柱とする(社会治安)総合対策であった。すなわち，一方では打撃力不足であるから犯罪を抑制することができない，という発想から，増加し続ける犯罪に対して，「法により重く速く」処罰するという「打撃」の方針が打ち出された。死刑許可権の高裁への委譲，「両労の決定」による厳罰化(再犯・加重処罰の創設，「処罰をより重くする」の規定)，両労人員の社会からの隔離はその法制度上の現れである。

他方で，青少年による非行・犯罪の増加を背景として，「犯行が軽微な者および少年に対する教育改造・救出」(全国都市治安会議の彭真演説)が強調された。そしてこの時期，両者の関係は「教育と打撃の両者を用いるが，教育を

---

106) 王国枢主編『刑事訴訟法学(第2版)』(北京大学出版社，1995年)352頁。
107) 最高裁「全国人民代表大会常務委員会『死刑事件許可の問題に関する規定』執行におけるいくつかの通知」(1981年6月11日)。

主とする」(8部門総合対策報告)と整理されていた。

そして，その後もこの方針が踏襲された。まず，中共中央「政法業務強化に関する指示」(1982年1月13日)[108]は，「中央は，治安状況の根本的好転を成し遂げるために，必ず党の指導を強化し，全党を動員し，真摯に『総合対策』の方針を徹底し，社会の風紀，社会治安を1982年内に顕著に好転させるようにしなければならないと考える」(二)とする。そして続けて，それは「我々の党は執政党であり，社会生活全体の指導者・組織者である。治安状況の根本的好転を勝ち取り，安定した社会秩序を樹立し，文明的な社会風紀を発展させることは，全党の政治任務であり，広範な人民大衆の切実な利益に関わり，党および政府の信用に関わり，人民民主主義独裁の堅持に関わる一大事」(同)だからであるとする。その上で，政法機関に対して「社会治安の維持は政法機関の職責である。……ごく少数の殺人犯，強盗犯，強姦犯，爆破犯，放火犯およびその他の社会治安に由々しき危害を及ぼす最近の刑事犯を必ず法により重く速く懲らしめ〔なければならない〕」(四)とする。

また，同年8月28日に党中央の同意を得て転達された「全国政法業務会議紀要」も，「反社会主義の敵対分子および各種重大犯罪者に断固として打撃を加えなければならない」(二)とすると同時に，総合対策の強化を指示し，その「重点は青少年に対する教育の強化である」(四)とする。

ただし，「打撃」と「教育」の対象間の線引きは曖昧であり，しかも「毛主席が述べたように，およそ2つの矛盾を即座に区別できない場合は，まず人民内部の矛盾として処理すべきである」[109]と指示されたため，多くの事件が「人民内部の矛盾」として処理されたようである。このことは，1976年から1982年までの殺人[110]・放火・毒物混入・強姦・強盗・傷害各罪の判決発効人員の科刑状況をまとめた表2-4からも看取できよう。すなわち，1979

---

108) 中共中央「関於加強政法工作的指示(節録)」『司法手冊(2)』284頁以下。
109) 陶希晋「在《刑法》草案修訂組全体会議上的講話(根据録音整理)」(1978年10月30日)・前掲注25)書132頁。なお，「全国政法業務会議紀要」二も同旨。
110) なお，「殺人」罪には過失殺人罪が含まれている可能性がある。

表 2-4 殺人・放火・強姦等罪の判決発効人員における科刑状況表（1976～1982 年）

年	総数	5 年以上 人	%	5 年以下 人	%	その他 人	%	無罪 人	%
1976	42,582	20,693	48.6	17,399	40.9	4,222	9.9	268	0.6
1977	55,605	28,902	52.0	21,256	38.2	5,161	9.3	286	0.5
1978	37,772	16,476	43.6	16,054	42.5	4,662	12.3	580	1.5
1979	47,440	15,825	33.4	23,117	48.7	7,245	15.3	1,253	2.6
1980	75,993	24,364	32.1	34,523	45.4	15,567	20.5	1,539	2.0
1981	95,517	34,798	36.4	43,012	45.0	16,608	17.4	1,143	1.2
1982	93,125	31,985	34.3	43,998	47.2	16,045	17.2	1,097	1.2

注：「5 年以上」とは 5 年以上の有期懲役，無期懲役および死刑を，「5 年未満」とは，5 年未満の有期懲役を指す（以下同じ）。なお，「5 年未満」の原文は「5 年以下」となっている。また，「その他」は執行猶予・拘役・管制・刑の免除などを指す。殺人・傷害には過失犯が含まれている可能性がある。とはいえ，それぞれ故意・過失犯が別個に計上されるようになった 1983・1985 年以降の 80 年代において，過失犯は故意犯の 8％，14％しかない（しかも傷害は 1985 年に過失犯が異常に多く（故意犯が 7080 人，過失犯が 1 万 1710 人），この年を除けば 3.3％となる。1998 年までで計算するとさらに低くなる）。そのため，たとえ過失犯が含まれていたとしても，その影響は限定的と解される。このほか，1981 年は各項目の総和と「総数」にズレがある。
出典：『司法統計資料』（1976～1979 年は「（各年）刑事被告人処理情況統計表」，1980～1982 年は「（各年）普通刑事案件被告人処理情況統計表」）参照。

年[111]に懲役 5 年以上の刑が激減し，その後 1981 年に一度上昇したことを除き，減少していくのに対し，5 年未満の懲役刑が大幅に増えた。また，執行猶予も増え，その後，増加傾向が続いている（このほか表 I-1 の「B／A」参照）。

全体としては社会治安総合対策の「教育」面が強調されたために，「重く速く」の方針が色褪せ，寛刑化の趨勢にあったといえよう。次章で論じるように，これが政策決定者の目には打撃力不足であると映り，厳打が必要であるとされたのである[112]。

---

111) 1979 年 11 月に開催された全国都市治安会議ではなく，同年 8 月に党中央が転達した 8 部門総合対策報告による教育強調がターニングポイントになっていると考えられる。
112) 「上述の刑事政策〔81 年 5 大都市治安会議における「重く速く」〕の実際の実施過程においては，十分な認識を欠く者もいたため，重大刑事犯に対して依然として手を下せず，打撃力不足であった。例えば，1982 年の全国で判決の言渡しを受けた犯罪者総数は 19 万人であり，そのうち懲役 5 年以下の軽い刑の言渡しを受けた者は 16 万人余りおり，言渡総数の 80％を占めた。このため，一部の犯罪者の気炎が増長し，何ら顧みること

2. 厳打前夜の治安状況と犯罪対策　81

　最後に,「法により」の内実を検討しておこう。この時期の立法の多くは,「法により重く速く」のために,刑法・刑訴法が定める制度の根本を改めるものである。それは刑法・刑訴法が最高裁の専権事項と定める死刑許可権を高裁に委譲することを認めた全国人大常委会 10 号通知および死刑許可決定,ならびに刑法所定の累犯よりも適用対象が広く,またその法的効果も重い再犯制度,および刑の執行完了後も人身の自由を剥奪する強制的留置就業制度を創設した「両労の決定」である。「法により重く速く」という目的の実現方法は法の枠内にはとどまらず,逆に,この目的に合致しない法は,それに合うよう改められたのである。

　とはいうものの,新たな政策が打ち出され,それが既存の法の枠を超えるために法が改正されるということは,中国特有の現象ではなく,どこの国にでも起こり得る現象である。しかし,ここで見落としてはならないことは,これらの立法がいずれも実質的に法律を改正しており,全国人大常委会の立法権限を踰越している点で違憲と考えられるということである。「法により重く速く」といいながら,違憲立法が党の政策に合致することにより正統性を獲得していることになる。そして,党の政策に合致しない法には改廃が待っている[113]。このことは,とりもなおさず,法が権力を拘束するもので

───────

なく,引き続き悪事をはたらき,犯罪活動はさらに猖獗を極めた」という指摘は,このことを指している(何秉松「我国的犯罪趨勢、原因与刑事政策──兼論我国刑法修改的刑事政策問題(下)」政法論壇 1989 年 6 期 6 頁)。

113) こうした違憲の問題は,1982 年 3 月 8 日に全国人大常委会が制定した「重大経済事犯を厳しく懲らしめることに関する決定」(以下,「経済事犯の決定」と略す)にも存在する。この点,全国人大常委会が同決定を制定することは可能か,という問いに対して,盛愉(社会科学院法学研究所副所長)は次のように答えている。すなわち,「それ以前〔82 年憲法施行〕の時期においても,中国の目下の情況に適用できなくなった 78 年憲法を実施することはできない。したがって,82 年憲法の公布以前に,全人代常務委の立法権限はすでに拡大され,そしてそれは法律を改正・補充する権限を有していたのである」,と(「盛愉法学研究所副所長に聞く」中国研究月報 1983 年 6 号 48 頁)。つまり,「目下の情況」により憲法を死文化させることができるというのである。そして,「目下の情況」を最終的に判断するのが党であることはいうまでもなかろう。なお,盛愉は続けて「こうした問題はすべて全人代が全人代常務委に委託して解決することができるのであり,

はなく，権力が法を支配していることを意味する。

　また，この点は「法により重く速く」の方針が提起されたこと自体からも看取できる。というのは，「重く速く」は，そもそも党が裁判における法運用のあり方を指示していることにほかならないからである[114]。このことは，教育を重視せよと「政法機関」に指示した社会治安の総合対策も同様である。けだし，「政法機関」には裁判所も含まれ，教育の重視は当然に裁判においても実施すべきとなるからである（表2-4はそれを反映しているといえよう）。

　彭真が指示し，その後最高裁も提唱した，合同事務処理に至っては，外観的には刑事手続に合致するよう繕われているが，その内実は憲法・刑訴法所定の相互制約原則，特に「裁判の独立」に反している。また，「2つの基本」も有罪認定基準を引き下げるものである。実務においては，党の政策に合致しない法は改廃を待たずとも，党の政策により死を告げられるのである。

　ただし，このことは誰もが法を無視してよいことを意味しない。彭真が「法が上か，それともどこかの首長，どこかのクラスの地方党委員会が上か？　思うに，法が上だ。今回公布した7つの法〔刑法，刑訴法，裁判所法などを指す〕について，草案は中共中央政治局が原則承認し，全国人大常委会が全国人民代表大会の審議に付託して採択されたものであり，それは党および全国人民の意思および利益を代表している。誰が党中央の上に立つのか，誰が全国人民代表大会の上に立つのか？」[115]と説いたように，党中央・全国人大の下位者は，それらの下にいるから，それらが作った法を遵守しなければならない。

　これが「法により」の内実なのである。

　　この決定も全人代が全人代常務委に授権したものである」という。
114) 先述（1.2.1(2)参照）のように，Donald C. Clarke, Concepts of Law in the Chinese Anti-Crime Campaign, *Harvard Law Review*, vol. 98, no. 8 (June 1985), p. 1903 は，83年厳打以前においては法が政策の上位にあったとする。しかし，本章の考察から，83年厳打以前においても，政策により法の適用が左右されていたことは明らかであろう。
115) 彭真「在全国検察工作座談会，全国高級人民法院和軍事法院院長会議，第三次全国預審工作会議上的講話」(1979年7月27日)『彭真2』176頁。

3. 83年厳打

　本章では裁判のあり方を中心に，83年厳打中に生じた現象を考察し，そこでの裁判とは一体何だったのかを明らかにしたい。以下では，83年厳打を考察するに当たり，決定プロセスと実施プロセスに分け，実施プロセスをさらに立法と実務に分ける。具体的にはまず，厳打の決定に際して，政策決定者がどのように現状を認識し，どのようなことを考えて厳打を決定したのかを明らかにした上で，それが具体的にどのように展開されていったのかを概観する(3.1)。次に，厳打を実施するために行われた立法を検討し，それがどのような性格のものであったかを探る(3.2)。そして，政策決定者による指示および法改正を受けて，実務でどのようなことが行われたのかを明らかにする(3.3)。しかる後に，中国の学界でそれがどのように評価されているのかを一瞥する(3.4)。そして，最後に，83年厳打を定式化した上で，そこでの裁判とは一体何であったのかを考えたい(3.5)。

3.1　決定と展開

3.1.1　決定プロセス

　1981年に文革後最初のピークを迎えた立案件数は，全国都市治安会議以降の犯罪対策が功を奏したのか，1982年には約14万件減少した(表I-1および表3-1参照)。

　しかし，その内実を見ると，約14万件の減少では政策決定者を満足させるにはほど遠かったようである。表3-1は1978年から1983年までに立案さ

表 3-1　主要罪名別立案状況表(1978～1983 年)

年	立案(件)	立案率	殺人	傷害	放火	爆破	強姦	強盗	窃盗
1978	535,698	5.6	8,256	—	3,063	—	22,758	5,596	455,045
1979	636,222	6.6	9,179	—	2,067	—	16,220	12,235	562,624
1980	757,104	7.7	8,318	—	3,023	838	24,682	14,338	643,194
1981	890,281	8.9	9,576	21,499	3,598	1,410	30,808	22,266	744,374
1982	748,476	7.4	9,324	20,298	3,252	1,390	35,361	16,518	609,481
1983	610,478	6.0	—	—	—	—	—	—	—

注：「—」はデータなしを意味する(以下同じ)。また「強姦」には女児姦淫罪(139 条 2 項)も含まれている(康樹華主編『犯罪学通論(第 2 版)』(北京大学出版社，1996 年)314 頁参照)。
出典：内訳は『公安大事要覧』各年度末尾のデータ参照。

表 3-2　重大事件立案状況表(1981～1983 年)

年	全立案件数	内：重大事件	%
1981	890,281	66,771	7.5
1982	748,476	64,369	8.6
1983	610,478	61,048	10.0

注：重大事件数は，立案件数と重大事件の比率から逆算した。
出典：重大事件の比率については魏平雄・欧陽涛・王順安主編『市場経済条件下犯罪与対策』(群衆出版社，1995 年)58 頁〔魏〕参照。

れた全刑事事件の内，全国都市治安会議・5 大都市治安座談会(以下，「両治安会議」と呼ぶ)で重点対象とされた主な犯罪類型の内訳を表にしたものである。本表から明らかなように，強盗事件および窃盗事件の立案件数は，それぞれ前年比約 25％，約 20％減であったが，それ以外は微減であり，強姦事件は逆に約 15％増であった。また 1982 年とピーク前の 1980 年を比較すると，総数では減少しているが，重点対象の犯罪は窃盗を除きいずれも増加している。

また，重大事件の立案件数を見てみると，1982 年は前年比約 2400 件減にすぎない。だが 1982 年の立案件数は前年比で約 14 万件(約 16％)減少したため，重大事件の比率は逆に 1.1％増加した(表 3-2 参照)。

次に発効判決からアプローチしてみよう。表 3-3 は，1978 年から 1983 年までの全事件および殺人・傷害・強姦・強盗・窃盗各罪の判決発効人員の推移をまとめたものである。1982 年の総数は前年比 6.5％増であり，また上記

表 3-3 主要罪名別判決発効人員表(1978～1983 年)

年	総数	殺人	傷害	強姦	強盗	窃盗
1978	144,304	6,462	4,850	21,689	3,325	31,110
1979	140,108	9,177	11,486	19,429	6,040	36,268
1980	197,134	8,372	27,790	21,994	16,260	71,379
1981	258,457	9,272	30,656	27,192	26,539	100,432
1982	275,223	8,781	26,303	33,566	22,874	104,837
1983	657,257	13,983	45,410	73,171	54,323	228,766

注：1983 年の「殺人」は故意犯であるが，それ以前は過失犯も含まれていた可能性がある。また「強姦」について，1983 年からこれとは別に「女児姦淫」の項目が設けられた。1982 年以前の「強姦」に「女児姦淫」が含まれていたかは不明である。しかし，女児姦淫罪(「14 歳未満の女児を姦淫した者は，強姦として論ずる」(139 条 2 項))は強姦罪(同条)の特殊な形式とされ(『教材刑法学』441～442 頁参照)，また実務でも女児姦淫を含めて強姦を用いる場合がある(例えば最高裁・最高検「当面の強姦事件の処理における法律の具体的運用の若干の問題に関する解答」(1984 年 4 月 26 日))。さらに，警察統計では強姦罪は女児姦淫罪を含めて計上されている(表 3-1 注参照)。以上のことから本書では，1982 年以前の「強姦」には女児姦淫も含まれていた可能性が濃厚であると考え，1983 年の「強姦」に「女児姦淫」も計上した。以下もそのように取り扱う。なお，強姦・女児姦淫罪の判決発効人員および重罰率(138 頁参照)を補足しておく(表 3-4 参照)。

出典：『司法統計資料』(1979 年以前は「(各年)刑事被告人処理情況統計表」，1980 年以降は「(各年)反革命案件被告人処理情況統計表」および「(各年)普通刑事案件被告人処理情況統計表」)参照。

表 3-4 強姦・女児姦淫罪の判決発効人員および重罰率(1983～1998 年)

年	強姦 総数	強姦 5 年以上 人	強姦 5 年以上 %	女児姦淫 総数	女児姦淫 5 年以上 人	女児姦淫 5 年以上 %
1983	61,113	49,506	81.0	12,058	9,483	78.6
1984	69,438	49,541	71.3	14,806	11,199	75.6
1985	28,609	18,520	64.7	9,898	7,264	73.4
1986	25,270	16,595	65.7	9,981	7,358	73.7
1987	22,668	14,503	64.0	9,634	6,895	71.6
1988	20,474	13,059	63.8	8,195	5,851	71.4
1989	20,814	13,425	64.5	7,785	5,641	72.5
1990	24,611	16,037	65.2	8,838	6,490	73.4
1991	23,679	14,522	61.3	8,152	5,705	70.0
1992	23,765	14,333	60.3	8,401	5,689	67.7
1993	21,248	12,840	60.4	7,746	5,377	69.4
1994	21,527	13,124	61.0	7,515	5,316	70.7
1995	19,839	11,939	60.2	6,776	4,746	70.0
1996	24,131	15,029	62.3	8,184	5,974	73.0
1997	18,712	10,821	57.8	6,813	4,804	70.5
1998	18,418	10,127	55.0	6,544	4,335	66.2

出典：表 3-3 と同じ。

表 3-5　建国初期の立案率(1956〜1965 年)

年	立案件数	立案率	年	立案件数	立案率
1956	180,075	2.9	1961	421,934	6.4
1957	298,031	4.6	1962	324,639	4.8
1958	211,068	3.2	1963	251,226	3.6
1959	210,025	3.1	1964	215,352	3.1
1960	222,734	3.4	1965	216,125	3.0

出典：康樹華主編『犯罪学通論(第 2 版)』(北京大学出版社，1996 年)111 頁。

5 罪については全体よりも増え幅は小さいが，なお前年比 1.2％増であった。個別に見ると，1982 年の殺人，傷害，強盗はそれぞれ前年比 5.3％，14.2％，13.8％減であったが，強姦罪，窃盗罪はそれぞれ前年比 23.4％，4.4％増であった。

　以上，立案統計を主として 1982 年までの治安状況を振り返ってみたが，本部冒頭で指摘したように，立案統計の暗数問題は極めて深刻である。当時の政策決定者は，すでにこのことを認識していた。すなわち，劉復之(警察大臣)は「計算上，約 30〜50％の『隠案』，すなわち，大衆が面倒を嫌って通報しない，末端の警察に通報しても『検挙しなければ立案しない』などのことがあれば，ここ数年の実際の事件発生数は統計データよりもかなり多くなる」[1]と指摘する。統計の信頼性が極めて低いため，それを鵜呑みにすることはできなかったのである。しかも，重大事件の比率は増えている。統計上，1982 年の立案件数は前年よりも減少したが，実際上，治安状況に大きな改善は見られない，という認識だったのであろう。

　加えて，当時の治安状況の目標は，立案率が最も低水準であった 50 年代後半から 60 年代前半であった(具体的なデータについては表 3-5 参照)。このことは，「重く速く」のための諸立法(3.2 参照)を採択した第 6 期全国人大常委会第 2 回会議の最後の全体会議における彭真の，「我々が断固として党および国家の決定を遵守し，広範な大衆に依拠し，社会治安に由々しき危害を及ぼす犯罪者を厳しく懲らしめる闘争を堅持すれば，必ずや速やかに 50 年代後

---

1) 劉復之「"厳打"就是専政——記小平同志対"厳打"的戦略決策」『中国検察年鑑(1992)』(中国検察出版社，1992 年)2 頁。

期，60年代前期のあの良好な社会治安状況を取り戻すことができる」[2]という発言が明確に物語っている。だとすると，少々立案件数が減ったくらいでは，なお「治安は悪い」という結論になるであろう[3]。

こうした治安状況は1983年に入っても改善されず，「1983年上半期，……相当数の犯罪グループが全国の都市部で悪事の限りを尽くし，建国以来余り起こらなかった国内外を震撼させる悪質事件が連続して発生した」[4]という。その代表例としてよく引き合いに出されるのが，2月に遼寧省瀋陽市で起きた王兄弟2名が拳銃強奪後，強盗殺人を行い逃亡したという「二王」事件，5月5日に起きた祖国を裏切り台湾へ逃亡したとされる民航旅客機ハイジャック事件，河北省唐山市における「菜刀隊」と呼ばれる愚連隊［流氓団夥］(いわゆる「中華包丁」[菜刀]を携帯していることからこのように呼ばれた）による100人以上の大規模な抗争である。特に「菜刀隊」を典型とする愚連隊による犯罪はかなり深刻な治安問題であった。例えば，1983年6月には浙江省寧波市で，口論を発端として，総勢70人余りが匕首や刀などの凶器を所持し，同市の繁華街で3日間にわたり抗争を繰り広げた[5]。都市の繁華街で3日間も抗争が続いたという事実は，当時の治安の混乱ぶりを如実に示している。

なお，1983年の立案件数は1982年のそれよりも14万件近く減少しているが，これは同年を通じて立案件数が減少したのではなく，厳打開始後に立案件数が大幅に減少したためと考えられる。すなわち，「1983年の全国の刑

---

2) 「在六届全国人大常委会第二次会議最後一次全体会議上彭真委員長就会議討論厳励打撃刑事犯罪問題和幾個有関的法律案作了重要講話」全国人民代表大会常務委員会公報1983年4号3頁。

3) Harold M. Tanner, *Strike Hard! Anti-Crime Campaigns and Chinese Criminal Justice, 1979-1985*, Cornell Univ East Asia Program (1999), p. 62. も，「中国の犯罪率は，国際的な視点から見れば，低く見えるであろうが，中国の指導者の現代中国史という視点から見れば，相当高く映る」と指摘する。

4) 魏平雄・欧陽濤・王順安主編『市場経済条件下犯罪与対策』(群衆出版社，1995年) 55頁〔魏〕。

5) 張智輝『我国刑法中的流氓罪』(群衆出版社，1988年) 113〜114頁参照。

事事件立案件数は，1982年と比べて18.4％減少した。特に9月から12月にかけて刑事事件の減少の幅が大きく，この4ヶ月の全国の月平均事件立案件数は，前8ヶ月の月平均事件立案件数と比べて44.7％減少した」[6]という。9月以降の立案件数減少がなかったと仮定して1983年の年間立案件数を試算すると，約71万7365件(前年比3万件減)[7]となる。そして，中国の政策決定者は，厳打開始前の治安状況をなお峻厳なものと受け止めていた。このことは，鄧小平が厳打前夜に「刑事事件・悪質事件が大幅に増えて〔いる〕」[8]との認識を示したことからうかがえよう。

また当時，犯罪の「拡大再生産」ともいうべき現象が生じていた。すなわち，「古くからの無頼・常習犯・教唆犯が狂ったように犯罪のやり方を伝授し，青少年に犯罪を教唆して〔おり〕」[9]，本来ならば教育改造の場であるべき監獄や労働矯正施設においてですら，労改犯・労矯者間で犯罪のやり方を相互に教え，これらが「犯罪技術教習所」になっていると揶揄される状況(いわゆる「悪風感染」)に陥っていたのであった[10]。こうした治安状況は政策決定者に多大なる衝撃を与えたと考えられる[11]。そして，梁根林(北京大学教授)は「菜刀隊」や深刻な悪風感染現象が83年厳打の引き金になったと指摘する[12]。

---

6)「関於打撃刑事犯罪和綜合治理社会治安等問題 劉復之部長答《民主与法制》編輯部問」人民公安1984年4期(CD)2頁。

7) 計算式は，「610,478÷{1×8+(1−0.447)×4}×12」である。

8) 鄧小平「厳属打撃刑事犯罪活動」(1983年7月19日)『鄧小平文選(第3巻)』(人民出版社，1993年)33頁。

9) 周道鸞『単行刑法与司法適用』(人民法院出版社，1996年)95頁。

10) 全国人大常委会法制工作委員会刑法室『論《中華人民共和国刑法》的補充修改』(法律出版社，1992年)41頁参照。

11) Tanner, p. 86 (see note 3). タナーはさらに，鄧小平が河北省北戴河で無頼に襲われたというニュース(羅冰「鄧小平遇劫与大逮捕」争鳴1983年10月号8〜9頁)をも指摘する。

12)「この菜刀隊は中央を震撼させ，我々の総設計士〔鄧小平を指す〕を震撼させた。さらには1983年前後の，我々の現在の業界用語を使えば過去から生き存えてきた残余悪勢力，古くからの無頼が，世間知らずの青少年に犯罪の方法・技術を教え込んだことも当時耳目を集めた。……私個人の分析では，これが1983年厳打を引き起こした重要な原

大・中都市という限定はつくものの，法により重く速く犯罪者に打撃を加えるという方針を打ち出し，またそのために法改正も行い，国家機関のみならず大衆をも動員し，いわば国全体を挙げて治安回復に取り組んだにもかかわらず，なぜ対象とされた犯罪を抑制し，減少させることができなかったのか。こうした疑問が政策決定者の脳裏に浮かんだ。

そしてその要因は，両治安会議で打ち出された方針が徹底されなかったことにあると考えられた。すなわち，1983 年 7 月 21 日に彭真は，「法により重く速く」の方針が徹底されていないことを［扭秧歌］(田植踊りを踊る) と揶揄し，「『田植踊り』を 4，5 年踊っているが，踊るのにも疲れてきた。そろそろ一息入れてもよい頃だ」[13]と述べ，また劉復之は，「我々の政法・警察業務に従事している同志はなお軟弱でだらけており，この方針の実施に全然力を入れていなかった」[14]と糾弾する。つまりは「打撃力不足」である[15]。

その理由は何か。劉復之はその要因を次のように述べる。すなわち，「人民内部の矛盾と敵対矛盾との区別をはっきりできていないことである。50 年代の犯罪者は古くからの反革命・無頼・刑事犯であり，これは直感的に分かりやすい。現在の犯罪者の大多数は青年であり，労働者・農民・幹部の子弟であり，一貫してこれは人民内部の矛盾であり，人民内部の違法行為と考える者がいる。そのため，彼らを法により重く懲らしめることに及び腰になっている」[16]と。そしてその結果，「1980 年から 1982 年にかけて，党中央の指導の下，刑法・刑訴法に照らして，刑事犯罪活動に打撃を加える闘争を連続して行った。しかし，刑事犯罪の危害性に対する認識が完全には一致し

　　因である」(『法治的界面』220 頁 (曲新久報告「厳打的刑事政策分析」に対する梁根林のコメント))。
13) 彭真「厳厲打撃厳重刑事犯罪活動要全党下決心」『彭真 2』346 頁。そして，この発言は「政治的な厳しい批判である」とされる (曲新久「厳打的刑事政策分析」『法治的界面』200 頁)。
14) 劉復之「堅決打撃刑事犯罪，争取社会治安根本好転」中国法学 1984 年 1 期 58 頁。
15) 鄧小平も「主な原因は犯罪者への打撃に力がないことである」と指摘する (劉復之・前掲注 1) 2 頁)。
16) 劉復之・前掲注 14) 58 頁。

ておらず，法により重く速く懲らしめる方針についての考え方も十分に統一されておらず，ためらって遅々として決断できない者もおり，また新たなえ
・・・・・
ん罪・でっち上げ・誤判を恐れる者もおり，さらには警察が人を捕まえすぎ
・・・・
だと批判する者すら絶えず，刑事犯に慈悲の心で厳しくせず，打撃を加えてはやめ，よたよた歩き，部分的に打撃を加えるだけで，力は弱く，そのため『悪人は法を恐れず，善人が悪人を恐れる』といった異常な事態に陥り，刑事犯罪活動がさらに猖獗を極める事態を招いた」[17]，と。つまり，人民内部の矛盾と敵対矛盾とを明確に区別できておらず，犯罪者を法により重く速く懲らしめることができていない（＝打撃力不足），という認識である（打撃力不足の実態については 2.4 参照）。

　また，1980 年当時上海市高裁副所長であった楊時は，裁判所スタッフに次のような憂慮があったと振り返る[18]。すなわち，1980 年上半期に中央の政法分野のある指導者が上海を視察した際に，「個人的見解」として，「情勢のニーズに基づき，社会治安に危害を及ぼす刑事犯に重く速く打撃を加える活動を迅速に展開しなければならない」と提案した。ここでは「情勢のニーズに基づき」に言及しただけで，施行されたばかりの刑法・刑訴法に依拠して，とは述べなかった。「個人的見解」であっても政法戦線の者は指導者の意思に服従する観念が強く，常に指導者の意見に従っていた。そこで，「1979 年にわが国は『両法』(刑法および刑事訴訟法）を制定し，1980 年から施行し，ようやく法ができ，全国の人民はそれらの施行に注目しているのに，今，『両法』の要求から乖離し，過去の法治が異常な時期のフレーズ，すなわち『情勢のニーズに基づき』を用いている。これは結局のところ前進なのか，それとも停滞なのか？　法治を推進しているのか，それとも法治を阻害しているのか？」という憂慮が生じた，と。

　ここで「過去の法治が異常な時期」とは，政治運動が展開され法ニヒリズ

17）劉復之・前掲注 1) 1～2 頁。
18）楊時・李然「"依法従重従快"的来歴──建国以来法学界重大事件研究(3)」法学 1997 年 8 期 2 頁参照。

3. 83 年厳打　91

ムが蔓延した時期を指しており，当時，真っ先に想起されたのは文革であったと考えられる。つまり，法を顧みず，「情勢のニーズ」にのみ依拠せよというのが，階級闘争の名の下で多くの無辜が犠牲となった政治運動＝文革の再来をイメージさせたのである。また，先に挙げた劉復之の「・新・た・な・え・ん・罪・・で・っ・ち・上・げ・・誤・判を恐れる者もおり」という指摘は，83 年厳打直前においても，実務において文革の再来に対する警戒心ないしは抵抗感が存在していたことを示している。

　以上のことから，政策決定者においては，2 つの矛盾の区別の不明瞭さ，および文革の再来に対する警戒心・抵抗感という 2 つの認識上の問題が，83 年厳打以前において，「(法により)重く速く」の方針が実務で徹底されていなかった主な理由である，と認識されていたといえよう[19]。

　こうした認識上の問題に決着をつけ，83 年厳打の実施を決断したのは，鄧小平であった[20]。鄧は 1983 年 7 月 16 日，胡耀邦(党総書記)および趙紫陽(国務院総理)と，また，同月 19 日には劉復之と会談した。両会談における鄧発言のポイントは以下の 5 点である[21]。

　①「刑事事件・悪質事件が大幅に増えており，こうした状況では人心を得ることなどできない」と述べ，このままでは人心が離れていくのではないか，という党の支配の正統性に対する危機感を吐露した。

　② 2 つの矛盾の区別の問題について，「重大刑事犯を敵対矛盾として処理すべきである」とし，「これは〔厳打を指す〕独裁にほかならない」とした。つ

---

19) 83 年厳打開始以前の認識上の問題を「六怕」(①機嫌を損ねることを恐れる，②違法を恐れる，③間違えるとまた見直さなければならない〔平反〕ことを恐れる，④また運動だと非難されることを恐れる，⑤ 2 つの異なる性質の矛盾を混同することを恐れる，⑥報復を恐れる)と概括する者もいる(郝双録・呉傑「厳厲打撃刑事犯罪的幾個問題」中国法学 1984 年 1 期 74 頁)。その内の④および⑤が，それぞれ本文中の「文革の再来に対する警戒心ないしは抵抗感」，および「2 つの矛盾の区別の不明瞭さ」に対応すると考えられる。
20) 陳興良は「鄧小平氏が厳打闘争の直接的な決断者であ〔る〕」と指摘する(同「厳打利弊之議」『刑事政策検討』2〜3 頁)。
21) 鄧小平・前掲注 8)33〜34 頁，劉復之・前掲注 1)2 頁参照。

まり，重大刑事犯は敵対矛盾に属することを明言し，したがって，それに打撃を加える厳打は，教育ではなく独裁となる。

③「我々が運動をしないというのは，人をひどい目に遭わせる運動[整人的運動]をしないことであるが，重大刑事犯罪に集中的に打撃を加えるためにはやはり大衆を発動させなければならない。これは運動とは呼ばない運動だ」と述べ，厳打を「運動」と性格づけた。

④「なぜ刑事犯罪への打撃は上手くいかないのか？……手を下せていないだけじゃないか！」，「行動を起こしても痛くも痒くもないようではだめだ」，「3年間で1度，2度，3度の戦役を組織し，大都市で一網打尽にし，毎回大量に打撃を加える」，「厳しくすれば抑え込むことができる」[厳才能治住]と述べ，犯罪への打撃を徹底的に行うように指示した。

⑤「現在は非常事態である」という現状認識を示し，厳打をそれに対する非常手段と位置づけた[22]。

以上の5点において，とりわけ重要と思われるポイントは②および③である。なぜなら，この2点が上述の認識上の問題に対する政策決定者の意思表明だからである。すなわち，②では重大刑事犯罪＝敵対矛盾の公式が政策決定者により示され，重大刑事犯罪であれば敵対矛盾として処理すべきこととされた。ここで人民内部の矛盾と敵対矛盾の区別の不明瞭さの問題が解決されたことになる。もちろん何が「重大刑事犯罪」かの問題は残っているが，後述する厳打対象がそれに該当することは確かであるため，実務にとっては全く指針がなかったわけでもない。

そして，ひとたび重大刑事犯罪＝敵対矛盾とされれば，「経済犯罪は経済犯罪であり，殴打・破壊・略奪した者，強盗した者，人を殺した者にえん罪かどうか[準不準]の問題なんてない？！ 手を下せていないだけじゃない

---

22) 曲新久『刑事政策的権力分析』(中国政法大学出版社，2002年) 266頁参照。また，劉仁文は「1983年に下した厳打決定を回顧すると，当時は決して〔厳打を〕続けると決定したわけではない」(『法治的界面』207〜208頁(曲新久報告「厳打的刑事政策分析」に対する劉のコメント))。

か！」,「穏当なのでは問題を解決することはできない」という発言が示すように，徹底的にやらなければならないというのである。

次に，③では厳打を「運動とは呼ばない運動」と性格づけた。ここでいう「運動」とは，「政治領域における深刻な敵対闘争」[23],「厳粛な政治闘争」[24]などの指摘から明らかなように，政治闘争・政治運動にほかならない[25]。

そして,「任務に政治性があるとき，すなわち下級の上級に対する忠誠に関わるときは，地方権力当局は一般的にかなりのプレッシャーを感じ，十分に重視し，さらには特に力を入れるときすらある」[26]という。まさにこの点が，両治安会議で打ち出された「重く速く」の方針が末端において徹底されず，後述するように厳打においては徹底された所以である。例えば彭真は1984年2月に厳打前後の違いについて，「中央が重大刑事犯に重く速く懲罰を科す方針を提起して数年経ったが，終始徹底されていなかった。今回，中央が決心し，大規模な戦役を発動し，刑事犯罪活動に厳しく打撃を加えることにした。このようにして，みんなが動きだし，全国で多くの犯罪者が捕まった」[27]と指摘する[28]。

つまり，70年代末から80年代初頭にかけて打ち出された「(法により)重く速く」は単なる犯罪対策にすぎなかったため，末端の真剣さは必ずしも十分ではなかった。しかし，83年厳打においては，同じ「法により重く速く」であっても，それは政治的任務となっていたため，末端では真剣に実施せざ

---

23) 劉復之・前掲注14)58頁。
24) 「第九次全国人民法院工作会議紀要」(1983年11月21日)人民司法1984年1期7頁。
25) 陳興良は,「厳打は独裁の言葉の下でそのロジックを展開しているものであり，したがって，厳打は政治闘争の継続であ〔る〕」と指摘する(同・前掲注20)2頁)。
26) 曲新久・前掲注22)88頁。
27) 『公安大事要覧』551頁。同月24日，27日に彭真が江蘇省警察庁長，安徽省警察庁副庁長等と会談した際の発言であるが，日付は特定されていない。
28) 李川も,「法により『重く速く』は純粋な刑事政策として提起されたが，一貫して効果的に実施されておらず，最終的には党中央が政治行動に依拠して厳打の刑事政策を徹底させざるを得なかった」と指摘する(同「当前厳打研究中的四個誤区」中国刑事法雑誌2003年2期4頁)。

しかし，ここで「運動とは呼ばない」と言及されているように，83年厳打はそれまでの政治運動とは違うことが強調された。このことは，一方では，「法により」を提起し，法の枠内でそれを行うことを強調し[29]，他方では鄧小平がわざわざ「人をひどい目に遭わせる運動をしない」と明言し，それが毛沢東時代の「大規模な暴風雨式の大衆階級闘争」[30]とは異なることを強調した点に現れている。これはいうまでもなく，［無法無天］と揶揄された文革のような事態を招かないための歯止めであった。

　こうして83年厳打の実施に向けて党と政法機関が一気に動き出した。まず7月20日，警察部は北戴河で北京市，河北省，遼寧省および河北省唐山市の政法機関の指導者を召集し，鄧小平の重要談話および彭真の指示を伝え，プランを検討すると同時に，上海市，天津市，広東省などの意見を求めた[31]。次いで翌21日，彭真が北戴河で警察部，河北省党委政法委員会，遼寧省党委員会および北京市警察局の責任者と会見し，鄧小平の指示を徹底するための初歩的構想を聴取し，具体的な指示を下した。

　そして中央政法委員会は7月29日から8月3日まで，北京で全国政法業務会議を開催し，鄧小平の指示を支持すると同時に，具体的なプランを検討・確定した。会議後，省クラス党委員会が各地で会議を開催し，厳打の準備にとりかかった。遼寧省瀋陽市，河北省唐山市，石家庄市および秦皇島市が，「先に行い，経験を得る」ために，7月下旬から厳打を開始し，8月上旬から各地で厳打の第1戦役第1戦闘が始まった[32]。

　その後，8月25日に中共中央は，「刑事犯罪活動に厳しく打撃を加えるこ

---

29) 馬天山は「刑事法典の支持がなければ，せいぜい恣意性が極めて大きい政治運動の呼びかけ・スローガンにすぎない」と指摘する（同「"厳打"政策概論」張穹主編『"厳打"政策的理論与実務』(中国検察出版社，2002年)31〜32頁)。
30) 「中国共産党第十一届中央委員会第三次全体会議公報」(1978年12月22日)『三中全会以来(上)』5頁。
31) 劉復之・前掲注1)3頁参照。
32) 以上について，『公安大事要覧』535〜537頁，『公安史稿』374頁参照。

とに関する決定」[33]（以下,「厳打決定」と呼ぶ）を下達した。その内容の大半は，先の鄧小平発言と大差がないため繰り返さない。ここでは以下の2点についてのみ指摘しておく。

1つは，犯罪対策に根本的転換がもたらされたことである。すなわち，83年厳打以前においては，「教育」が繰り返し強調され，「打撃や懲罰のみに頼ってはいけない」（彭真），「懲罰と教育を結びつけ，教育を主とする方法」（陶希晋）とされていた。しかし，本決定においては，「独裁手段を運用して，法により犯罪者を厳罰に処すことは，総合対策の最も重要な方法である。まず政法・警察機関の威嚇力がなければならず，その上で説得・教育その他の手段が初めて功を奏すのである」とされ，「打撃」を社会治安総合対策の最も重要な方法と位置づけた。「教育」を強調した余り，打撃力不足を招いていた事態を抜本的に転換させるため，「打撃」と「教育」の立場を逆転させたのである[34]。

もう1つは，法および裁判のあるべき姿を示したことである。本決定は，「我々は法を遵守しなければならないが，決して法律条文の意味と量刑の幅を，頑なに犯罪者に有利で，人民に不利な方へと解釈してはならない。我々の法は真に人民大衆，政法部門，警察の幹部・警察官が犯罪者と闘争するための鋭利な武器でなければならず，人民に法とは自分達を守るものだと感じさせ，犯罪者が法に違反することを恐れるようにしなければならない」と指示した。つまり，法とは武器であり，またそうである以上，裁判でも被告人に有利にならない方向で法を運用し，その矛先は常に敵である犯罪者に向け，

---

33) 『十二大以来（上）』385〜389頁，『中華人民共和国法律規範性解釈集成』（吉林人民出版社，1990年）23〜24頁参照。

34) 1982年段階においては，「教育から手をつけなければならない」とする論調があった（浩如「略論綜合治理」法学研究1982年3期28〜29頁参照）。しかし83年厳打以降は，「打撃第一」の論調が大勢を占めるようになった（例えば，張令傑・張永明「厳厲打撃厳重的刑事犯罪是綜合治理的首要一条——学習《鄧小平文選》的体会」法学研究1983年6期15頁，郭翔・馬晶淼「論綜合治理——兼析解決青少年犯罪的根本対策」郭翔・許前程ほか編『綜合治理的理論与実践』（出版社不明，1984年）12頁以下など）。

96   I   裁判の実像

表 3-6　7 分野の犯罪者

1	愚連隊メンバー
2	放浪犯罪者
3	殺人・放火・爆破・毒物混入・薬物販売・強姦・強盗・重大窃盗犯
4	女子・児童拐取売買犯，管理売春犯および反動的・わいせつ図書・写真・録音物・ビデオテープの製作・複製・販売犯
5	現在でも破壊活動を行っている反動的[会道門](秘密結社)メンバー
6	監獄脱走犯，新たに罪を犯した労働改造釈放者および労働矯正解除者，その他の指名手配犯
7	反革命的なスローガン，ビラ，密通のための信書，匿名信書を書く最近の反革命分子および現在も破壊活動を行う林彪，「四人組」反革命集団の残党

　これを威嚇しなければならない，とするのである。ここには，打撃力不足に対する痛烈な批判，そしてまた西洋近代法とは異質な法や裁判の捉え方を看取できよう。裁判は中立ではあり得ないのである。
　そして本決定は，7 分野の犯罪者(表 3-6 参照)を主な対象と確定した上で，これらの者については，「断固として打撃を加え，法により重く速く懲らしめなければならない」とした上で，「労働矯正に処すべき者は処し，都市戸籍を抹消すべき者は都市戸籍を抹消し，刑を言い渡すべき者には刑を言い渡し，厳罰を科すべき者には厳罰を科し，殺すべき者は断固として殺す」と指示した[35]。とりわけ，愚連隊は重点中の重点とされ，「今回の統一行動においては愚連隊に容赦なく打撃を加えなければならない。これらの愚連隊メンバーは新しい歴史的条件の下で生まれた新しい社会のクズ，黒社会分子である」とすらいわれたのであった。

3.1.2　3 つの「戦役」

　以上の経緯を辿って決定された 83 年厳打は，鄧小平の「3 年間で 1 度，2

---

[35] なお，呂紹忠・李川は，この連続 5 つの「べき」[該]は，党中央が打撃力不足を問題視していたことを十分に反映していると指摘する(同「関於八三年"厳打"的評価与啓示」北京市応用法学研究中心編『刑事政策与和諧社会構建論文集』(中国工商出版社，2007 年)341 頁参照)。

度，3度の戦役を組織し，大都市で一網打尽にし，毎回大量に打撃を加える」というコンセプトに従い，3回の「戦役」に分けて展開された。そして各「戦役」はさらに「戦闘」［仗］に細分化され，7分野の範囲内で，「戦闘」毎により具体的な打撃対象が定められた。以下，各「戦役」・「戦闘」を概観する[36]。

3.1.2.1 第 1 戦役

第1戦役は1983年8月から1984年7月まで展開され，全国規模で3回の戦闘が行われ，戦闘を4回行った地方も少数ながらあった。

第1戦闘の計画は同年8月初頭に開催された全国政法業務会議で検討・確定され，8月中旬から国慶節前後まで展開された。ここでは表立って活動している［浮在面上］犯罪者を主要な対象とし，約300万人を動員し，底引き網式にこれらの者を捕まえた。またそれと同時に大量の未検挙事件[37]を検挙し，その中には重大・重要事件もあった。本戦闘は11月6日には基本的に終息した。

特に第1戦闘の威力は凄まじかったようであり，全国の9月度の立案件数は前月比46.7％減となり，その内重大事件は38.7％減であった。10月度は9月度よりも11.5％減少し，その内重大事件は28.5％減少し，同月は1979年以降で立案件数が最も少なかった月となった。

そして中央政法委員会は，第1戦闘終了直後の11月7日から14日にかけて，全国政法業務会議を開催し，第1戦闘を総括するとともに，第2戦闘の計画を策定し，党中央に「刑事犯罪に厳しく打撃を加える闘争の第1戦闘の状況および第2戦闘の配置に関する報告」を報告した。その後，1984年1月から春節（旧正月）の間に第2戦闘を続々と開始した。ここでは潜んでいる

---

36) 以下の記述は『厳打的理論与実践』4〜10頁〔陳娟・魏宏歆〕，『公安史稿』374頁以下，畢惜茜・陳娟「"厳打"整治闘争的回顧与展望」中国人民公安大学学報2003年2期45〜46頁を参照した。

37) 22の省・自治区・直轄市において検挙した未検挙事件は30万件以上あり，その内重大・特大事件は2.1万件以上あったという（『公安史稿』374〜375頁参照）。なお，1983年の警察の検挙件数は約43万件しかない。

犯罪者を見つけ出し，放浪犯罪者・逃走犯を集中的に取り締まり，愚連隊の取締りに力を入れ，重大・重要事件，重大未検挙事件の検挙に努めた。

第 3 戦闘は 1984 年 5 月頃から各地で展開された。ここでは，それまでの戦闘の成果を打ち固め，引き続き潜んでいる犯罪者を見つけ出すとともに，大量の未検挙事件を検挙した。また，法の遵守や事件処理の正確さ[準]に注意するよう呼びかけられた。

3.1.2.2　第 2 戦 役

第 2 戦役は 1984 年 8 月から 1985 年 12 月にかけて展開された。本戦役の各戦闘については警察部のプランに基づき，1984 年の国慶節(10 月 1 日)前，1985 年元旦，春節前後およびメーデー前に戦闘を行った。本戦役では第 1 戦役をさらに深く掘り下げ，潜伏中の重大刑事犯の捜索，放浪犯罪者・逃走犯の追跡に力を入れた。本戦役は 1985 年 7 月には終息したが，その後，重大事件が再び増加の兆しを見せたため，中央政法委員会は年末までにさらに 2 回の戦闘を指示した。

なお，江西省についてであるが，本戦役における裁判の特徴として，①事件数が顕著に減少し，主な打撃対象も減少したこと，②犯罪類型が大幅に変わったこと，③重罰を科すべき犯罪者が減少したこと，④死刑犯が顕著に減少し，死刑犯の類型も減少したこと，⑤事件処理の質がやや向上したことが指摘されている[38]。

3.1.2.3　第 3 戦 役

第 3 戦役は 1986 年 3 月から始まり，同年 10 月には基本的に終了した。今回はこれまでとは異なり，全国的な統一行動は行わず，また各戦闘の期間を統一的に定めることもせず，各地は実際的状況に応じて，打撃の重点的目標および統一行動の範囲を定めた。

多くの地域では 3 月から 6 月にかけて反窃盗闘争を重点とする集中的打撃行動を相次いで展開するとともに，重大暴力犯罪およびその他の現行犯罪への打撃闘争を行った。また 8 月から国慶節にかけて，各地の警察は警察部の

---

38)『江西省法院誌』104 頁参照。

3.1.2.4 「戦　　果」

　以上のように83年厳打は「3年間で3つの戦役」を展開した。厳打終息後，1987年3月20日から4月2日にかけて，党中央の承認を経て，中央政法委員会が全国政法業務座談会を開催した。厳打の総括は重要な議題であり，そこでは3つの戦役において，177.2万人を勾留し，174.1万人に判決を言い渡し，32.1万人を労働矯正に付し，各種犯罪グループ19.7万組，メンバー87.6万人を取り締まったことが報告された[39]。

　また，1984年10月31日に中共中央が承認・転達した中央政法委員会「重大刑事犯罪活動に厳しく打撃を加える第1戦役の総括および第2戦役の配置に関する報告」[40]によると，第1戦役において，警察は殺人・放火・強盗・強姦・無頼犯など102.7万人を勾留し，検察は97.5万人を起訴し，裁判所は86.1万人に判決を言い渡し，その内2.4万人に死刑を言い渡し[41]，司法行政部門が受け入れた労改犯は68.7万人，労矯者は16.9万人に上った。

　このほか，鄭天翔(最高裁所長)は1988年に全国人大でその活動を報告した際に厳打を総括し，「重く」について，①1983年8月の厳打開始後1987年末までの終局件数が169万2955件，裁判終局処理人員(以下，「終局人員」と呼ぶ)が204万7839名であったこと，②その内厳打対象が終局件数の40.46%(68万4945件)を，また終局人員の45.47%(93万1093人)を占めたこと，③「3大刑」(死刑・死緩・無期懲役を指す[42])の言渡しを受けた者の内，90%以上が厳打対象であったことを指摘した[43]。

---

39) 『公安大事要覧』653頁参照。
40) 筆者未見。引用は馬斉彬ほか編『中国共産党執政四十年(増訂本)』(中共党史出版社，1991年)519頁による。
41) 終局人員の実に2.8%が死刑の言渡しを受けたことになる。なお，この「死刑」に死緩が含まれるかは不明である。タナーは含まれていると推測する(Tanner, p. 98. See note 3)が，その根拠は不明である。
42) 例えば，林準「打撃与防範並挙　促進廉政建設」『刑事審判——林準文集』(吉林人民出版社，1998年)100頁参照。
43) 鄭天翔「最高人民法院工作報告——1988年4月1日在第七届全国人民代表大会第一

3.2 法整備

厳打決定が発せられた直後に、刑法および刑訴法を改正する立法がなされた。以下、それらの内容を概観し、それらが何を目的として制定されたのか、および如何なる問題を孕んでいるのかを明らかにする。

3.2.1 刑法の改正——法定刑の引上げを中心に

刑法の改正は、全国人大常委会「重大社会治安事犯を厳しく懲らしめることに関する決定」(1983年9月2日採択、同日公布・施行。以下、「治安事犯の決定」と略す)による厳打対象犯罪の法定刑の引上げ(1条)、および犯罪方法伝授罪の新設(2条)の2点である。ここでは、まさに「法により重く」のための措置である前者に焦点を合わせることにする[44]。

1条は、厳打対象を厳罰に処すために、次のように定める。

次に掲げる社会治安に由々しき危害を及ぼす犯罪者については、刑法の定める最高刑以上で処断し、死刑を言い渡すことまでできる。

(1) 無頼犯罪集団の首謀者、凶器を携帯して無頼犯罪活動を行い、情状が重い者、または無頼犯罪活動を行い危害が特に重大な者。

(2) 故意に他人の身体を傷害し、よって重傷を負わせ、もしくは死亡させ、情状が悪質な者、または犯罪者を申告し、摘発し、逮捕勾留し、もしくは犯罪行為を制止した国家勤務人員もしくは国民を凶行傷害した者。

(3) 人身拐取売買集団の首謀者、または人身を拐取売買し、情状が特に重い者。

次会議上」『法院公報全集(85-94)』838頁参照。

44) 後者は先述の悪風感染問題に対する対応策である。これは犯罪方法を伝授する行為を捕捉するものであり、被伝授者が当該犯罪を実行したか否かは同罪の成否に消長を来さない(最高検「刑事犯罪に厳しく打撃を加える闘争における法律の具体的運用の若干の問題に関する答復」(1984年1月9日。以下、「最高検・厳打答復」と略す)九参照)。

表3-7 「治安事犯の決定」1条各号と改正前の最高刑

号	罪名	改正前最高刑	根拠条文
1	無頼罪	懲役15年	160条
2	故意傷害罪	無期懲役	134条
3	人身拐取売買罪	懲役15年	141条
4	銃等不法製造・売買・運搬，同窃盗・強奪罪	無期懲役	112条
5	会道門等組織・利用反革命活動罪	懲役15年	99条
6	売春強要罪 売春勧誘・場所提供[容留]罪	懲役10年 懲役15年	140条 169条

注：罪名については高銘暄主編『中国刑法学』(中国人民大学出版社，1989年)を参照した。

(4) 銃，弾薬または爆発物を不法に製造し，売買し，もしくは運搬し，または窃取し，もしくは強奪し，情状が特に重い，または重大な結果をもたらした者。

(5) 反動的な[会道門]を組織し，封建的迷信を利用し，反革命活動を行い，社会治安に由々しき危害を及ぼした者。

(6) 女子を勧誘し，これに場所を提供し，またはこれを脅迫して売春を行わせ，情状が特に重い者。

本条により，1～6号所定の犯罪類型については，刑法所定の最高刑以上死刑までの刑に処することができるようになった。表3-7は1条各号所定の犯罪の改正前の最高刑およびその根拠条文を整理したものである。

この改正理由について，王漢斌(全国人大常委会秘書長・法制委員会副主任)は，全国人大常委会において次のように草案を説明した。「ここ数年，社会治安の状況は一貫して悪い。……主観的にいえば，主な原因は，社会治安に由々しき危害を及ぼす犯罪者に対する打撃力不足であ〔る〕。……殺人，強姦，強盗，爆破その他の一部の公共の安全に危害を及ぼす犯罪事件について，刑法は死刑を言い渡すことができると定める。これらの重大犯罪者については，法により重い懲罰を科さなければならない。同時に，ここ数年で出現した一部の由々しき犯罪の中で，悪質で，危害が由々しく，[民憤]が極めて大きく，死刑に処すべき犯罪者がいるが，刑法の関連規定によると死刑に処することができない。このため，改正・補充する必要がある」[45]，と。つまり，殺人

罪(132条)・強姦罪(139条3項)・強盗罪(150条2項)・爆破等危険方法致死罪(106条1項)は，現行法上，死刑に処することができる[46]が，表3-7に掲げた犯罪には死刑が規定されていないため，死刑を適用できるようにしたのである。この草案説明が示すように，この改正は疑うべくもなく「重く」の方針を徹底し，[打撃有力]にするためのものである。なお，[民憤]とは事件に対する大衆の憤り，公憤を意味する。

ところで，今次の改正では法定刑が引き上げられた面が目立つが，解釈論上，本条4号により，刑法112条の構成要件が修正されたか否かという問題もある。刑法112条の規定は以下のとおりである。

> 銃もしくは弾薬を不法に製造し，売買し，もしくは運搬した者，または国家機関，軍人および警察官もしくは民兵の銃もしくは弾薬を窃取し，もしくは強奪した者は，7年以下の懲役に処する。情状が重い者は，7年以上の懲役または無期懲役に処する。

本条が捕捉するのは，銃・弾薬の不法製造・売買・運搬行為，および国家機関・軍人・警察官・民兵の銃・弾薬の窃盗・強奪行為である。情状に対する評価を別にすると，本決定1条4号は，刑法112条の射程外にある①爆発物の不法製造・売買・運搬・窃盗・強奪行為，および②国家機関・軍人・警察官・民兵以外の銃・弾薬の窃盗・強奪行為をも捕捉する。

それでは，①②を行ったが，「情状が特に重い，または重大な結果をもたらした者」ではないときはどうするのか。①について，最高裁「人民裁判所が重大刑事犯罪事件を裁判する際の法律の具体的運用の若干の問題に関する答復(3)」(1985年8月21日。以下，「最高裁・厳打答復(3)」と略す)[29]は，「〔決定〕1条4号規定により犯罪を認定し，かつ，刑法112条規定に照らして科刑し，

---

45) 王漢斌「関於修改"人民法院組織法"、"人民検察院組織法"的決定和"関於厳懲厳重危害社会治安的犯罪分子的決定"等幾個法律案的説明」全国人民代表大会常務委員会公報1983年4号16頁。
46) このほか窃盗罪，薬物販売罪の最高刑は，刑法制定時はそれぞれ無期懲役(152条)，懲役15年(171条2項)であったが，その後，「経済事犯の決定」1条により，死刑に引き上げられていた。

〔窃盗罪への〕類推は不要である」とする。刑については刑法112条(窃盗罪)によるが, 罪は決定1条4号により認定する, という法操作である。

次に, ②について周道鸞(最高裁判事)は, 本決定1条4号は刑法112条の行為客体に爆発物を追加しただけで,「既存の構成要件を修正しておらず, また銃・弾薬の所持者の規定を修正していない。……国家機関・軍人・警察官・民兵以外の銃・弾薬・爆発物の窃取・強奪した者は, それぞれ窃盗罪・強奪罪で処断する」[47]との解釈を示す。

なお, 刑法9条は被告人に有利な場合を除き, 刑法の遡及適用を禁止するが, 本決定は1・2条の遡及効を認めた(3条)。「社会治安に由々しき危害を及ぼす犯罪者を厳しく処罰しなければならない」(前文)という認識の下,「重く」のために, 刑法の基本原則が無惨にも葬り去られたといえよう[48]。

3.2.2 刑事訴訟法の改正

刑訴法の改正点は次の2点である。すなわち, 全国人大常委会「社会治安に由々しき危害を及ぼす犯罪者の裁判を迅速に行う手続に関する決定」(1983年9月2日採択, 同日公布・施行。以下,「裁判迅速化決定」と呼ぶ)による厳打対象とされた事件の公判準備・上訴期間の短縮(3.2.2.1)および裁判所法改正(1983年9月2日採択, 同日公布・施行)に伴う死刑許可権の高裁への委譲の恒久的制度化(3.2.2.2)である[49]。順に見ていこう。

3.2.2.1 手続期間の短縮

本決定は, 前文において「社会治安に由々しき危害を及ぼす犯罪者を迅速

---

47) 周道鸞・前掲注9)84頁。
48) 刑法9条は学説上,「旧く軽く」[従旧従軽]原則と呼ばれ, 刑法の基本原則である[罪刑法定原則]の一内容と位置付けられる。なお, 拙稿「中国刑法における罪刑法定主義の命運——近代法の拒絶と受容(1)」北大法学論集52巻3号(2001年)81〜82頁参照。
49) なお, 従来, 1審合議体については必要的参審制とされていたが, 改正裁判所法10条2項前段は慢性的な参審員のなり手不足を背景に, 職業裁判官のみの合議制も認めた(王漢斌・前掲注45)13〜14頁参照。また実情として, 王敏遠「中国陪審制度及其完善」法学研究1999年4期30頁, 王雲海『日本の刑罰は重いか軽いか』(集英社, 2008年)88頁以下参照)。

に厳罰に処し，国と人民の利益を保護するため」と決定制定の目的を高らかに宣言し，次の２点について，刑訴法所定の期限を短縮した。

(1) 公判準備期間の短縮

「殺人，強姦，強盗，爆破その他公共の安全に由々しき危害を及ぼし，死刑を言い渡すべき犯罪者について，主な事実が明確で，証拠が確かであり，民憤が極めて大きい者は，迅速かつ適時に裁判を行うべきであ〔る〕」[50]とし，刑訴法110条所定の被告人への起訴状謄本(開廷7日前まで)，および当事者への召喚状，弁護人・証人等への通知書(開廷3日前まで)の送達期限に関する制約を受けなくともよいとした(カッコ内は同条所定の送達期限)。

この改正により，本条に該当する事件の公判準備期間が短縮されることになるが，このことは同時に，被告人の弁護人依頼権を大幅に制約することを意味する。すなわち，被告人の弁護人が弁護活動を行うことができるのは，起訴状謄本の送達と同時になされる弁護人依頼権の告知(必要な場合は弁護人指定)以降である[51]。たとえ起訴状謄本の送達が「開廷7日前までに」なされたとしても，それがすでに最低限であり[52]，「被告人が弁護を依頼した後，弁護士弁護人が一件記録の閲覧，証拠の調査，被告人への面会などをし得る期間は7日間に満たず，その弁護の質は推して測るべしである」[53]といわれていた。ところが，この改正により，その「開廷7日前までに」という猶予すらなくなったのである。

しかも，「裁判所は事件を迅速に終局するためであれば，随意に開廷す

---

50) 「その他公共の安全に由々しき危害を及ぼ〔す〕」罪とは，危険方法致死等罪(刑法106条)，交通手段等破壊罪(110条)，銃不法製造等罪(112条，「治安事犯の決定」1条4号)の「死刑が規定され，かつ，死刑を言い渡すべき罪」を指す(最高裁「人民裁判所の重大刑事犯罪事件の裁判における法律の具体的運用の若干の問題に関する答復」(1983年9月20日。以下，「最高裁・厳打答復(1)」と略す)7参照)。

51) 中央政法幹校刑法、刑事訴訟法教研室編『中華人民共和国刑事訴訟法講義』(群衆出版社，1982年)359頁参照。

52) 周雪祥「対《関於迅速審判厳重危害社会治安的犯罪分子的程序的決定》之管見」法律科学1990年1期54頁参照。

53) 『厳打的理論与実践』171頁〔王大偉・李春華〕。

る」[54]ようになり，公判期日になって起訴状謄本を送達したり，さらには当日に判決を言い渡したりする裁判所もあったという[55]。被告人は常に国家刑罰権の「奇襲」に晒されている状態にあったといっても過言ではなかろう[56]。

なお，本条は所定の対象犯罪類型に該当する「死刑を言い渡すべき犯罪者」に上記規定を適用すると定める。しかも，最高裁・厳打答復(1)7によると，死緩犯に本条の適用はない。つまり本条は，公判前の段階で，死緩ではなく，死刑即時執行を言い渡すべき者が判明している（あるいは「決定している」?）ことが前提になっている[57]。なぜそうしたことが可能か。刑訴法を前提にすれば，予審でそれを判断するとしか考えようがない[58]が，実際には，それ以外にも判断の場があった。この点について改めて論じる（3.3.2.3参照）。

また，「民憤が極めて大きい者」が要件化されている点も特筆に値する。「民憤」が大きければ，被告人の弁護人依頼権を制限・剥奪しても差し支えないとされていることになる。

(2) 上訴期間の短縮

1条所定の者については，上訴・プロテスト期間を刑訴法131条所定の10日を3日に改めた。この改正は実質的に被告人の上訴権を剥奪したと批判されており[59]，実際に被告人が上訴する比率が下がった。表3-8は，80年代の上訴およびプロテストの状況を整理したものである。本表から，上訴・プロテストされた事件は，平均して1審終局件数の16.2%であり，その圧倒的多数が上訴によるものであることが分かる。83年厳打が始まった1983年に上訴・プロテスト件数は増加しているが，それ以上に1審終局件数が増加し

---

54) 曲新久・前掲注22) 264頁。
55) 陳瑞華『刑事審判原理論（第2版）』（北京大学出版社，2003年) 344～345頁参照。
56) 鐘雲華「対"厳打"政策的理性再認識」甘粛政法学院学報2003年4期(CNKI) 67頁参照。
57) 小口彦太は「死刑に処すべきかどうかは判決を待たなければ分からないはずであり，この『決定』は本来的に論理矛盾している」と指摘する（『現代中国法』145頁〔同〕)。
58) 神谷尚男「中国の刑事司法制度管見」帝京法学15巻1・2号(1985年) 36頁参照。
59) 鐘雲華・前掲注56) 67頁参照。

表 3-8 刑事事件の上訴・プロテスト状況表（1980〜1989年）

年	1審終局(件)	上訴・プロテスト 件	% *	上訴 件	% **	プロテスト 件	% **
1980	195,137	40,621	20.8	—	—	—	—
1981	231,982	42,599	18.4	—	—	—	—
1982	244,390	44,411	18.2	—	—	—	—
1983	526,189	70,113	13.3	67,867	96.8	2,246	3.2
1984	450,259	75,123	16.7	73,035	97.2	2,088	2.8
1985	249,910	46,159	18.5	44,571	96.6	1,588	3.4
1986	298,291	49,822	16.7	47,775	95.9	2,047	4.1
1987	292,136	49,793	17.0	47,756	95.9	2,037	4.1
1988	312,475	46,432	14.9	44,402	95.6	2,030	4.4
1989	389,597	51,759	13.3	49,744	96.1	2,014	3.9
計	3,190,366	516,832	16.2	375,150	96.4	14,050	3.6

注： * 各年度の1審終局件数を母数とした場合の上訴・プロテストの比率である。
　　** 上訴・プロテストの総件数における上訴・プロテスト件数の比率である。
出典：『司法統計資料』(2頁，同「(各年)刑事二審案件統計表」)参照。

ているため，その比率は 13.3％ と，それまでと比較すれば低い値となっている(前年比 4.9 ポイント減)。その要因の1つには，本決定による上訴・プロテスト期間の短縮があろう[60]。

以上の2点の改正について，王漢斌は次のように説明する。「殺人，強姦，強盗，爆破その他公共の安全に由々しき危害を及ぼし死刑を言い渡すべき犯罪者について，この2ヶ条(110・131条を指す)に基づき事を進めれば，迅速に裁判を行う必要があり，またそうすることが可能な事件も迅速かつ適時に裁判することができない。このようなことでは犯罪者の凶悪な気炎に打撃を加え，刑罰の威嚇作用を発揮させるのにマイナスであり，また社会治安と人民の生命・財産の安全の保護にもマイナスである。これらの犯罪者は反革命犯や横領などの一般的な刑事犯罪者と異なり，主要な犯罪事実は容易に，しか

---

60) これ以外にも上訴が減った要因としては，①厳打期間中に被告人の弁護権を制限する現象が生じたため，被告人が十分な法的インフォメーションを受けることができなかったこと，②厳打期間中に上訴しても無駄だという諦め感があったことが考えられる(①については後述 3.3.3.2(5)，②については後述 3.3.5.2 参照)。

もわりあい速やかに調べ上げることができ，また犯罪時に現場で逮捕・勾留された者については誤判が生じることはほとんどないことに鑑みて，迅速かつ適時に判決することができる」[61]，と。ここでは，決定の対象事件については誤判が生じることはほとんどなく，迅速に刑事手続を進めても問題ない，という認識が示されている(3.1.1の鄧小平発言参照)[62]。

こうした本決定の狙いについては，以下の指摘が何よりも明確に物語っているであろう。すなわち，「『9.2決定』〔本決定を指す〕には2ヶ条しかなく，ともに訴訟期限の短縮を求めるものであり，その目的は訴訟効率を追求することにつきる。……まとめると，『9.2決定』は当事者の訴訟上の権利を剥奪する方法で『迅速に判決し，迅速に殺す』〔速判快殺〕の実現を図ることである〕」[63]，と。

3.2.2.2　死刑許可権の高裁への委譲の恒久的制度化

先述(2.2.2.2, 2.3.2.2参照)のように，刑法・刑訴法上，最高裁の専権事項とされる死刑許可権は，治安事犯については1980年から1983年までに限り，高裁に委譲されていた。

ところが，1983年9月2日に刑法・刑訴法と同旨であった裁判所法13条が改正され，「死刑事件は最高人民裁判所が判決する場合を除き，最高人民裁判所に許可を請求しなければならない。殺人，強姦，強盗，爆破ならびにその他の公共の安全および社会治安に由々しき危害を及ぼし，死刑を言い渡す事件の許可権について，最高人民裁判所は必要な場合，省，自治区および直轄市の高級人民裁判所に授権し，これが行使することができる」とされた。これにより最高裁は，同条所定の罪については，その必要に応じて高裁に死刑許可権を委譲することが可能となった。時限的措置であった高裁への死刑許可権の委譲が恒久的な制度とされたことになる。

---

61) 王漢斌・前掲注45)18頁。
62) しかし，実際には多くの誤判・えん罪を生み出していた。この点については3.3.5.2参照。
63) 崔敏・胡銘「試論司法公正与訴訟効率——兼評"普通程序簡易化"」陳光中主編『訴訟法理論与実践(上)(2001年・刑事訴訟法学巻)』(中国政法大学出版社，2002年)69頁。

これを受け，最高裁は同年9月7日，改正13条に基づき，「現在の刑事犯罪活動に厳しく打撃を加える期間中，公共の安全および社会治安に由々しき危害を及ぼす罪が重く極悪な刑事犯罪者に速やかに懲罰を科すため」として，「殺人，強姦，強盗，爆破ならびにその他の公共の安全および社会治安に由々しき危害を及ぼし」た事件について，高裁に死刑許可権を委譲すると通知した[64]。その結果，「許可が授権された死刑事件は，疑いなく死刑事件の大部分を占め，検証の機会が1つなくなり(実質的にはこの死刑事件については死刑再審査手続がなくなっている)，各高級人民裁判所の基準も一致していないため，さらには『厳打』における『重く速く』の催促の下，実際の死刑執行が多すぎる地方もあ〔る〕」[65]といった事態に陥った。

3.2.3　まとめ

　以上の立法は，要するには政策課題の実現に向けたものである。しかも，いずれの改正も両法の制度の根幹に関わるものであるが，それは厳打対象に限定されているのである。まさに厳打のためだけに法改正が行われたのである。また，立法理由や法律条文そのものに表れた「民憤」というタームから，政策決定者が大衆の意向に極めてセンシティブになっていることもうかがえよう。党の支配の正統性に対する危機感が滲み出ている。
　ところで，前章で見た両治安会議後の立法は，いずれも全国人大常委会がその立法権限を踰越した点で違憲と考えられる。この点，現行憲法は，全国人大常委会の立法権限を，「全国人民代表大会閉会期間中においては，全国人民代表大会が制定した法律を部分的に補充し，または改正するが，ただし当該法律の基本原則と抵触してはならない」(67条3号)と定める。つまり，全国人大常委会が全国人大の制定した法律を改正したとしても，それが直ちに

---

64) 最高裁「高級人民裁判所に一部の死刑事件の許可を授権することに関する通知」(1983年9月7日)。
65) 陳衛東・劉計劃「関於死刑復核程序的現状及存廃的思考」中国法学1998年5期100頁。

違憲となるわけではなく,「基本原則」に抵触したか否かを見なければならない。しかし,何が「基本原則」かについては,通常,法律にはこれが基本原則であると規定されているわけではないため,事実上,それは最終的に全国人大常委会の解釈に委ねられることになる。

だが,「治安事犯の決定」が認める遡及適用は,被告人に不利な刑法の遡及適用を禁止する刑法9条に明らかに反する。そして,同条は中国刑法学において刑法の基本原則とされる罪刑法定原則の一内容とされている(3.2.1参照)。本決定はこの点で違憲の疑いが濃厚であるということはできよう[66]。また,裁判迅速化決定や改正裁判所法に対しても,「全国人大常委会が刑事訴訟の重大問題を改正することは,立法権限を越えている」[67]という批判がある。

3.3　刑事司法の実際――裁判のあり方を中心に

先述(3.1.1参照)のように,中央において厳打が決定され,その実施プランが策定されたが,それらは大綱的なものであり,具体性を欠いていた。そのため,末端において厳打を遂行するためにはより具体的なプランが不可欠となる。そこで以下ではまず,中央で決定されたプランがどのようなプロセスを経て具体化され,実施に移されていったのか(いわば厳打期刑事司法の指揮系統)を明らかにする。

次いで,警察扱いの刑事事件の手続の流れに即して,厳打期において各段階でどのようなことが行われたのかを明らかにする。具体的には,犯罪の検挙,起訴といった裁判前の段階,そして,裁判,行刑の各段階でどのようなことが行われたのかを明らかにする。なお,裁判段階は厳打の核心的内容である「重く」および「速く」が実現されるメイン舞台であり,また本書の問

[66) 小口彦太「中国刑法典修正関係法規・司法解釈文書集成(総則編)」早稲田法学69巻1号(1993年)7頁参照。
[67) 高一飛『刑事簡易程序研究』(中国方正出版社,2002年)58頁。

題関心も集中しており，内容が豊富になるため，分けて論じることにする。さらに，勾留，判決の言渡し，刑の執行などの刑事手続の節目においては，[法制宣伝]の一環としてそれらが大々的に公開して行われることもある。これも最後に検討する。

以上を要するに，本節では(1)指揮系統，(2)裁判前段階，(3)裁判段階1——迅速化，(4)裁判段階2——厳罰化，(5)裁判後段階，(6)法制宣伝，に分けて，厳打期刑事司法の実際を素描する。

3.3.1 指揮系統

厳打決定の具体化を図り，実際の行動プランの策定・指揮を担ったのは，地方各級党委員会であった。例えば江西省奉新県では，「中央の決定，省党委員会のプランに基づき，県党委員会の統一的指導の下，8月17日，その指示に基づき，章宏雲検察長が隊を率いて，自宅にいた20名の幹部・警察官を組織し，指定地点の赤岸公社で集合し，赤岸公社党委員会および赤岸派出所と共に，捜査捕獲隊を結成し，夜0時から18日午前5時まで行動し，14名の犯罪者全員を捕まえた」[68]という。ここでは，党機構を軸に中央→省クラス→県クラスと順に指示が下達され，最終的には県クラスの党委員会が現地の国家機関(検察)に指示を下している様が看取できる。

また，党委員会が厳打の指揮を執るための専門の機構を設置する場合もある。例えば，内モンゴル自治区烏拉特後旗では，旗党委書記および副書記がそれぞれ総指揮および副総指揮を担い，「717」指揮部を設置し，その下属組織として行動捜査検挙班，収容審査班，預審・起訴班，労矯審査承認班を置き，「合同事件処理」(3.3.2.3(3)参照)を実施したという[69]。「経験を得る」ために先行して行動を開始した河北省唐山市新区も同様である。同区では，7月19日に同区(区党委員会と目される)が開催した常務委員拡大会議で，実施プランを検討し，次の5項目を決定した。すなわち，①区党委副書記の張凱を

---

68) 奉新県地方誌編纂委員会編『奉新県誌』(南海出版公司，1991年)414頁。
69) 《烏拉特後旗誌》編纂委員会『烏拉特後旗誌』(内蒙古人民出版社，1992年)322頁参照。

リーダーとし，副区長の周炳和を副リーダーとする区刑事犯罪打撃指導小組を設立する。小組の下には，事務室を設置し，警察・検察・裁判所・司法行政機関から各1名を派遣して参加させ，区党委員会の単独機構とすること，②直ちに政法会議を招集し，全面的な作戦配置を策定すること，③各公社・街道の幹部大会を開催し，級を追って動員し，調査を行うこと，④臨時収容審査所を設置し，収監・監視のために市武警部隊[70]に人員派遣を要請すること，⑤特別経費を支出し，経費を保証すること，である[71]。

このほか，地方党委員会の参謀・助手である同政法委員会が陣頭指揮を執ったところもある。例えば湖南省湘潭県では，同県党委政法委員会が各部門を組織・調整して厳打を展開したという[72]。

さらに，政府が党委員会とともに厳打の指揮にたずさわった地方もあった。例えば，湖北省漢川県では「1983年，警察は全国人大常委会の『重大社会治安事犯を厳しく懲らしめることに関する決定』に基づき，県党委員会・県人民政府の統一的指揮の下，検察院，裁判所，司法局などの機関と共同で，末端組織と人民大衆に依拠しながら」[73] 厳打が展開されたという。また，先の河北省唐山市新区でも，副区長が厳打指揮のナンバー2になっている。ここではとりわけ，裁判所および検察が，政府の一部門にすぎない警察と同じく，政府の指揮下にあったことを確認しておく。人大制の建前としては，裁判所および検察は政府と同じく人大が国家権力行使のために創設した国家機

---

70) 武警部隊の正式名称は「中国人民武装警察部隊」であり，警察法によると「国が賦与した安全防衛任務を執行する」(51条)。現行体制は解放軍の内部防衛に関連する部隊と警察の既存の部署(武装・国境防衛・消防)を統合・再編したもので，1983年に中央機関である武警総部が置かれた。武警部隊は国務院・中央軍事委員会の統一的指導を受け，武警総部は警察部の指導を受ける。また，各級武警部隊は日常業務について同級警察の指導を受けるとともに，上級武警部隊の指導も受ける(王芳主編『当代中国的公安工作』(当代中国出版社，1992年)364〜365頁，孟憲嘉・江礼華主編『警察学』(重慶出版社，1990年)73頁参照。なお，地方は省－地区－県の3クラスに置かれる)。
71) 唐山市新区地方誌編纂委員会編纂『唐山市新区誌』(中華書局，1993年)350頁参照。
72) 湘潭県地方誌編纂委員会『湘潭県誌』(湖南出版社，1995年)245頁参照。
73) 湖北省漢川県地方誌編纂委員会『漢川県誌』(中国城市出版社，1992年)469〜470頁。

構であり，他方，警察は政府の一部門にすぎない。しかし，現実において裁判所，検察および警察は，いずれも党委員会や政府の指揮下にあるのである。

3.3.2　裁判前段階
3.3.2.1　取締・検挙活動

「厳打とは統一行動，集中行動であ〔る〕」[74]と一般的に認識されているように，厳打に関する活動は大規模かつ一斉に行われる。違法行為・犯罪の被疑者[75]の取締・検挙はその最たる例である。例えば，先の江西省奉新県では，夜中に一斉に動員し，被疑者の身柄を確保した。また，河南省輝県市では，「党全体で動員し，全人民が動き，力を集めて刑事犯を包囲討伐し，警察の全幹部・警察官が県・公社・大隊3クラスの幹部と緊密に連携をとり，16日夜，重大犯罪グループの幹部や重大犯罪者800名余りを一斉に捕まえ，『厳打』第1戦役の第1戦闘の大勝利を収めた」[76]，と。

そしてこうした一斉行動のために，多くの人員が厳打対象の事件にかり出された。例えば北京市では，「1983年8月6日夜，北京市警察局長の高克は犯罪活動に厳しく打撃を加える命令を下し，全局の警察官がこの空前の行動に投入された」[77]という。このほか，各地では①（安徽省霍邱県）「全県で警察の幹部・警察官および政法・党政幹部1207名，民兵・防犯協力者〔治安積極分子〕2814名を投入し〔た〕」[78]，②（湖北省咸寧市）「全県で党政幹部，警察の幹部・警察官，治安防衛人員，民兵3000人余りを動員し〔た〕」[79]，③（山東省青島市）「全市の各級警察は全力を投じ，治安防衛幹部，聯防民兵およ

---

74) 『厳打的理論与実践』42頁〔周農〕。なお，著者はこうした考え方は一面的であると批判する。
75) 厳打では労働矯正・治安管理処罰も存分に活用された（3.1.2.4および本項参照）。ここで「違法行為の被疑者」とは，主にそれらの対象者を念頭に置いている。
76) 輝県市史誌編纂委員会編『輝県市誌』（中州古籍出版社，1992年）273頁。
77) 劉徳主編『走進北京警察博物館』（兵器工業出版社，2002年）37頁。
78) 霍邱県地方誌編纂委員会編『霍邱県誌』（中国広播電視出版社，1992年）559頁。
79) 湖北省咸寧市地方誌編纂委員会編『咸寧市誌』（中国城市出版社，1992年）602頁。

び青島駐留部隊の密接な協力の下……」[80]といった事例がある。このように警察以外にも，党政幹部(①，②)，解放軍(③)，民兵[81](①，②，③)，大衆的自治組織とされる治防委(②，③)，一般市民である防犯協力者(①)が一斉取締・検挙活動に参加している。なお，83年厳打期間中，全国では「3年間で，大衆は犯罪の手がかりを300万件近く提供し，違法行為・犯罪者28万名以上を常人逮捕して連行[扭送]し，犯罪者と勇敢に闘争するという感動的な偉業を成し遂げた」[82]という。

また，これら以外にも，裁判官も検挙活動に参加した。例えば，最高裁の機関誌である『人民司法』には，湖北省紅安県裁判所の50歳を超える副廷長が，一斉取締・検挙作戦から逃れた強姦被疑者を追いかけて捕まえたエピソードや，武漢市の裁判所幹部が一斉取締・検挙作戦に参加したときに，格闘の末，被疑者を捕まえたエピソードが，誇らしげに紹介されている[83]。最高裁の機関誌がこうしたエピソードを紹介する背景には，こうした裁判官が増えることが望ましいとの考えがあるのだろう。当時の司法観や裁判官観を探る上で非常に示唆に富む事象である。

こうした一斉取締・検挙活動においては，違法行為・犯罪の被疑者の身柄確保のために収容審査が多用された。例えば陝西省米脂県では，「1983年8月から1984年末までに，相次いで178名の犯罪者を収容審査に付し，……102名を正式に勾留し，84名に刑を言い渡し，6名を労働矯正に付し，6名に過料を科し〔た〕」[84]という。まず収容審査で疑わしい者の身柄を確保し，しかる後に勾留，裁判といった刑事手続，ないしは労働矯正・治安管理処罰

---

80) 青島市史誌辦公室編『青島市誌・公安司法誌』(新華出版社，1998年)38頁。
81) なお，1983年12月末までに，全国で延238万人の民兵が厳打に参加したという(韓懷智主編『当代中国民兵』(中国社会科学出版社，1988年)359頁参照)。
82) 『公安史稿』381頁。なお，常人逮捕については刑訴法42条参照。
83) 「"打撃刑事犯罪就是打仗"——記"戦場"上的好人好事」人民司法1983年10期20頁参照。
84) 米脂県誌編纂委員会『米脂県誌』(陝西人民出版社，1993年)473頁。このほか，周寧県地方誌編纂委員会編『周寧県誌』(中国科学技術出版社，1993年)411頁参照。

といった手続が進められたのである。なお，第1戦役の問題点として収容審査の多用が指摘され，第2戦役以降「正確に」が強調された[85]。そして警察部「収容審査手段の使用を厳格に抑制することに関する通知」(1985年7月31日)(三)は収容審査の期間を原則として1ヶ月以内，最長でも3ヶ月以内と定めた[86]。

3.3.2.2　預審から起訴へ

被疑者が検挙されれば，次のステップは預審である。特にこの段階においては，[被告人]に対する拷問が深刻な問題となり，1984年3月8日には，李欣(中共中央辦公庁秘書局副局長)の報告を受け，胡耀邦(総書記)が「しっかりと重視する」よう指示したほどであった[87]。

取調後，事件は検察に起訴審査のために送致される。起訴審査について全国的な状況は明らかではない。以下に吉林省および湖北省武漢市の状況を紹介しよう(表3-9および表3-10参照)。

両表からは，次の3点が明らかである。①1983年に起訴審査の受理件数が大幅に増加したこと，②審査結果における起訴の比率は元々高かったが，1983年にさらに高くなったこと，③これに呼応して，起訴しないという決定の比率が，1983年に減少したこと，である。これらはいずれも83年厳打の開始を機に，より多くの事件が刑罰を科す方向で処理されていったことを意味する[88]。

---

85) 『厳打的理論与実践』5〜6頁[陳娟・魏宏歓]参照。
86) ただし，期間の計算は，真実の氏名および住所が明らかになってから始まる(同通知(三)参照)。
87) 『公安大事要覧』552頁参照。
88) なお，1983・1984年の新受件数は検挙件数を超えている(表I-1参照)。同年に検挙した以上の事件が起訴されたことになる。そこでなぜこのような現象が生じるのかが問題となる。まず，統計上の問題として，統計の正確さという根本的問題のほかにも，両者の統計対象が異なることが挙げられる。すなわち，新受件数は警察扱いの事件のみならず，検察・国家安全機関が扱う事件および自訴事件も含む。他方，この「検挙件数」は警察が検挙した件数だけである(それ以外の検挙件数は不明。自訴はそれぞれ2万4614件，2万1451件である(『司法統計資料』190，208頁参照))。また実際上，1983年

表3-9 吉林省における起訴審査状況表(1979～1985年) (単位：人)

年	受理	審査終了	起訴 人	起訴 %	起訴免除 人	起訴免除 %	不起訴 人	不起訴 %
1979	5,535	4,747	4,527	95.4	171	3.6	49	1.0
1980	10,834	9,228	8,505	92.2	577	6.3	146	1.6
1981	11,522	10,273	9,516	92.6	623	6.1	134	1.3
1982	14,546	13,116	12,286	93.7	665	5.1	165	1.3
1983	23,758	21,771	20,741	95.3	837	3.8	193	0.9
1984	18,997	17,489	15,249	87.2	1,650	9.4	590	3.4
1985	9,394	8,748	8,065	92.2	583	6.7	100	1.1

注：「%」の母数は「審査終了」である。
出典：吉林省地方誌編纂委員会編纂『吉林省誌(第12巻)(司法公安誌・検察)』(吉林人民出版社，1992年)102頁。

表3-10 武漢市における起訴審査状況表(1979～1985年)(単位：人)

年	受理	起訴 人	起訴 %	起訴免除 人	起訴免除 %	不起訴 人	不起訴 %
1979	1,538	1,313	97.0	28	2.1	13	1.0
1980	2,762	2,337	93.1	144	5.7	29	1.2
1981	3,755	3,411	96.7	91	2.6	25	0.7
1982	2,929	2,670	96.4	88	3.2	11	0.4
1983	8,202	7,641	98.6	94	1.2	16	0.2
1984	5,367	4,635	93.8	239	4.8	70	1.4
1985	3,256	2,775	94.3	147	5.0	20	0.7

注：警察扱いの事件を対象とする。「%」の母数は「起訴」・「起訴免除」・「不起訴」の和である。
出典：武漢地方誌編纂委員会主編『武漢市誌・政法誌』(武漢大学出版社，1993年)166，168，170頁。

3.3.2.3 「速く」のための措置

「人民裁判所，人民検察院および警察機関が刑事事件を処理する際には，分業して責任を負い，相互に協力し，相互に制約し，もって法律の正確かつ効果的な執行を保証しなければならない」(憲法135条。刑訴法5条も同旨)。この相互協力・相互制約は憲法上の刑事訴訟原則である。

しかし，83年厳打においては，「速く」を実現するために，こうした刑事訴訟の法原則に悖る事件処理の手法が採られた。それは(1)(裁判所の)事前介

以前に検挙されたが起訴されなかった事件が，厳打後に起訴された場合もあったと考えられる(第1戦闘の主要対象は表立って活動している[浮在面上]犯罪者であった)。

入[提前介入]，(2)合同事務処理，(3)合同事件処理[聯合辦案]という3つの手法[89]である。これらは質的に異なる問題ではなく，私見では，(1)から(3)の順で相互制約（裁判の独立性）が弱体化・解消され，相互協力がより強化されていくと捉えることができる。以下，順にその内容を見ていこう。

(1) 事 前 介 入

事前介入とは，一般に「刑事訴訟手続きにかかわる機関が，みずから担当する手続きよりひとつ前の手続きに関与すること」[90]である。

刑訴法は，重大事件に限り，検察による警察への事前介入を認めている（45条後段）。83年厳打以降，検察は本条に基づき活発に事前介入を行い，「速く」事件を処理するよう努めた[91]。まさに[依法従快]（法により速く）のお手本である。

だがこの時期，裁判所も「速く」のために事前介入を行うようになった。例えば山東省青島市では，「社会治安に由々しき危害を及ぼす犯罪者を迅速に裁判するため，青島市中級人民裁判所は，自主的に警察・検察部門に協力し，預審・起訴の過程において，前もって一件記録を調査し，証拠を確かめ，問題を見つけたらすぐに提起し，起訴前に問題を解決するよう努め，もって起訴後，できるだけ速く裁判に移し，事件処理の効率を向上させようとした」[92]という。また黒龍江省海倫県でも「裁判所は重大・難解事件について事前に状況を把握し，預審・起訴段階で問題を解決することで，事件起訴後に時間が遅れたり，誤ったりすることを避けるよう努めた」[93]という。

しかし，刑訴法は裁判所による事前介入を規定していない。検察とは異な

---

89) 3.2.2.1(1)で問題として残した，裁判迅速化決定1条の「死刑を言い渡すべき犯罪者」か否かの判断がなされる予審以外の場は，これらであると考えられる。
90) 『現代中国法』86頁〔田中〕。なお，後述の起訴前段階への合同事務処理・合同事件処理も裁判所にとっては事前介入となる。
91) 例えば農八師石河子市地方誌編纂委員会編『農八師墾区石河子市誌』(新疆人民出版社，1994年)546頁参照。なお，同市は新疆ウイグル自治区にある。
92) 『青島市誌・公安司法誌』243頁。
93) 卓鴻鈞主編『海倫県誌』(黒龍江人民出版社，1988年)463頁。

り，裁判所には事前介入の法的根拠がないのである[94]。にもかかわらず，1983年11月15日から21日まで開催された第9回全国裁判所業務会議の紀要では，「わが国の裁判業務の優良な伝統が継承・発揚された」例の1つとして，事前介入が紹介されている。そこでは，事前介入により「問題を発見し，意見を提起し，共同で検討し，速やかに解決することは一種の制約である」[95]とされた。裁判所が制約の役割を果たすのは公判に限られるわけではない，ということになる[96]。

(2) 合同事務処理

第9回全国人民裁判所業務会議紀要は，その実践を「各級人民裁判所は党の政法委員会が主宰する警察・検察・裁判所・司法行政部門の党内合同事務処理に積極的に参加し，速やかに情報を交換し，認識を統一し，情勢を分析し，政策・策略・作戦配置を検討し，重大・難解・認識上争いのある事件を討議し，関連する重大問題を決定した。合同事務処理の際には統一行動を堅持するのみならず，各部門の権能作用を発揮させ，事件処理の効率を高めただけではなく，法定手続の原則にも合致した」と総括した上で，「党内合同事務処理を実施し，警察・検察・裁判所3機関が相互に協力し，相互に制約することは，わが国の社会主義的適法性の優良な伝統である」と高く評価した[97]。

他方，上記紀要の約1ヶ月前に出された，司法部「刑事犯罪活動への厳しい打撃において弁護士の役割を十分に発揮させることに関する通知」(1983年10月14日。以下，「厳打弁護士通知」と呼ぶ)3は司法行政部門および弁護士に次

---

94) なお，「本条〔刑訴法5条を指す〕の相互協力・相互制約は正常な訴訟手続における協力と制約のみならず，人民検察院が公訴を提起した事件について人民裁判所が事前介入の方法を目的・選択的に用い，相互協力・相互制約の役割を果たすことも含む」とする者もいる(矯春暁・王培初「提前介入問題初探」政法論壇1991年2期63頁参照)。

95) 前掲注24)3頁。

96) 1991年時点で「この事件処理方法は，警察・検察・裁判所の実務においてすでに広く採用されており，しかも現在ルール化・制度化に向けて発展している」といわれる(矯春暁ほか・前掲注94)62頁)。

97) 前掲注24)3頁。

のように指示した。すなわち,「弁護士は事件処理過程において, 訴え漏れの犯罪者または主要な犯罪情状・性質認定が不正確であることや不当な法適用を発見したときは, 党内合同事務処理の際に, または開廷前に自主的に裁判所・検察院と意見を交換し, 強く一致を求め, もって法により刑事犯に重く速く打撃を加えることに資するようにしなければならない。ただし, 死刑言渡しが見込まれる事件について, 弁護士が主要な事実・証拠または政策・法律について異議があるときは, 司法行政部門の指導者が現地の党委政法委員会に報告して, 審議を求める。死刑言渡事件については, 司法行政機関および弁護士も党委員会のチェックに協力する責任がある」と[98]。ここで特筆すべき点は, ①弁護士が起訴に異議を唱える場が党内合同事務処理・開廷前の協議であり, さらに「死刑言渡しが見込まれる事件」については政法委員会の審議が用意され, 公判ではないこと, ②死刑を言い渡す際には党委員会のチェックを経なければならないこと, および③司法行政機関および弁護士がそれに協力しなければならないこと, の3点である。裁判は公判ではなく, 合同事務処理の協議, さらに死刑については政法委員会の審議, 党委員会のチェックを経て形成されるのである。

また, 中央政法委員会も1984年に,「党内合同事務処理を実施し, 闘争中の重大問題を研究し, 政法各部門の考え方を統一し, 政法各部門の動きを調整し, 重大・難解事件を討議し, 憲法や法律の厳格な実施を保証し, 党の政策(特殊な地区, 特殊な対象についての政策も含む)の厳格な執行を保証〔せよ〕」[99]と

---

[98] 当時, 弁護士は「国の法律業務従事者であり, その任務は……法的支援を提供し, もって法律の正しい実施を守り, 国および集団の利益ならびに国民の合法的権利利益を守ることである」(弁護士暫定条例(全国人大常委会1980年8月26日採択, 同日公布, 1982年1月1日施行)1条)とされていた。そして同条の解釈から, 例えば「人民裁判所が事件の真相を全面的に明らかにし, 主観的偏見を防止し, 事件が正しく処理され, 1人も無罪を出さず, また1人も逃さないよう真摯に協力しなければならない」と説かれた(呉磊編『我国的律師制度』(中国人民大学出版社, 1981年)33頁)。なお, 弁護士が所属する「法律顧問処は……司法行政機関の組織指導および業務監督を受ける」(13条2項)。

[99] 中政委7号文書(筆者未見。引用は林準「堅定不移地貫徹依法従重従快的方針　為争

指示した[100]。

　そして実際，例えば寧夏回族自治区賀蘭県では，「1983年から1985年までの間，『厳打』闘争において，統一行動・集中的打撃の方法を採用し，警察局，検察院および裁判所は緊密に協力し，共同で活動するとともに，党内合同事務処理制を実施し，重大・難解事件については，政法委員会に報告し，合同事務処理会を開催し，討論の上で決定を下し，認識の統一，歩調の統一に努めた。この間，県検察院は事件を起訴する前に随時に裁判所と口頭で意見を交換し，重大・難解事件については裁判所と検討し，誤りや抜け落ちを起訴前に取り除い〔た〕」[101]という。また安徽省屯渓市では，厳打当初は「全ての刑事事件は党内合同事務会の討論により決定された」[102]という。

　このほか，貴州省貴陽市では以下のような合同事務処理が行われたという[103]。すなわち，拘禁していた者および捕まえた最近の犯罪者の内，罪責が重く死刑の可能性がある者は，政法委員会の主宰の下，警察・検察・裁判所がそれぞれ幹部1名を選び，チームを組織し，事件毎に審査・承認していく。事実が確かであることを前提に，死刑相当の犯罪者リストを作成し，政

取社会治安的根本好転而努力」（1984年7月19日）・前掲注42）書28頁による）。
100) なお，厳打決定直後の最高裁・最高検・警察部・司法部「労改犯および労矯者の改造期間中の犯罪活動に厳しく打撃を加える通知」（1983年8月28日。以下，「両労人員厳打通知」と略す）二も，「改造中に罪を犯した労改犯・労矯者を迅速に厳罰に処すために，各級人民裁判所，人民検察院，警察機関，司法行政機関および労働改造・労働矯正管理機関は，現地の党委員会の指導の下で，緊密に協力し，それぞれ専従スタッフを派遣して合同ワークグループを組織し，集中的に事務処理を行い，事件処理をスピードアップさせなければならない」とした。これは両労人員の犯罪を対象とする合同事務処理を指示したものと考えられる。
101) 中共賀蘭県委誌史編纂委員会編『賀蘭県誌』（寧夏人民出版社，1994年）380頁。なお，続けて「少数ではあるが量刑や性質認定が不当な事件についてプロテストした」と記されている。
102) 屯渓市地方誌編纂委員会編『屯渓市誌』（安徽教育出版社，1990年）279頁。
103) 貴州省貴陽市人民検察院「厳厲打撃　初戦告捷──貴陽市，区検察院厳厲打撃刑事犯罪分子工作小結」人民検察1983年10期3頁参照。なお，これは合同事件処理の例にも見受けられるが，訴訟手続は各機関が履践していくとされていることから，本書では合同事務処理と考えた。

法委員会が招集する警察・検察・裁判所・司法行政機関の責任者に付議し，死刑を言い渡す犯罪者リストを初歩的に確定する。その後，警察・検察・裁判所 3 機関がさらに審査し，訴訟手続に基づき手続を進め，執行に移す，と。

なお，83 年厳打以前において，合同事務処理の主宰者は党委員会とされていたが，この時期においては同政法委員会が前面に押し出されている。これは 1980 年に中央政法委員会が設置されたのを皮切りに，地方でも各級党委員会に政法委員会が設置されるようになったからであろう[104]。

(3) 合同事件処理

上に見た合同事務処理においては，重大・難解事件について政法委員会主宰の下で警察・検察・裁判所が一致協力し，解決するが，手続自体は各機関が行う。ところが，83 年厳打においては，刑事手続のさらなるスピードアップを図り，警察・検察・裁判所の区別を形式的にも取り払ったやり方が行われた。「合同事件処理」と呼ばれるやり方がそれである。

これは一般に，警察・検察・裁判所がそれぞれ人員を派遣し，「合同事件処理組」，「専案組」などと呼ばれる専門チームを組織し，この専門チームが捜査・起訴・裁判の各権能を一手に引き受け，事実上，事件の最終決定権を担うことと説明される[105](3.3.1 で紹介した内モンゴル自治区烏拉特後旗の「717」指揮部は，こうした専門チームの典型例と目される)。つまり，この専門チームが捜査・起訴・裁判を一手に担うのである。ここには警察・検察・裁判所という名目上の区別すら存在しない。この点において，主に重大・難解事件について見解を統一するが，一応，形式的には警察・検察・裁判所が刑訴法所定の各々の権限を果たす合同事務処理とは異なる[106]。当局が合同事務処理を提唱する一方で，合同事件処理に消極的な理由もここにあろう[107]。

---

104) 例えば湖南省沅江県では 1981 年 12 月に，福建省周寧県では 1982 年 11 月に県政法委員会が成立したという (沅江県誌編纂辦公室編『沅江県誌』(中国文史出版社，1991 年) 192 頁，『周寧県誌』407 頁参照)。
105) 陳瑞華・前掲注 55) 344 頁参照。
106) 李志輝「試論政法機関実行党内聯合辦公」中国政法大学学報 1984 年 3 期 84〜85 頁参照。

実際，例えば河北省任丘市では，裁判所は「時間・力を集中し，警察局・検察院と密接に協力して合同事件処理を行い，1983年9月から1984年1月までに，法により重く速く16名の殺人，強姦などの無頼犯を処刑し，70名余りのその他の刑事犯に判決を下した」[108]という。

また，湖北省枝江県では，次のように進められた。県裁判所は県党委員会の「刑事犯罪活動に打撃を加える指導小組」の統一的指揮の下で，厳打を展開し，その初期においては，「県直属の各組織から51名の幹部を異動させて裁判活動に参加させ，警察・検察・裁判所の合同事件処理を行った。合計20の合議廷を組織し，一部の殺人，強姦，強盗，人身拐取売買，放火，重大窃盗，愚連隊などの事件を法により重く速く裁判した。1984年から正常な事件処理システムに戻り，警察・検察・裁判所の3機関は各自の職務を果たした」[109]。

このほか，同省漢川県では「1983年，検察院は警察・裁判所と合同事件処理を行い，法により『重く速く』，『一網打尽に』の精神に則り，重大刑事犯罪事件について3つの手続を履践しなければならないとした。一般的事件はまず3員（警察・検察官・裁判官）が共同で処理し，3長〔警察・検察・裁判所の長〕について地域毎に担当者を定め，それぞれが担当地域内の事件について事件処理を決定した〔分片定案〕。重大事件（死刑・死緩・無期懲役）は県党委員会に付議し，しかる後に法定手続に照らして承認審査のために上級に報告」[110]したという。

---

107) 例えば，1982年の全国政法業務会議紀要は，「党委員会から離れて司法機関に取って代わり，社会主義的適法性を破壊する専案組を許さ〔ない〕」（十二）とする（『司法手冊(2)』302頁）。ここでいう「専案組」は合同事件処理を指している。なお，党中央が厳打のために合同事件処理を提唱したという指摘もある（胡宗銀 "提前介入" 之我見」政法論壇1992年3期36頁）が，その事実関係は明らかではない。

108) 河北省任丘市地方誌編纂委員会『任丘市誌』（書目文献出版社，1993年）263頁。

109) 湖北省枝江県地方誌編纂委員会編『枝江県誌』（中国城市経済社会出版社，1990年）582頁。

110) 『漢川県誌』473頁。なお，〔分片〕については張憨・蒋恵嶺『法院独立審判問題研究』（人民法院出版社，1998年）145頁参照。また，この「上級」が上級裁判所を指すの

なお，いうまでもないことであるが，以上の実例から明らかなように，合同事件処理は党の指導の下にある。

(4) ま と め

以上のように，これら3つの手法が刑事手続のスピードアップという意味で，訴訟の効率性を高めることは容易に想像できる。しかしその一方で，公判，ひいては刑事手続の空洞化という深刻な問題を孕んでいる。このことは端的には公判で行うべき作業がそれ以外の場で事前(時には事中)に行われているという点に現れている。とりわけ合同事務処理や合同事件処理においては，党の指導の下で，警察・検察・裁判所の協議により，公判を経ずにその結論が決まっている。ここには中立的立場から刑罰権の存否を判断する第三者は存在しない。「警察・検察・裁判所3機関は戦時下の軍隊に似ており，それらの間には分業が存在するが，その分業は軍隊における砲兵，工兵，歩兵といった兵種の分業のようであ〔る〕」[111]という曲新久の揶揄は，言い得て妙である。こうした「砲兵，工兵，歩兵」の指揮官が党委員会や同政法委員会，そして政府であることは，前項ですでに指摘したとおりである。「政法・警察機関はわが国の国家装置の重要な構成要素であり，人民民主主義独裁の重要な道具であ〔る〕」[112]というスローガンが現実に深く根付いていることをうかがえよう。

3.3.3 裁判段階1——迅速化

裁判段階における「速く」とは，できるだけ速く事件の審理を終結し，結果を出すことである。以下では，まず厳打期とそれ以外の期間(以下，これを「通常期」と呼ぶ)においてどれだけ審理期間に違いがあるのかをデータで示す(3.3.3.1)。そして，「速く」を実現するために実際に採られた措置を検討し

か，上級党委員会を指すのかは不明であるが，いずれにせよ重大事件に二重の統制が敷かれていることは確かである(鈴木賢「人民法院の非裁判所的性格——市場経済化に揺れる法院の動向分析」比較法研究55号(1993年)178頁参照)。

111) 曲新久・前掲注22) 117頁。
112) 『厳打的理論与実践』〔田全華〕。

表 3-11　1 審終局期間比較表(1983～1989 年)

年	反革命 件	%	通常 件	%	経済 件	%	合計 件	%
1983	1,118	54.7	389,288	80.0	—	—	390,406	79.9
1984	—		—		—		—	
1985	255	38.9	155,370	67.6	—	—	155,625	67.5
1986	166	41.7	178,541	64.8	—	—	178,707	64.8
1987	105	37.0	177,318	66.2	—	—	177,423	66.2
1988	71	41.5	161,412	67.3	29,241	62.5	190,724	66.5
1989	218	56.6	202,196	69.3	45,709	65.7	248,123	68.6
計	1,933	49.1	1,264,125	70.6	74,950	64.4	1,341,008	70.2

注：1987 年以前，経済事件は通常刑事事件に含まれていたと考えられる。
出典：『司法統計資料』(「(各年)刑事一審案件執行訴訟法情況統計表」)参照。

た後に(3.3.3.2)，具体例からその実際を明らかにする(3.3.3.3)。

3.3.3.1　統計から見た「速く」

　まず，厳打期と通常期における審理期間の差異について見てみよう。表 3-11 は 1983 年から 1989 年までの 1 審公訴事件の内，1 ヶ月以内[113]に終局した事件の件数および比率を分類毎に整理したものである。なお，83 年厳打の対象とされた 7 分野の犯罪は，反革命事件および通常刑事事件に分布しているが，これらのデータは 7 分野の犯罪のみを示すものではない。また，1982 年以前の統計は管見に及ばず，83 年厳打の開始により，どれだけ裁判がスピードアップしたのかを比較する術はない。

　本表からは次の 2 つの傾向を見出せよう。①1 ヶ月以内に終局した件数および比率が最大であったのは 1983 年であり，特に通常刑事事件の 80％が 1 ヶ月以内に終局している。1985 年以降のデータと比較すると，1983 年には裁判段階における「速く」がかなり徹底されていたことが浮かび上がる。

---

113) 刑訴法所定の審理期限は原則 1 ヶ月，最長で 1 ヶ月半である(125 条。ただし，それを徒過した場合の法的効果については規定されていない)。しかしここでは，①1983 年から 1990 年までの統計を見ると，毎年通常刑事事件の 95％前後が 1 ヶ月半の法定期限内に終局しており，厳打期の特徴を浮かび上がらせることができないこと，②本表は法定期限内に終局できたか否かを示すためではなく，どれだけ「速く」裁判が行われていたかを示すためのものであることから，原則の「1 ヶ月以内」を基準とした。

例えば、江西省では「1983年8月17日から11月30日までの3ヶ月強で、全省で1万374件の刑事事件を終局し、1万5334人に判決を言い渡した。これは過去2年間の業務量に匹敵する。95%の事件は1ヶ月以内に終局した。以前は1ヶ月以内に終局できた事件は70%ほどであった。重大刑事事件については審理を優先し、様々な手段を講じて事件処理をスピードアップさせた。大多数は半月ほどで終局した」[114]という。2年分の事件を3ヶ月半で「様々な手段を講じて」審理したという事実は、1983年の「速く」の徹底ぶりを物語っているであろう（この「様々な手段」は 3.3.2.3 および 3.3.3.2 の諸措置である）。

②これに対して、1985・1986 年においては 83 年厳打が継続されていたが、1987 年以降と大差がない。このことは、83 年厳打においては——データのない 1984 年は別として——1983 年を除き、裁判段階における「速く」は通常期と大差がない、換言すると全国的傾向としては、開始当初は「速く」が徹底されたが、以後は徐々に平静化していったことを意味すると考えられる。

3.3.3.2 「速く」のための措置

この時期、裁判において「速く」を実現するために採られた具体的な措置としては、先述(3.3.2.3 参照)の事前介入・合同事務処理・合同事件処理のほか、(1)裁判官の増員、(2)事件処理のプライオリティの調整、(3)事物管轄の変更、(4)「2つの基本」の採用、(5)弁護人依頼権の制限がある。以下、順に見ていこう。

(1) 裁判官の増員

83 年厳打開始以降、大量の刑事事件が起訴された(表 I-1 参照)。1983 年は、実に前年の倍以上であり、オーバーワークは必至である。そこで、裁判所は眼前に置かれた大量の事件を処理するために、裁判官を増員し、厳打対象の事件により多くの裁判官を割り当てた。例えば山東省青島市では「厳打のニーズに応えるために、市・区の両級裁判所〔中裁と基層裁を指す〕は、組織上相応の調整を施し、全ては厳打のために、結集できる力を優先的に刑事犯罪

---

114)『江西省法院誌』104 頁。

への打撃に集中させた。1983年8月10日以前において，裁判所の刑事担当裁判人員は89名であったが，厳打後，刑事担当裁判人員は171名に増え，同年12月末には274名に増えた」[115]という。

こうした裁判官の供給源は，主に党組織・国家機関(中国ではまとめて[党政機関]と呼ばれている)であった。例えば，安徽省霍山県では「県党委員会は他の機関から6名の幹部を〔裁判所に〕異動させ〔た〕」[116]という。また，湖北省枝江県では「県直属の各機関から51名の幹部を異動させて裁判活動に参加させ〔た〕」(3.3.2.3(3)参照)という。さらに，「国の法律業務従事者」である弁護士も，裁判所や検察などに配転されたようである[117]。

このほかにも，大学生のインターンがある。例えば，梁根林(当時は北京大学法律系の学生)は，「1983年の厳打には，実のところ私も参加しており，我々は当時ちょうど実習中だった。同年9月，私は河北省邢台市に実習に赴き，何度か裁判長をしたこともある」[118]と当時の様子を振り返っている。インターン中の大学生が裁判長を担当したのである。

(2) 事件処理のプライオリティの調整

厳打期間中，厳打対象の事件は優先的に処理された(ここでは，このことを事件処理のプライオリティの調整と呼んでいる)。例えば，先述のように，江西省では重大刑事事件の審理を優先したとされており(3.3.3.1参照)，青島市の裁判所でも「結集できる力を優先的に刑事犯罪への打撃に集中させた」(3.3.3.

---

115) 『青島市誌・公安司法誌』243頁。
116) 霍山県地方誌編纂委員会編『霍山県誌』(黄山書社，1993年)591頁。
117) 司法部「弁護士の業務配転後その弁護士資格を保留すべきことに関する批復」(1984年7月11日)における「弁護士が検察院，裁判所などの政法機関に配転された後……」(一)という記述から，このことがうかがえる。なお，「当時は裁判人員が足りなかったため，社会の多くの人に手助け[幇忙]をお願いした。もちろん多くは刑事参審員であった」という(国家法官学院司法審判研究中心「我国陪審制度的現状、問題与改革設想」司法審判動態与研究1巻1輯(2001年)21頁)。ただし，その「手助け」が具体的に何を意味するのか(例えば参審員が職業裁判官の役割を果たすのか，あるいは参審員として裁判に参加するのかなど)は不明である。
118) 『法治的界面』219頁(曲新久報告「厳打的刑事政策分析」に対する梁根林のコメント)。

2(1)参照)という。

(3) 事物管轄の変更

先述(表1-1参照)のように,「無期懲役または死刑を言い渡す通常刑事事件」(刑訴法15条2号)の1審は原則として中裁が管轄するが,「上級人民裁判所は必要なとき,……自己の管轄する1審刑事事件を下級人民裁判所に裁判させることもできる」(18条前段)。そこで最高裁・最高検・警察部は1983年8月16日に連名で「当面の刑事犯罪活動に厳しく打撃を加える期間においては,中級人民裁判所は必要なときには,社会治安に由々しき危害を及ぼし,無期懲役または死刑を言い渡すべき1審通常刑事事件を,基層人民裁判所に裁判させると決定することができ,もってこれらの罪責が重い通常刑事犯を法により重く速く懲らしめるようにする」と通達した[119]。本通知を受け,例えば,浙江省五河県では,「1983年8月,第1次重大犯罪打撃において,中級人民裁判所は県人民裁判所に無期懲役・死刑事件の審理を授権した」[120]という。

だが,現実問題として「逆に段階[層次][121]が増えたため,かえって時間がかかるようになり,しかも少なくない基層人民裁判所の事件処理能力は不足しており,担いきれない」という理由から,同年12月2日に最高裁・最高検・警察部が連名で,無期懲役・死刑を言い渡すべき1審通常刑事事件の管轄を中裁に戻すよう通達した[122]。この間,わずか3ヶ月半であった[123]。

---

119) 最高裁・最高検・警察部「無期懲役または死刑を言い渡す1審通常刑事事件の管轄問題に関する通知」(1983年8月16日)。
120) 五河県誌編纂委員会編『五河県誌』(浙江人民出版社,1992年)426頁。このほか,(浙江省)金華市地方誌編纂委員会編『金華市誌』(浙江人民出版社,1992年)265頁,湖北省応山県誌編纂委員会編『応山県誌』(湖北科学技術出版社,1990年)480頁参照。
121) ここで「段階」が増えるとは,高裁に死刑許可権が委譲されている犯罪類型についていえば,1審が中裁の場合は,死刑許可に辿り着くまでに,中裁→高裁の2段階しかないが,1審が基層裁の場合には,基層裁→中裁→高裁と3段階を経なければならないことを指す。
122) 最高裁・最高検・警察部「無期懲役または死刑を言い渡す1審通常刑事事件を中級人民裁判所が管轄することに関する通知」(1983年12月2日)参照。ただし,本通知が

(4) 「2つの基本」の採用

有罪基準を引き下げる「2つの基本」(2.3.1 参照)は，83 年厳打においても「速く」に資する措置として引き続き提唱・指示された[124]。ただし，これは副作用を伴う措置である。それは安易な事実認定ないしは証拠採用による誤判である。以下のケース[125]はこのことを如実に物語っている(〔コメント〕は筆者による。以下同じ)。

〔参考条文〕

刑法 134 条

故意に他人の身体を傷害した者は，3 年以下の有期懲役または拘役に処する。

前項の罪を犯し，よって人に重傷を負わせた者は，3 年以上 7 年以下の有期懲役に処する。人を死亡させた者は，7 年以上の有期懲役または無期懲役に処する。本法に別段の規定があるときは，規定による。

157 条

暴行，脅迫の方法により国家勤務人員の法による職務の執行を妨害した者，または人民裁判所のすでに法的効力が発生した判決もしくは裁定の執行を拒んだ者は，3 年以下の有期懲役，拘役，罰金または政治的権利の剥奪に処する。

85 条

本法にいう重傷とは，次に掲げる事由のいずれかに該当する傷害を指す。

「無期懲役，死刑判決にあたる第 1 審一般刑事事件の基層人民法院への管轄移送を一律に禁止したものとみなされるなら，それもまた刑事訴訟法第 18 条に違反するものといわねばならない」(田中信行「現代中国法の構造と機能」社会科学研究 47 巻 6 号(1996年)51 頁)。

123) ただし，だからといって直ちに基層裁が無期懲役・死刑相当の 1 審通常刑事事件を管轄しなくなったわけではなかった(最高裁「無期懲役または死刑の 1 審通常刑事事件を中級人民法院が管轄すべきことに関する通知」(1987 年 3 月 26 日)参照)。

124) 林準「堅決打撃和必須打準是一致的」・前掲注 42)書 3 頁，最高検・厳打答復四(1)参照。

125) 恵熙荃主編『再審案例選編』(文匯出版社，2000 年)239 頁以下参照。

(1) 人の肢体を不具に至らしめ、または人の容貌を毀損したとき。
(2) 人の聴覚、視覚その他の器官の機能を喪失させたとき。
(3) その他の身体の健康に対する重大な傷害。

筆者注：「治安事犯の決定」1条2号については3.2.1参照。

〔事実の概要〕

1983年6月1日夜、被告人Xは服役期間中に監獄の規則に違反したため独房に入れられることとなった。刑務官A等がXを強引に独房に入れようとした際に、Xが反抗し、Aに殴る蹴るの暴行を加えた。Aは胸、右鎖骨、左肘関節などに軟組織挫傷を負い、局部的に出血し、病院で治療を受けた。

同年7月28日、検察はXを公務妨害罪で起訴した。

〔原審〕(裁判所不明・1983年10月21日判決・発効)

Xは服役中に改造に抵抗し、暴力で公務を妨害した上、「その違法・犯罪行為を制止しようとした刑務官を凶行傷害し〔た〕」。その所為は公務妨害罪、凶行傷害罪を構成する。犯行は極めて由々しく、情状は非常に悪質であるため、刑法157・134条、53条1項および「治安事犯の決定」1条2号に照らして、Xを公務妨害罪および凶行傷害罪で無期懲役、政治的権利の終身剥奪に処する。

〔第1次申訴〕

Xは原判決に対して申訴を申し立てたが、原審裁判所は再審査の結果、これを却下した。

〔第2次申訴〕

Xは「Aは重傷ではなく、これについて併合罪とし、全国人大常委会の『厳打決定』を適用すべきではない」ことを理由に、再び申訴を申し立てた。上級裁判所が再審査を行い、1996年6月19日に刑事裁定を下し、当該上級裁判所が審理することとなった。

〔再審〕(裁判所不明・1996年7月22日判決)

法医鑑定の結果は、司法部・最高裁・最高検・警察部「人体重傷鑑定基準」(1990年3月29日)91条および最高裁・最高検・警察部・司法部「人体軽傷鑑定基準(試行)」(1990年4月2日)18・27・20条規定によると、Aの傷は軽

傷にすら至らず，これが重傷に該当しないことはいうまでもない，というものである。よって，Xの所為は公務妨害罪を構成するが，Aの傷は軽傷にも至らないため，「治安事犯の決定」を適用し，Xに凶行傷害罪を認定した原判決は，法適用の誤りであり，是正しなければならない。よって刑事訴訟法150条，刑法157条規定に基づき，原判決を破棄し，Xを公務妨害罪で懲役3年の刑に処する。

〔コメント〕

本題に入る前に，まず再審裁判所の刑法解釈論を一瞥しておこう。というのも，決定1条2号後段は「その違法・犯罪行為を制止しようとした刑務官を凶行傷害し」さえすれば，傷害結果の如何を問わず，「死刑まで言い渡すことができる」と読めるが，再審裁判所がAの傷が軽傷にも至らないとして，同罪の成立を否定した点に，食い違いがあるように見えるからである。

この点について，周道鸞（最高裁判事）は同号後段を「特殊な情状のある故意傷害事件」と位置づけた上で，「実際に惹起した結果に照らして，情状の悪質さの特殊性を考慮」た上で，総合的に判断すべきと解す[126]。また，「その傷害の程度に基づき，それぞれ処罰すべき」とし，軽傷のときは3年以上7年以下の懲役で，重傷のときは懲役7年以上死刑までで処断し，死亡のときは死刑に処することができるとする論者もいる[127]。つまり，同号後段の適用に際しては傷害結果を考慮しなければならないとされている。

また学説上，公務妨害罪の暴行による傷害が軽傷にとどまれば，当該軽傷結果は同罪において評価し尽くされ，別に傷害罪は成立しないとされる[128]。したがって，以上の立場からは，Aが重傷だったのか，あるいは軽傷だったのかは，本件の命運を左右し得る重要な判断要素となる。そして，Aの傷が軽傷にも至らないとして，同号後段の適用を排斥した上で公務妨害罪の

---

[126] 周道鸞・前掲注9) 76頁参照。
[127] 高銘暄主編『中国刑法学』（中国人民大学出版社，1989年）459頁〔王作富〕参照。趙秉志・呉振興主編『刑法学通論』（高等教育出版社，1993年）612頁〔賈宇〕も同旨。
[128] 王作富主編『中国刑法適用』（中国人民公安大学出版社，1987年）484頁〔周振想〕参照。『教材刑法学』503頁も同旨。

みの成立を認めた再審裁判所の解釈は，こうした解釈論の枠組みと基本的に同じであると考えられる。

さて，本題の「2つの基本」の検討に移ろう。上述の視座から見れば，本件のポイントは，83 年厳打当初に行われた原審が認定した重傷が，1996 年に行われた再審により，軽傷にすら至らないと認定された点である。こうした結果になった理由として，評者[129]はそもそも「被害者 A の傷が軽傷か軽微傷かについて，起訴時に法医鑑定を行っておらず，原審も A の傷の程度について鑑定を行って〔いない〕」ことを指摘する[130]。それにもかかわらず，原審は後に軽傷にすら至らないとされた傷を，重傷と認定したのである。原審において，基本的事実も明らかにされておらず，また基本的証拠も確かではないことは，いうまでもなかろう。この意味で，本件は「2つの基本」の趣旨に反するものと解されるが，そもそもこうした事態を招来したのは，刑訴法上の有罪認定基準を緩和する「2つの基本」が提起されたことにあると考えられる。

また，本書の問題意識によれば，本件には論点がもう 1 つある。それは，原審の罪数処理についてである。すなわち，原審のように凶行傷害罪が成立するとしても，学説上，本件のような場合には，公務妨害罪と(凶行)傷害罪の牽連犯[131]あるいは観念的競合[132]となり，法定刑が最も重い罪で処断する[133]とされる。評者も「X の犯行は，1 個の犯罪故意であり，1 個の犯罪行為であり，法律の 1 ヶ条，すなわち公務妨害罪に触れた」と，このことを指摘している。にもかかわらず，原審は併合罪とした。つまり，1 審は 1 罪

---

[129] 評者(霍玲娣)の評釈については恵熙荃・前掲注 125) 241～242 頁参照。
[130] 故意傷害罪の結果は軽傷・重傷・死亡に分けられており，それぞれに法定刑が用意されている。なお，軽傷に至らない場合は，傷害罪は既遂に達し得ない(高銘暄・前掲注 127) 451 頁〔王作富〕参照)。
[131] 高銘暄・前掲注 127) 541 頁〔高格〕，王作富・前掲注 128) 484 頁〔周振想〕など参照。
[132] 趙秉志ほか・前掲注 127) 702 頁〔呉振興〕参照。
[133] この点は観念的競合も牽連犯も同じである(『教材刑法学』278，281 頁，高銘暄主編『刑法学原理(第 2 巻)』(中国人民大学出版社，1993 年) 522，601～602，612 頁以下〔黄京平〕参照)。

で処断すべき事案を併合罪で処断したことになる。そして，それは「重く」のためであると考えられる[134]。

しかも，検察が起訴したのは 7 月 28 日，つまり厳打前であり，このとき検察は公務妨害罪 1 罪で起訴した。他方，厳打開始後の同年 10 月 21 日に言い渡された原審判決は，当初の起訴どおり公務妨害罪 1 罪で処断すべき事案を，併合罪で処断した[135]。厳打がなければそもそも公務妨害罪 1 罪だけで決着していたのかもしれない。

(5) 被告人の弁護人依頼権の制限

83 年厳打においては，弁護活動は訴訟の進行を妨げ，被告人をしかるべき罪から逃れさせるものであり，したがって，厳打に対抗するものであるとする風潮が存在した。「弁護士は弁護に際して，真摯に『法により重く速く，一網打尽に』の精神を貫徹し，事実を根拠とし，法律を準則とする原則を堅持しなければならない。およそ基本的事実が明らかで，主たる証拠が確かな場合は，枝葉の問題にこだわってはならない。……およそ明らかな法定の従軽・減軽事由がないときは，弁護に際して処罰の従軽・減軽の意見を提出してはならない」[136]（厳打弁護士通知 2）とする司法部通知は，このことを如実に物語っている。

さらに，「弁護士の刑事弁護活動を刑事犯罪への打撃活動と対立させ，現時点においては弁護士の弁護活動は停止すべきであり，この闘争に対抗してはならないとする者もいる。はなはだしきに至っては，これらの重大刑事犯罪者は犯罪事実が明白で，証拠も確かである以上，さらに弁護によって何を弁明しようというのか，弁護が上手くいかなければ [辨得不好] 民意に悖ることになり，悪人を罪責から逃れさせ，この闘争に異を唱える悪名が高くなるだけだ，と宣う弁護士すらいる。そこで，刑事弁護を『一時中止』する事態

---

[134] 両労人員厳打通知一 3 では，「幹部，警察官その他の人員を殺害し，もしくは傷害し〔た者〕」を打撃の主要な対象としている。
[135] 手続的な処理（いつ追起訴したのかなど）は不明である。
[136] 「減軽」とは法定刑以下で刑を言い渡すことを指す（59 条 1 項）。

I　裁判の実像

表 3-12　1 審弁護状況表(1983～1987 年)

年	終局(件)	弁護人参加	内訳(人) 弁護士	弁護人参加率(%) 反革命	通常	全体	弁護士参加率(%) 反革命	通常	全体
1983	525,611	91,847	64,020	27.3	17.4	17.5	23.5	12.1	12.2
1984	450,259	114,821	110,675	26.0	25.5	25.5	31.4	24.5	24.6
1985	249,910	78,252	82,228	42.3	31.3	31.3	47.2	32.9	32.9
1986	298,291	102,617	120,643	39.2	34.4	34.4	53.6	40.4	40.4
1987	292,136	106,579	136,684	41.9	36.5	36.5	546.6*	46.2	46.8

注：弁護人参加率は「弁護人参加(件数と目される)÷終局件数×100」で，また弁護士参加率は「弁護士参加(人)÷終局件数×100」で計算した数値である。
　＊　原データのママ。
出典：『司法統計資料』(2 頁，「(各年)刑事一審案件執行訴訟法情況統計表」)参照。

に陥った地方もある」[137]という。実際，安徽省屯渓市では，弁護制度は「1983 年に一旦停止され，1984 年に再開された」[138]という。

　また，中央レベルでも「『厳打』開始時に，弁護士を主管するある責任者は，全国的な会議において，重罪の被告人の弁護を止めるよう求めた」[139]という。その後，この発言は撤回されたようであるが，「それは刑事弁護に対する曲解，その影響の深さを十分に映し出している」[140]といえよう。

　こうした「刑事弁護に対する曲解」は表 3-12 からうかがうことができる。同表は 1983 年から 1987 年までの刑事事件の 1 審における弁護状況(とりわけ弁護士)をまとめたものである。同表からは，弁護士弁護人，その他の弁護人を問わず，その訴訟参加率は 1983 年が最低であったことが分かる。なお，1982 年以前の訴訟参加率状況は管見に及ばず，1982 年のそれは，1983 年よりも低かったかもしれない。しかし地方に目を移すと，例えば山東省棗庄市では，「1981 年，刑事事件 121 件について弁護を担当し，1982 年に 181 件に達した。1983 年，全国で『重大刑事犯罪活動への厳しい打撃』が展開され，

---

137) 庄広沢「在厳厲打撃刑事犯罪中律師的弁護不是可有可無」法学 1983 年 11 期 36 頁。なお，当時の弁護士の任務については前掲注 98)および厳打弁護士通知 2 参照。
138) 『屯渓市誌』279 頁。
139) 孫国祥「歩履維艱的当代中国刑事弁護」複印報刊資料訴訟法学、司法制度 1999 年 10 期 11 頁〔原載：南京大学法律評論 1999 年〕。
140) 孫国祥・前掲注 139)11 頁。

3. 83 年厳打　133

『重く速く』が強調されたため，一度，事件処理手続が軽視され，刑事弁護もその影響を受け，事件数が 122 件まで減少した。1984 年，厳格に法制度を履行するとの指導思想が確立・徹底されたため，刑事事件の弁護件数は再び 158 件まで増加した」[141] という。1983 年の弁護件数は前年比 32.6％減だったのである。

3.3.3.3　事例から見た「速く」

96 年厳打中に江蘇省塩城監獄の受刑者 100 名を対象とした抽出調査（受刑者総数は 889 名）は，次のように 83 年厳打の「速く」の徹底ぶりを指摘する。すなわち，「統計によると，1983 年厳打においては，収容審査・勾留から労働改造に投入されるまで 2 ヶ月に至らなかった者が 51％を占め，少なくない者が訳の分からないまま収監された」[142]，と。

実際，厳打初期においては，例えば 1983 年に金華市中裁が死刑を言い渡した張樟庭報復殺人事件（9 月 21 日 11 時，報復のため大衆 3 名を殺害し，7 名を殺傷した）は，事件発生から法による処刑までわずか 5 日間であった[143]。

また，湖南省公安県では，1983 年 8 月 23 日に X（40 歳）が物で誘惑し，相次いで少女 A（13 歳）およびその妹 B（11 歳）を酷たらしく姦淫し，少女の心身の健康を著しく損なう，という悪質強姦事件が起きた。事件発生当日に警察・検察・裁判所は合同調査を行い，翌日には検察が X の勾留を承認した。そして 31 日には X に死刑を言い渡し，人心を晴らした。事件発生の 8 日後に死刑判決が下されたのである[144]。

このように，厳打開始直後は極めて「速く」裁判，ひいては刑事手続が行われた。事件発生からわずか数日間で判決の言渡しを受けた者にとっては，まさに「訳の分からない」というほかなかろう。

他方で統計上，厳打後半期は「速く」の点で厳打終了後と大差がなかった

---

141) 棗庄市地方史誌編纂委員会編『棗庄市誌』（中華書局，1993 年）453 頁。
142) 繆鉄「関於塩城監獄『厳打』新収押罪犯情況的調査」犯罪与改造研究 1997 年 5 期 39 頁。
143) 『金華市誌』265〜266 頁参照。
144) 公安県誌編纂委員会編纂『公安県誌』（漢語大詞典出版社，1990 年）418〜419 頁参照。

134　I　裁判の実像

(3.3.3.1)。とはいえ，個別の事例においては，なお「速く」刑事手続が行われた。

例えば吉林省遼源市では「〔1985年〕7月3日および7月7日，遼源市警察局は相次いで市全体を震撼させた曲忠林，王兆義の2件の特大事件を検挙した。遼源市人民検察院は遼源市中級人民裁判所に起訴し，裁判所は直ちに合議廷を構成し，その日の内に被告人に起訴状を送達し，徹夜で一件記録を審査し，開廷前の全ての準備作業をやり遂げた。翌日午後には公判を開催し，当該公判廷で合議した後に同裁判委員会の討議・決定に付託し，曲忠林・王兆義両名に死刑を決定し，その場で判決を言い渡した。この2件の特大事件は27時間で法により終局した」[145]という。両事例は起訴からわずか27時間で，裁判委員会の討議・決定を経た上で，死刑判決が言い渡されたのである。

また広州市では，Xが賭博による借金のために，1986年3月14日および同年6月28日に，合わせて老婦3名を殺害し，アクセサリーなどを奪う事件が起きた。そして同年8月2日，広州市中裁はXに殺人罪で死刑を言い渡した[146]。本件では2件目の犯行後1ヶ月ほどで死刑判決が言い渡された[147]。

---

145) 遼源市地方誌編纂委員会編『遼源市誌』(吉林人民出版社，1995年) 352～353頁。
146) 広州市地方誌編纂委員会『広州市誌(第12巻)』(広州出版社，1998年) 233頁参照。
147) このほか福建省尤渓県では，1985年11月6日未明，X・Yがハンマー・小刀でA・Bに重傷を負わせ，その現金3000元を強取し逃走・潜伏する事件が起きた。警察は同月10日にXを，25日にYを捕まえ，三明市中裁は翌年1月26日に，強盗罪でXに死刑，Yに無期懲役を言い渡した(尤渓県誌編纂委員会編『尤渓県誌』(福建省地図出版社，1989年) 487頁参照)。本件はこれまでの例から見ればさほど「速く」はないが，捕まってから判決言渡しまで，Xは約2ヶ月半，Yは約2ヶ月であった。上の調査の指摘によれば，本件ではなお「速く」刑事手続が行われたことになろう。

　なお，厳打期・厳打対象でなくとも，重大・重要事件であれば，「速く」刑事手続が進められる。7分野の対象に列記されていないが，83年厳打期間中に「速く」裁判された事例として，「左成洪，李永泰，謝麟，呉自均以制造，販売有毒酒的危険方法致人傷亡案」『法院公報全集(85-94)』579頁以下参照。また，江西省で起きた彭建平故意殺人・強盗事件は，83年厳打終了後の1987年7月の裁判であるが，1審受理から2審を経て，死刑執行まで8日間であった(『江西省法院誌』120～121頁参照)。

3.3.4 裁判段階 2 ――厳罰化

陳興良(北京大学教授)が実際に体験した次のエピソードは，83年厳打の「重く」の凄まじさを何よりも雄弁に物語っている。すなわち，「私は自身が弁護を担当した窃盗事件について判決書を受け取った。第1被告人は懲役15年，私が弁護した第2被告人は懲役10年だった。その後すぐに厳打が始まった。私は裁判所の門で布告を見て愕然とした。第1被告人はすでに死刑即時執行の判決を言い渡され，私が弁護した第2被告人は死緩を言い渡されていたのである。つまり，私が受け取った判決書は一夜の内に失効し〔た〕」[148]，と。

このように一度言い渡された刑すら，厳打開始を機により重い刑に変更されたのである[149]。このエピソードからは83年厳打における「重く」の徹底ぶりを，また厳打開始を合図に厳打の「重く」が適用されていることを看取できよう。行為時に厳打でなくとも，裁判時に厳打であれば「重く」が適用されるのである。

本項の課題は，こうした厳打期の「重く」がどのようなものであったのかを明らかにすることである。そのために，以下では次の3点の考察を行う。まず，厳打期と通常期において，どれだけ量刑上の違いが生じたのかを統計を用いて示す(3.3.4.1)。次に「重く」のためにどのような措置が講じられたのかを示す(3.3.4.2)。そして最後に，ケース・スタディを通じて，具体的事例においてどのように「重く」されたのかを明らかにする(3.3.4.3)。

3.3.4.1 統計から見た「重く」

ここではまず，全国の科刑状況を示す統計から，どれだけ「重く」なっているのかを見る。だが，以下に用いる統計には大きな制約がある。それは，先に表2-4について指摘したように，最も重い項目が「懲役5年以上の刑」

---

148) 陳興良「前言」『刑事政策検討』前言部3頁。
149) なお，法律上，当該判決書が2審判決であれば，それは発効判決であるため，裁判監督手続を発動し，再審することは可能である(刑訴法151条2項2号，149条)。ただし，この事例がその場合に当たるのかは不明である。

136　I　裁判の実像

表 3-13　放火・強姦・強盗等罪の判決発効人員における科刑状況表（1979～1989 年）

年	総　数	5 年以上 人	%	5 年未満 人	%	その他 人	%	無罪 人	%
1979	27,866	8,089	29.0	16,805	60.3	2,521	9.0	451	1.6
1980	40,686	15,383	37.8	21,964	54.0	3,022	7.4	317	0.8
1981	57,056	24,476	42.9	28,616	50.2	3,743	6.6	265	0.5
1982	60,339	23,115	38.3	32,675	54.2	4,255	7.1	294	0.5
1983	146,710	109,816	74.9	31,598	21.5	4,503	3.1	342	0.2
1984	140,467	91,110	64.9	38,042	27.1	9,367	6.7	1,348	1.0
1985	56,871	35,068	61.7	18,218	32.0	3,020	5.3	565	1.0
1986	53,232	33,799	63.5	17,218	32.3	1,917	3.6	307	0.6
1987	57,354	34,731	60.6	20,350	35.5	2,029	3.5	244	0.4
1988	70,680	40,064	56.7	27,793	39.3	2,582	3.7	241	0.3
1989	91,648	53,895	58.8	34,090	37.2	3,512	3.8	151	0.2

注：「その他」は執行猶予・拘役・管制・刑の免除などを指す。また 1981・1983・1984・1986 年は各項目の総和と「総数」にズレがある。
出典：『司法統計資料』(1979 年は「刑事被告人処理情況統計表」，1980 年から 1984 年までは「(各年)反革命案件被告人処理情況統計表」および「(各年)普通刑事案件被告人処理情況統計表」，1985 年以降は「(各年)刑事案件被告人処理情況統計表」)参照。

であるため，死刑・死緩・無期懲役の発効数が分からないことである。しかも，中国では死刑統計は極秘扱いであり，死刑については言渡数および執行数ともに公表されていない[150]。

とはいえ，実は「内部資料」と呼ばれる非公開の資料や地方誌を紐解くと，ごく限られた狭い地域内ではあるが，死刑運用の実態を垣間見ることができる。そこで，以下では全国統計を考察した後，この作業を進め，「重く」の内実を解きほぐす。

まずは全国的な「重く」の状況から見ていこう。表 3-13 は，1979 年から 1989 年までの，放火，毒物混入，強姦，女児姦淫(1983 年以降)，強盗，人身拐取売買，会道門を組織・利用した反革命活動の各罪[151] の発効判決人員の

---

150) 陳沢憲はその理由を「仄聞するところによると，死刑事件の統計数は保守すべき司法秘密に属する。しかし，裁判所の死刑事件数を含む終局件数を国家秘密とする法的根拠と必要性はどこにあるのか？ 現実的な要因はとても簡単である。死刑事件数が多すぎると，わが国の国際的イメージを損なうからである」と指摘する(同「論厳格制限死刑適用」法学 2003 年 4 期 57 頁)。

151) ここでは 1979 年から 1989 年までの間のデータが揃っているものをまとめた(なお，

科刑状況をまとめたものである。

　本表からは以下の 3 点の特徴を看取できる。

　第 1 は，83 年厳打を契機として突如として重罰が多用されるようになったことである。このことは，1983 年の懲役 5 年以上の刑のシェアが 1982 年のそれからほぼ倍増したこと，およびそれに対し，5 年未満の有期懲役などの軽い刑のシェアが大幅に減少したことから，明らかであろう。しかも，83 年厳打は 8 月から始まったのであり，年の残り 5 ヶ月弱からこれだけ厳罰化がなされたのである。「重く速く」の方針が打ち出されたにもかかわらず，前者のシェアが逆に減った両治安会議後とは対照的であり，83 年厳打における「重く」の徹底ぶりを明確に浮かび上がらせている。

　第 2 は，1983 年に一瞬にして厳罰化のピークに達した後，1985 年頃以降，科刑状況に大きな起伏がなくなり安定していったことである。そして厳打終了後も同様の水準で推移している。厳打開始前後とは異なり，厳打終了前後における量刑のギャップはほとんどなかった。

　第 3 は，厳打期間中の 1985・1986 年(厳密には 1987 年 1 月まで)は当然のこととして，厳打終了後の刑が，なお厳打開始前よりも重いことである。その理由としては，①「治安事犯の決定」によりいくつかの犯罪の法定刑が引き上げられたこと，②厳打以降も，厳打やその対象限定版ともいうべき[専項闘争](4.1 参照)が頻繁に展開されていること，および③そうしたキャンペーンが展開されていなくとも，治安事犯については「重く速く」の方針(いわゆる厳打方針)が維持されていること[152]が考えられる。

　また，以上の 3 点は図 3-1 および図 3-2 から，よりはっきりと読み取ることができる。両図は，それぞれ殺人・強姦・強盗・無頼各罪および傷害，放

　　女児姦淫罪については表 3-3 注参照)。殺人・傷害・無頼罪は 83 年厳打の重点であるが，1982 年以前の「殺人」項目，および 1984 年以前の「傷害」項目には過失犯が含まれている可能性があり，また無頼罪は 1980 年から 1982 年までのデータがないため除外した。
152)　例えば，年に 1 回，最高裁が全国人大に対して行う活動報告では，毎年のように，治安事犯について「法により重く速く」の方針を引き続き実施していると報告されている。

138　I　裁判の実像

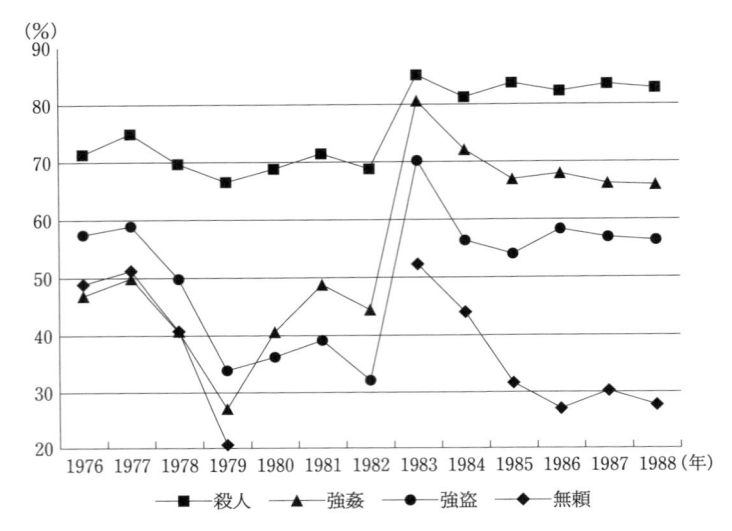

図 3-1　殺人・強姦・強盗・無頼各罪の判決発効人員における重罰率(1976～1988 年)

火・毒物混入，会道門を組織・利用した反革命活動，人身拐取売買各罪の判決発効人員における懲役 5 年以上の刑の比率(以下，「重罰率」と呼ぶ)をグラフにまとめたものである(1 つの図に入れると見辛いため，2 つに分けた)。

このように，1983 年を境目として，懲役 5 年以上の刑が突如として増加し，刑罰分布図が一新され，83 年厳打以降もこうした状況が続いているといえる。そうなると，監獄収容人員は必然的に増加する。実際，厳打により「監獄収容人員も迅速に増加し，1976 年の 63 万人から 1983 年には 92 万人に増え，その後も引き続き増加し，1986 年に第 1 次厳打が終了した時には 112 万人に達していた」[153]といわれる。10 年間で収容人員が倍近く増えたのである。

そして，これに応じて監獄も増設された。1976 年は全国で 381 ヶ所であったのが，83 年厳打期間中の 1984 年には 554 ヶ所に増えており，また 1989 年には 556 ヶ所に増えていた(表 3-14 参照)[154]。ただし，監獄も文革中に

---

153)　王玉章『社会主義監獄工作探索』(法律出版社，2003 年)20 頁。

3. 83年厳打 139

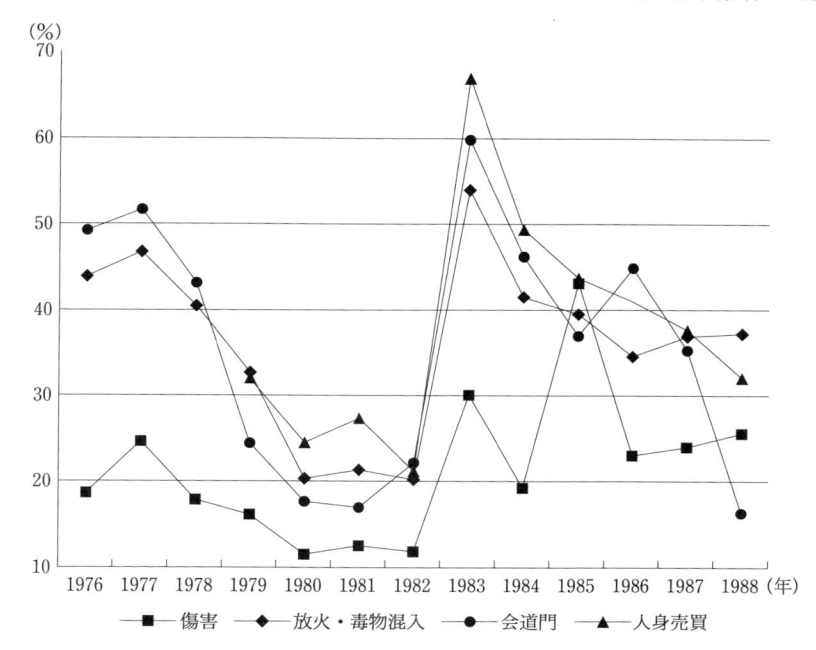

図 3-2 放火・毒物混入，会道門組織・利用反革命活動，人身売買各罪の判決発効人員における重罰率(1976～1988年)

注：1983年以降の「殺人」(図 3-1)および1985年以降の「傷害」(図 3-2)は故意犯であるが，それ以前は過失犯が含まれている可能性がある。また1983年以降の「強姦」(図 3-1)は「女児姦淫」を含む(表 3-3 注参照)。
出典：表 3-13 と同じ。

破壊されており，厳打だけが監獄増加の全ての要因ではない[155]。

次に，地方の科刑状況に目を移そう。ここでは主に『地方誌』と呼ばれる資料群を紐解き，地方レベルにおいても，上に見た全国的傾向と同じ傾向が存在することを確認した上で，死刑・死緩・無期懲役のシェア構造にどのよ

---

154) ちなみに，労働矯正施設についての全国的なデータは管見に及ばないが，「〔新疆ウイグル自治区では〕ウルムチ労働矯正所を除き，その他の9ヶ所の労働矯正施設は1983年『厳打』闘争以降相次いで設置されたものである」(暁理「発揮労教職能配合"厳打"整治闘争——訪新疆労働教養工作管理局局長謝暉」中国司法 2001年8期18頁)という。
155) 王恒勤『中国監獄労教改革新論』(群衆出版社，2003年)7頁参照。

表3-14　監獄設置状況表(1976・1984・1989年)

地　方	1976	1984	1989	地　方	1976	1984	1989
北京	5	6	7	湖北	—	28	34
天津	5	6	6	湖南	14	17	17
河北	8	21	25	広東	13	21	22
山西	16	19	20	海南	—	14	6
内モンゴル	5	11	11	広西	11	16	17
遼寧	20	28	29	四川	11	16	17
吉林	11	12	11	貴州	15	28	30
黒龍江	12	22	18	雲南	43	30	31
上海	12	8	8	チベット	8	3	3
江蘇	14	21	23	陝西	17	20	20
浙江	10	14	14	甘粛	17	16	16
安徽	9	11	11	青海	20	17	14
福建	11	14	14	寧夏	5	7	7
江西	17	15	15	新疆	21	24	28
山東	16	22	20	新疆兵団	—	42	38
河南	15	25	24	合計	381	554	556

出典：辛国恩ほか『二十一世紀中国監獄発展戦略研究』(法律出版社，2004年)16頁〔辛〕。

うな変化が生じたかを解き明かし，より具体的に厳罰化の実態に迫る。

(1) 江　西　省

　表3-15は1980年から1990年までの同省各中裁における科刑状況をまとめたものである。なお，各項目の「％」は，全刑事事件の判決発効人員を母数とした当該刑罰の比率である。「無期・死刑」とは，無期懲役および死刑（死緩を含む）のことであり，いわゆる「3大刑」を指す。また「その他」とは拘役・管制・執行猶予・刑の免除などのことであると考えられる。

　本表からは，厳打開始を機に，3大刑が多用されるようになったことが明らかである。1983年は絶対数でいえば前年の10倍に膨れあがっており，また全体における比率も4.4ポイント上昇している。その反面，その他・無罪の比率は激減している。また，1980年から1990年を鳥瞰すると，厳打期，とりわけ1983・1984年に重い刑の比率が多く，軽い刑および無罪が少ない傾向がある。また，3大刑の比率が1985年に下落し，それ以降，厳打前の水準に戻ることはなかったが，一定の水準を保っている。このことは，1983・1984年に厳打ブームが最高潮に達し，1985年以降，沈静化していっ

3. 83 年厳打　141

表 3-15　江西省各中裁の判決発効人員における科刑状況表(1980〜1990 年)

年	総数	無期・死刑 人	%	有期懲役 人	%	その他 人	%	無罪 人	%
1980	4,981	127	2.5	3,602	72.3	1,124	22.6	128	2.6
1981	6,954	178	2.6	5,578	80.2	1,142	16.4	56	0.8
1982	8,506	133	1.6	6,857	80.6	1,472	17.3	44	0.5
1983	22,329	1,341	6.0	13,109	58.7	1,841	8.2	38	0.2
1984	17,714	1,017	5.7	14,233	80.3	2,312	13.1	152	0.9
1985	8,434	271	3.2	6,893	81.7	1,212	14.4	58	0.7
1986	9,891	258	2.6	8,247	83.4	1,318	13.3	68	0.7
1987	10,599	317	3.0	8,773	82.8	1,446	13.6	63	0.6
1988	11,268	404	3.6	9,541	84.7	1,263	11.2	60	0.5
1989	15,712	529	3.4	13,380	85.2	1,743	11.1	60	0.4
1990	16,867	591	3.5	14,282	84.7	1,953	11.6	41	0.2

注：1990 年の「判決発効人員」の原文は「168,767」であるが，計算上「16,867」の誤植と考えられる。また 1983 年は 6000 人余る。
出典：『江西省法院誌』106 頁。

たことを物語っている。全体としては，厳打期間中に「重く」の方向で刑罰が運用されていたことは明白であろう。

(2)　安徽省霍邱県

表 3-16 は 1979 年から 1987 年の同県の判決発効人員の科刑状況を整理したものである[156]。

本表から，以下の 2 点の特徴を指摘することができる。1 つは，1983 年に突如として重罰が多用されるようになったことである。すなわち，3 大刑は，厳打開始前においては皆無であったのが，厳打が開始された 1983 年に突如として適用されるようになった。また，有期懲役刑においても，5 年以上のシェアが大幅に増えている。すなわち，1981・1982 年においては 5 年未満が有期懲役刑全体の 8 割前後を占めていたのに対し，1983 年には 5 年以上が 56.9％，5 年未満が 43.1％となっている。

---

156) 県に置かれるのは基層裁であり，先述(3.3.3.2(3)参照)のように，これが 3 大刑の事件を継続的に管轄できたのは 1983 年の一時期のみであることから，ここでは同県裁判所(基層裁)が言い渡した数ではないと考えられる(ただしその可能性は皆無ではない)。同県の居住者である被告人，あるいは同県で生じた事件の被告人を指すのだろうか。なお，このことは(3)〜(5)にも該当する。

142   I　裁判の実像

表 3-16　霍邱県の判決発効人員における科刑状況表(1979～1987 年)

年	総数	死刑	死緩	無期	5 年以上	5 年未満	その他	無罪	人口
1979	102	0	0	0	44	30	28	0	1,231,897
1980	141	0	0	0	116	0	25	0	1,257,910
1981	219	0	0	0	28	129	62	0	1,278,728
1982	263	0	0	0	42	156	63	2	1,296,804
1983	597	9	16	2	295	223	51	1	1,312,997
1984	427	5	0	0	90	253	74	5	1,329,480
1985	226	0	0	0	37	116	69	4	1,341,974
1986	185	0	0	0	30	98	53	4	1,365,398
1987	181	0	0	0	32	113	33	3	1,385,884

注：「その他」は拘役・執行猶予・管制・罰金・刑の免除などを指す。
出典：『霍邱県誌』92，584 頁。

　もう 1 つは，1984 年以降，重罰率が減少し，1982 年以前の水準に近づいたことである。例えば死刑を見ると，1984 年に 5 名の判決が発効したが，それ以降は皆無である。また，5 年未満の有期懲役が，有期懲役刑全体の 7 割以上を占めるようになっている。
　このように，厳打の開始を期に，重罰が多用されるようになったが，それは 1985 年以降，厳打以前の状況に戻っていったといえよう。
　(3)　黒龍江省双鴨山市
　表 3-17 は 1979 年から 1985 年までの同市の判決発効人員における科刑状況をまとめたものである。本表から明らかなように，3 大刑の適用が厳打期に集中している。
　(4)　江西省六安市
　表 3-18 は 1979 年から 1986 年までの同市の終局人員における刑の言渡状況をまとめたものである。本表上段は 1979 年から 1986 年までの，下段は 1983 年から 1984 年までの言渡状況である。
　同市における 3 大刑は，いずれも 83 年厳打開始当初に集中している。また，1983・1984 年の 5 年以上の有期懲役の言渡人員は，1979 年から 1986 年までの同人員の 71％であり，5 年未満の有期懲役の言渡人員は 37.2％であった。このように，1983・1984 年に 3 大刑の適用が集中したことに比して，軽い刑罰に属する 5 年未満の有期懲役や拘役，管制の適用数が相対的に少な

表3-17　双鴨山市の判決発効人員における科刑状況表(1979〜1985年)

年	総数	死刑	死緩	無期	有期	その他	人口
1979	72	5	1	0	51	15	388,077
1980	175	1	2	1	129	42	392,069
1981	260	1	0	4	187	68	401,934
1982	302	1	1	5	198	97	414,385
1983	662	21	17	24	449	151	414,123
1984	533	25	19	20	372	97	420,770
1985	284	17	2	3	201	61	427,288

出典：双鴨山市地方誌編纂委員会辦公室編『双鴨山市誌』(中国展望出版社，1991年)77, 845頁。

表3-18　六安市の終局人員における言渡状況表(1979〜1986年)

年	総数	死刑	死緩	無期懲役	5年以上	5年未満	拘役	管制
79〜86	948	12	7	13	403	444	49	20
内：83〜84	510	12	7	13	286	165	18	9

出典：六安市地方誌編纂委員会『六安市誌』(江西人民出版社，1991年)340〜341頁。なお，同市の1983年時点の人口は15万0856人である(50頁参照)。

いことから，この時期に厳打ブームが最高潮に達したことが分かる。

(5)　100の郷鎮

表3-19は警察部の「中国農村犯罪問題研究」プロジェクトによる調査結果の一部であり，調査対象である広東・江蘇・山東・河南・安徽・湖北・四川・吉林・陝西省，広西チワン族自治区(9省・1自治区)の100の郷鎮の，1978年から1989年までの終局人員における刑の言渡状況を整理したものである。

本表から以下の3点が明らかである。①厳打開始の1983年に刑言渡人員[157]が大幅に増加した。とりわけ死刑は前年比約5倍であり，死緩および懲役刑が前年比約2倍であることと比較すると，死刑の増え方の特異さが目立つ。②しかし，1984年以降，死刑，死緩および懲役は減少し，1986年には厳打開始前の1982年に近い数字になっている。このことは，厳打ブームが1983年に一挙に盛り上がった後，徐々に沈静化していったことを意味す

---

157) 統計データは[判刑](刑の言渡し)の人数を示す。

表 3-19 100 郷鎮の終局人員における言渡状況表
(1978～1989 年)

年	死刑	死緩	懲役	年	死刑	死緩	懲役
1978	6	5	248	1984	29	8	1,243
1979	4	—	294	1985	15	—	887
1980	3	—	411	1986	7	6	945
1981	4	2	556	1987	22	10	1,344
1982	11	8	738	1988	20	5	1,357
1983	52	16	1,455	1989	20	10	1,848

出典：公安部"中国農村犯罪問題研究"課題組「"中国農村犯罪問題研究"課題報告」李忠信主編『公安社会科学研究報告選』(中国人民公安大学出版社，2000 年) 217 頁。

ると考えられる。③死刑言渡数と死緩言渡数とを比較すると，前者が後者よりも多いことが常であり，死刑が死緩の倍以上ある年もある。

以上の検討から，地方レベルにおいても，全国的傾向と同様に厳罰化が進んだことが明らかであろう。とりわけ，3 大刑については，83 年厳打の開始を境目に極端な変化が生じており，それを一言でまとめると，厳打対象に対する 3 大刑，とりわけ死刑の多用ということができよう[158]。厳打期間中，「無期懲役および死刑(死緩を含む)の言渡しを受けた犯罪者の内，90％以上が〔厳打対象の〕7 分野に属する」[159] という指摘は過言ではない。

他方，3 大刑の適用は 1983・1984 年に集中しており，それ以降は大幅に減少ないしは全く適用されていない。ここから，次の 2 点を指摘することができる。1 つは，厳打ブームが 1983・1984 年に最高潮に達し，その後は沈

---

[158] 83 年厳打初期において，広東省高裁が許可した死刑の内，98.1％が社会治安に由々しき危害を及ぼす犯罪者であったという(広東省高級人民法院「対厳属打撃刑事犯罪活動以来復核死刑案件的情況分析」人民司法 1984 年 9 期 8 頁)。また，最高裁「死刑届出資料を統一的に提出することに関する通知」(1984 年 4 月 9 日)は，厳打開始後に死刑届出資料(高裁が死刑許可権を委譲された犯罪類型について，それが死刑を判決・許可した場合は最高裁に届け出なければならない。最高裁「全国人民代表大会常務委員会『死刑事件許可の問題に関する決定』執行におけるいくつかの通知」(1981 年 6 月 11 日)(三)参照)が激増したとする。

[159] 鄭天翔・前掲注 43) 838 頁。

静化の途を辿っていったことである。

　もう1つは，ここから，全国の統計(表3-13)における「懲役5年以上の刑」の構成内容に変化が生じていると推測できることである。すなわち，全国統計の重罰率は1983年に急激に上昇した後，83年厳打終了後も50%台後半で推移しているが，以上の検討から，実際にはそこで3大刑が占める比率は減少していると推測することができる。つまり，厳打開始前と比較すれば刑罰の分布は厳罰化傾向にあるが，厳打開始直後の1983・1984年にその厳罰化ブームが最高潮に達し，その後はいくぶんか沈静化していったと考えられる[160]。政策決定者は厳打を3年間展開すると決定したが，実務レベルにおいては，必ずしも一本調子でキャンペーンが展開されたわけではなく，そのブームが沈静化していったことが確認できよう。

3.3.4.2 「重く」のための措置

　83年厳打期間中に「重く」を実現するために採られた手法として，(1)ノルマの設定および(2)裁判の蒸し返しがある。このほか，(3)下級裁判所から発せられた死刑適用要件緩和の要求である。なお，これは最高裁に受け入れられなかったため，「重く」を実現するための措置ではないが，「重く」の限界事例であるため，ここでまとめて論じる。

　(1)　ノルマの設定

　83年厳打においては，「重く」を実現するために，裁判所に対して重罰のノルマが定められた地方もあった。例えば，「重罰の判決は必ず70%以上でなければならない」，「5年以上の有期懲役の判決が刑事事件の80%を占めなければならない」，「重点打撃対象は法定刑の中間線以上の刑を科さなければならない」[161] などである。

　実際，第9回全国裁判所業務会議紀要も，ノルマを設定してはならないと

---

[160] ここで「いくぶんか」というのは，先に全国統計の第3の特徴として指摘したように，厳罰化ブームは確かに沈静化していったが，なお，厳打以前の水準よりも「重い」ことを念頭に置いている。

[161] 馬克昌主編『中国刑事政策学』(武漢大学出版社，1992年)286頁〔熊選国〕。

指示した[162]。さらに，死刑を業務成果算出の重要な要素としたため，死刑言渡数が驚異的なスピードで成長した地方もあったという[163]。

それでは，誰がこうしたノルマを定めたのか。あるいは，誰にそのようなことができるのか。この点について参考になるのは，曲新久の次のような分析である。それは1986年の最高裁活動報告において鄭天翔所長が吐露した「歴史的原因，特に『10年の動乱』の悪質な影響のため，法廷を蔑視し，『権力者の言葉を法に代え』，『権力により法を枉げ』，裁判所が法により事を行おうとする際に干渉が加えられることは例外的な現象ではな〔い〕」[164]という「裁判の独立」の実態に対するものである。こうした実態について曲新久は次のようにいう。すなわち，「誰にそんな力があるのか？ 最高人民裁判所ははっきりと言わない。その実，誰もが知っていることである。党政機関およびその指導者しかいない」[165]。裁判所にノルマを設定できるのも，同様に，否，なおさら「党政機関およびその指導者しかいない」と考えられる。

(2) 「重く」のための蒸し返し

裁判所・検察院は当事者の申立てを待たずに，職権で再審を開始でき（裁判監督手続），しかも不利益再審は禁止されていない（刑訴法149条）。83年厳打においては，これらが発効判決の刑が軽いと考えたときには，再審により事件を蒸し返してより重い刑罰を科すという手法が採られた（[回頭案]などと呼ばれるものである。以下，「裁判（または事件）の蒸し返し」と呼ぶ）。

これに関する実例は管見には及ばないが，以下の4つの通達を目にすることができた。順に見ていこう。

①両労人員厳打通知

本通知三は，「労働改造・労働矯正業務が司法行政部門に移管された後，監獄・労働改造隊は従来の捜査権を引き続き行使すべきである。……過去の

---

162) 前掲注24) 5頁参照。
163) 馬克昌主編『刑罰通論』(武漢大学出版社，1995年) 113頁〔買宇〕参照。
164) 鄭天翔「最高人民法院工作報告——1986年4月8日在六届全国人大四次会議上」『法院公報全集(85-94)』818頁。
165) 曲新久・前掲注22) 174頁。

判決が余りにも軽い者については，監獄・労働改造単位は当時起訴した人民検察院および当時審理を担った人民裁判所に対して，法定手続により再審査し，［改判］するよう提起することができる。刑罰を科すべき労矯者について，労働矯正単位は人民検察院に勾留承認・起訴を請求することができ，人民裁判所が法により判決する」とする。つまり，処罰・処分が軽かった両労人員については，監獄・労働矯正施設がより重い処罰を求めよというのである166)。なお，［改判］とは原判決・裁定を改めることを意味する。

②最高検「『死刑』に改判する事件に関するいくつかの意見」(1983 年 9 月 14 日)

本意見では改判や「判決を言い渡す」［判処］という用語が用いられているが，検察に裁判権はない。先述(3.3.2.3 参照)の合同事務処理や合同事件処理が想起されるが，それも深読みしすぎの嫌いがある。ここではさしあたり，改判を求めてプロテストするという意味で捉えておく。

本意見1条は，「死刑判決を言い渡すのは最近の重大事犯を主とし，過去に重い罪について軽く処断された既決囚を死刑に改判するときは，慎重に判断すべきである」とし，慎重に裁判の蒸し返しを行うよう指示した。そして2条は，「死刑改判の対象は，元々民憤が大きく，罪が死刑相当であり，服役期間の行状が悪く，改造を拒み，または再び罪を犯し，断固殺すべき犯罪者でなければならない」とした。ただし，「罪を認めて法に服し，真面目に改造に取り組んでいる者は，改判すべきではなく，殺してはならない」(3 条)とした。ここでは「民憤」の大きさが改判死刑の一要素となっていることを特記しておく。

③最高検・厳打答復

本答復一は，「現在の刑事犯罪に厳しく打撃を加える闘争において，過去

---

166) なお，本通知は「労働矯正単位は人民検察院に勾留承認・起訴を要請することができ〔る〕」とするが，最高裁・最高検・警察部・司法部「労改犯・労矯者の犯罪事件の処理における関係法律の執行のいくつかの問題に関する答復」(1984 年 3 月 3 日)四によると，「なお刑事訴訟法 3 条により，警察機関が捜査・預審し，人民検察院に勾留承認を請求し，起訴のため送致しなければならない」。

に不勾留，不起訴，起訴免除を決定し，または党規，内規，治安処罰その他の処理を行った者について，改めて勾留を承認し，または起訴することはできるか否か？」という指示伺いに対して，以下のように回答する。

まず，一(1)「原処理が正しい者は，改めて処理しない。原処理が少々軽い者も，余罪または新たな犯行が見つかっていないときは，改めて処理しない」とし，原則として蒸し返さないとした。しかし同(4)は，「元の犯行が由々しく，処理が過度に軽く，大衆の不満が大きいものは，原決定を取り消し，改めて勾留または起訴する」とした。ここでは，「大衆の不満が大きい」ことを要件の1つとしていることが特徴的である。

④中央政法委員会「『回頭案』の処理における問題に関する答復」(1984年6月13日)

本答復は，黒龍江省政法委員会から裁判の蒸し返しをどのように行うかについて出された指示伺いに対する中央政法委員会の回答である。それは次のように答える。すなわち，「『裁判の蒸し返し』の処理については，貴委〔黒龍江省政法委員会を指す〕の意見に同意し，余罪および新たに犯した罪を除き，原則として改めて処理しないこととする」(1条)，「すでに処理した事件を改めて処理するときには，厳格に法定手続により行わなければならない。受刑者の刑罰を重くするときは，原処理が正しかったか否か以外にも，さらに受刑者の服役期間中の態度を考慮し，全面的に党の政策を具現化しなければならない」(2条)，と。つまり，中央政法委員会も裁判の蒸し返しを否定していたわけではない。

そして，現場に目を移すと，例えば梁根林は実習生として裁判所に勤務していた当時を振り返り，83年厳打期に「『回鍋肉』をする——すなわちすでに判決した事件について判決が軽いと思えば再び取り出してきて改めて判決〔した〕」[167] 事例を目の当たりにしたと述べる[168]。

---

167) 『法治的界面』222頁（曲新久報告「厳打的刑事政策分析」に対する梁根林のコメント）。なお，［回鍋肉］とは，いわゆる中華料理の「ホイコーロー」のことである。それは調理過程で肉をいったん鍋から取り出し，また再び鍋に戻す（［回］は戻すことを意味

3. 83 年厳打　149

　このように 83 年厳打においては，中央政法委員会および最高検のお墨つきの下，「大衆の不満が大きい」，「受刑者の服役期間中の態度」などの制約が加えられているが，「重く」を実現するために，発効裁判が蒸し返され，改めて重く処理されたのであった[169]。

(3)　死刑適用要件緩和の要求

　3.3.1 で見たように，「重く速く」の方針はトップダウン式で地方に伝達されていったが，「重く」自体は，決して中央の政策決定者の独りよがりな考え方ではなく，地方にもそうした考えが，むしろ中央の政策決定者よりも色濃く存在した。このことは，83 年厳打開始後に最高裁に続々と寄せられた各地の高裁からの指示伺い[170]に対する最高裁の回答である最高裁・厳打答復(1)，同答復(2)（同年 12 月 30 日），同答復(3) を見れば一目瞭然である（ここでは，「答復(1)」，「答復(2)」，「答復(3)」と呼ぶ。これらは Q＆A の形式であり，通し番号が振られている）。

　これらでは毎回，死刑の適用除外を定める刑法 44 条 (1.5.2.4 参照) をめぐり，死刑を判決することができないとされる 18 歳未満の少年および懐胎中の女子に対する死刑適用について，同じような内容の指示伺いが高裁から出されている。

　まず，18 歳未満の者に対する死刑適用については，次の 3 件の指示伺いがある（カッコ内は伺いを出した高裁）。

①答復(1)1

Q.「犯罪時 18 歳未満であるが，犯行が特に由々しい者については，即時執行死刑を言い渡すことができるか否か？」（内モンゴル，福建，江蘇，北京，江西，

　　する）。ここでは「事件」を肉に見立てている。
[168]　なお，こうした措置は，「政治のニーズに応えるために，過去に違法行為を行い処理された者について，警察は改めて労働矯正処分を実施することができる」という指摘が示すように，刑事手続の領域に限られなかった。（陳瑞華「警察権的司法控制――以労働教養為範例的分析」法学 2001 年 6 期 27 頁）。
[169]　なお，関連して汪建成主編『刑事審判監督程序専論』（群衆出版社，1990 年) 155 頁〔王靖紅〕参照。
[170]　最高裁に指示を伺うことが許されているのは高裁だけである (5.2.3 参照)。

河南)。
A．「なお刑法 44 条の規定により処理すべし」。
　②答復(2)18
Q．「被告人が 18 歳未満のときに由々しい犯罪を行い，満 18 歳以降にまた犯罪を行ったときは，前後の罪を併せて，死刑を言い渡すことができるか？」(江西，黒龍江，吉林)。
A．満 18 歳以降に犯した罪に死刑が規定されていれば，「主には被告人が満 18 歳以降に犯した罪について，法により死刑を言い渡すことができるか，およびそうすべきかに基づき衡量すべきである」。
　③答復(3)33
Q．「満 14 歳以上 16 歳未満の者が，殺人，重傷害，強盗，放火，常習窃盗罪その他の社会秩序を由々しく乱す罪を犯し，その犯罪行為が特に由々しいときは，執行延期 2 年付死刑の判決を言い渡すことができるか？」(寧夏)。
A．「刑法は犯罪が特に由々しい 16 歳未満の者について，執行延期 2 年付死刑を言い渡すことができると規定していない。したがって，犯罪時に 16 歳未満の者には執行延期 2 年付死刑の判決を言い渡すことはできない」。
　次に，懐胎中の女子への死刑適用については，次の 2 件の指示伺いがある。
　④答復(1)3
Q．「1 つは，事件が人民裁判所に起訴される前に，被告人が未決拘禁期間中に，中絶させられたときは，すでに懐胎した女子ではなくなったと認定できるか否か，ということである。もう 1 つは，裁判所が事件を受理したときに，被告人は懐胎中の女子であり，中絶した後に死刑判決を言い渡そうとすることである。我々の考えでは，未決拘禁期間中であろうと，裁判所における裁判時であろうとも，懐胎中の女子については，死刑判決を言い渡すために中絶を行うべきではない。すでに中絶した者については，懐胎中の女子とみなして死刑を適用すべきではない」(福建，湖南，甘粛，浙江，黒龍江，河南)。
A．「刑法 44 条および刑事訴訟法 154 条の規定に照らして処理すべきである。すなわち，人民裁判所は『裁判時に懐胎している女子には，死刑を適用しない』」。人民裁判所が裁判時に，身柄拘束・取調中にすでに懐胎していたこと

を発見したときは、やはり上述の法規定に照らして、死刑を適用しない」。

⑤答復(2)19

Q.「裁判時に懐胎している女子には死刑を適用しないが、執行延期2年付死刑を言い渡すことはできるか？」(北京)。

A.「執行延期2年付死刑は執行を延期する死刑の制度の1つである。懐胎中の女子に死刑を適用しないことには、またその者に執行延期2年付死刑を言い渡すことができないことが含まれている」。

以上の各地の高裁から出された指示伺いからは、「裁判実務において、人民裁判所には死刑の適用範囲を拡張しようとする衝動が存在して」[171]いることが看取できよう。刑法44条規定に明らかに反している①、③および⑤、さらには事実上、懐胎中の女子を中絶してまで死刑を適用しようとする[172]④はその顕著な現れである。

しかし、この「死刑の適用範囲を拡張しようとする衝動」は、必ずしも裁判所だけに存在するものではなく、さらにいうなれば、裁判所には明文規定を破ってまで「死刑の適用範囲を拡張しようとする衝動」はないのかもしれない。すなわち、「司法実務において、多くの地方人民裁判所が指示を伺う必要のない問題についてまでも最高人民裁判所に指示を伺うのは、往々にして裁判所が何らかの形で権威からの挑戦を受け、最高人民裁判所の支持を取り付けたいからであ〔る〕」[173]、と。つまり、地方の下級裁判所としては分かり切った問題であっても、外部の「権威」（それは「党政機関およびその指導者しかいない」）の挑戦を受け、最高裁のお墨つきを得るためにやむを得ず指示を伺う場合もあるというのである。法規定上明々白々であり、しかも裁判所内では意見がまとまっているにもかかわらず、わざわざ最高裁に指示を伺った

---

171) 曲新久・前掲注22) 255頁。
172) 1980年代初頭に、死刑適用を請求するために起訴前に［司法］機関により人工中絶手術を施された実例として、劉家琛主編『新刑法案例釈解』（人民法院出版社、1997年）218～219頁参照。
173) 曲新久・前掲注22) 181頁。

④は，この場合に当たるのかもしれない。

このように，下級裁判所が刑法の明文規定を破ってまで18歳未満の少年や懐胎中の女子に死刑を適用しようと何度も試みた一方で，最高裁はそのたびにその試みを退けた。最高裁がこうした地方の突き上げを抑え込んだことになる[174]。このことは，法律条文よりも政策を優先する傾向が中央よりも地方の方が強いことを示しているといえよう。

3.3.4.3 事例から見た「重く」

「重く」とはより重い刑罰ないしは他の制裁を科すことであり，実務においては，①法定刑の枠内で最高刑を科す（いわゆる[頂格判]）[175]，②恣意的な法適用，例えば，傷害致死罪か殺人罪か，強盗罪か強奪罪か，強姦罪か無頼罪か，1罪か数罪か (3.3.3.2(4)の事例参照) などについて争いのある事件を，刑がより重くなるように処理する，③区別して取り扱わず，一律により重く処罰する，具体的には法定従軽事由（例えば自首，従犯）があるにもかかわらず，処罰をより軽くしない，または逆により重くする[176]，などの方法が採られたようである。

以下では「重く」の内実にさらに踏み込むために，次の2点の検討を行う。まず，②で指摘されている法適用の内，(1)「強姦か無頼か」で争いのある事件を，「刑がより重くなるように処理〔した〕」と考えられる事案を見る。次に(2)無頼罪（刑法160条1項）・行為に関する3件のケースを素材として，厳打によりどれだけ「重く」なったのかを明らかにする。

---

174) 曲新久は「当時の『厳打』の雰囲気においてはまた困難で貴重なことでもある」と評価する（同・前掲注22）255頁）。
175) 羅昌平「関於在"厳打"整治闘争中貫徹依法従重従快原則幾個問題」『厳打中的法律与政策』126頁。
176) 馬克昌・前掲注161) 286頁〔熊選国〕参照。なお，汪建成・前掲注169) 46頁〔汪〕では，公印を偽造した後（167条）に自首した者について，自首を定める63条（詳しくは3.3.6参照）を引用せずに，法定の長期である懲役10年を言い渡した83年厳打期の事案を紹介する。なお，これは[頂格判]の例でもある。

(1) 強姦・無頼罪の選択において1審がより重い罪を認定した事例[177]
〔参考条文〕
刑法139条1・3項
　暴力，脅迫その他の方法で女子を強姦した者は，3年以上10年以下の有期懲役に処する。
　前2項の罪を犯し，情状が特に重い者，または重傷を負わせ，もしくは死亡させた者は，10年以上の有期懲役，無期懲役または死刑に処する。
160条1項
　多衆が集合して殴り合いをし，他人に言いがかりをつけて騒ぎを起こし，女子を侮辱し，またはその他の無頼行為を行い，公共の秩序を乱し，情状が悪質な者は，7年以下の有期懲役，拘役，または管制に処する。
〔事実の概要〕
　被告人Xは1983年5月8日午後9時頃，自転車に乗り友人のYとともに帰路についていたところ，A女が独りで歩いているのを発見した。XはYに「Aをからかおう」と言い，自転車をわざとAにぶつけた。AはXを非難したが，XはAの衣服を引っ張り地面に座らせ，Aの乳房を撫でた。Aは助けを求めたが，XはAの喉をつかみ，他人が来るまでAを離さなかった。
〔1審〕（江蘇省東台県基層裁1983年9月28日判決）
　Xを強姦罪で懲役13年に処する。
〔2審〕（江蘇省塩城市中裁・年月日不明，X上訴）
　「Xの所為はなお無頼行為にとどまり，決して強姦の故意はなかった。Xは女子を侮辱し，情状は悪質であり，無頼罪を構成する」。Xを懲役7年に処する。

---

[177] 『当代審判工作』345頁参照。なお，2審の終局裁判の形式は不明であるが，法適用を変更しているため，「判決」と解される（刑訴法136条2号）。また，東台県は現在の東台市である。

154　Ⅰ　裁判の実像

〔コメント〕

　本件の争点は，本件所為に強姦罪(未遂と解される)が成立するのか，あるいは「女子を侮辱する」(160条1項)無頼罪にとどまるのかである。この場合の両罪は法条競合の関係にあるため[178]，「強姦の故意」が認められれば，強姦罪1罪が成立することになる[179]。

　本件の論点もここにある。この点について，本件の事実からはXがAをからかおうとしたことは明白であり，強姦するためにAの乳房を揉んだり，首をつかんだりしたわけではなさそうである。この点は，「決して強姦の故意はなかった」と，本件2審も認めるところである。しかも，「重く」が大勢を支配していた1983年にである。

　また，本件の典拠である『当代審判工作』が，「実務の経験によると，区別のカギは両者の故意の内容の差異にある。女子を侮辱する無頼行為は，主観的には女子を侮辱し，またはわいせつを働き享楽するためであり，強引に性交する目的はない。強姦未遂の故意内容は，女子を姦淫することであり，単に，犯罪者の意思以外の原因のため実現できなかっただけである」[180]と一般論を前置きした上で，本件を例として挙げていることも，本件1審における「強姦の故意」の認定に問題があったと読める。つまり，1審は「重く」のために敢えて「強姦の故意」があると認定し，強姦罪(未遂)として処断したものと考えられる。

　なお，2審は上記のとおり，強姦の故意を否定し，無頼罪を認定したわけであるが，それと同時に，刑法160条1項[181]の最高刑の懲役7年を言い渡

---

178)　張智輝・前掲注5)55頁参照。
179)　最高裁・最高検・警察部「当面の強姦事件の処理における法律の具体的運用の若干の問題に関する解答」(1984年4月26日)三-4は，「強姦未遂と無頼行為，無罪を区別する」と指示するが，どのように区別するかについては明らかではない。この点，『教材刑法学』440頁，最高人民検察院《刑事犯罪案例叢書》編委会編『強姦罪、姦淫幼女罪』(中国検察出版社，1991年)190頁などは，本文で指摘したように，「強姦の故意」の有無を両罪の区別の決め手としている。
180)　『当代審判工作』344頁。
181)　「治安事犯の決定」1条1号の「無頼犯罪活動を行い危害が特に重大な者」に相当す

している。これはいわゆる[頂格判]である。

(2) 無頼罪・行為に関する3事例

以下では無頼罪と治安管理処罰の対象となる無頼行為に関する類似の3事例を検討し，厳打を理由とする量刑の変化を明らかにする。これらの事例を素材とした理由は2つある。1つは，一部の事例しか公開されていない中で，相対的に見て，これらの事例は比較検討に資すると考えられることである。もう1つは，これら3事例は無頼罪の中でも軽微なケースであり，「危害が特に重大な者」を対象とする「治安事犯の決定」1条1号の射程外にあるため，厳打を理由とする量刑の変化が見易いことである。それでは，順に事例を検討していこう。

【ケース1】[182]

〔事実の概要〕

被告人Xは1983年8月19日，A女宅を訪問し蚊帳を販売しようとしたが，Aに拒絶された。Xは喉が渇いたと言い，Aにリンゴをもらい，食べ終わった後，Aの腕を撫で，ふざけて「何でこんなに太ってるんだ」と言った。AはXに出て行くよう言ったが，XはAの乳房を撫でた。XはAに平手打ちをくらい，A宅から逃げ出した。Aはその夫Bが帰宅した後，事の経緯をBに告げたところ，Bは大衆とともにXを追いかけ，常人逮捕し，派出所に連行した。

〔1審〕(遼寧省蓋平県基層裁1983年9月11日判決)

Xを無頼罪で懲役3年に処する。

〔再審〕(遼寧省蓋平県基層裁1984年8月11日判決)

(遼寧省高裁が「一般の無頼行為であり，無頼罪を構成するには至らない」と判断し，裁判監督手続開始)

———

ると認定されれば，最高で死刑もあり得るが，本件のような軽微な無頼行為でその可能性は——厳打の実態を考えると言い切ることはできないが——ほぼ考えられない。だとすると，適用条文は刑法160条1項しかない。

182) 『当代審判工作』324頁参照。

Xの行為は無頼罪を構成するには至らない。よって無罪とする。

【ケース2】[183]

〔事実の概要〕

1986年1月20日，広東省在住のXは商用で重慶市に赴き，甲ホテルに宿泊した。同日夜8時頃，Xは従業員A女がお湯を運んできたときに，Aの顔を撫で，Aに平手打ちをくらった。Xはそれでも諦めずに，Aの臀部を撫でた。Xは甲の従業員らにより常人逮捕され，警察に連行された。

〔結果〕

警察は治安管理処罰条例[184]に基づき，警告を科すとともに，Aに対する謝罪を命じた。

【ケース3】[185]

〔事実の概要〕

1986年3月18日午前，Xは混み合っているバス内でよそ者の女性Aを見つけ，邪念を抱き，混雑に乗じてその臀部を触った。AはXの手を払いのけたが，XはしつこくAの下半身を触り，その場で大衆により取り押さえられた。

〔結果〕

警察は治安管理処罰条例に基づきXを治安拘留に処した（期間は不明）。

以上の3ケースはいずれも83年厳打期間中に処理されており，これらを比較すると，いずれの加害行為にもそれほど大きな差はないように思われる。

---

183)「調戯婦女挨耳光」胡冠武主編『違反治安管理行為案例評析（修訂本）』（中国人民公安大学，1997年）13頁参照。

184) 適用条文は記載されていないが，同条例10条1号と考えられる（【ケース3】も同様）。その規定は以下のとおりである。

　　次に掲げる国民の人身の権利を侵害する行為のいずれかを行った者は，10日以下の拘留または警告に処する。

　　(1) わいせつな言葉遣い，または挙動で女子をからかった者。

185)「乗車耍流氓，法理不容」胡冠武・前掲注183) 14頁。

にもかかわらず，それらに対する制裁は懲役3年，警告および被害者に対する謝罪，そして治安拘留と，加害行為の差の割には，処理結果には大きな隔たりがある。

こうした行為のいわゆる「量刑相場」について，「某地では，1983年9月以前，一般レベルの女子に触れたり，女子の入浴を覗き見したりするなどの行為のほとんどを犯罪と認定しておらず，ひいてはこれよりも少々質の悪い行為であっても，治安管理処罰を科して済ませていた。しかし，1983年9月以降，同地の一部の裁判所は，わりあい軽微な女子に対する痴漢や女子の入浴を覗き見する行為も無頼罪と認定するようになった」[186]という指摘がある。つまり，某地においては，83年厳打以前の「量刑相場」では重くても治安管理処罰であったのが，厳打開始を機に無頼罪と認定するようになったというのである。

この指摘は，先の3ケースの処理結果の推移と吻合するため，これらの分析にとって示唆に富む。すなわち，厳打開始直後に判決が下された【ケース1】（1審）では，無頼罪が認定され懲役刑が言い渡された。つまり，同判決は以前であれば治安管理処罰にとどまっていた行為を，「重く」のために無頼罪と認定し，刑罰を科したものであると考えられる。

他方，1984年下半期以降判断が示された【ケース1】（再審），【ケース2】および【ケース3】では，厳打期間中であるにもかかわらず，83年厳打開始前の「相場」で処理されている。このことは，地方レベルの統計に対する分析結果と一致するといえよう。すなわち，厳罰化は1983・1984年に最高潮に達し，それ以降はいくぶんか沈静化していった，と。

以上の検討を通じて，厳打が始まった1983年，より具体的には第1戦役において「重く速く」がどれだけ徹底されたのか，またそれとは逆に，それ以降の戦役において徐々に厳打ブームが冷めていったことを看取できよう。

186）王勇「論定罪的協調統一原則」法学雑誌1990年1期16頁参照。

3.3.5 裁判後段階
3.3.5.1 犯罪者の社会からの隔離

　83年厳打開始直前までにおいては，「両労の決定」に基づき強制的留置就業とされた者を除き，原則として刑期が満了すれば[187]，また強制的留置就業とされた者でも改造状態が良好であれば原則として，社会復帰できることになっていた(2.3.2.1(4)参照)。

　ところが，1983年8月19日[188]に司法部・警察部・最高検・最高裁が連名で出した「刑期満了の犯人および期間満了の労矯者を社会に帰すことを一時的に停止することに関する緊急通知」(以下，「83年釈放停止通知」と呼ぶ)は，厳打遂行のために，両労人員が刑期・処分期間を終え，釈放の要件を充たしたとしても一時的に釈放してはならないと指示した[189]。司法部・警察部・最高検・最高裁の通達により，憲法が保障する人身の自由[190]が剝奪されたことになる。その措置の対象となり留置された刑期満了者・労働矯正解除者は2.8万人余りであった(次の通知参照)。

　だがその後，同年12月9日に司法部・警察部・最高検・最高裁「一部の刑期満了および労働矯正解除の一時残留者を社会に帰すことに関する通知」が出され，以下の3つの事由にいずれかに該当する者を除き，原則として改造状態が良好であれば，段階的に社会に復帰させることとした。それらは，①「両労の決定」により強制的留置就業とされる者，②住居が大・中都市にあり，犯罪がわりあい由々しく，改造されていない者，③大・中都市の戸籍を抹消された労矯者(これには労働矯正期間中の態度が悪く，社会復帰後，再び罪を犯

---

187) 第8回労改会議紀要三(三)2および警察部・労働人事部「刑期が満了した留場(廠)就業人員の待遇関連問題に関する通知」(1983年5月4日)六参照。
188) 先述(3.1.1参照)のように，この段階ですでに党中央および中央国家機関は厳打に向けて動き始めていた。
189) これと同時に1983年5月4日の警察部・労働人事部通知等の執行一時停止も指示された。なお，その後どうするかについては，第1戦役終了後に決定するとした。
190) 憲法37条は，「中華人民共和国国民の人身の自由は侵害されない」(1項)，「不法な拘禁およびその他の方法により国民の人身の自由を不法に剝奪し，または制限することを禁止〔する〕」(3項)と定める。

す可能性があり本人の都市戸籍を抹消すべき者を含む)である。これらの事由に該当する者は原則として強制的留置就業となる。なお，②は初犯者も強制的留置就業の対象としていると解されるが，そうだとすれば，司法部・警察部・最高検・最高裁の通知により，「両労の決定」を拡張したことになる。

このように厳打開始を境として，それまでの流れとは逆行して，両労人員が社会，とりわけ大・中都市から隔離されるようになった。治安を改善するためには，危険人物を社会から排除すればよい，ということだったのであろう[191]。

そしてさらには，両労人員を大・中都市から離れた辺鄙な地方の監獄・労働矯正施設に移送した[192]。例えば，北京市労働改造局の清河農場は1983年9月23日，全国に先駆けて700名余りの受刑者[犯人]を青海省に移送し，また同年10月20日には719名の受刑者を新疆に移送し，「1985年までに西北部の労働改造施設に合計6回，計数千名に及ぶ受刑者・労矯者を移送した」[193]という。そして，新疆への移送に際して，「政府幹部は労働改造局が統一配布した原稿に照らして，集められた受刑者に対して動員演説を行い，政府が彼らを新疆に送り労働改造する理由を述べた。すなわち，第1は首都の社会治安のニーズであり，第2は大西北部開発のニーズであり，第3は彼ら〔受刑者〕を改造するためのニーズである」[194]。社会秩序の維持や辺境地域の開発という目的がまずあり，その後，受刑者・労教者の改造が来るのである[195]。

---

191) 以下に指摘するように，西北部の辺境地域の開拓という目的もあった。
192) 両労人員厳打通知一は，改造期間中に罪を犯した打撃対象の両労人員について「法により殺す者以外は，一律に辺境の，または当該省・自治区・直轄市の辺鄙な地方に移送して改造する」と指示する。
193) 毛空軍「西行的囚車――厳打期間向西北押運囚犯紀」法律与生活1996年8期(CNKI) 33, 36頁参照。なお，穆玉敏『北京警察百年』(中国人民公安大学出版社，2004年) 610頁は，北京市では1984年3月19日から同年9月17日までの間に，合計6度にわたり，都市戸籍を抹消された犯罪者計4628名を新疆に移送したとする。
194) 毛空軍・前掲注193) 34頁。
195) また上海市の例として「上海市労改局負責同志就注銷部分罪犯城市戸口，押送去西

そして，受入側である例えば新疆ウイグル自治区農八師墾区石河子市では，「1984年5月から1985年9月にかけて，再び他地域の犯罪者4589名，現地の犯罪者230名を収容し，労働改造を行った。……1984年以降に収容した犯罪者の大部分は，1983年に全国で展開された刑事犯罪に厳しく打撃を加える闘争で処断された愚連隊の一員であ〔った〕」[196]という。つまり，厳打対象の受刑者，特に83年厳打の重点中の重点であった無頼犯を辺鄙な地方に移送したのである。

また，先の表3-14からは，1976年と1984年では北京・天津・上海の3直轄市では監獄数がほとんど変わっていないのに対して，元々相対的に多かった[197]内モンゴル，貴州，新疆(新疆兵団も含む)などの西北部の辺鄙な地方では監獄が大幅に増設されたことがうかがえる。このことは，この時期に多くの受刑者が西北部の監獄に移送されたことを裏付けるものであるといえよう。

以上のことから，83年厳打においては，社会，とりわけ大・中都市からの犯罪者の隔離が，それまでにも増して徹底して行われたといえる。

3.3.5.2 申訴の制限

旧刑訴法上，誰でも何時でも発効裁判に申訴を申し立て，裁判所または検察院に再審の開始を求めることができた(148条。なお，憲法41条参照)。このことは受刑者であっても例外ではない。

とりわけ83年厳打期においては，主に次の2つの理由から，申訴のニーズが大いにあったと考えられる。1つは，「法により重く速く」のスローガンの下，「独立性」を欠いた裁判が広く行われ，しかも被告人の諸権利(例えば防御権や上訴権)が制限されたため，少なくない誤判・えん罪を生んだと考えられることである。これについては，「例えば，ある労働改造農場におけ

　　北某地労改　答本刊記者問」法学1983年10期9頁参照。
196)　『農八師墾区石河子市誌』551～552頁。
197)　これは，「建国初期，国家の安全と政権の安定のため，『民と利益を争わず，犯人が脱走しにくい』という原則の下，監獄の多くは辺鄙な地方に建設され」たためである(張秀夫主編『中国監獄法実施問題研究』(法律出版社，2000年)41頁)。

る 1983 年『厳打』以降に収監された労改犯の申訴問題についての調査では，受刑者 503 名の判決書を調査し，148 件の全事件記録を審査した。その結果は以下のとおりである。犯罪と非犯罪を混同されたため，無罪を有罪とされた者が 2 名，1 人で複数の罪を犯し，その一部の罪について有罪と無罪を混同された者が 15 名，犯罪認定の誤りが 7 名，量刑が重すぎるのが 13 名，軽すぎるのが 2 名，事実が不明瞭で根拠が不十分で軽率に判決を下された者が 6 名，以上計 45 名であり，調査数の 8.6％であった」[198] という指摘がある。503 名中，45 名の判決について犯罪認定，量刑，事実認定，証拠採用の問題が存在したのである（計算上は 8.9％である）。ところが，それにもかかわらず，「事件処理の質は良好であり，誤差はわりあい小さい」[199] という評価がなされた。このことは当時の裁判がどのようなものであったかを如実に物語っていよう。また別の例を挙げると，ある調査によると，厳打期間中の 1983 年から 1984 年までに，某市裁判所では性質認定の不当・量刑過重を理由とする「誤判」が全刑事事件の 20％以上を占めたという[200]。

　もう 1 つは，こうした裁判に対する受刑者の不満である。すなわち，厳打期の裁判は，裁判所は中立公平な第三者ではなく，警察や検察と同じく訴追者となっており，公正さの点で深刻な問題があった[201]。加えて厳打期には「重く」が強調されたため，通常期よりも重い刑罰を言い渡される。ただ厳打期に裁判が行われたという理由のみにより，不利益を被らなければならないのである。「もし，懲罰の軽重が時間や空間により異なれば，往々にして犯罪者に不満感を募らせることになり，また裁判所の量刑が公正ではないと思わせ，法律に触れ，社会を恨み，監獄で安らかに改造に励まず，報復の機

---

198) 馬克昌・前掲注 161) 287 頁〔熊選国〕参照。
199) 馬克昌・前掲注 161) 287 頁〔熊選国〕参照。
200) 鮑遂献・張偉・趙小山「影響人民法院正確定罪量刑的原因与対策」法学評論 1991 年 6 期 22 頁参照。なお，後述(5.3.3.1 参照)するように，中国では上級審が原判決と異なった判断をしただけで，原判決が「誤判」とされ得ることに注意されたい。
201) とはいえ，通常期においては裁判の「独立性」が確保されていたわけではない。この点については後述(4.4 参照)する。

会をうかがうようにさせる」[202] であろう。

　以下に挙げる 1985 年 7 月末に北京で行われた調査[203] は，このことをはっきりと示している。調査は北京市某監獄三中隊の受刑者 207 名中(全て男性)，性犯罪(性を原因に殺人罪などを起こした間接的性犯罪を除く)の受刑者 69 名を対象として行われた。調査対象 69 名中，自らの罪を認めない者が 49 名(71％) もいた。その理由は次の 4 点に収斂される。①全犯罪事実を否認し，えん罪と考える者が 7 名(10.14％)，②犯罪行為の一部を否認する者が 9 名(13.04％)，③強姦ではなく，双方の合意によるものと考える者が 16 名(23.18％)，④軽い罪なのに刑が重すぎると考える者が 17 名(24.63％)，と。

　だが，厳打期間中の再審の門は，林準(最高裁副所長)の指示により，非常に狭く，また遠いものとなっていた。林準は，1984 年 7 月 19 日の全国裁判所長座談会において，「誤判事件を是正することは，刑事犯罪活動に厳しく打撃を加える期間においては，わりあい社会的影響が大きいため，省・自治区・直轄市の党委員会に指示を伺うべきである。誤判事件を是正する際には，できるだけ警察や検察機関と情報を交換し，共同で討議すべきである」[204] と指示したのであった。本来ならば再審の結論をどうするかは裁判所の専権事項であるにもかかわらず，その裁判所に決定権はなく，しかもわざわざ省クラス党委員会に指示を伺い，警察や検察と相談しなければならないとされたのである。

　また，受刑者側としても，申訴には消極的であった。先に挙げた北京市の調査では，71％が罪を否認したが，ほとんどが申訴しなかった。その理由は次の 2 点である。「第 1 に，申訴しても無駄であり，改判の希望がほとんどないこと，第 2 に，情勢に圧され，騒いだら罪を認めていないとされることを恐れることに起因する。特に，『厳打』以降，受刑者の申訴は大幅に減少

---

202) 羅昌平・王喜娟「"厳打"方針：従重従快」・前掲注 29)書 125 頁参照。
203) 李建華「対 69 名性欲型罪犯的調査分析」《因性婚恋導致犯罪原因》課題組『因性婚恋導致犯罪問題研究』(北京市哲学社会科学規劃領導小組辦公室，1988 年)105，119〜120 頁参照。
204) 林準・前掲注 99)24 頁。

した。彼らは下手すると加刑され，または『罪を認めていない』と考えられ，素行が良くても無駄になり，各種の奨励措置や減刑を受けられないことを恐れている。……なぜなら，受刑者が罪を認めているかについて，主に申訴を申し立てたか否かを基準とするのが労働改造機関の慣例だからである」[205]，と。つまり，厳打の最中に捕まった以上，あがいても助かる見込みはなく（3.3.3.2(4)で紹介したケースを見ればこのことをうかがえよう），またあがけばあがくほど（申訴すればするほど），服役態度が悪いとされ，より不利益を被るという認識である。これは実質的に受刑者の申訴権を剥奪することにほかならない。憲法に裏打ちされる権利が，厳打により死文化させられたのである。

3.3.6 法制宣伝

　83年厳打においては[法制宣伝]が多用された。これは，「人民大衆に対する国の憲法および法律の擁護・遵守に関する宣伝教育活動」[206]である。とりわけ厳打期においては，「重大犯罪行為を大衆の目に晒し，事実または感情により宣伝対象〔人民大衆を指す〕の共鳴を引き起こし，宣伝対象の犯罪行為に対する抵抗・反対を引き起こす宣伝対策」[207]という「見せしめ」的な煽動的法制宣伝[鼓動性法制宣伝]が多用される。社会を一致団結させて，党・国家とともに犯罪に立ち向かわせようとするのである。犯罪者は敵であり，党・国家は人民の味方であるという敵を創出する政治的ロジックが滲み出ている。

　こうした煽動的法制宣伝の代表例の1つは，現地裁判である。83年厳打期においては，「多くの高・中級裁判所で『現地裁判』の方法が用いられた。すなわち，裁判所の幹部が合議廷〔の裁判官〕を引き連れて各地に赴き，担当地域を割り当て，重大事件を現地で開廷し，現地で合議し，しかる後に法により裁判委員会の決定を仰ぐために報告する」[208]という。なお，ここでは判

---

205) 李建華・前掲注203)120頁。
206) 《法学詞典》編輯委員会編『法学詞典(増訂版・第2版)』(上海辞書出版社，1984年)611頁。
207) 牛克・劉玉民『法制宣伝学』(人民法院出版社，2003年)12頁。
208) 前掲注24)3頁。

決に際して「裁判委員会の決定を仰ぐ」という点に留意されたい。

　もう1つの煽動的法制宣伝の代表例は，大衆大会を開催して，大衆の眼前で被告人に判決を言い渡す判決宣告大会である。

　83年厳打の前年の記述ではあるが，それによると，実際の判決宣告大会は次のように進められるという。「高い判決宣告台の前で，犯罪者は縄できつく後ろ手に縛られ，警察服を着用した護送者が力強く犯罪者の両腕をつかみ，頭を押さえつけたり，かがませたりしている。ひとたび判決が宣告されれば，すぐさま引きずるようにして犯罪者を連れて行く。一部の地方では，現在でもまだ犯罪者に看板をぶら下げ，ひざまずかせ，判決宣告を聞かせ〔ている〕。……こうしたシーンを撮影して印刷した上で配布し，法律と規律を宣伝する材料とし，長期間至る所の宣伝欄で展示し，『威嚇作用』を発揮させている地方もあ〔る〕」[209]，と。ここでは時代劇さながら，正義の味方（国家権力およびそれを掌握する党）が悪人（＝犯罪者）を成敗しているといった観を呈している。

　そして，こうしたシーンを見せつけることにより，味方である大衆の正義感情を満足させ，その団結を図るとともに，犯罪から遠ざけようとし，また罪を犯した者については自首するよう警告するのである。例えば陝西省米脂県では，「〔1983年〕9月16日に1万人規模の公開判決宣告大会を開催し，17事件，28名の犯罪者に対して法により判決を下し，人心をすっきりさせた」[210]といい，大衆の正義感情が満たされたことを強調している。また山東省棗庄市では，「1983年，市の両級人民裁判所が802名の典型的事件の犯罪者を選び，判決宣告大会を103回開催し，大会に参加した幹部・大衆は150万人に上った。同年国慶節前後に，棗庄市中級人民裁判所は相次いで大規模で勢いのある判決宣告大会を2回開催し，犯罪者38名の死刑を集中的に執行し，ビラ5万枚以上を配布し，大会に参加し直接教育を受けた大衆は11万名に達した。判決宣告大会後，犯罪者170名が警察・政法機関に自首し，

---

209)　陳鵬生「提唱召開"文明方式的宣判大会"」法学雑誌1982年2期48頁。
210)　『米脂県誌』473頁。

人民大衆は政法機関に 2700 回も申告・摘発し，違法行為・犯罪者 60 名余りを連行してきた」[211] という。ここでは判決宣告大会やビラなどの形式で威嚇作用を発揮した結果として，多くの犯罪者が自首し，また大衆も積極的に刑事司法に参加し，申告や摘発，ひいては違法行為・犯罪者を警察・検察・裁判所に連行したことが強調されている。なお，刑法は自首について，「犯罪後自首した者は，処罰をより軽くすることができる。その内，犯罪がわりあい軽微な者は，処罰を減軽し，または免除することができる。犯罪がわりあい由々しい場合に，功績を挙げたときも，処罰を減軽し，または免除することができる」(63 条)と定める。

さて，こうした判決宣告大会は，83 年厳打において広く行われたようである。最高裁の統計によると，1985 年，全国の裁判所は判決宣告大会を 2 万 1434 回開催し，6 万 5550 件，9 万 9585 名に判決を言い渡し，傍聴者は延 1 億 3430 万 1700 名であり，翌 1986 年は，判決宣告大会を 2517 回開催し，9346 件，1 万 3437 名に判決を言い渡し，傍聴者は延 670 万 1885 名であったという[212]。1983・1984 年の全国的データは管見に及ばないが，両年においてはさらに多かったものと推測される。

また，判決宣告大会に際しては，被告人を会場に護送するとき，または判決宣告後，刑場に護送するときに，市中引回し［遊街示衆］[213] が行われたこともあった。例えば，遼寧省大安県では，第 1 戦役第 1 戦闘(1983 年 8 月 2 日から 30 日)において，「罪責が重く，民憤が大きく，影響の大きい犯罪者 100 名を 10 台のトラックに乗せ，大賚・安広鎮を回り市中引回しをするとともに，全県に向けラジオ動員大会を行った。相次いで 18 人の犯罪者が自首し，父が子を，兄が弟を，妻が夫を，所属先が労働者を連れ，また本人が警察に出頭するという活き活きとした局面が現れた」[214] という。

---

211) 『棗庄市誌』431 頁。
212) 『司法統計資料』239，260 頁参照。
213) ［遊街］とは，ここでは被疑者・被告人を引き回すことを指す。［示衆］とは，見せしめのために大衆に晒すことである。
214) 逯献青主編『大安県誌』(遼寧人民出版社，1990 年)557 頁。

さらに，判決宣告大会の中には，判決を言い渡した後に，そのまま大衆の面前で死刑を執行する場合もあった。なお，死刑の執行は原審裁判所が担う[215]。

　公開処刑について，刑訴法 155 条 3 項はわざわざ「死刑の執行は公表しなければならないが，晒して[示衆]はならない」と規定し，これを禁止している。しかし，現実においては，「〔1983 年〕9 月 1 日，市第 2 中学校の広場で 1 万人規模の判決宣告大会を開催し，法により 48 名の犯罪者に判決を下し，犯罪者周躍進・劉宏彬を処刑した」[216]，「裁判所が相次いで千人，万人以上の大衆大会を 6 回開催し，52 名の各刑事犯について公開で判決を言い渡した。法により強姦，女子拐取売買，窃盗集団のリーダー，故意傷害致死犯 9 名を銃殺し，犯罪者を震撼させ，人民を教育・鼓舞し，全県の社会治安の好転を促した」[217]といった例が示すように，公開処刑が行われていた。

　こうした現実に対して，1984 年 11 月 21 日に中共中央宣伝部・最高裁・最高検・警察部・司法部は連名で「反動的メディアが我が犯人を処刑することを利用してデマをでっち上げて中傷することを厳重に防止することに関する通知」を出し，「外国および香港・台湾の反動的メディアの宣伝に口実を与えないために」，死刑の際に市中引回しをしてはならないと指示した。

　しかし，市中引回しは引き続き行われた。1986 年 7 月 24 日に最高裁・最高検・警察部・司法部が連名で「死刑執行の際の市中引回しを厳禁することに関する通知」を出し，死刑執行の際の市中引回しを再度禁止したのである。そこでは，「近年，各地における死刑を執行する際に死刑犯を市中引回しする現象はかなり減少し〔た〕」というものの，「しかし，なおごく少数の地方では死刑囚を執行のために護送する際に，立て札を立て，市中引回しをする方法を用いている」と指摘されている。中央の再三にわたる禁止にもかかわ

215）刑訴法 154 条 1 項前段，中央政法幹校刑法、刑事訴訟法教研室・前掲注 51）403 頁参照。
216）『六安市誌』332 頁。
217）安徽省長豊県地方誌編纂委員会編『長豊県誌』(中国文史出版社，1991 年) 434 頁。

らず、現在においても「実施の効果は必ずしも芳しくはない」[218]といわれており、その根絶は、末端において激しい抵抗に遭っている[219]。

以上のように、厳打期においては政権が犯罪者を懲らしめている様を大衆に見せつけるための様々な措置が講じられている[220]。その狙いは次の2点にあるといえよう。1つは、社会一般、とりわけ潜在的犯罪者に対する威嚇であり、もう1つは敵である重大刑事犯を容赦なく裁くことにより、大衆の正義感情を満足させ、党・国家・大衆という味方の結束を固めることである。

そして、こうした判決宣告大会に際しては、「党内外の名士に一部の重大事件の事件資料に一緒に目を通してもらい、事件の概要を紹介して意見を求めたりする裁判所もある。重大事件の犯罪者の犯罪資料を末端の組織に配布して、大衆に討論を呼びかける裁判所もある。判決前に犯罪者が所属する工場、街道、［社隊］などの勤務先で事件の概要を紹介し、法律を説明して、大衆の意見を聞く裁判所はさらに多い」[221]という。実際、山東省青島市では、「『厳打』期間中、事件をよりよく処理するために、青島市中級人民裁判所は市人大常委会の主宰で、相次いで全市各界名士座談会を2度開催した。そこでは、参加した各界の名士とともに、中級人民裁判所が1審で処断した49件、143名の重大刑事犯の犯罪行為および刑罰に対する意見を真摯に討議・検討するとともに、その一部の犯罪者の処断について修正意見が提出された。中級人民裁判所は、王福金の妻殺害（未遂）事件の審理において、量刑意見が大きく分かれ、すぐにはまとめることができなかった。そこで、慎重を期す

---

218) 李川・前掲注28）5頁。
219) 1988年6月1日には最高裁・最高検・警察部が連名で「既決囚・未決囚の市中引回しを断固禁止することに関する通知」を出し、死刑囚のみならず、全ての既決囚および未決囚の市中引回しを禁止するとした上で、それを行った場合は「関連指導者の責任を追及する」と明示した。
220) 北京市では都市戸籍抹消大会も開催されたという（北京市地方誌編纂委員会編『北京誌・政法巻・公安誌』（北京出版社、2003年）147頁参照）。
221) 前掲注24）3頁。なお、［社隊］（［社隊企業］）とは「人民公社と生産大隊が所有、経営する企業」である（天児慧ほか編『岩波現代中国事典』（岩波書店、1999年）468頁〔加藤弘之〕）。

ため，中級人民裁判所は政治協商会議，婦女連合会，街道および被告人の所属先などに赴き座談会を開催し，各界の意見を広く募り，被害者およびその親族の意見を聴取し，最終的に認識を統一した。判決宣告後，被告は判決に服し，被害者は満足し，大衆は支持した」[222]という。また，北京市では第1戦役第1戦闘（同市では8月1日から8月31日）において，8月30日に北京工人体育場で判決宣告大会を開催し，30名に死刑を言い渡した。その際，大会前の同月17日に北京市党委員会が60名余りの名士を集めて座談会を開き，(被告人)30名に対する死刑判決について意見を聴取したという(全員が死刑に賛成した)[223]。

このように，社会各界や犯罪者に関わりのあった市民の意見を吸収しようとするのである。裁判の社会的影響力に極めて繊細な注意が払われていることがうかがえる（いわゆる「（裁判の）社会効果」である）。そして，こうしたやり方は，最高裁により「裁判活動の質の向上を促すだけではなく，また法制宣伝の強化，法の威厳の伸張，犯罪者への威嚇，大衆による犯罪活動との闘争の促進に良好な役割を果たしている」[224]という評価を受けている。

ところで，厳打期における判決宣告大会は，重く処罰することを見せつける，換言すると「重く」を実現するものだけではなく，これとは反対に処罰を軽くすることを見せつける政策実現［兌現］大会も行われた。

ここでいう政策とは，「懲罰と寛大を結びつける政策」，より具体的には「白状すれば寛大に，抵抗すればより厳しく」［坦白従寛，抗拒従厳］および「功績を挙げれば罪を減じ，大きな功績を挙げれば奨励を受ける」［立功折罪，立大功受奨］である。前者については，犯罪事実をありのままに自供すれば寛大な処分が，また後者については，例えば他の犯罪者の犯行を捜査機関に申告するなど，治安維持活動にとって功績があったと認められた場合には処罰が軽くなることが，党および国家により約束されている。

---

222)『青島市誌・公安司法誌』245頁。
223) 穆玉敏・前掲注193)608～609頁参照。
224) 前掲注24)3頁。

例えば山東省棗庄市では，「強姦殺人犯Xと強姦犯Yは1983年，それぞれ犯行後逃亡し，1984年8月，相次いで警察に自首した。市中級裁判所は法により寛大に判決を下し，Xに有期懲役3年，執行猶予3年，Yに刑の免除を言い渡し，判決宣告を公開で行った後，その場で釈放した」[225]という。自首は「白状すれば寛大に，抵抗すればより厳しく」の「寛大に」の一事由であり，本件では，寛大に処理する政策が実現されたことになる。本判決後，「全市で30名以上の犯罪者が警察に自首した」[226]という。

　このほか，自首を促すために，各地では「期限内に自主的に司法機関に自首すれば，一律に処罰をより軽くし，または減軽することを約束する」[227]布告が出された。これは，必ず処罰を軽くすることを約束するわけではないが，自首しなければ，一律に厳しく処罰することも同時に告げられており，事実上，自首した方が軽くなることになろう[228]。例えば河南省鄭州市では1985年1月中旬に，「警察・検察・裁判所・司法行政部門が連名で『放浪中の逃走者に自首を促す通知』および『放浪中の逃走者の家族およびその友人への公開信書』を出し，放浪中の逃走者の家族と座談会を開いた。その後，党の

---

225)『棗庄市誌』431頁。なお，「強姦殺人犯」という表現は，強姦罪の結果的加重類型である強姦致死(刑法139条3項)ではなく，強姦行為と別個に評価し得る殺人行為がある場合を指すのが通例であり(例えば，石徳和「結果加重犯的認定与処罰」人民司法1988年7期23頁参照)，この場合は，殺人罪と強姦罪の併合罪となる。人を殺した場合には命をもって償うという観念([殺人償命]，[以命償命])が強く，殺人罪には原則として死刑が言い渡されるといわれる中国において，本判決が殺人罪を認定したにもかかわらず執行猶予を付したのであれば，それは極めて異例と考えられる(例えば張文・米伝勇「中国死刑政策的過去、現在及未来」法学評論2006年2期44頁は『『殺人償命』は中国の民衆の基本的な道義的応報観と法的信念である」という)。しかし，以上は推測にすぎない。

226)『棗庄市誌』431頁。

227) 游偉・謝錫美「厳打政策与犯罪的刑事控制」陳興良主編『刑事法評論(第12巻)』(中国政法大学出版社，2003年)54頁。

228)「一般的には……期限内に自主的に司法機関に自首しさえすれば，一律に処罰をより軽くし，または減軽する」といわれている(周松一・潘銘軍「関於"自首従寛"的若干法律思考」浙江公安高等専科学校学報2000年6期(CNKI)22頁参照)。

寛大な政策に感化されて，1ヶ月間で相次いで37名の放浪中の逃走者が自首した」229) という。また北京市でも第3戦役第1戦闘(1986年6月1日から8月31日まで)において，同高裁・高検・警察局が連名で「違法行為・犯罪者に期限内に自首するよう呼びかけ，期限を越えても自首しない犯罪者については厳しく打撃を加えて処理した」230) という。

　さらに，自首の要件を実質的に緩和する通達も出された。最高裁・最高検・警察部が1984年4月16日に連名で発布した「当面の自首および関連問題における法律の具体的運用に関する解答」(以下，「84年自首解答」と呼ぶ)一によると，①犯罪事実または犯罪者が誰であるかを警察・検察・裁判所に察知される前，または察知されたがそれらに尋問され，もしくは強制処分を採られる前に，これらに自主的に出頭すること，②少なくとも主な犯行をありのままに供述すること，③逃亡せずに取調べおよび裁判を受けることの3要件全てを充たした場合に，自首が成立する231)。だが，最高裁・最高検・警察部「反窃盗闘争における自首犯を厳格に法により処理することに関する通知」(1986年9月13日)一は，「犯罪者がその犯罪行為以外の問題について収容され，または強制処分を採られた後に，自主的に警察・司法機関に把握されていない自己の犯罪事実を供述し，事実であること判明したときは，『自主的出頭』には該当しないが，情状を斟酌して処罰を軽くし，減軽し，または免除することができる」と定める。つまり本通知は，「自主的出頭」には該当しない(84年自首解答一の①を欠く)，したがって刑法上の自首の成立が否定される場合でも，それと同様の法的効果が与えられる行為類型を創出したことになる。

　このように，法をいわば「アメと鞭」の如く使い分けることにより，犯罪

---

229) 鄭州市地方史誌編纂委員会編『鄭州市誌(第2分冊)』(中州古籍出版社，1998年) 438～439頁。
230) 『北京誌・政法巻・公安誌』146～147頁。
231) なお，①および②については例外的事由(例えば犯罪者が病気などで自ら出頭できない場合に，代理や手紙により警察・検察・裁判所に犯罪事実を申告することも①の要件を充たすとされる)があるが，ここでは省略する。

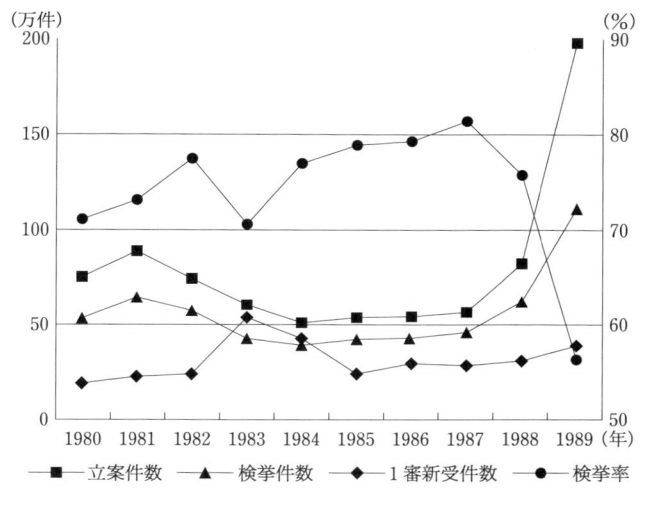

図 3-3 立案・検挙・新受件数等状況図(1980〜1989 年)

者に自首を促すのである。

3.4　学界の評価

　図 3-3 は 1980 年代の立案件数，検挙件数・率，新受件数をグラフにしたものである。先述のように，1981 年に第 4 次犯罪ピークを迎えた後，1982 年，そして厳打開始後の 1983・1984 年と，3 年連続で立案件数は減少した (1983 年は厳打開始後に激減)。1985・1986 年は，前 2 年よりも立案件数が若干増えているが，それでも厳打開始前よりも低い水準を保っている。

　また，重大事件の立案件数もほぼ同様の傾向を示している (表 3-20 参照)。ただし，これについては，1985 年にそれまでの最高値を記録した後，右肩上がりで増加している点で，全事件の立案件数とは異なっている。

　中国の学界では，こうした立案件数に関する統計データを根拠に，厳打には少なくとも，短期的に立案件数を減少させる効果があるとする見解が多数を占めている[232]。なお，ここで「短期的に」というのは，図 3-3 および表

表 3-20　重大事件立案状況表(1980〜1989 年)

年	全事件	重大事件	比率(%)	前年比(%)
1980	757,104	59,054	7.8	—
1981	890,281	66,771	7.5	13.1
1982	748,476	64,369	8.6	−3.6
1983	610,478	61,048	10.0	−5.2
1984	514,369	—	—	—
1985	542,005	81,301	15.0	—
1986	547,115	98,481	18.0	21.1
1987	570,439	122,644	21.5	24.5
1988	827,594	203,588	24.6	66.0
1989	1,971,901	477,200	24.2	134.4

出典：重大事件の比率については魏平雄・欧陽涛・王順安主編『市場経済条件下犯罪与対策』(群衆出版社，1995年)58〜59頁〔魏〕を参照し，これを元に重大事件立案件数を算出した。

3-20 から明らかなように，1988 年以降，急激に立案件数が増加しているからである(これを「リバウンド現象」〔反弾現象〕と呼ぶ論者もいる)。

　ただし，1984 年から 1987 年までの 4 年間，立案件数が 50 万件台で推移した背景として，1984 年に窃盗事件の立案基準(警察の内規)が引き上げられたことを看過してはならない。これは警察が窃盗事件を立案して刑事事件として捜査するかを決める被害額の基準であり，1984 年以前は都市で 25 元，農村で 15 元とされていたが，1984 年に都市で 80 元，農村で 40 元に引き上げられた[233]。実際，同年の窃盗事件の立案件数は，1982 年と比べて減少し，その減少分は，実は全立案件数の減少分に相当する(表3-21)。また，その後の窃盗罪の立案件数の増減は，全立案件数と形影相伴うが如く推移している。もちろん，厳打により減少した分もあるだろうし，また全刑事事件の立案件

---

232) 趙秉志・鮑遂献「論刑法観念的更新与変革」中国法学 1994 年 2 期 57 頁，馮衛国「"厳打"政策的理性分析」『刑法学文集(2001)』330 頁，游偉・謝錫美「"厳打"政策的回顧与科学定位」『刑法学文集(2003)』977 頁など参照。
233) 警察部「窃盗事件の立案基準の改正に関する通知」(1984 年 8 月 9 日通達，9 月 1 日施行)。なお，被害額が立案基準を下回る場合でも，立案されることはある(同通知(一)参照)。

表 3-21　窃盗事件立案件数推移表（1982～1988 年）

年		1982	1984	1985	1986	1987	1988
窃盗	立案件数	609,481	395,319	431,323	425,845	435,235	658,683
	前年差	—	−214,162	+36,004	−5,478	+9,390	+223,448
全事件	立案件数	748,476	514,369	542,005	547,115	570,439	827,880
	前年差	—	−234,107	+27,636	+5,110	+23,324	+257,441

注：1983 年の窃盗事件の立案件数についてはデータがないため除外した。

数の推移を，窃盗事件のそれだけで説明することはできないであろう。だが，立案基準の引上げによる同件数の減少は，少なくとも，厳打の効果を議論する際には無視できない要素であるとはいえよう。

　最後に，このように 1985 年前後を境に犯罪が増加傾向（重大事件は顕著である）に転じたことは，前節で繰り返し指摘したように，厳打ブームが開始当初に最高潮に達し，大体 1985 年を境に，沈静化していったことと吻合していることを，ここで指摘しておく。

3.5　中間考察——83 年厳打における裁判とは何か

　本部の中間考察として，以下では本章で考察した 83 年厳打という現象を概括した後，そこでの裁判のあり方を摘示したい。
　まず 83 年厳打の概括である。ここでは (1) 指揮系統，(2) 実施過程，(3) 政策課題の 3 点を視座とする。
　(1)　指揮系統
　83 年厳打の実施を決定したのは鄧小平であり，厳打の開始を告げたのは，党中央の厳打決定であった。また，実施プロセスにおいては，地方各級党委員会（特に県クラス党委員会）およびその参謀・助手である同政法委員会が采配を振るった。そして，一斉取締・検挙活動，合同事務処理・合同事件処理を指揮したのも党であった。
　このように，政策決定から政策実施の細部に至るまで，常に党の指揮が存在した。

(2)　実施過程

　厳打において党の指揮により行われたことは，「法により重く速く」に向けたリソースの総動員であると考えられる。ここで「リソース」として念頭においているのは，①刑事司法の担い手，②法および③裁判である。以下，順に見ていこう。

　①刑事司法の担い手について。一斉取締・検挙活動では警察や検察のみならず，他の党政機関や軍隊，そして裁判所，さらには大衆も動員された[234]。そしてその後は「速く」刑事手続を進めるために，警察・検察・裁判所が党の指導の下で一致団結した。また，裁判官不足を補うため，党政機関の職員，ひいては実習中の大学生すら裁判官に仕立て上げられた。そして，各段階においては厳打対象事件，特に重大事件が優先的に処理された。厳打という「中心任務」に向かい，動員できる者は全て動員されたのである。

　②法について。83年厳打においては，「法により重く速く」のために，法が改正された。「重く」については，死刑を規定していなかった厳打対象犯罪の法定刑を死刑にまで引き上げ，また犯罪方法伝授罪を新設した上で，両者に遡及効を認めた(「治安事犯の決定」)。また「速く」については，死刑相当の一部の厳打対象に限定して，起訴状謄本などの送達期限，上訴・プロテスト期間が短縮され(裁判迅速化決定)，高裁への死刑許可権の委譲が恒久的な制度とされた(改正裁判所法)。極めて形式的ではある——しかも遡及適用，さらには違憲という問題もある——が，法律条文の範囲内(＝「法により」)で「重く速く」を実現できるようにしたわけである。

　これら一連の法改正の根底にあるのは，どのように「重く速く」を徹底するかという目的に尽きる。厳打という政治的プレッシャーの前で，違憲すら顧みずに，厳打にそぐわない規定は改正された。なお繰り返しになるが，違

---

234)　なお，「法輪功」の取締りについてではあるが，「組織壊滅の目標に向けて司法ほか行政，立法の"三権"が，分立なきままに総動員されていった」とする山本秀也の分析は，厳打にとっても有効であると考えられる(同『本当の中国を知っていますか？』(草思社，2004年)181頁)。ただし，筆者としては，党の支配の正統性の調達の見地からは，大衆が動員されていることを看過できない(この点については7.2で改めて検討する)。

憲だからといって当該法律が無効になるわけではなく，それはやはり遵守しなければならないとされる[235]。

次に法実務に目を移すと，この時期，法制宣伝という手法が活用された。それは判決宣告大会，現地裁判，さらには死刑囚の市中引回しや公開処刑である。これらにより，犯罪者(潜在的犯罪者も含む)に対する法・裁判の威嚇力を存分に発揮させ，新たな犯罪を予防し，自首を促すとともに，大衆や被害者の正義感情を満足させようとしていると考えられる。

他方，「法により重く速く」を徹底実施するために採られた措置の中には，明らかに違法と考えられる現象もあった。それは，裁判所の事前介入，合同事務処理，合同事件処理，死刑囚の市中引回し・公開処刑，拷問などである。

これらの中で，事前介入や合同事務処理は中央当局から提唱・指示されたが，合同事件処理，死刑囚の市中引回し・公開処刑，拷問は明示的に禁止された。だが，これらは後を絶たなかった。このことは，地方においては刑訴法や最高裁，さらには中共中央宣伝部による禁止よりも，必要性や現地の権力の指示が優先され得ることを示していると考えられる。

しかも，こうした違法があったとしても，「『厳打』という中心任務に奉仕するために，関連指導者および監督機構はかなり寛容な態度を採っている」[236]という。厳打が違法の免罪符となっているのである。法の軽視という点でいえば，中央よりも地方の方が深刻であるといえよう。

結局，中央権力は法に拘束されないとともに，その法を下位者に遵守せよという(「法により」)が，下位者も必ずしも法を遵守しているわけではなかった。だからこそ中央権力は「法により」を繰り返し唱えるのである。

---

235) 彭真は「治安事犯の決定」などを採択した全国人大常委会の最後の全体会議において，「社会治安に由々しき危害を及ぼす犯罪者を厳しく懲らしめる際には，必ず法律により，法律の規定する範囲内で行わなければならない」とする(前掲注2)3頁)。
236) 馮衛国・前掲注232)327頁。なお，馮は関連指導者および監督機構が寛容な態度を採っている違法行為として，これら以外にも弁護士依頼権の不当な制限，一斉取締・検挙のための逮捕・勾留基準の引下げ，勾留・判決宣告大会，拷問，強制処分の濫用などを挙げている。

③裁判について。そもそも「重く速く」が実現される主な場はまさに裁判である。この意味でこの方針が提起されたこと自体が，裁判が目的実現に向けて奉仕すべき手段とみなされていたことを意味しよう。

　そして，実際に「重く速く」裁判が行われた[237]。裁判も党の指示に服する道具なのである。

　まず，「速く」の面では，裁判所が公訴提起前の段階に事前介入し，公判でなすべき作業を行った。また，党(主に政法委員会)が合同事務処理・合同事件処理という手法で，公判前(・中)に裁判結果を「調整」した。ここでの裁判は，実質的な判断の場ではなく，「法により」裁判を行ったという体裁を繕う儀式にすぎない。けだし，その裁判は空虚な形だけをなぞらえたものであり，真の決定者は裁判官ではなく党だからである[238]。まさに曲新久が揶揄したように，党という指揮官の下で，「砲兵，工兵，歩兵」(＝警察・検察・裁判所)が「重く速く」犯罪者に打撃を加えるという任務を遂行しているという表現がぴったりである。

　また，「2つの基本」を採用して，有罪認定基準を引き下げた上で，被告人の弁護人依頼権を実質的に制限・剝奪した。

　「重く」の面では，重い刑罰を科すようノルマが設定され，また事件が蒸し返された。後者は，［実事求是］(事実に基づき真理を探求すること)という中国の正義観に基づき打撃力不足であった裁判を是正するという意義があるのかもしれないが，党の情勢判断に基づき，それまでになされた裁判を否定することにほかならない。また，［実事求是］によれば，誤判やえん罪が多かった厳打期には，むしろ再審への道を広げるべきとなろう。ところが，現実はそ

---

237) 法源論的に表現すれば，党の政策(「重く」)が裁判の法源となったということになる　小口彦太『現代中国の裁判と法』(成文堂，2003年)81〜82頁参照)が，本書は裁判のあり方に焦点を置いているため，ここではまず裁判が党の統制を受けていると把握する。
238) 小口も党による事件の審査制度について，「『公安・検察・法院の間で』『重大な対立のある案件』は『党委員会に指示を仰ぐ』とはどういうことか。ここには司法的問題に対する真の判定者が誰なのかが如実に示されている」と指摘する(同・前掲注237)37頁)。

れとは正反対に，申訴を事実上制限した。この時期に裁判を受けた者は，厳しく打撃を加えるという目標に邁進する国家装置＝裁判所の犠牲者というほかなかろう。

こうした極めて直接的な裁判統制においては，いわゆる「裁判の独立」ですら正面から否定されているといえよう。

そして，厳打期の裁判がこうしたものである以上，それが中立公平な立場で自分の訴えを聞き入れるはずがない，と被告人や受刑者が思うのも，また当然の帰結である。現に，被告人が上訴する比率が1983年に激減し，また受刑者達は判決に不満があっても，厳打期間中に申訴しても無駄だという考えから申訴を控えた。「党の決めたことだから仕方がない」という受刑者の諦めを，また裁判が権力の一道具になっていることを看取できよう。

(3) 政　策　課　題

83年厳打の狙いが，まず，「非常事態」(鄧小平)において，犯罪者に「法により重く速く」厳しく打撃を加え，治安を改善することであったことはいうまでもない。それは犯罪の予防・鎮圧ということができよう。なお，ここで「予防」とは「重く速く」処罰することによる威嚇予防(一般予防)，さらには死刑の多用を含む社会からの隔離が示す「無害化」という意味での特別予防[239]がメインであり，教育という観点は希薄である。

しかし，政策課題はそれだけには尽きないように思われる。すなわち，先に法制宣伝について指摘したように，厳打では，大衆や被害者の正義感情の満足を図ることも課題とされたと考えられる。このことは，83年厳打をめぐる叙述において，「人心」，「民憤」，「民意」，「大衆の支持」といったタームが散在していることからもうかがえよう。例えば迅速化決定では「民憤」が条文に規定され(3.2.2.1(1))，「治安事犯の決定」草案説明では「民憤」が大きいのに死刑を適用できないことが立法理由とされた(3.2.1)。また裁判の蒸し返し(3.3.4.2(2))について，「民憤」の大きさが，検察が死刑改判を求め

---

239) 大谷實『刑法講義総論(新版第2版)』(成文堂，2007年)22頁，松宮孝明『刑法総論講義(第4版)』(成文堂，2009年)7，9頁など参照。

るか否かの判断要素とされた[240]。

とりわけ注目に値するのは，裁判所，さらには党委員会が座談会などの形式を通じて，事件の処理について市民の意見を求め，それを裁判に反映させたことである。これは裁判に直接的に大衆の正義感情を取り込もうとする措置といえよう。

以上のことから，大衆の正義感情の満足も重要な政策課題であったといえよう[241]。

さて，以上のことをまとめると，83年厳打とは，①党の指揮の下で，②リソースを総動員した，③犯罪の予防・鎮圧および大衆の正義感情の満足を目標とするキャンペーンであったと定式化できる。

そして，その本質的特徴は，裁判すらも総動員の対象とされたことである。すなわち，そこでの裁判は，上の政策課題の実現を積極的に目指す道具であった。裁判は法の見地から権力の手足を縛る存在ではなく，むしろその手足であった。そして，裁判がこのようなものであったからこそ，厳打が可能となる。けだし，裁判が権力の道具とされなければ，すなわち権力から分離独立し，中立公正な第三者として権力をも拘束し得る存在となっていれば，

---

[240] このほか，最高裁・最高検・警察部「当面の集団犯罪事件の処理における法律の具体的運用の若干の問題に関する解答」（1984年6月15日）四は「犯罪集団の首謀者およびその他の主犯，一般の共同犯罪における重大事件の主犯は法により重く厳罰に処さなければならず，その内，犯行が特に由々しく，殺さなければ民憤を鎮めることができない者については，法により死刑を言い渡さなければならない」とし，最高裁の立場として，民憤を死刑適用の一要素とする。また，最高裁・最高検・警察部「無頼集団を如何に認定・処理するかに関する意見」（1984年5月26日）二(二)3は「無頼集団犯罪」の認定要素の1つとして「公憤」を掲げ，最高裁・最高検「当面の無頼事件の処理における法律の具体的運用の若干の問題に関する解答」（1984年11月2日）五は，「無頼犯罪活動を行い危害が特に重大な者」（「治安事犯の決定」1条1号）の認定要素の1つとして「大衆の熾烈な義憤」を掲げる。

[241] なお，これを積極的一般予防という意味で「犯罪の予防」に包摂することもできると考えられるが，本書はこれには犯罪予防を超えた意味があると考えるため，両者を区別して取り扱いたい。なお，この点については後述4.3.1（李川の議論）および7.2参照。

「重く速く」裁判が行われることはないからである。

　さらに合同事務処理を想起すれば，真の決定者は党委員会であり，裁判所は警察・検察・司法行政部門(弁護士)とともに，その陪席にすぎなかったとすらいえよう。この意味では，「裁判」は法律問題を争い，解決する作用ではなく，法律が関わる問題についての結論を宣言する作用にすぎない。

4. その後の厳打の展開

　1983年に非常事態における非常手段として発動された厳打は，3年5ヶ月に及ぶ闘争を経て，1987年1月末に一旦幕を下ろした[1]。しかし，この非常手段はその後常套手段となり，「毎年厳打」［年年厳打］と揶揄されるに至っている。そこで，本章ではまず，厳打が常態化していった様を素描する(4.1)。

　そして，毎年のように繰り広げられる厳打において，党中央の名義で厳打開始が決定され，またとりわけ規模が大きいとされているのは96年厳打および01年厳打である。そこで，4.2および4.3をこの2つの厳打の考察に充て，特に裁判のあり方に焦点を合わせて，現象面における83年厳打との異同を検討する。

4.1　厳打の日常化

　83年厳打終了後の1987年3月，全国政法業務会議において彭真は83年厳打を総括し，「厳打闘争を一度やれば，全ての問題を片づけることができ，もうやらなくてもよいとは考えられない。あらゆる効果的な独裁の手段および方法を捨て去ってはならない。どのようにすべきか，私は次のように考える。すなわち，〔犯罪が〕大規模に発生すれば，大規模に，中規模に発生すれば，中規模に，小規模に発生すれば，小規模に行〔う〕」[2]と述べた。つまり，

---

[1]　『厳打的理論与実践』4頁〔陳娟・魏宏歆〕参照。
[2]　彭真「関於政法工作的幾個問題」(1987年3月31日)『彭真1』602頁。

182　I　裁判の実像

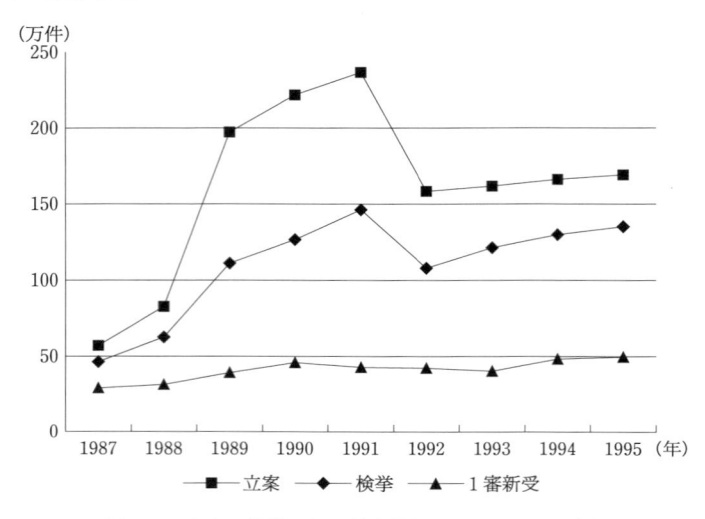

(万件)

図 4-1　立案・検挙・新受件数状況図(1987〜1995 年)

　厳打は「効果的な独裁の手段および方法」であり，治安情勢に応じて，臨機応変に厳打を行うという方針が打ち出されたのである。
　それでは，83 年厳打終了後の治安はというと，悪化の一途を辿っていた。図 4-1 は 1987 年から 1995 年までの立案件数，検挙件数および新受件数の推移を図にしたものである。本図からは，立案件数が 1991 年まで右肩上がりで増え(1989 年の激増の要因については，本部冒頭参照)，1992 年に一旦減少した後，1993 年以降は再び増加に転じたことが明らかである。
　しかし，この 1992 年における減少は，実は窃盗罪の立案基準が引き上げられたことが最大の要因と考えられる。具体的な数字を見てみると，1991 年の全刑事事件の立案件数は 236 万 5709 件，そして 1992 年は 158 万 2659 件であり，前年比 78 万 3050 件減であった。そして，窃盗事件の立案件数は，1991 年が 192 万 2506 件，1992 年が 114 万 2556 件であり，前年比 77 万 9950 件減であった[3]。つまり，全刑事事件の立案件数の減少分は，窃盗罪の

---

　3)『法律年鑑(1992)』861 頁,『法律年鑑(1993)』940 頁参照。

立案件数の減少分にほぼ等しく，これを差し引けば，実質的には 1992 年に立案すべき事件は 1991 年のそれと比べて微減にすぎない。結局，表面的な数字とは異なり，1987 年以降，立案件数は増加傾向にあったといえよう。しかも，「1992 年に窃盗事件の立案基準を引き上げた後，総数はいくばくか減少したが，重大事件数は依然として上昇し続けた」[4] という。

　こうした犯罪増加に直面し，全国的・地域的厳打が繰り返された。その中で新たな動向としては，「厳打」ではなく[専項闘争]と呼ばれるキャンペーンが広く行われるようになったという点を挙げることができる[5]。これは「中共各級組織の統一的指導の下で，警察・検察院・裁判所などの関連部門が緊密に協力し，行動を統一し，その時，その地方の社会治安において目立つ違法・犯罪活動に集中的打撃および集中的取締[整頓]を行うことである。専項闘争には全国的なものもあれば，地域的なものもあ〔る〕」[6] と説明される。この説明からうかがえるように，専項闘争において用いられる手法は 83 年厳打と同じである。両者の差異は，専項闘争の対象が 1 個ないしはごく少数の犯罪類型に限定されているという点にある。先(3.3.4.1 参照)に「厳打の対象限定版」と表現したのはこのためである(以下，明示しない限り，専項闘争も含めて「厳打」と呼ぶ)。

　さて，実際にどのような厳打が行われたのかを見てみよう。表 4-1 は 83 年厳打終了後(1987 年)から 96 年厳打開始までに行われた全国範囲で展開され，規模が大きいと思われる厳打の一覧表である[7]。同表の「名義」とは直

---

4) 邵斌華「蘇南城市跨世紀犯罪問題的前瞻及控制対策」牟君発・宋浩波主編『中国城市犯罪問題研究』(中国人民公安大学出版社，1998 年) 31 頁。
5) その歴史は「各地は実際的状況に応じて，省規模の集中的行動および局部的な分散的打撃を結びつけ，県・市を単位とする地域的行動を主とする方法」(『公安史稿』379 頁)が採られた 83 年厳打第 3 戦役から始まる(周長軍「博奕，成本与制度安排——厳打的制度経済学分析」『刑事政策検討』284 頁参照)。
6) 『当代審判工作』311 頁。
7) 本表の作成にあたっては，『公安大事要覧』，『厳打的理論与実践』11 頁以下〔陳娟・魏宏欽〕，『法律年鑑(1989)』17 頁，『法律年鑑(1991)』31 頁，『法律年鑑(1994)』84 頁，『法院年鑑(1991)』490 頁，畢惜茜・陳捐「"厳打"整治闘争的回顧与展望」中国人民

184   I   裁判の実像

表 4-1　主な厳打一覧表（1988〜1995 年）

年	期　間	主　な　対　象	名　　義
1988	夏以降	○無頼，強姦，強盗	中央の指示[8]
1989	4 月以降	○放浪犯罪者	警察部
	10 月下旬〜翌年春節	六害(売買春，わいせつ物製作等，女子・児童拐取売買，薬物密売等，賭博，封建的迷信を利用した詐欺)	中共中央
1990	3 月下旬〜4 月末	○追いはぎ	警察・鉄道・交通部
	5 月〜国慶節	●殺人，爆破，銃犯罪，窃盗，強盗，薬物密売，詐欺，無頼リーダー，管理売春，反革命活動の煽動・組織	中央政法委員会
	10 月以降	●厳打継続	中央政法委員会
1991	9 月以降(3 年間)	○窃盗	中央社会治安総合対策委員会
1993		○女子・児童拐取売買，売買春，追いはぎ	中央社会治安総合対策委員会
1994	7 月〜年末	●愚連隊，殺人，銃関連犯罪，窃盗，大規模生産施設の破壊，女子・児童拐取売買，管理売春，薬物密売	中央政法委員会
1995	3 月〜5 月	●悪質な殺人強盗，無頼悪勢力・黒社会的グループ，金融詐欺・密輸，銃関連犯罪，売春・薬物・わいせつ物製作	警察部

注：●印と○印は当該キャンペーンがそれぞれ「厳打」，「専項闘争」と性格づけられていることを示す。

接指示を出した組織の名称を意味している。1989 年の「六害」除去闘争以外，いずれも党中央の下属機構である中央政法委員会や中央社会治安総合対策委員会，または警察部により決定されている。むろん，その背後に党中央の意向があることはいうまでもない[9]。

　また，これら以外に警察・検察・裁判所が単独ないしは連名で通達を出して行う厳打もある。中には，最高裁が単独で下級裁判所に対し，特定の犯罪類型について「重く速く」処罰するよう求める場合がある。例えば，最高裁

　公安大学学報 2003 年 2 期 46 頁以下，最高裁「警察機関の『六害』除去活動の展開に協力することに関する通知」(1989 年 11 月 13 日)を参照した。
 8) これは，同年 5 月 6 日に警察部・最高検・最高裁・国家安全部・司法部が開催した全国治安活動電話会議で決定されたものであるが，本会議は「中央指導部(・者)」[中央領導]の指示に基づき開催されたものであるため，「中央の指示」とした(『公安大事要覧』690 頁参照)。

の「公共の安全に危害を及ぼす犯罪活動に厳しく打撃を加える通知」(1988年2月9日)や「密出入国犯罪活動に厳しく打撃を加える通知」(1993年9月24日)である。こうしたことは，裁判所自体が，自らのレーゾン・デートルが独裁の「伝家の宝刀」[刀把子]であることにあると自覚しているからこそ生じる現象であると考えられる。例えば，1990年の厳打に際して，四川省で6月27日から30日にかけて開催された裁判所の会議において，次のような見解が共通認識となったことは，このことを如実に示している。すなわち，「〔裁判所は〕『厳打』闘争において，法という武器を十分に運用し，『伝家の宝刀』の役割を果たし，社会治安に由々しき危害を及ぼす犯罪者を法により重く速く懲らしめなければならない」[10]，と。

以上は全国範囲の厳打の状況である。次に，地域的な厳打を見てみよう。表4-2および表4-3は，それぞれ山東省および陝西省岐山県における83年厳打終了後の厳打の展開状況をまとめたものである。両表が示すように，83年厳打終了後も，地域的な厳打が断続的に展開されている。

そして，地方によっては1年のほとんどをこうした厳打に費やすところもある。例えば，黒龍江省ハルピン市警察局長によると，「1983年『厳打』以降，我々は戦役に次ぐ戦役，専項闘争に次ぐ専項闘争を繰り返し，基本的に休む暇もなかった。1988年に統計を取ったところ，365日の内，戦役や専項闘争に費やされた日が340日あった」[11] という。ここに至っては，「毎年厳打」どころか，「毎日厳打」となっている[12]。

---

9) 例えば，1994年の厳打は，7月26日に中央政法委員会が警察部「厳打闘争を引き続き深く展開し，社会治安を大いに改善する意見」[公安部関於継続深入開展厳打闘争大力整頓社会治安的意見]を政法各部門に転達したことを合図に開始したが，本意見は転達前に党中央の承認を得ていた(『公安大事要覧』986頁参照)。
10)「四川省法院厳属打撃厳重刑事犯罪工作会議」『法院年鑑(1990)』629頁。
11) 王松岩「堅持"厳打"応処理好的幾個関係」公安研究1991年1期(CD)。
12) 厳打の決定者が複数存在し(党委員会・政法委員会・社会治安総合対策委員会，政府，上級機関など)，しかもこれらの間で意思疎通を欠いているため，厳打が断続的に実施されたり，さらには同時に実施されたりするという(蒋応満「対"厳打"闘争的理性思考」『厳打中的法律与政策』183〜184頁，厳励「厳打的理性審読」『刑事政策検討』245

I　裁判の実像

表4-2　山東省における厳打

年	期間	対象
1987		窃盗，強盗，強姦，無頼，賭博，人身拐取売買など
1988		治安事犯と経済事犯
1990	5～10月	中央が確定した厳打対象，特に民憤が大きい殺人，強姦，強盗など

出典：山東省地方史誌編纂委員会『山東省誌・司法誌』(山東人民出版社，1998年) 418～420頁。

表4-3　陝西省岐山県における厳打

年	期間	対象
1987	2月	賭博
	7～9月	逃亡潜伏中の犯人
	10月	スリ
1988		窃盗・強盗
1989	6～10月	無頼 強盗，窃盗，水利・電力施設破壊，賭博，薬物密売，売買春，女子・児童拐取売買
	11～12月	六害(売買春，わいせつ物伝播，薬物販売・使用，女子・児童拐取売買，賭博，迷信を利用した詐欺)

出典：岐山県誌編纂委員会編『岐山県誌』(陝西人民出版社，1992年) 434頁。

　そして，こうした地域的な厳打においても，83年厳打と同様の手法が採られている。例えば，浙江省では1988年11月に，同省党委員会の指示により，省全体で重大刑事犯罪および重大経済犯罪に厳しく打撃を加える闘争が行われた[13]。刑事犯罪面での主な対象は強盗，殺人，強姦，爆破，愚連隊，管理売春などとされた。

　そして，この厳打においては以下のようなことが行われたという。まず，裁判の迅速化を図り，高裁の刑事第2廷，事務室，研究室，人事処などの人員を最前線に派遣するとともに，あらかじめ合議廷を構成した上で，それら

頁など参照)。例えば，広東省恵州市では1995年，警察部が指示した売買春打撃，省政法委員会が指示した薬物犯罪打撃および市警察局が指示した「悪勢力」打撃という3つの専項闘争を同時に行い，しかも，末端においては6つの専項闘争が同時期に重なったという(張道華「対"厳打"実践中若干問題的思考」政法学刊1996年3期(CNKI)26頁参照)。

13) 以下の記述については，「浙江省法院"両打"刑事審判工作座談会」『法院年鑑(1989)』763～765頁を参照した。

を巡回裁判のために地方に派遣した。さらに，重大・重要事件について裁判所が事前介入した。また，「重く」の面では，例えば温州市の中裁および基層裁では判決を言い渡した 177 名の内，打撃の重点が 87.6％を占め，また懲役 5 年以上の刑の言渡しを受けた者は 177 名中 123 名(69.49％)に上った。さらに，法制宣伝にも力が入れられた。判決宣告大会についていえば，同年 1 月から 10 月までに全省で 368 回開催されたが，厳打開始後の 11・12 月の 2 ヶ月間で 129 回開催された。

　ところで，ここでは合同事務処理や合同事件処理，さらには判決に対する党の審査といった党による裁判統制の記述が出てこない。しかし，次のような一節から，やはり党が裁判を統制していたことがうかがえる。すなわち，「『準』の字を際立たせる点において〔正確さへの配慮を意味する〕，1983 年の『厳打』第 1 戦役と比べて大いに進歩した。当初は死刑にしなければならないと一応決定されていた［初歩決定］が，裁判所が審理した後，死刑にすべきではない，または死刑にしなくともよいと認めた事件については，実事求是を堅持し，法により処理した」，と。この一節の意図は，83 年厳打と比べて事件処理の「正確さ」が高まったことを強調する点にあるのであろう。しかしその一方で，何者かにより，公判前に裁判結果があらかた決定されていたという事実も露呈している(傍点部)。そしてその「何者か」が党であることは，83 年厳打の歴史が教えてくれるところであろう。

　以上のことから，83 年厳打終了後，繰り返し様々な規模・範囲で厳打が行われており，非常手段とされた厳打が，日常的なものとなっていることが明らかになったといえよう。

4.2　96 年厳打

　本節では「1983 年の第 1 回目の厳打以降，全国的に行われた最大規模の集中的打撃行動であり，厳打のさらなる発展の具体的な現れである」[14] とい

---

14)『厳打的理論与実践』20 頁〔陳娟・魏宏歆〕。

われる1996年に開始された厳打を見る。論述の方針としては，前章のように厳打中に生起した諸現象を網羅的に観察することはしない。ここでの中心課題は裁判のあり方である（次節も同じ）。具体的には，まず前章と同じように厳打の決定プロセスを見る(4.2.1)。次に，裁判のあり方を中心に，96年厳打の実際を明らかにする(4.2.2)。

なお，前章の例でいくと，その前に厳打のための立法的手当を見ることになるが，実はこの時期，96年厳打のために行われたといい得る大きな立法はない[15]。それは主に，①後述のように今回の厳打対象は83年厳打と大差なく，既存の法ですでに対処（重く）することができたこと，②厳打前（1996年4月）の同年3月17日に刑訴法が全面改正されたばかりであり，また刑法も全面改正が間近に迫っていたこと（1997年3月14日改正），そして③現行刑法はそれまでの「闘争」のために制定された特別立法の内容をほぼ踏襲したことが考えられる[16]。したがって，96年厳打については特に項を設けて法整備を論じない[17]。

---

15) 今回の厳打のため，銃器管理法（全国人大常委会1996年7月5日採択，10月1日施行）が審議期間2ヶ月足らずで制定された（穆玉敏『北京警察百年』（中国人民公安大学出版社，2004年）723頁参照）。その内容は，厳打対象である銃に対する規制・罰則強化を図るものである（詳しくは閆正斌・張軍利「我国第一部全面加強槍支管理的法律——《中華人民共和国槍支管理法》簡介」人大工作通訊1996年19期（CNKI）24頁以下参照）。これにより全国規模で徹底的に銃・弾薬が押収されたという（汪明亮『"厳打"的理性評価』（北京大学出版社，2004年）38頁参照）。また，刑事責任についていえば，例えば銃の無許可製造・売買・運搬について自然人のみならず，[単位]の刑事責任も追及できるようになった（39条。なお，[単位]とは，「法人」および「非法人」の総称である。趙秉志主編『新刑法教程』（中国人民大学出版社，1997年）120頁〔同〕参照）。
16) 例えば，96年厳打の対象とされた薬物販売罪（83年厳打でも対象であった）の法定刑の上限について，旧刑法171条2項では懲役15年であったのが，「経済事犯の決定」1条により死刑に引き上げられた（3.2.1参照）。その後，薬物禁止決定（全国人大常委会1990年12月28日採択，同日公布・施行）2条は死刑を維持した上で，構成要件を詳細・明確化した。そして現行刑法347条2項はこれをほぼそのまま踏襲した。
17) 厳打に関係する刑訴法の重要な改正点として，これまで捜査を支えてきた収容審査が廃止されたことを挙げることができる。ただし，同時に収容審査を一部取り込む形で，逮捕の対象の拡大・期間延長，勾留の要件緩和がなされた（田中信行「中国の収容審査

4.2.1 決定プロセス

前章で見たように、右肩上がりで増え続ける犯罪に対して、83年厳打終了後も繰り返し様々な規模・範囲で厳打が行われた。しかし、図4-1から明らかなように、検挙件数は増え続ける立案件数になかなか追いつかず、また新受件数はほとんど横ばい状態であった。とりわけ、検挙されても起訴されないということは、多くの事件が刑事的に処理されていないことを意味している（表I-1参照）。

こうした中、中央政治局は1996年3月28日に会議を開き、中央政法委員会の治安対策に関する報告を聴取した。党中央はこの報告に同意し、1996年4月、中共中央辦公庁文書として当該報告を転達した。その後4月9日から12日にかけて、警察部が厳打活動会議を開催し、第2四半期(4〜6月)に厳打を実施すると決定した[18]。これを受け、最高裁は裁判所系統に通知を発

と人治の終焉」小口彦太編『中国の経済発展と法』(早稲田大学比較法研究所、1998年)318〜319頁参照)。また、実務ではその代替手段として労働矯正(陳衛東主編『刑事訴訟法実施問題調研報告』(中国方正出版社、2001年)14頁参照。また但見亮「労働教養制度の危険性」早稲田大学大学院法研論集103号(2002年)96頁は「別件労働教養」と表現する)や「継続職務質問」[継続盤問]などが用いられている(万玲「対公安機関使用留置盤問的幾点思考」中国刑事法雑誌1998年6期53頁、龍宗智主編『徘徊於伝統与現代之間——中国刑事訴訟法再修改研究』(法律出版社、2005年)163頁参照)。なお、「継続職務質問」とは、警察法9条を根拠とする以下のような処分を指す。まず、警察は違法・犯罪の嫌疑がある者に対して、関連する証明書を提示してその場で職務質問・検査[盤問、検査]することができる(なお、両者は本法以前においては人民警察条例(全国人大常委会1957年6月25日採択)6条2号を根拠としていたという。高文英「我国警察盤査権運行及其理論研究現状」中国人民公安大学学報(社会科学版)2006年4期11頁参照)。そして、①犯罪行為を行ったと指示されている者、②その場で犯罪を行った嫌疑のある者、③身元不詳の被疑者、④所持品が贓物である可能性のある者については、警察に連行し、警察の承認を経て、最長で48時間留置し、引き続き職務質問をすることができる。これを「継続職務質問」という(実務では[留置盤問]とも呼ばれる)。なお、警察部「警察機関継続盤問適用規定」(2004年6月7日採択、7月12日発布、10月1日施行)参照。

18) 『公安大事要覧』1066、1068〜1069頁、馬天山「"厳打"政策概論」張穹主編『"厳打"

し,「各級裁判所のトップに対して,ハイレベルの政治的責任感をもって自ら『厳打』闘争を指揮し」,また裁判においては「法により重く速くの方針を確固不動として堅持し,社会治安に由々しい危害を及ぼす刑事犯を厳しく懲らしめる」よう要求したという[19]。

　厳打活動会議において,任建新(中共中央書記処書記・中央政法委書記・最高裁所長)は厳打の発動理由を次のように説く。「今年に入ってから,一部の地方の治安状況が悪く,社会治安に由々しき危害を及ぼす犯罪活動が猖獗を極め,稀に見る特大悪質事件が連続して発生しており,極めて悪い影響を及ぼしている。黒社会的犯罪グループおよび無頼悪勢力が悪の限りを尽くして横行し,殺人,強盗,窃盗などの重大刑事事件も大幅に増え,売買春,薬物販売・使用などの社会の醜悪な現象がなお少なくない地方で蔓延し続けており,人民大衆の生命・財産の安全に由々しき危害を及ぼし,社会秩序および社会の安定に危害を及ぼし,改革・開放および経済建設の順調な進展を阻害し,人民大衆はこれらを忌み嫌い,不満は膨れあがっている。『両会』〔全国人大および中国人民政治協商会議(政協)を指す〕期間中,人大代表・政協委員も多くの批判的意見を寄せ,社会治安の改善に大いに力を入れるよう強く求めた」[20],と。

　具体的な治安状況に目を移すと,1996年1・2月期の重大事件の立案件数は,前年同期比12.6%増であり[21],中でも銃を使用した犯罪の増加が著し

　　政策的理論与実務』(中国検察出版社,2002年)21頁参照。なお,中央政法委員会の報告書は「当面の社会治安,社会の安定における際立った問題および活動強化に関する意見」[関於当前社会治安、社会穏定方面的突出問題和加強工作的意見](筆者未見)である。
19)「最高人民法院要求各級法院　一把手親自抓厳打」法制日報1996年5月1日1面参照。最高検も同年5月22日に,検察系統に「今回の『厳打』集中統一行動は党中央の重要な作戦であり,現在の検察機関の重要な政治的任務であり,さらにしっかりと行い,だらけないようしなければならない」と通知した(最高検「『厳打』闘争をさらにしっかりやり遂げることに関する通知」[関於進一歩抓緊抓好"厳打"闘争的通知])。
20) 任建新「在公安部『厳打』工作会議上的講話(摘要)」(1996年4月12日)法制日報1996年4月29日1面。
21)「"厳打"闘争正在全国範囲内展開——貫徹落実中央維護社会治安指示精神」法制日報1996年4月29日1面参照。

かった。例えば，銃を使用した強盗事件の立案件数は前年同期比14%増であり，また銃使用の殺人事件の立案件数は前年同期比120%増であった[22]。また，「稀に見る特大悪質事件」とは，2月2日に李沛瑶(全国人大常委会副委員長)が，自身を護衛中の武警が自宅に侵入し，物色しているのを発見したため，口封じのために同人に殺害された事件，2月8日に北京初となる銃を使用した銀行の現金輸送車強盗事件などである[23]。そして梁根林は，両事件が96年厳打発動の導火線であったと指摘する[24]。

そして今回の打撃の重点は殺人，強盗，強姦などの重大暴力犯罪，無頼犯罪[25]，銃関連犯罪，薬物犯罪，無頼悪勢力犯罪および黒社会的犯罪などの重大刑事犯罪と定められた[26]。銃関連犯罪が新しく追加されたが，それ以外については83年厳打の対象と大差はない。なお，「無頼悪勢力犯罪」および「黒社会的犯罪」は83年厳打の重点中の重点とされた愚連隊の発展形である(4.3.1参照)。

ところで，96年厳打は当初，第2四半期に展開すると定められていたが，その後，翌年5月まで断続的に行われた[27]。まず，6月30日から7月3日にかけて中央政法委員会および中央社会治安総合対策委員会が開催した「全国的に厳打を深く引き続き展開し，社会治安総合対策の末端における基本業務を強化する会議」[28]において，上半期の厳打を総括するとともに，下半期

---

22) 「非打不可的『厳打』斗争」記者観察1996年7期(CNKI)7頁参照。
23) 穆玉敏・前掲注15)722頁参照。
24) 『法治的界面』214頁(曲新久報告「厳打的刑事政策分析」に対する梁根林のコメント)。また，劉仁文は96年厳打の発動と李沛瑶殺害事件の関係性を指摘する(同「論刑事政策的制定」『刑法学文集(2001)』71～72頁)。
25) 無頼罪は刑法改正により乱闘[聚衆闘殴]罪(292条)，言いがかりをつけて騒ぎを起こす罪(293条)，多衆淫行罪(301条)，強制わいせつ・女子侮辱罪(237条)に分解された(李淳・王尚新主編『中国刑法修訂的背景与適用』(法律出版社，1998年)357頁参照)。
26) 馬天山・前掲注18)21頁参照。
27) 以下で論じるように，96年厳打は断続的に展開されたため，その期間がどれだけであるかについては中国の学界においても認識が統一されていない。例えば，馬天山は「大体10～12ヶ月であった」とする(同・前掲注18)22頁)。

も引き続き厳打を展開することが決定された。そして、11月18日には、警察部が「全国警察機関の厳打整治『冬季行動』展開に関する電話会議」を開き、同年12月から翌1997年2月まで厳打整治「冬季行動」を展開するよう指示した[29]。そして、「冬季行動」の重点は、「重大事件の検挙、グループの取締り、逃亡者の追跡」をしっかりと行い、刑事犯罪活動に痛恨の一撃を加えること、ポルノ、賭博、薬物などの社会の醜悪な現象を除去すること、治安の乱れた地域・場所の集中的取締りなどとされた。

また、厳打整治「冬季行動」が終息して間もない3月5日に、警察部は「全国警察機関の『春季厳打整治行動』展開の作戦に関する通知」を発し、3月から5月までの3ヶ月間、厳打を行うよう指示した。「春季行動」の重点は、重大暴力犯罪、黒社会的犯罪組織・グループおよび無頼悪勢力、重大・重要事件、重大逃走犯、違法銃・弾薬等とされた[30]。

4.2.2　刑事司法の実際——裁判のあり方を中心に

96年厳打においてどのようなことが行われたかについては、警察が制作したノンフィクション写真集の公安部政治部編『中国厳打——全国警方厳厲打撃刑事犯罪紀実』(群衆出版社、1998年)が大いに参考になる。以下では、同書を中心に、その現象を整理する(本項のカッコ内の頁数は同書のそれを指す)。

4.2.2.1　党の指揮

今回も、厳打の指揮を執ったのは党委員会であった。例えば、北京市では4月26日に厳打活動動員配置会議を開催し、中共中央政治局委員・北京市党委書記の尉健行が重要演説を行い、党委副書記の陳広文が中央の指示の精

---

28) なお、「基本業務」［基礎工作］とは、例えば派出所であれば、「派出所の業務上の任務に関連する一切の基本的な警察業務」を指し、具体的には、戸籍・身分証の管理、治保会等の指導、犯罪の予防などを指す(王進海・羅暁春「新形勢下加強城市派出所基礎工作探討」牟君発ほか・前掲注4)書162～163頁参照)。
29) ここで［整治］とは、総体的に防止するという意味である［整体防治］(蘇恵漁・孫万懐「"厳打"方針的刑法学思考」法学2002年1期32頁参照)。
30) 以上については『公安大事要覧』1078～1079、1096～1097、1112頁参照。

神を伝え，市党委常務委員・政法委書記の強衛が厳打に向けて布陣した(3頁)。また上海市でも，市党委員会が4月19日に全市党政責任幹部会議を開催し，中共中央政治局委員・上海市党委書記の黄菊が厳打に向けて布陣した(81頁)。

以上は省クラスであるが，下級でも同様であった。例えば江蘇省や浙江省では，各級党委員会・政府の直接指揮の下で厳打が展開された(99,107頁)。呉官正(江西省党委書記)が全省厳打活動会議において旗幟鮮明に述べたように，「社会治安の維持の任務はまず地方各級党委員会・政府が責任を負わなければならない」，「平安を保つことについては，党委員会・政府が第一の責任者である」[31]。

なお，全体的傾向としては，党の指導は政治的指導にとどまり，個別具体的な事件の処理には直接介入しなくなったといわれている[32]。だが，以下(および次項)で見るように，実際に党による事件処理への干渉がなくなったわけではない。とはいえ，全体的傾向としては，党の直接的な干渉が減少しているのかもしれない[33]。

---

31) 張明海・劉朝陽「揚眉剣出鞘──江西『厳打』闘争紀実」人民公安1996年15期(CNKI)9頁。
32) この点については，「1983年『厳打』闘争は，党委員会の統一的指導の下において，党，政，軍などの関連部門が一斉に加わって『厳打』闘争を展開することを強調していた。そして当時，死刑判決権を県(区)クラスの裁判所に委ね，県(区)クラスの党委指導部が事実上，死刑判決を決定することができ，警察・検察・裁判所などの関連部門は合同事務処理を行い，執行主体は多元的であった。1996年および2001年の『厳打』闘争では，党委員会の指導下における司法機関が『厳打』闘争の実施主体となるまでに発展し，非司法機関は司法権を行使できず，党委員会は政治的指導を行うだけで，具体的な事件処理業務に関与しなかった。……法により『厳打』闘争を行う程度がかなり向上したことを意味している」という指摘がある(課題組「"厳打"刑事政策研究」張智輝・謝鵬程主編『中国検察(第4巻)──刑事政策与証拠規則』(中国検察出版社，2004年)78～79頁)。
33) 鈴木賢の各地の裁判所に対するヒアリング調査によると，裁判に対する党の干渉について，(吉林省長春市中裁・1993年11月11日)「党委員会が個々の事件にかかわるということは，文革期を除いてほとんどない。この点で外国人には偏見がある。影響の大きい重大事件については自主的に党委員会に報告し，指示を受けることはある」，(天津

4.2.2.2 大衆の動員

湖北省では4月29日0時に開始された第1戦闘において，全省で4万人余りの警察の警察官，2万人余りの党政幹部，5万人余りの防犯協力者，1万人余りの武警が動員された(173頁)。また，湖南省では30万人近くの党政幹部，政法幹部・警察官，武警，(治安)防衛幹部，聯防隊員が行動に参加し，昼夜奮戦したという(181頁)。

このように，大量の人員を動員して，大衆をも巻き込み，一斉取締・検挙活動を展開する手法は健在である。また，4月20日から8月末までの統計によると，大衆が3万人以上の被疑者を警察・検察・裁判所に連行してきたという[34]。

とはいえ，全体としては，「市民社会の興隆は，厳打の戦役式の政治的動員の社会的基盤を喪失させ，1996年および2001年の厳打戦役から見て，市民の参加への熱意は決して高くはなく，1983年厳打戦役時の熱意および自発的行動を欠〔いている〕」[35]といわれる。

4.2.2.3 裁　判　1──迅速化

まず治安事犯の審理期間をまとめた表4-4から明らかなように，厳打が開始された1996年には，1ヶ月以内で終局した事件が前年比9.1ポイント増であり，終局まで1ヶ月以上を要した事件の比率は軒並み減少している。

こうしたスピードアップを支えた手法は，83年厳打でも用いられた事前介入などであった[36]。例えば広東省佛山市では，「検察・裁判所は受理した

市高裁・中裁・1994年3月10日)「政法委員会が具体的な事件に介入し，独立を脅かしているということはない」，(山東省済南市歴下区基層裁・同年7月4日)「党の政法委員会が具体的事件の結論を決定することはない」という答えが返ってきたという。1993・1994年段階では党の介入が「ほとんど」なくなっていたということになろう。「ただし，例外的にせよ，何らかの形で具体的事件に関して党委員会との間でコミュニケーションが図られていることは，確かめられた」(同「中国における市場化による『司法』の析出──法院の実態，改革，構想の諸相」小森田秋夫編『市場経済化の法社会学』(有信堂，2001年)243，253，257，261頁参照)。

34) 『公安大事要覧』1069頁参照。
35) 厳励・前掲注12)248頁。

表 4-4　治安事犯終局期間状況表(1993〜1997 年)

年	1ヶ月以内 件	%	1ヶ月半以内 件	%	1ヶ月半以上 件	%	計
1993	106,066	60.6	59,621	34.1	9,229	5.3	174,916
1994	123,005	61.8	66,956	33.7	8,966	4.5	198,927
1995	125,503	61.9	67,262	33.2	10,079	5.0	202,844
1996	189,331	71.0	68,245	25.6	9,144	3.4	266,720
1997	27,021	15.4	139,382	79.4	9,040	5.2	175,443

　注：本表の「治安事犯」とは，会道門組織・利用反革命活動，反革命宣伝・煽動，故意殺人，強姦，女児姦淫，故意致重傷・死，女子・児童拐取売買，放火，毒物混入，爆破，銃・弾薬・爆発物不法製造・運搬・窃盗・強奪・売買，強盗，重大窃盗，無頼，薬物製造・販売・運搬，売春組織・強要・勧誘・場所提供・周旋，わいせつ物製作・販売・伝播，犯罪方法伝授各罪である。
　出典：『司法統計資料』(「(各年)厳重危害社会治安案件統計表」)参照。

事件を速く正確に法定手続に則して処理することを保証するために，およそ重大悪質事件が発生すれば，主管指導者が事件を担当する幹部を引き連れて現場に赴き事前介入し……例えば，佛山市城区で生じた殺人・死体損壊事件について，検察・裁判所の担当者は知らせを受け，すぐさま事前介入し，同市検察院は本件受理後 24 時間で公訴を提起し，3 日後には同市中裁が死刑執行を決定する判決書を下達した」[37] という。

　また，任建新は 1996 年 7 月 15 日，全国裁判所裁判方式改革活動会議で演説した際に，重大事件に対する事前介入の必要性を説くと同時に，「政法各部門は相互に状況を連絡しあい，認識が一致しない問題については直ちに党

---

36) 現行刑訴法にも裁判所の事前介入を許容する規定はない。それどころか，憲法・裁判所法所定の裁判所の法による裁判権の独立行使を刑訴法にわざわざ規定したこと(5 条)，また予断排除・公判の実質化のために，実質的には裁判官予審であった公訴に対する裁判所の審査を，「主に手続的審査」に改めたこと(150 条。胡康生・李福成主編『中華人民共和国刑事訴訟法』釈義』(法律出版社，1996 年)171 頁参照。現行規定の詳細は後述する)からは，これらの手法に対する法の否定的態度はより強まったと考えられる。
37) 本刊特約評論員「1996：全国厳打統一行動」時事報告 1996 年 10 期(CNKI)10 頁。なお，「判決書」とあるが，当時，本件殺人罪について死刑執行を決定することができたのは，死刑許可権を持つ高裁である(3.2.2.2，最高裁刑事手続規定 232 条参照)。したがって，ここでは高裁の死刑判決書(あるいは同所長が発付した死刑執行命令書)を下達した(あるいはそれが下達された)という意味と考えられる。

委員会に報告して調整・解決を図るよう求め、厳打闘争の順調な進展を保証しなければならない」と述べた[38]。これは争いのある問題について党内合同事務処理の実施を指示したものと解される。

他方、合同事件処理については、「1983 年『厳打』期に生じた『一長代三長』、『合同事件処理』などの現象は基本的になくなったが、実体法を重んじ、手続法を軽んじるなどの観念は依然として存在していた」[39]という指摘がある。83 年厳打期と比べて、合同事件処理の現象はかなり減少したようであるが、「基本的になくなった」ということは、裏を返せば部分的には合同事件処理が行われたということを示すものである。

ところで、厳打最中の 1997 年には、突如として 1 ヶ月以内に終局した事件が激減し、1 ヶ月以上 1 ヶ月半以内に終局した事件が激増した。これは「速く」に悖る現象である。

とはいえ、これは「厳打」ブームが低調になったから生じた現象ではなく、刑訴法改正に伴う変化と考えられる。具体的には次の 2 点がその要因であると考えられる。1 つは、改正により裁判迅速化決定が廃止されたことである（全国人大常委会「刑事訴訟法改正に関する決定」（1996 年 3 月 17 日採択、1997 年 1 月 1 日施行）110 条）。もう 1 つは、現行法が旧法の裁判官予審を、「起訴状に明らかな犯罪事実の記載があり、かつ、証拠の目録、証人名簿および主な証拠の複写文書または写真が付されているときには、開廷して裁判を行うことを決定しなければならない」（150 条）と改めたことに起因する。すなわち、現行法においては、このために旧法では生じにくかった公判時に証拠が足りない、という事態が増えた。そしてその場合には、警察・検察が補充捜査するために休廷せざるを得ない。そうすると、所要期間は必然的に長くならざるを得ない、というわけである[40]。

---

38) 任建新「在全国法院審判方式改革工作会議上的講話（摘要）」人民法院報 1996 年 7 月 16 日 1 面。

39) 課題組・前掲注 32) 76〜77 頁。なお、「一長代三長」とは警察・検察・裁判所のいずれかの長（一長）が、他の長の権限をも合わせて行使することを指す。

40) 劉炎「法治視野下我国刑事政策的回顧与展望」『刑法学文集（2003）』939 頁参照。劉

4. その後の厳打の展開　197

表 4-5　殺人・強姦・強盗等の判決発効人員における科刑状況表（1992〜1998 年）

年	総　数	5 年以上 人	%	5 年以下 人	%	その他 人	%	無　罪 人	%
1992	124,562	74,550	59.8	41,412	33.2	8,326	6.7	274	0.2
1993	128,646	79,924	62.1	40,102	31.2	8,418	6.5	201	0.2
1994	144,753	89,729	62.0	46,738	32.3	8,087	5.6	195	0.1
1995	139,855	88,477	63.3	43,656	31.2	7,585	5.4	137	0.1
1996	176,700	115,368	65.3	51,847	29.3	9,335	5.3	148	0.1
1997	141,010	87,603	62.1	44,985	31.9	8,116	5.8	306	0.2
1998	150,311	86,056	57.3	53,069	35.3	10,733	7.1	453	0.3

注：「その他」は執行猶予・拘役・管制・刑の免除・付加刑を指す。なお，1993・1994・1996 年は各項目の総和と「総数」にズレがある。
出典：『司法統計資料』（「(各年)刑事案件被告人処理情況統計表」）参照。

4.2.2.4　裁　判　2——厳罰化

　結論を先取りすれば，96 年厳打においても，83 年厳打と同じく通常期と比べて「重く」処断された。表 4-5 は 1992 年から 1998 年までの，殺人・強姦・女児姦淫・強盗・銃関連[41]・売春関連[42]・薬物関連[43] 各罪の判決発効人員における科刑状況をまとめたものである。

　本表からは，次の 2 点を読み取ることができる。1 つは，1996 年に懲役 5 年以上の刑のシェアが増え，それより軽い刑罰のシェアが減った，つまりそれ以前と比べて重罰が多用されるようになったことである。もう 1 つは，しかしながら，厳罰化の度合いが，83 年厳打よりもはるかに低いことである。以上のことは，1980 年から 1998 年までの殺人・強姦・強盗・無頼各罪の重罰率の推移を表した図 4-2 から，よりはっきりと読み取ることができる。

　　はさらに，厳打期にはいつも以上に無罪を言い渡しがたいプレッシャーがあるため，何度も指示を伺い，あるいは意見を調整し，最終的には「疑わしきは軽く」として，軽く処断した上で，問題を上級裁判所に丸投げするという（同 940 頁参照）。
41)　銃・弾薬・爆発物不法製造・売買・運搬・郵送・保管罪（現行刑法 125 条 1 項）および同窃盗・強奪・強盗罪（127 条）を指す。なお，同郵送・保管・強盗罪は刑法改正により新設されたもので，統計の項目に含まれたのは 1998 年である。ただし，改正前の実務は同強盗行為を同強奪罪として処理していたという（李淳ほか・前掲注 25）128 頁参照）。
42)　売春組織・強要罪および売春勧誘・場所提供・周旋罪を指す（358・359・361 条）。
43)　薬物密輸・販売・運搬・製造罪（347 条）を指す。

198　I　裁判の実像

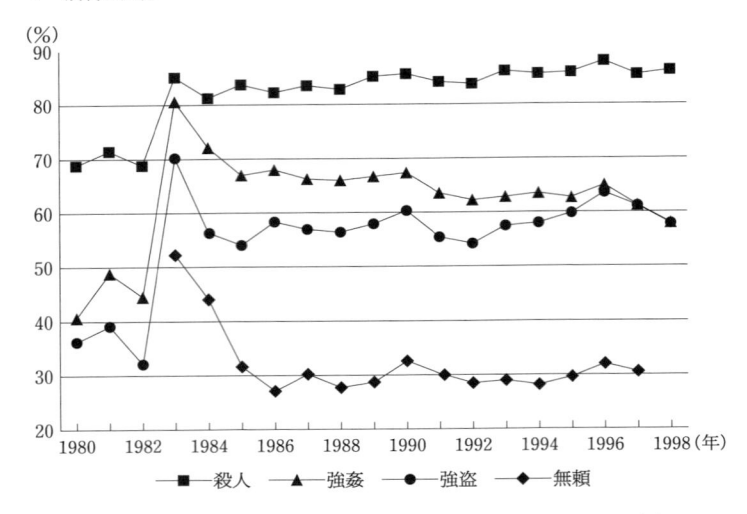

図 4-2　殺人・強姦・強盗・無頼各罪の重罰率（1980〜1998 年）
注：無頼罪は刑法改正に際していくつかの罪に分けられたため，1998 年のデータがない。
　　このほか図 3-1 注参照。
出典：表 4-5 と同じ。

　このように，96 年厳打においても，その程度は 83 年厳打と比べると明らかに低いが，それでも刑罰は相対的に重くなっているといえよう。とはいえ，以上のデータからはカギとなる「懲役 5 年以上」の中身が分からない。この点については，甘粛省における警察・国家安全・労働改造部門が捜査した刑事事件の終局人員における 3 大刑の言渡状況をまとめた表 4-6 が参考になる。
　『甘粛検察年鑑』の 1995 年版には死刑と死緩の項目がないため，96 年厳打直前の死刑適用状況は分からない。しかし本表においては，96 年厳打開始の年が，1990 年代で最も 3 大刑，特に死刑の適用数が多く，その率が高いことが明らかであろう。
　また，「例えば，一部の地方では，集中的厳打においては，価額 500 元の窃盗罪に勾留を承認するが，日常的な闘争においては，2000 元の窃盗でも勾留を認めない。また別の例を挙げると，省高裁スタッフは次のように言う。今回の厳打で各級裁判所は法により重く速く犯罪者を処断したが，その内約

4. その後の厳打の展開　199

表4-6　甘粛省の3大刑言渡状況表(1990〜1999年)

年	総数	死刑 人	死刑 %	死緩 人	死緩 %	無期懲役 人	無期懲役 %	小計 人	小計 %
1990	8,957	192	2.1	83	0.9	183	2.0	458	5.1
1991	8,200	201	2.5	79	1.0	166	2.0	446	5.4
1994	8,977	371(4.1%)				305	3.4	676	7.5
1995	8,005	−				216	2.7	−	
1996	8,629	352	4.1	145	1.7	286	3.3	783	9.1
1998	8,260	141	1.7	80	1.0	142	1.7	363	4.4
1999	9,724	169	1.7	119	1.2	217	2.2	505	5.2

注：1992，1993，1997年はデータ未見のため省略した。なお，1990年の「死緩」の原文は「8」だが，計算上，「83」の誤植と考えられる。また，1994年および1995年の「死刑」，「死緩」の原文は空欄だが，「総数」から，各項目の総和を引けば，計算上は1994年の「死刑・死緩」は371人，1995年は「0」になる(資料には上表以外の項目も掲載されており，その総和は「総数」と等しくなるよう設計されていると考えられる)。
出典：『甘粛検察年鑑』(出版社不明)1990〜1991，1994〜1996，1998〜1999年版。

20%の被告人が，『俺たちは厳打前に捕まったのに，お前らは厳打期の政策に基づき重すぎる判決を下した』として上訴を申し立て〔た〕」[44]という指摘もある。前段は通常期であれば治安管理処罰や労働矯正で済んでいたものであっても，勾留の基準が引き下げられ，もってより多くの者が刑事的処理のルートに乗せられるという意味において，「重く」のための措置である(労働矯正で「処罰」された方が刑罰よりも重くなることはあり得るが)。後段はいうまでもなかろう。

このように，裁判段階においても「重く速く」が実践されている[45]ことが分かるが，先に指摘したように，その徹底ぶりは83年厳打とは大きな差があった。このことはまた，1996年5月から10月末にかけて江蘇省塩城監獄に収容されている889名の受刑者に対して行われた調査の，次のような結果からもうかがえる。すなわち，「統計によると，1983年厳打においては，

---

44)　李広経「治安形勢与厳打方針」河南公安高等専科学校学報1996年5期(CNKI)12頁。
45)　なお，厳打中に敢えて犯行を行ったこと[頂風作案]を理由の1つとして，「法により厳しい懲罰を科すべき」と判示した裁判例として，「叢紅城故意殺人案」国家法官学院・中国人民大学法学院編『中国審判案例要覧(1998年刑事審判案例巻)』(中国人民大学出版社，1999年)65頁以下参照。

収容審査・勾留から労働改造に投入されるまで2ヶ月に至らなかった者が51%を占め，少なくない者が訳の分からないまま収監された。1996年厳打は，気勢は大きかったが，捕まった者は多くはなく，『厳打』で捕まった後，1983年厳打を連想し，重い判決が下されると思ったが，結果的に判決は重くはなく，厳打を恐れない者すらいる。統計によると，78%の犯人が厳打を全く気に留めておらず，5%の犯人はアンケートで『厳打』は怖くないと答え，犯人の打撃に対する抵抗力が増強されている。しかも，1996年厳打は法により事件を処理し，収容審査・勾留から判決の言渡まで一般的に3ヶ月以上かかっており，重く速くを実現できておらず，厳打の威嚇力は大きくはない」[46]，と。確かに統計から見れば，96年厳打を境に裁判が「重く速く」行われていることが分かるが，83年厳打の「重く速く」とは雲泥の差である。

4.2.2.5 法制宣伝

浙江省嘉興市では，1996年7月3日に5万人余りの大衆が参加した判決宣告大会が開催された。大会の光景を撮影した写真には，被告人の両後ろに2名の武警が立ち，武警により両腕をねじり上げられ，強引におじぎさせられている様子が写されており，この様子について「犯罪者が法による正義の懲罰を受けている」というコメントが付されている(113頁)。

また，薬物密売の一大ルートである広西チワン族自治区では，同年6月26日に薬物撲滅［禁毒］大会が開催された。このとき南寧市で主会場および分会場の計7会場を設置したほか，同自治区の14の県・市でも薬物撲滅大会を開催し，薬物密売人200名に判決を言い渡し，その内59名に死刑を，18名に死緩を言い渡した。南寧市の主会場では体育館らしき建物内で，21名の薬物密売人が判決を言い渡された(213頁)。

さらに犯罪者に「政治的攻勢」をかけるために，警察・検察・裁判所(・司法行政機関)が連名で自首を促し，寛大な処理を勝ち取るよう［争取従寛処

---

46) 繆鉽「関於塩城監獄『厳打』新収押罪犯情況的調査」犯罪与改造研究1997年5期39〜40頁。

理]勧告した。例えば内モンゴル自治区では，厳打開始後に自治区警察庁・高検・高裁・司法庁が，1996年6月30日までという期限を付して，期限内に自首して寛大な処理を勝ち取るよう奨励する一方で，罪から逃れようとする者や，この期に及んでなお犯行を行う者[頂風作案]については法により一律に厳しく懲らしめると警告した[47]。また，北京市，湖南省，天津市などでも96年厳打開始早々，警察・検察・裁判所などが連名で自首を勧告した[48]。裁判所も自首を呼びかけているということは，裁判所が中立公平な判断者ではなく，犯罪の予防・鎮圧を積極的に意欲しなければならない立場にあることを端的に示しているといえよう[49]。

4.2.3 小　　括

96年厳打も，「党の指揮の下で，リソースを総動員した，犯罪の予防・鎮圧および大衆の正義感情の満足を目標とするキャンペーン」であったと考える。具体的に照らし合わせると以下のようになる。

まず，今回の厳打においても，政策決定から，政策の具体化，そして政策の実施に至るまで，常に党がその指揮を執っていた。

次に，リソースの総動員については次の5点を指摘できる。①検挙活動において警察のみならず，党政幹部，さらには防犯協力者が動員された。②「速く」のために裁判所の事前介入・合同事務処理・合同事件処理が行われた（ただし，その現象自体は83年厳打と比べて減少しているといわれている）。③法制宣伝のために公開勾留大会および判決宣告大会が行われた。④通常期と比べて裁判が「重く速く」行われた。⑤警察・検察・裁判所などが連名で自首を

---

47)「投案自首才有出路」人民公安報1996年5月25日1面(CD)参照。なお，自首の勧告は期限が付されるのが通例であり，北京などでも期限が付されたものと思われる。
48) 天津市については宋平順「在深化厳打闘争上做文章」人民公安報1996年6月18日1面(CD)，それ以外については「公安部新聞発言人　就厳打闘争答記者回」人民公安報1996年5月11日1面(CD)参照。
49) このほか，公開勾留大会や厳打の成果を誇示するために，押収した違法銃の展示会も行われた(24，64頁参照)。

勧告した。これらの内，裁判のあり方に関わるものは，②，④および⑤であり，これら3点は裁判が権力の設定した政策課題の積極的実現を目指す道具であり続けていることを示していよう。

そして，今回の厳打も「犯罪の予防・鎮圧」を目指したことは自明といえよう。また同時に，ここでも，「大衆の正義感情の満足」が図られた。そもそも今回の厳打は大衆の不満や人大代表・政協委員の批判的意見に応えたものであり（少なくともそういうことになっている），また判決宣告大会が行われ，さらにそこでは国家が正義を代表しているかの様相が醸し出された。

ところで，今回の厳打には次の4点の新たな動向がある。①83年厳打（とりわけ1983，1984年）と比べてそれほど「重く速く」ではなくなった。②裁判官が検挙に参加しなくなった。このことは，裁判官が果たすべき職責が新旧刑訴法所定の裁判活動の枠内に納まるようになったことを意味しよう。③合同事件処理が基本的になくなったという指摘からもうかがえるように，党の裁判への直接的介入が余り見られなくなった。そして最後に，④大衆の厳打離れが進んだことを挙げることができる。

なお，上では裁判における重罰のノルマ，公開処刑，拷問などの現象について言及していない。これは，これらが96年厳打中に行われたという証拠を筆者が掴めていないからにすぎない。合同事件処理のように現象自体は減少したと推測されるが，4.3.3.3(2)で見るように，過去の遺物となったわけではないことに留意されたい。

4.3　01年厳打

本節では2001年から始まった厳打を見る。以下ではまず，01年厳打の開始が決定されるまでのプロセスを辿る(4.3.1)。次に，01年厳打の重点対象の1つである「黒社会的組織」［黒社会性質的組織］に関する司法解釈および立法解釈を見る(4.3.2)。なお，黒社会的組織とは，組織の発展段階において黒社会組織（マフィア）の一歩手前にある犯罪集団と位置づけられている。中国の公式見解によると，中国には「顕著で典型的な黒社会組織」はまだ存在

せず，黒社会的組織しか存在していないとされており[50]，法文上も区別されている(現行刑法294条参照)。そして最後に，01年厳打期の刑事司法実務において，83年厳打やそれ以降の厳打と同様の現象が見られるのか，また新たな動きがあるのかを探る(4.3.3)(以下の刑法・刑訴法の条番号はそれぞれ現行法を指す)。

4.3.1 決定プロセス

　1992年以降，増加の一途を辿っていた立案件数は，96年厳打が開始された1996年にマイナス成長に転じ，1997年は微増にとどまった(表I-1参照)。しかし，厳打終了の翌年の1998年には早くも厳打の「リバウンド現象」が顕著に表れ，立案件数，特に強盗・傷害・窃盗罪という庶民の生活に身近な犯罪の立案件数が急激に増える一方で，検挙件数はそのハイペースに追いつけず，2000年には検挙率が50％を割ってしまった(表4-7参照)。

　こうした状況の下で採られた対策はやはり厳打であった。例えば，2000年には，4月から全国的に「女子・児童拐取売買への打撃」［打拐］専項闘争が展開された。また8月からは国務院のワークグループの指導・支持の下で，警察が北京，天津，上海，河北などの14省・直轄市で付加価値税領収書偽造・同販売犯罪に打撃を加える「台風」戦役を行った。そして12月からは01年厳打の前身ともいうべき［打黒除悪］(［黒悪勢力］への打撃)専項闘争が展開された[51]。なお，［黒悪勢力］とは，刑法上の概念である「黒社会(的)組織」および政治的タームである[52]「無頼悪勢力」の総称であり，ともに犯罪グループの発展形と位置づけられている[53]。

---

50) 王漢斌「関於《中華人民共和国刑法(修訂草案)》的説明——1997年3月6日在第八届全国人民代表大会第五次会議上」全国人民代表大会常務委員会公報1997年2号225頁参照。
51) 畢惜茜ほか・前掲注7)47頁参照。なお，王智民ほか『当前中国農民犯罪研究』(中国人民公安大学出版社，2001年)144頁〔雷明源〕は，「人身拐取売買犯罪への打撃」専項闘争が1月から7月にかけて展開されたとする。
52) 劉炎・劉才光「論"従重"与刑事実体公正的関系」『刑法学文集(2001)』359頁参照。

表 4-7　立案・検挙一覧表(1995〜2003 年)

年	立案(件)	検挙(件)	検挙率(%)	立案内訳(件)				
				殺人	強姦	傷害	強盗	窃盗
1995	1,691,256	1,350,159	79.8	27,362	41,833	72,280	164,478	1,133,401
1996	1,600,716	1,279,091	79.9	25,411	42,820	68,992	151,147	1,043,982
1997	1,613,629	1,172,214	72.6	26,070	40,699	69,071	141,514	1,058,110
1998	1,986,070	1,264,635	63.7	27,670	40,967	80,862	175,116	1,296,988
1999	2,249,319	1,375,109	61.1	27,426	39,435	92,772	198,607	1,447,390
2000	3,637,307	1,644,094	45.2	28,429	35,819	120,778	309,818	2,373,696
2001	4,457,579	1,910,635	42.9	27,501	40,600	138,100	352,216	2,924,512
2002	4,336,712	1,925,090	44.4	26,276	38,209	141,825	354,926	2,861,727
2003	4,393,893	1,842,699	41.9	24,393	40,088	145,485	340,077	2,940,598

出典：2000 年以前の「立案内訳」は『公安大事要覧』各年度末尾，2001 年以降は各年『法律年鑑』参照。

　この「打黒除悪」専項闘争は，2000 年 11 月 30 日に最高裁・最高検・警察部・司法部が「『打黒除悪』専項闘争の展開に関連する問題に関する通知」[54]を発し，各級警察・検察・裁判所・司法行政機関に闘争の全国的展開を指示したことにより口火が切られた。その後，12 月 11 日に警察部が「全国警察機関の『打黒除悪』専項闘争の動員・配置に関するテレビ電話会議」を開催し，白景富(副警察大臣)が警察部党委員会を代表して，同年 12 月から翌年 10 月まで行うとされた本闘争の作戦を指示した[55]。

　ところが，党中央は「打黒除悪」専項闘争の最中の 2001 年 4 月 2 日から

---

53) 一般的には，犯罪グループ→犯罪集団→黒社会的組織→黒社会組織という発展段階で説明される(例えば何秉松主編『黒社会犯罪解読』(中国検察出版社，2003 年)93〜98 頁，高銘暄・馬克昌主編『刑法学』(中国法制出版社，2007 年)643 頁〔趙廷光〕参照)。なお，無頼悪勢力は組織化・成熟度・緻密さなどの程度において「犯罪集団」と「黒社会的組織」の間に位置づけられる(王智民ほか・前掲注 51)170〜172 頁〔徐浩・宋小華〕参照)。しかし，これはそもそも法律上の概念ではないため，実務では黒社会的組織の要件を充たせばそれであり，そうでないなら犯罪集団または一般の共犯として処理すればよく，「悪勢力〔の概念定義〕を議論しても実益はあまりな〔い〕」(廬建平主編『有組織犯罪比較研究』(法律出版社，2004 年)189 頁〔王志祥〕。趙秉志 「"厳打"中刑法適用若干問題研討」『厳打中的法律与政策』78 頁も同旨)。

54) ［関於開展"打黒除悪"専項闘争有関問題的通知］〔筆者未見。その概要については『公安大事要覧』1375 頁参照〕。

55) 以上の経緯について『公安大事要覧』1375 頁参照。

3日にかけて全国社会治安活動会議を開催し,「打黒除悪」専項闘争も含めた[56]「厳打整治闘争」の開始を告げた。会議で伝達・指示されたことはおおよそ以下のとおりである[57]。

まず,今回の厳打の目標は「2年間で社会治安を顕著に良くする」ことである。

次に,現状については,「現在,刑事事件の総数が増加し,危害が大きくなっている。爆破,殺人,強盗,略取,毒物混入,女子・児童拐取売買などの由々しき犯罪活動が猖獗を極めており,とりわけ一部の地方では黒社会的犯罪グループが横行して好き勝手している。郷・市場・道路をなわばりとするゴロツキなどの無頼悪勢力が害をなしている。押し込み強盗,スリ,自動車窃盗などの多発型事件も減らず,経済領域における犯罪活動も際立っている。ポルノ,賭博,薬物などの醜悪な現象も何度禁止しても止まず,社会の風紀を汚染している」という認識が示された。

そして,「社会治安は重大な社会問題のみならず,重大な政治問題でもある。人民大衆の生命および財産の安全を適切に保障することは,党および政府の肩にのしかかった重大な責任である」と治安問題を位置づけた上で,次の3分野の重点対象を示した。すなわち,①組織犯罪,黒社会的グループ犯罪および無頼悪勢力犯罪,②爆破,殺人,強盗,略取などの重大暴力犯罪,および③窃盗などの大衆の安全に由々しく影響を及ぼす多発型犯罪である。そして,各地はそれぞれの現状に基づき対象を絞り,際立った問題を解決し,しらみつぶしに治安活動を展開し,早期発見・早期解決を目指し,断固として打撃を加えなければならないとした。またその際には,第1に「法により重く速くの原則」を堅持し,第2に「着実に,正確に,容赦なく」を堅持しなければならないとした。

それと同時に,社会治安総合対策の各措置の全面的実施を指示し,「社会治安を良くするための基礎作業は教育,管理および総合対策である。真に教

---

56) 後述の3分野の重点対象の①参照。
57)「全国社会治安工作会議在京挙行」人民日報2001年4月4日1・2面参照。

育，管理および総合対策をやり遂げなければ，『厳打』の成果を打ち固めることはできない」とした。

さて，以上のような会議で打ち出された目標は，これまでの「一網打尽」ではなく，「2年間で社会治安を顕著に向上させる」という控え目なものであった[58]。1996年に警察部が策定した厳打には「整治」が付け加えられていた(4.2.1参照)が，党中央が決定した厳打に「整治」が加えられたのは，今回が初めてである。この点について曲新久は，「『厳打』政策がそれと社会政策との結合を強調し始めたことを意味し，また政策決定者が日増しに『厳打』は犯罪の予防・抑止の前提であるが，犯罪の予防・抑止は『厳打』のみに頼っていては無理であることを認識するようになったことを示す」[59]と指摘する[60]。

そして警察部は今回の厳打を，次の3段階に分けて進めるとした[61]。第1段階(2001年4月から5月)では，引き続き「打黒除悪」専項闘争を繰り広げると同時に，厳打整治闘争全体を速やかに始動するとした。第2段階(同年6月から2002年6月)では，全国的に①「打黒除悪」専項闘争を筆頭に，重大暴力事犯や多発型の財産侵害事犯などへの打撃，②爆発物・銃取締り，および③市場経済秩序の改善・規範化の活動に積極的に力を入れ，金融・税政・貿易などの領域の経済犯罪への打撃を重点とし，経済犯罪に打撃を加えるという3つの戦線を維持するとした。第3段階(同年7月から同年末)では，治安状況を深く調査し，社会治安の重点問題および治安が依然として悪い地域を発見し，さらに厳打整治行動を展開するとした。

---

58) この点について，「一網打尽」は実現不可能な目標設定であるため，「『2年間で社会治安を顕著に良くする』と調整したのかもしれない。このような目標であれば明らかに実現しやすいであろう」という指摘がある(何秉松主編『刑事政策学』(群集出版社，2002年)250頁)。
59) 曲新久『刑事政策的権力分析』(中国政法大学出版社，2002年)106頁。
60) その後，2001年9月5日に中共中央・国務院が「社会治安総合対策のさらなる強化に関する意見」(『十五大以来(下)』1963頁以下)を出した。
61) 何秉松『有組織犯罪研究(第1巻)中国大陸黒社会(性質)犯罪研究』(中国法制出版社，2002年)151頁参照。

4. その後の厳打の展開　207

　最後に,「打黒除悪」専項闘争中に01年厳打が発動された理由について,劉仁文(中国社会科学院研究員)は次のように指摘する。「警察部は昨年,打黒除悪の専項闘争を行っており,12月末の治安会議の後,それが大規模な厳打へと変わった。厳打があると知っていれば,彼らは打黒除悪の専項闘争をする必要がなかった。彼らも厳打については心の準備ができていなかったと思う。当時,石家庄で悪質な爆破事件が起こり,中央指導部の注意を喚起し,大規模な会議〔全国社会治安活動会議を指す〕が開催され,すぐにこの大規模な厳打を行った」[62]と(石家庄(河北省)の悪質な爆破事件とは,3月16日に靳如超が建物4棟に爆発物を仕掛け,死者108名,負傷者38名を出した「建国後最大」といわれる爆破事件である[63])。つまり,元々は厳打を行う予定はなかったが,石家庄で建国後最大の爆破事件が起き,中央指導部の注意を喚起したため,01年厳打が行われたというのである。

　振り返れば,83年厳打に際しても「二王」事件,ハイジャック,「菜刀隊」といった大事件が,また96年厳打に際しても李沛瑶・全国人大常委会副委員長の殺害事件や北京での銀行強盗といった大事件が生じている。人々を震撼させる事件の後に厳打が行われているのである。

　なぜこうしたタイミングで厳打が発動されるのか。これについては,李川が支配の正統性という見地から鋭く指摘する。曰く,「イデオロギー面において,1949年に中華人民共和国が成立してから,純潔社会の建設は中国人の歴史的衝動となり,半世紀にわたる宣伝を経て,純潔社会は支配イデオロギーの核心的観念となった。純潔社会の観念は執政党・政府・国家の正統性の源の1つとなっており,執政党・政府・国家は人民を導き純潔社会を打ち立てることにより自らの支配の正統性を獲得し,人民も純潔社会を執政党・政府・国家の活動を評価するメルクマールとしている。こうした状況の下で,

---

[62] 『法治的界面』209頁(曲新久報告「厳打的刑事政策分析」に対する劉仁文のコメント)。
[63] 孫軍工「《関於審理非法制造、買売、運輸槍支、弾薬、爆炸物等刑事案件具体応用法律若干問題的解釈》的理解与適用」公検法辦案指南2001年7輯104頁参照。

刑事事件発生率が上昇し，人民の安心感が低下すれば，純潔社会の観念は衝撃を受け，執政党・政府・国家の正統性が動揺する。執政党・政府・国家はこのとき，イデオロギー面で刑事事件発生率の上昇，人民の安心感の低下の現象に対して応対しなければならない。これらのことを出発点とすると，我々は，厳打とは執政党・政府・国家が現実状況の変化に応じて行う正統化の努力であると見ることができる。この点を見なければ，厳打の役割が次の点にあることが分からない。すなわち，厳打により，執政党・政府・国家は自身がなお人民の代表であると主張することができ，また厳打により執政党・政府・国家は自身が依然として人民を導いて純潔社会を建設しているのだと主張することができる，ということである。またこうしたことを見なければ，厳打において，なぜイデオロギーの担い手である大衆を対象として，世論を形成し，全人民を動員するのかを理解できない。ここでは，厳打は痕跡を露わにしないイデオロギー伝播の道具であり，執政党は厳打により人民の支持を求めている。換言すれば，執政党・政府・国家にとっては，厳打の展開自体が勝利を意味するのである。執政党・政府・国家の正統性を守ることと比べて，犯罪への打撃における厳打の長期的役割は，これとは裏腹に副次的なものである」[64]と。つまり，党は厳打を通じて「純潔社会」を追求する(という態度を示す)ことにより「人民の支持」を調達しているのであり，厳打に短期的な犯罪抑止効果しかなくとも(3.4参照)，それは二義的な意味しか持たない，何よりも重要なことは支配体制の維持である，というのである。

　こうした李川の議論に拠れば，厳打が人々を震撼させる大事件の後に発動されたことが理解できよう。すなわち，大衆に治安の悪化を印象づける大事件が発生すれば，政策決定者は大衆がそれを党と政府の責任と考える，と認識している[65]。つまり，政策決定者にとっては，大事件の発生はその支配の

---

64) 李川「当前厳打研究中的四個誤区」中国刑事法雑誌 2003 年 2 期 3 頁。
65) このことは，治安回復を図らなければ「党および政府の失政」とされるという認識，および 83 年厳打に際して鄧小平が示した「刑事事件・悪質事件が大幅に増えており，こうした状況では人心を得ることなどできない」という認識などから読み取れよう(それぞれ彭真「関於整頓城市社会治安的幾点意見」『彭真2』199頁，『鄧小平文選(第3

正統性の危機を意味するのである。そこで，正統性を回復することが政策決定者にとって死活問題となる。厳打はそのための手だてなのである[66]。

4.3.2　法　整　備——刑法 294 条 1 項をめぐる司法解釈と立法解釈

黒社会的組織に関連する罪を定めるのは，刑法 294 条である。ここでは特に同条 1 項の黒社会的組織組織・指導・参加罪における「黒社会的組織」をめぐる解釈を考察する。同項規定は次のとおりである。

> 暴行，脅迫その他の方法により，組織的に違法犯罪活動を行い，覇を唱え，悪事を働き，大衆を抑圧し，または酷く殺害し，経済または社会生活秩序を著しく破壊する黒社会的組織を組織し，指導し，またはこれに積極的に参加した者は，3 年以上 10 年以下の有期懲役に処する。その他の参加者は，3 年以下の有期懲役，拘役，管制または政治的権利の剥奪に処する。

この条文を読めば，本罪が「暴行，脅迫その他の方法により，組織的に違法犯罪活動を行い」云々の「黒社会的組織」の組織・指導・参加行為を処罰するものであることは分かる。では何をもって「黒社会的組織」と認定するのかというと，本条からはよく分からない[67]。

そこで最高裁は，「打黒除悪」専項闘争の開始に合わせて司法解釈を出し，

巻)』(人民出版社，1993 年) 33 頁。
66) 周剛志・陳旭文「1983 年"厳打"的回顧与反思」李龍主編『新中国法制建設的回顧与反思』(中国社会科学出版社，2004 年) 247 頁も 83 年厳打について，「『二王』事件は全国人民の社会治安問題に対する憂慮を引き起こし，かなりの程度において，『厳打』政策の登場を促した」と指摘する。
67) 刑法 26 条(詳しくは 4.3.3.4 参照)には共犯の特殊形態として「3 人以上で共同で犯罪を実施するために結成されたわりあい固定された犯罪組織」(2 項) と定義される「犯罪集団」が規定されている。これに該当すれば，その組織・指導者(＝主犯)は，当該集団が犯した全ての犯罪について，またその参加者は自身が参加した犯罪について責任を負う(1・3・4 項)。他方，当該集団が黒社会的組織と認定されれば，それに加えて，本罪が別に成立し，他の罪と併合罪とされる(294 条 3 項，後述する最高裁司法解釈 3 条 1 項参照)。なお，必要的共犯である本罪については犯罪集団規定の適用はない(趙秉志・前掲注 15) 210 頁〔李希慧〕参照)。

この問題の決着を図った。最高裁「黒社会的組織犯罪事件の審理における法律の具体的運用の若干の問題に関する解釈」(2000 年 12 月 4 日採択，同月 10 日施行)がそれである[68]。本解釈1条は「黒社会的組織」の要件を次のように定める。

　　刑法 294 条所定の「黒社会的組織」は，原則として次の要件を備えなければならない。
　(1)　組織構造がわりあい緊密で，人数がわりあい多く，わりあい明確な組織者または指導者がおり，幹部構成員が基本的に固定的であり，わりあい厳密な組織規律があること。
　(2)　違法犯罪活動その他の方法により経済的利益を獲得し，一定の経済力を有すること。
　(3)　賄賂，脅迫などの方法により，国家勤務人員を誘引し，もしくは威迫して黒社会的組織の活動に参加させ，またはこれにそれに対する不法な保護を提供させたこと。
　(4)　一定の地域または業界内において，暴行，脅迫，嫌がらせなどの方法により，欲しいままに恐喝し，市場を支配し，乱闘し，言いがかりをつけて騒ぎを起こし，故意に傷害するなどの違法犯罪活動を行い，経済または社会生活秩序を著しく破壊すること。

これにより実務は 294 条1項よりは明確な本罪認定の手がかりを得た[69]。しかし，本司法解釈に対しては，批判も少なくなかった[70]。特に批判が集中

---

68) 祝二軍は本解釈が「司法実務のニーズに応えて，黒社会的組織犯罪の認定・処理のために統一的で，明確かつ具体的な基準を提供した」とする(同「《関於審理黒社会性質組織犯罪的案件具体応用法律若干問題的解釈》的理解与適用」刑事審判参考 2001 年 2 輯 73 頁)。
69) 宇野和夫は「抽象的な刑法第 294 条より一歩前進したものの，まだまだ明瞭性に欠ける規定であった，と言えよう」とする(同「中国刑法における『黒社会性質組織』の認定基準問題」比較法学 38 巻 3 号(2005 年)12 頁)。
70) 例えば何秉松は「厳密にいって，最高人民裁判所が提起した4要件の内，刑法 294 条が明文規定するのは第4要件だけである。第1要件は刑法 26 条の犯罪集団の規定を根拠とする補充解釈と考えることができる。しかし，第2・3要件は法律に明確な規定が

したのは，3号の国家勤務人員の「後ろ盾」[保護傘]を要件とした点であった[71]。なお，「原則として」[一般]と規定されているが，最高裁にとってその意味は，「決して黒社会的組織の認定に際して，いずれかの要件を欠いたとしても黒社会的組織犯罪と認定できるということを意味しているのではなく，4要件の内のある要件は典型的ではないとか，別の行為形態で現れているかもしれないということを指している」[72]ということらしい。つまり，実質的な「後ろ盾」の存在は必須要件なのである。

こうした本司法解釈を趙秉志(北京師範大学教授)は，「限定解釈であり，黒社会的組織の要件についてさらに厳格な解釈を採っているが，これはまさしく罪刑法定原則の人権保障の基本的精神に吻合するというべきであろう」[73]と人権保障の見地から高く評価する。

しかして，最高裁が「後ろ盾」を要件とした主眼は，どうやらそこにはなかったようである。というのは，最高裁刑事裁判第1廷が2001年12月20日から22日にかけて開催した黒社会的組織犯罪問題シンポジウムにおいて，次のような意見が多数意見となったからである。すなわち，黒社会的組織が4要件に該当しなければならないことを強調する理由は，単に黒社会的組織メンバーが従事した具体的犯罪行為に厳しく打撃を加えるためだけではなく，より主な理由は，「黒社会的組織の存立基盤を根本から取り除くためである」。また，「後ろ盾」要件を堅持しても，「裁判所が具体的事件の審理において黒社会的組織メンバーを重く処罰することを妨げない。犯行が極めて由々しい犯罪者については，関係する罪名でなお死刑判決を下し得るため，

　なく，実際には刑法294条に対する補充・修正である。こうした補充・修正は最高人民裁判所の司法解釈権を踰越している」と批判する(同・前掲注61)219頁)。
71) 宇野・前掲注69)12頁参照。
72) 陳興良・李武青・熊選国「談談黒社会性質組織犯罪」南英主編『"打黒除悪"審判参考』(人民法院出版社，2003年)274頁。発言者は最高裁刑事裁判第1廷副廷長の李武青である。
73) 趙秉志・前掲注53)71頁。なお，罪刑法定原則を定める刑法3条は「法律に犯罪行為であると明文規定しているものは，法律により罪を認定し刑を科す。法律に犯罪行為であると明文規定していないものは，罪を認定し刑を科すことはできない」と定める。

『厳打』闘争の打撃力に影響するはずはない」[74]，と。つまり，「後ろ盾」要件を加えることにより，「後ろ盾」となっている腐敗した官僚を掘り出そうとしたのであり[75]，またそのために本罪が認定できなくても，黒社会的組織の中心メンバーについては，他の罪で死刑を科すことができるため，厳打には支障を来さないと判断したのである。後者については，294条1項の成否が問われるケースにおいて，黒社会的組織の中心メンバーは26条3・4項（本解釈3条1項）により，その組織・指導した犯罪全てについて刑事責任を問われるため，死刑に処すことは可能である場合が多いということである。しかも，294条1項の最高刑は懲役10年であるため，黒社会的組織の中心メンバーに対する処罰結果は変わらない場合がほとんどであると推測される[76]。したがって，中心メンバーをどれだけ「重く」できるかという点に限っていえば，294条1項を適用する実益がない場合がほとんどであろう（この点に実益があるのは，26条3・4項の適用がない参加者である）。

　こうして最高裁が「後ろ盾」を要件とした結果，実務においては，警察や検察が黒社会的組織と判断した事件が，当該要件を欠くことを理由に，裁判所により黒社会的組織と認定されないという事態が生じた。その典型例は深圳市の李成禄・楊旭勇をリーダーとする犯罪集団の事案である。当該犯罪集団は会社を設立し，それを隠れ蓑として一般市民を恐喝したり，さらには何度も警察を襲ったり，交通警察官を取り囲んで殴打したりしていた。本件1審（羅湖区基層裁）は，2001年9月13日に判決し，李等に本罪の成立を認めた。

---

74) 「黒社会性質組織犯罪問題研討会議綜述」南英・前掲注72)書279頁。
75) このことは「少し手間ひまがかかっても黒社会性質組織と"保護傘"を同時にたたくか，それとも手間ひまのかかる"保護傘"摘発はあきらめて黒社会性質組織を短期間にできるだけ数多くたたくか，という選択」（宇野・前掲注69)17頁）において，最高裁が前者を選んだことを意味する。そして，後の立法解釈は後者を選んだ。
76) 刑法69条1項
　　判決宣告前に1人が数個の罪を犯した場合は，死刑および無期懲役を言い渡すときを除き，刑期の総和以下，数個の刑の中で最高の刑期以上において，情状を斟酌し執行する刑期を決定するが，ただし，管制は最高で3年を越えてはならず，拘役は最高で1年を越えてはならず，有期懲役は最高で20年を越えてはならない。

ところが同年12月14日，2審(深圳市中裁)は，「後ろ盾」要件を欠くとして，本罪の成立を否定した[77]。そして，何秉松の推計によると，このように「後ろ盾」要件を欠くために本罪が認定されないケースは——どのように算出したかは不明であるが——全体の4分の1ほどあるという[78]。

こうした状況の中，最高検は2001年11月，全国人大常委会に次のように報告し，立法解釈により警察・検察と裁判所の解釈の不一致を解決するよう求めた。すなわち，最高裁の司法解釈は「刑法294条の規定を超えて黒社会的組織の認定について要件を加えた。この4要件の内の第3要件(すなわち不法に保護がなければならない)の規定は，刑法294条の黒社会的組織についての規定の内容を突破しており，このため『厳打』整治闘争において処理中の黒社会的組織犯罪事件を法により追及できなくなり，打撃力不足を招いている」[79]，と。つまり，最高裁の越権的司法解釈により，実務では本罪が認定されなくなり，打撃力不足に陥っているというのである。

これを受けて全国人大常委会は，2002年4月28日，「『刑法』294条1項に関する解釈」を採択し，この問題に決着をつけた。すなわち，黒社会的組織の要件の1つとして，「違法犯罪活動を実施し，または国家勤務人員の庇護もしくは放任を利用することを通じて，覇を唱え，一定の地域または業界内において，不法な支配または大きな影響力を形成し，経済または社会生活秩序を著しく破壊すること」(4号)を定め，「後ろ盾」を必須要件ではなく選択的要件としたのであった。

こうして，最高裁の限定解釈は，黒社会的組織事件の刑事責任を追及できないという理由から覆されたのである。しかも，上述のように黒社会的組織の中心メンバーについては294条1項を適用する実益がないことが多いため，ここで処罰しようとしているのは，26条3・4項を適用できない，したがっ

---

77) 何秉松・前掲注61)227頁，王子書「我国黒社会性質組織罪的立法変遷」社会科学家2003年1期(CNKI)65頁参照。
78) 何秉松・前掲注61)227頁参照。
79) 黄太雲『立法解読：刑法修正案及刑法立法解釈』(人民法院出版社，2006年)215頁。

て黒社会的組織の中心にはいない者なのであろう。ここでは，より多くの者を，できるだけ重く処罰しようとする検察の，また全国人大常委会の意図を読み取ることができよう。またそれと同時に，この実例から，真の法律の解釈者が裁判所ではないことも明らかであろう。

4.3.3 刑事司法の実際——裁判のあり方を中心に

従来，厳打は実務家を中心に議論されてきたが，中国法学会刑法学研究会(中国)の年度大会で2001年および2003年に厳打を大会テーマの1つとした[80]ように，それは現在では刑事法学界の一大論点となっている。こうした中，学界で発表されている諸論文において指摘されている厳打期に生じた現象は多岐にわたるが，ここでも裁判のあり方に焦点を当てて見ていく。

4.3.3.1 党 の 指 揮

01年厳打の指揮を執ったのは，やはり党であった。例えば，福建省では「中央，省党委員会が厳打整治闘争の展開という重要な政策決定・配置を行った後，福建省の警察機関は同警察庁党委員会の統一的指導の下，迅速に厳打活動に投入され，一定の成果を挙げた」[81]という。また，北京市高裁も，北京市党委員会と最高裁の指導の下，「中央，市党委員会，最高裁の統一的配置に従い，裁判機関の権能作用を存分に発揮し，関係部門と積極的に緊密に協力し，社会治安に由々しき危害を及ぼす犯罪活動および市場経済秩序を著しく破壊する犯罪活動を法により重く速く裁判し，全力で首都の政治的安定および社会の安定を守り，良好な社会治安環境を築き上げるよう」同市各級裁判所に指示した[82]。

そして，党の指揮は「政策決定・配置」にとどまらず，具体的な事件処理への指示に及んだ[83]。後述(4.3.3.3(2)参照)の合同事件処理はその一例である。

---

80) 『刑法学文集(2001)』，『刑法学文集(2003)』参照。
81) 李双其「福建省"厳打"工作調研報告」中国刑事法雑誌2002年2期88頁。
82) 北京市高裁「北京市裁判所が『厳打』整治闘争を展開することに関する意見」(2001年4月11日。北京市高級人民法院編『首都法院改革与建設規範』(知識産権出版社，2002年)494頁以下)一参照。

また,「党政指導者が『厳打』の成果を誇示するために,現実を顧みずに勝手気ままにノルマを課し,任務の負担を重くし,犯罪の法則を顧みずに検挙件数と検挙期限を融通なく定め,一部の末端の司法部門は対応に追われ,警察力の不足,経費の有限性,装備の立ち後れなどの原因も加わり,事件処理において訴訟手続を軽視し,ひいては拷問による自白の強要,証拠の違法収集を行っているところもある」[84]という。党政指導者が課したノルマをこなすため,手続違反,さらには拷問・違法な証拠収集を行っているというのである。「法により重く速く」のために違法を働くという一見パラドキシカルな現象が生じている。

4.3.3.2　大衆の動員

　江西省では警察の警察官および武警以外にも,郷鎮(農場)・街道辦事処・居民委員会・村民委員会の幹部および民兵,防犯協力者が動員されたという[85]。また,浙江省金華市では3万人近い大衆が厳打の隊伍に組織の一員として,または自発的に参加し,被疑者検挙に協力したという[86]。

　また,捜査の端緒の提供については,「四川省は厳打整治の第1段階において,全省で406万人の大衆が公開勾留・判決宣告大会に参加したが,大衆が直接捕まえて,警察に連行した被疑者はわずか853人であり,大衆が電話や手紙で提供した犯罪の手がかりの申告・摘発はわずか6073件であった。他方,1983年の『厳打』第1戦役第1戦闘期間において,四川省において大衆が警察に連行した違法行為・犯罪者は5810人であり,犯罪者申告・摘発の資料・手がかりは21.6万件以上あった」[87]という例が見られる。83年

---

83) 例えば,張紹謙は,党および政府が裁判結果について干渉し,指示を下すことは,「これまでの『厳打』において暴露されたわりあい普遍的な問題である」と指摘する(同「反思刑法"厳打"方針　維護社会長治久安」鉄道警官高等専科学校会報2002年4期(CKNI)9頁)。
84) 陳興良「"厳打"中如何掌握刑事政策」『厳打中的法律与政策』84頁。
85) 「"厳打"風雲再起」人民公安2001年8期(CD)5頁参照。
86) 「群衆成為厳打整治堅強後盾」人民公安報2001年4月30日1面(CD)参照。
87) 呂卓「対現階段厳打整治闘争的理性思考」公安研究2001年8期35頁。

厳打期における大衆の厳打参加の積極性と，01 年厳打期におけるそれとを比べると，隔世の感があることは否めない[88]。

以上の例が示すように，01 年厳打においても，大衆が厳打に動員されたが，4.2.2.2 でも指摘したように，大勢としては大衆の積極性が減少している感は否めない。

4.3.3.3　裁　判　1 ── 迅速化

01 年厳打においても「速く」裁判を行うために(1)「2 つの基本」の採用，(2)裁判所の事前介入などの措置が講じられた。以下，順に見ていこう。

(1)　「2 つの基本」

80 年代初頭に打ち出された「2 つの基本」は，それ以降の厳打において守るべき原則となっていた。01 年厳打も例外ではない。

旧刑訴法においては有罪認定の基準について規定はなかったが，現行刑訴法はそれを「事件の事実が明らかで，証拠が確実で，十分（であること）」（162条1号）と定める。本号規定と彭真発言を比較したのが，表 4-8 である。同表から読み取れるように，やはり「2 つの基本」は刑訴法所定の有罪認定の基準を引き下げているといえよう。

そして，83 年厳打についても指摘したが(3.3.3.2(4)参照)，厳打期に「2 つの基本」によりもたらされる実際的問題は，安易な事実認定・証拠採用による誤判である。最高裁もこのことを意識しており，厳打開始後，2001 年 11 月 13 日に「江蘇省徐州市中級人民裁判所がしっかりとチェックして冤罪事件の発生を防止したことに関する状況」を，また 2002 年には「『厳打』事件の質を適切に保障することに関する状況通達」とともに裁判例 3 件を下達し，

---

[88] 警察部「重大刑事犯罪活動に法により厳しく打撃を加える通告」(2001 年 4 月 22 日。以下，「警察部厳打通告」と呼ぶ。公安部法制局編『公安機関執法須知（厳打整治闘争専輯）』(中国人民公安大学出版社，2001 年)127～128 頁)六は，具体的金額を定めていないが，違法・犯罪行為の通報者に内容に応じて報奨金を与えるとする。なお，83 年厳打においても「二王」事件の王氏兄弟に対して報奨金がかけられていた（羅冰「鄧小平遇劫与大逮捕」争鳴 1983 年 10 月号 8 頁）が，本通告のように，全国規模で非特定事件の通報者に対する報奨金支給措置が一般化していたわけではなかったようである。

4. その後の厳打の展開　217

表4-8　刑訴法162条1号と「2つの基本」

刑訴法162条1号	「2つの基本」(彭真発言)
事件の事実が明らか	犯罪の基本的事実が明らか
証拠が確実	確実な基本的証拠
証拠が十分	なし

事件の「質」に注意するよう指示した[89]。以下では，後者の1例である海南省で行われた強盗事件の審理の顛末を見る[90]。

〔事案の経緯〕

1999年5月25日，甲地で殺人事件が発生したが，長らく検挙されていなかった。2000年10月，Xが当該事件の犯人であるとの通報があり，警察はすぐにXを逮捕・勾留した。取調べにおいてXは犯罪事実を供述した。ところが起訴後，Xは供述を翻し，取調べ時の供述は拷問によるものであると主張した。

〔1審〕(海南中裁2001年5月判決，日付不明)

1審は，X取調べ時の録画映像，犯行現場における検証時の録画映像，証人の証言，警察による現場検証調書，鑑定結果および取調べ時のXの供述調書を採用した上で，次のように事実を認定した。すなわち，1999年5月25日7時頃，Xは鉄筋および包丁を持ち，被害者A宅に侵入し，Aの寝室で物色しているときに，Aが目を覚まし大声で叫んだため，鉄筋でAの頭部を殴打し死亡させた。その後，Xは現金1000元を見つけ，強取して逃亡した，と。そして1審は，強盗罪の成立を認め，Xに死刑を言い渡した。

〔2審〕(海南省高裁2001年11月27日裁定)

1審判決後，Xは①強盗殺人行為を行っておらず，当時，B・C・Dと一緒にいたこと，および②従来の供述は警察の誘導尋問によるもので，供述後

---

[89] 「関於切実保障"厳打"案件質量的情況通報」刑事審判要覧2003年2輯61頁以下参照。なお，本通達が具体的にいつ下達されたかは分からない。

[90] 「海南省高級人民法院関於被告人劉栄彬搶劫一案的審理情況報告」前掲注89)62～65頁参照。

ねつ造されたことの２点を理由に無罪を主張し，上訴した。

２審は，「原判決が認定した有罪証拠は検証に耐えられず，しかも本件の間接証拠は十分な証拠構造を形成し得ず，多くの疑問がある」として，以下の７点の問題を指摘した。

①Ｘは当時Ｂ・Ｃ・Ｄと一緒にいたと供述しているが，警察，検察が提出した証拠の中にはＢ・Ｃ・Ｄの証言がなく，Ｘが現場にいなかったか否か，およびＸが犯行を行う時間があったか否かについて認定できない。

②Ｘが供述した犯行時刻と，被害者の家族が供述した犯行時刻が一致しない。

③Ｘが使用したとされる「鉄筋」および「包丁」の出所および現在の所在がはっきりしない。

④現場検証調書によると，現場の鉄の門および隠し錠にこじ開けた跡ははっきりと残っておらず，また警察もＡ宅でＸの指紋および足跡を採取しておらず，Ｘが現場にいたことを証明できていない。

⑤現場検証調書および写真によると，現場には白色の半袖シャツが残されており，大量の血痕が付着しているが，当該シャツが誰のものか，なぜ大量の血痕が付着しているのかについて，警察は鑑定もしておらず，また説明もしていない。

⑥Ｘの有罪供述は前後矛盾しており，しかもいくつかの点は常識に合致しない。例えば，Ｘが犯行前にＡ宅に行ったことがあるかについて供述は一定しておらず，またＸは財産目的でＡ宅に侵入したにもかかわらず，ＡがＸに金のイヤリングを渡そうとして，Ｘがこれを拒んだことなどである。

⑦「事件後１年以上経ち，通報者がいたため検挙できた。検挙過程の都合が良すぎる」。

その上で２審合議廷は「原判決が認定した有罪証拠は主にＸ本人の供述であるが，その供述は前後矛盾しており，いくつかの点は常識に合わず，しかもＸの供述は罪状否認から有罪の供述へと，さらには全ての供述を否定するといった変遷を遂げている。本件証拠には多くの疑問があり，事実は明らかではなく，証拠も不確実である。原判決を破棄し，差し戻す」という意

見で一致した後，裁判委員会の同意を得て，事実が明らかではなく，証拠が不足していることを理由に，原判決破棄，差戻しの裁定を言い渡した。

〔コメント〕

本件2審が指摘したように，1審の事実認定には問題が山積しているといえよう。2審の指摘からは，有罪を立証するためには当然あってしかるべきと思われる証拠すら欠けていることがうかがえる。例えば，①Xが現場にいたか否か，またXに犯行を行う時間があったのか否か，②XとA家族がそれぞれ供述した犯行時刻が一致していないこと，④Xが現場にいたことを証明できていないことなどである。こうした基本的な証拠すら固まっていないにもかかわらず，1審は死刑判決を下したのである。最高裁がこうした裁判例を下達して，下級裁判所に「証拠を重んじ〔る〕」よう注意を喚起するのも無理なかろう。

なお，本件は死刑判決の可能性がある事件であったため，高裁が2審となり，2審で1審(中裁)のずさんな証拠採用による事実認定が覆された。しかし，実際には80%以上の事件の1審が基層裁であるといわれている[91]。この場合，2審は中裁である。つまり，8割以上の事件が上述のような事実認定を行う中裁にて刑事手続が終了することになる。このほか，最後の⑦からは，2審がでっち上げを疑っているようにも読める。

(2) 事前介入など

まず，裁判所の事前介入[92]について，例えば海南省高裁は厳打のプラン

---

91) 張文・陳瑞華・苗生明主編『中国刑事司法制度与改革研究』(人民法院出版社，2000年)117頁〔陳〕参照。
92) 最高検公訴庁「検察機関公訴部門が厳打闘争および市場経済秩序の整頓・規範化活動に積極的に参加することに関する意見」(2001年4月12日。公検法辦案指南2001年7輯142頁以下)三(三)は「法執行中に遭遇した法適用の問題については，自主的に裁判所と協議し，コンセンサスを形成しなければならない。公訴部門は重大・特大黒悪勢力犯罪および市場経済秩序を著しく破壊する犯罪事件の起訴審査をする際には，適時に裁判所に通知し，裁判所の関係部門に事前介入を要請し，事案を熟知し，遭遇した法律問題を共同で検討し，もって出廷・公訴の順調な進展および公判の社会効果を保証しなければならない」とする。

を策定した後,「省の全裁判所は厳打において特別なことは特別に取りはからい[特事特辦],重大事件については事前介入〔せよ〕」と同省の裁判所に指示したという[93]。また,黒龍江省肇州県でも重大・難解・社会的影響の大きい事件について速く審理するために事前介入を行ったという[94]。

次に,合同事務処理について,例えば江蘇省淮安市裁判所は,「同裁判所はコミュニケーション・調整を強化し,制約権能の役割を存分に発揮した。一方では検察機関とのコミュニケーション・調整に注意し,何度も厳打事件列席会議を開催し,相互に交流し,提案し合い,認識を統一した。他方では,公判を経て,公訴機関の意見に確かに誤りがあるときは,断固として是正した。1年間で検察機関の不当な起訴事実,性質認定および法適用を8件是正した。同時に,同裁判所はさらに党委員会の指導にしっかりと頼り,警察・検察・裁判所の3機関で争いがわりあい激しい事件について,自主的に党委員会に重視されるようにし,速やかに政法委員会に調整を願い出,事件を妥当に解決できるようにした」[95]という。裁判所は検察と「厳打事件列席会議」で見解を一本化し,さらに警察・検察・裁判所の間で「争いがわりあい激しい事件」については,政法委員会に調整を願い出るのである。両者ともに「合同事務処理」[聯合辦案]という用語は用いられていないが,その実質は同じであると解される。

また,河南省南陽市中裁でも,「検察・警察機関との協調を強め,力を合わせ,警察・検察・裁判所3機関の列席会議制度を堅持し,連携を強化し,情報を交換し,考え方を統一し,3機関の意見が一致しない,または職責の違いから生じた法適用の問題を適切に解決した」[96]という。この「3機関の列席会議」も実質的には合同事務処理といえよう。

さらに羅幹(中央政法委書記)は厳打開始直後に,政法機関の見解を調整する

---

93)「海南高院制訂厳打方案」人民法院報 2001 年 4 月 10 日 1 面参照。
94)「肇州厳打注重社会効果」人民法院報 2001 年 10 月 25 日 2 面参照。
95)「堅持穏准狠　牢把三道関　淮安法院厳打案件桩桩是鉄案」人民法院報 2002 年 6 月 5 日 4 面。
96)「南陽法院:厳打犯罪　維護穏定」人民法院報 2002 年 10 月 15 日 6 面。

立場にある各級党委政法委員会に対して，「厳打闘争に対する指導・調整を強化し，重大事件，重大な行動について共同で研究し，認識を統一し，厳打闘争の順調かつ健全な進展を保証しなければならない」[97]と指示した。

　他方，合同事件処理については，先述(4.2.2.3参照)のように96年厳打の時点で「基本的になくなった」といわれていた。だが，それはやはり「基本的に」であって，根絶やしにされたわけではなく，01年厳打においても行われていた。その実例として，吉林省四平市を挙げることができる[98]。すなわち，同市では同市党委員会が厳打開始後速やかに警察・検察・裁判所「3長」列席会議を招集し，黒悪勢力に関する犯罪の認定および量刑の基準を統一した。また，「事件処理期間を短縮し，打撃の効果を増強するために，検察院および裁判所は法により事前介入し，警察・検察・裁判所3機関の合同事件処理を実施した。争いのある事件については列席会議を招集して検討の上解決した」，と。つまり，一般に合同事件処理を行い，問題が生じれば，「3長」列席会議で解決する，というものと読める。

　このように合同事件処理が行われたことは，2001年の中国法学会刑法学研究会年度大会(10月開催)で「党政指導者による具体的事件に対する審査指示が習慣となっている地方もあり，一部の事件の判決には『長官の意思』が入っている。また『政法委員会』が指導して警察・検察・裁判所の合同事件処理を行っている地方もあり，司法活動自体の法則に完全に違背しており，司法機関間の相互制約はすっかりなくなっている」[99]と指摘されていることからも確認できる[100]。

---

97)「羅幹在湖北調研時強調　深入開展厳打従重従快打撃黒悪勢力」人民法院報2001年5月16日4面。
98)「快偵破　快起訴　快審判　四平市"三長"聯席出鉄拳」法制日報2001年8月14日6面参照。
99) 馮衛国「"厳打"政策的理性分析」『刑法学文集(2001)』328頁。
100) 黄祥青は「裁判所は全て提前介入し，警察・検察機関と合同事件処理をし，もって訴訟に要する時間を節約すべきである」とする地方・個人が存在するという(同"厳打"刑事政策的掌握与運用」政治与法律2001年6期25頁)。

4.3.3.4　裁　判　2──厳罰化

　01 年厳打においても裁判所にノルマが課せられたようである。一般論の域を出ないが，「『厳打』の成果を測る基準を『何人捕まえたか，どれだけ重い刑罰を科したか』とする」[101]，あるいは「『重罰の判決が刑事事件の 70％ 以上でなければならない』，『重点打撃の対象は法定刑の中間線以上で刑を科さなければならない』など」[102] とする地方もあったという。特に後者の指摘は，83 年厳打期に課されたノルマと同様の表現が用いられており，変わらない実務を印象づける[103]。

　また，「重く」のための裁判の蒸し返しも行われた。01 年厳打の現象として，「下級裁判所が重い罪を軽く罰し，量刑が軽すぎるために上級裁判所が裁判監督手続により基層裁の事件を引き上げて審理し，また検察院が法適用の誤りを理由として，発効判決に対してより重い新たな罪名でプロテストを申し立てる事案が大幅に増加している」[104] ことが指摘されている。また，北京市高裁が 01 年厳打開始直後の 4 月 11 日に同市各級裁判所に向けて発した，「北京市裁判所が『厳打』整治闘争を展開することに関する意見」二は，「原判決が基本的に正しく，裁判を終えて労働改造機関に移送し執行している受刑者を改めて裁判することを避けるように注意しなければならない」と指示する。これは労改犯に対する裁判の蒸し返しを禁止する旨の指示であるが，こうした指示が 01 年厳打に際して発せられたということは，01 年厳打以前において，厳打(例えば 96 年厳打や打黒除悪専項闘争)の「重く」のために裁判の蒸し返しが行われていたこと，および 01 年厳打においてもそれが行われる可能性があったことを示すものであると考えられる。他方，労改犯ではない者(拘役，管制，執行猶予，罰金などに処された者)については，蒸し返してもよい

---

101) 游偉・謝錫美「"厳打"政策与預防犯罪」・前掲注 18)書 252 頁。
102) 馮衛国・前掲注 99) 327 頁。
103) 張紹謙は，こうした現象は少数だが，歴代の厳打に共通する問題であると指摘する(同・前掲注 83) 5 頁参照)。
104) 馬力・呂洪民「禁止双重危険原則与刑事再審制度的改革」国家検察官学院学報 2001 年 4 期 76 頁。

4. その後の厳打の展開　223

とも読める。

　さて，それでは実際に厳打によりどれだけ「重く」なったのかというと，これまでのように時系列的に比較し得る資料がない。以下では参考記録として，筆者が知り得たデータの内，近似値的に比較の俎上に載せ得ると目されるものを紹介しておく。

　まず，2001年の厳打開始後の裁判の「成果」については次のような記述がある。まず，同年末までにおける厳打対象の「3類の重点的に打撃を加える社会治安に由々しき危害を及ぼす」犯罪の判決発効人員20万8678人の内，5年以上の刑の者は9万4140人であり，その比率は45.1％であった[105]。また，同時期の「社会治安に由々しき危害を及ぼす刑事事件」の判決発効人員26万1627人の内，5年以上の刑の者は11万7357人であり，その比率は44.9％であった[106]（以下，それぞれ「01年統計①」，「01年統計②」と呼ぶ）。

　次に，前後2年間の関連するであろうデータとして，1999・2000年は「社会治安に由々しき危害を及ぼす犯罪」の，また2002年から2004年までは「社会秩序に由々しき危害を及ぼす犯罪」の判決発効人員，その内の5年以上の刑の者の人数，およびその比率を示そう（表4-9）。なお，それぞれがどの犯罪を含むかは逐一示されていないが，例示されている項目の多くは共通していることから，その内容に大きな違いはないと思われる。ただし，同一であることの確証はない[107]（さしあたり，両者をともに「治安事犯」と呼ぶことに

105）『法律年鑑（2002）』145頁参照。
106）「除悪務尽——2001年人民法院"打黒除悪"闘争紀実」法制日報2002年3月15日2面参照。
107）なお，2001年については「故意殺人，強盗，強姦，銃関連などの公共の安全および社会治安に直接危害を及ぼす犯罪」の判決発効人員が48万857人であり，その内5年以上の刑の者が15万913人（31.4％）であった（『法律年鑑（2002）』145頁参照）。これは2002年の最高裁活動報告で摘示された「重大刑事犯罪」を指すと考えられる（最高人民法院公報2002年2期41頁参照）。というのも，その5年以上の刑の者も15万913人であったとされているからである。そしてそこでは同時に，「前年比15.07％増であった」と指摘されている。2001年と2000年が同じ事項を対象とした統計であれば計算が合うはずであるが，大幅にズレが生じるため，両者は異なるものと考え，除外した。

表 4-9　治安事犯の判決発効人員における重罰率
(1999，2000，2002〜2004 年)

年		1999	2000	2002	2003	2004
総数		201,322	229,308	303,466	308,183	298,574
内：重罰	人員	101,305	110,792	142,096	140,403	128,647
	比率	50.3%	48.3%	46.8%	45.6%	43.1%

注：1999 年の「総数」について，参照元のデータは「20302」(人)であり，誤植と考えられるため，重罰の「人員」と「比率」から計算した。
出典：『法律年鑑』(各年度版)の「審判工作」欄参照。

する)。

　そして，表 4-9 と 01 年統計②を比較すると，厳打が開始された 2001 年の重罰率(44.9%)がその前後 2 年よりも低いという事実が浮かび上がってくる。このことは厳打対象に絞った 01 年統計①にも当てはまる。これは今までになかったことである。

　ただし，ここで注意しなければならないのは，治安事犯に限らず，刑事事件全体において，重罰率が低くなっていることである。図 4-3 は，1995 年から 2004 年までの，全刑事事件の判決発効人員の重罰率と治安事犯のそれの推移を表したものである。なお，2001 年については適切なデータがないため[108]，「社会治安に由々しき危害を及ぼす刑事事件」を対象とする 01 年統計②のデータを用いた。

　本図が示すように，刑事事件全体の傾向としては，重罰率は下がる一方であった。1996 年を頂点として，それ以降は治安事犯も含めて寛刑化の流れにあったことが分かる[109]。しかし，全刑事事件については，翌 2002 年にさらに重罰率が下がったのに比し，治安事犯についてはそれが上がっている。

---

108) 注 107)参照。
109) なぜ寛刑化の傾向が生じたのかは，それだけで大きな論点となろう。なお，その要因の 1 つとして，馬長生は「1997 年に刑法を全面改正したときに，死刑罪名がいくばくか削除され，特に通常の窃盗罪について死刑が廃止されたことにより，刑事司法実務における実際の死刑判決は大幅に減少した」と指摘する(同「調整観念　与時倶進——我国改革開放以来刑事政策的回顧与展望」『刑法学文集(2003)』904 頁)。

4. その後の厳打の展開　225

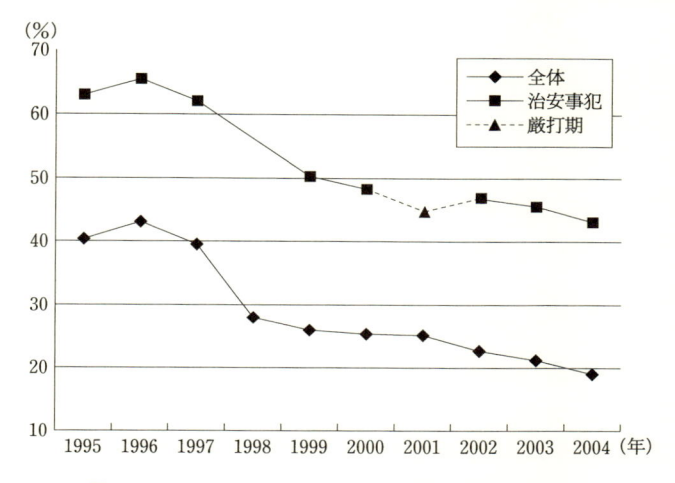

図 4-3　判決発効人員における重罰率(1995〜2004 年)
出典：『法律年鑑』(各年度版)の「審判工作」欄参照。「厳打期」とは 01 年統計②のデータである。なお，1998 年以前の「治安事犯」として掲げたデータは，いずれも「社会治安に由々しき危害を及ぼす」犯罪として示されたものである。また，1998 年の「治安事犯」のデータはない。

01 年厳打が寛刑化の流れを——1 年だけではあるが——逆転させたと捉えることができる。とはいえ，2002 年における治安事犯の重罰率は，01 年厳打開始前のそれよりも低く，2003 年以降も，曲線は緩やかになったものの，減少傾向を示している。「現在の『厳打』は過去と比べて理性的になっており，わりあい法治を強調している。『厳打』を理由に被告人を重く処罰する現象は過去と比べて大幅に減少している」[110] ということなのであろう。

また，山東省を対象とした統計研究においても，「1997 年から今日まで重

---

110) 劉守芬・方文軍「罪刑均衡的司法考察」政法論壇 2003 年 2 期 88 頁。また，山東省淄博市中裁が同市全裁判所(基層裁も含む)における 2000 年から 2002 年にかけての刑事判決書 7000 件を対象に，2003 年 6 月から行った調査によると，「2001 年厳打以降の刑事判決の状況から見て，情勢のニーズにより『最高刑判決』[頂格判決]を下すことはすでに歴史の遺物となっており，裁判官が情勢という要素を判決に反映させる程度は理性的になりつつある」という(山東省淄博市中級人民法院「関於量刑規範化問題的調研報告」刑事審判要覧 2003 年 6 集 174 頁)。

罰率が年々減少する傾向を示し，2001年の重罰率は1996年から24%減少し，1997年からは15%減少した」，「2001年4月から始まった『厳打』整治闘争はそれまでと比べてより理性的で，またより成熟しており，山東省では2001年の1審刑事事件受理件数が3万6185件に増え，20年間の歴史で最高記録を樹立したが，増え幅は大きくなく，2001年4月から2002年4月までの重罰適用率は前年同期と比べて0.6%も上昇していない」[111]と指摘されている。山東省では厳打以降，重罰率が若干(0.6%足らず)増えたが，全体としては重罰率は大幅に減少しているという。

 とはいえ，個別的な事案に目を移せば，なお厳打を理由として「重く」処罰されていることが分かる。例えば，任意的従軽・減軽事由である自首(67条)，必要的従軽・減軽・免除事由である従犯(27条2項)などを認定すべきにもかかわらず，(論者によれば厳打であるという理由のために)これらが認定されず，逆に法定刑の上限で処断された[頂格判]，と批判されている窃盗事件がある[112]。最後に，厳打を理由に「より重く」処罰するとともに，任意的減軽・免除を認めなかったと目される事例[113]を紹介したい。

〔参考条文〕
刑法26条
　犯罪集団を組織し，もしくは指導して犯罪活動を行い，または共同犯罪で主要な役割を果たした者は，主犯である。
　3人以上で共同で犯罪を実施するために結成されたわりあい固定された犯罪組織は，犯罪集団である。
　犯罪集団を組織し，または指導した首謀者については，集団が犯した全ての犯罪行為により処罰する。

---

111) 王立峰「改革開放以来刑事犯罪情況整体分析──以山東省為個案」戦略与管理2002年5期(CNKI)114，117頁。
112) 趙秉志・陰建峰「具有多個従寛情節豈能因"厳打"便頂格処刑──黄海涛窃盗案」趙秉志主編『刑事法判解研究(第2輯)』(人民法院出版社，2003年)100頁以下参照。
113)「(2002)浦中刑終字第5号」法意(http://www.lawyee.net/Case/Case_Display.asp?RID=36460)参照。

3項所定以外の主犯については，それが参加し，または組織し，もしくは指揮した全ての犯罪により処罰する。

234条

故意に他人の身体を傷害した者は，3年以下の有期懲役，拘役または管制に処する。

前項の罪を犯し，人に重傷を負わせた者は，3年以上10年以下の有期懲役に処する。人を死亡させ，または特に残忍な手段で人に重傷を負わせて重大な障害を生ぜしめた者は，10年以上の有期懲役，無期懲役または死刑に処する。本法に別段の規定があるときは，規定による。

〔1審〕(海南省洋浦経済開発区基層裁2002年10月14日判決)

(事実)

被告人Xは1997年10月，海南省洋浦経済開発区でA〜Iの9名と甲娯楽施設に共同出資し，これを経営した。その後1998年7月に利益についてX等9名とAにトラブルが生じ，Aが9名の持分を全て買い取ることで話がまとまった。しかし，引渡時に争いが生じ，両者の溝が深まった。Xは1998年8月に，Y_1・Y_2・Y_3等を連れて海口市に滞在し，その後，Y_3がY_4等7名を呼び寄せた。Xはその間Y_1・Y_2・Y_3等に対して，AがXに支払うべき200万元以上の回収を依頼するとともに，「その結果死のうが負傷しようが俺が責任を取る」と申し伝え，成功後に一定の報酬を支払う旨約した。1998年[114]9月5日午前，XはY_1等10名と洋浦経済開発区に出発した。同日午後2時半頃，Y_4以下7名が各自鉄パイプを携帯し，甲娯楽施設のホールに闖入し，副社長Hおよび警備員Jに襲いかかり，Hに重傷を，Jに軽傷を負わせた。

(判旨)

被告人Xは個人目的を達成するために，多数人を結集して，他人に暴行を加えるよう慫慂し，1名に重傷を，1名に軽傷を負わせる重大な結果を惹

---

[114] 原文は「1995年」だが，事実の経過および逮捕日が1998年9月7日であるため，「1998年」の誤植と考えられる。

起した。その所為は故意傷害罪を構成する。Xは共犯において直接加害行為を行っていないが，この犯罪活動の組織・計画者であり，かつ，主要な役割を担い，主犯であり，より重く処罰すべきである。Xは犯罪後に大功績を挙げたが，その組織・計画した犯行は一定程度において黒悪勢力の性質を帯びており，国民の人身の権利および社会秩序に対する国家の保護制度を著しく侵害し，極悪な社会的影響を惹起した。またXは犯罪後，罪を否認し，後悔のそぶりも見せず，厳しく懲らしめるべきである。よって，処罰を減軽しない。

　刑法234条2項，25条1項，26条1・4項の規定により，被告人Xを故意傷害罪で懲役8年に処する。

　〔2審〕（海南省洋浦経済開発区中裁2002年11月30日裁定）
（上訴）
　Xは①今回の故意傷害事件を組織・指揮していないこと，および②大功績を挙げたが，減軽されずに，重く処せられ，極めて不合理であること，を理由に原判決の破棄を求めた。
（事実）
　1審の認定した事実は確かである。また当裁判所の審理において，2002年3月にXが検察に手がかりを提供し，無期懲役以上の刑を言い渡されるであろう被疑者の身柄確保の助けとなったことが明らかになった。
（判旨）
　Xは国法を無視し，他人を組織して暴力による債務取立てを計画・実施し，1名に重傷を，1名に軽傷を負わせ，国民の身体の健康を著しく侵害し，その所為は故意傷害罪を構成する。本件は共犯事件であり，Xは組織・計画・指揮作用を担い，主犯である。また本件犯行は黒悪勢力の性質を一定程度帯びており，危害は由々しく，影響は極悪で，厳打の重点打撃対象の1つである。そのため，原審が裁量で処罰をより重くしたのは正しい。Xは大功績を挙げたため，本来ならば処罰を減軽・免除することができるが，その犯罪の事実，性質，情状および社会に対する危害程度を斟酌し，原審が減軽・免除しなかったことも正しい。よって，刑事訴訟法189条1号により上

訴を棄却し，原判決を維持する。

〔コメント〕

本件のポイントは次の2つの意味でXを「重く」処罰したことである。1つは，犯行の態様が厳打の重点打撃対象である「黒悪勢力」の性質を一定程度帯びていることを理由に「重く」処罰したことである。これは判旨から明らかである。

もう1つは，Xの大功績を認定しつつ，その法的効果である処罰の減軽・免除を認めなかったことである。この点については若干捕捉しておく必要がある。

まず，大功績の法的効果は「処罰を減軽し，または免除することができる」(刑法68条1項)。しかし，この「できる」[可以]の意味について，劉家琛(最高裁副所長)は「法律に規定されている『できる』を広く捉え『寛大にしてもよいし，寛大にしなくともよい』と解してはならず，およそその他の特殊な情状がない場合は，原則として法により寛大に処罰すべきである」[115]と説く。つまり，「特殊な情状」がない限り，寛大に処罰すべきなのである。大功績であればなおさらそうすべきとなろう。

しかし1・2審ともにそれを認めなかった。とはいえ，最高裁副所長の言葉がそれほど軽いとも思えない。だとすると，何らかの「特殊な情状」があったと考えられる。

この点について，1審は①その組織・計画した犯行に一定の「黒悪勢力」性があり，人身権および社会秩序の保護制度を著しく侵害し，極悪な社会的影響を惹起したこと，および②犯行後の無反省な態度を理由としたと摘示している。他方，2審が判断したとする「犯罪の事実，性質，情状および社会に対する危害程度」は，刑法61条[116]が定める量刑事情であり，その判示自

---

115) 劉家琛「関於貫徹執行修訂後的刑法応当注意的幾個問題」(1997年9月1日)『法院公報全集(95－99)』739頁。

116) 刑法61条
　　　犯罪者に対する刑罰を決定するときには，犯罪の事実，犯罪の性質，情状および社会に対する危害程度に基づき，本法の関連規定により処断しなければならない。

体は形式的な意味しかない。その実体をなすのはそれまでに判示してきた量刑事情に関する要素，つまり①国民の身体の健康を著しく侵害したこと，②主犯であること，③厳打の重点打撃対象であること，であると考えられる。

以上のことから，本件は一方では厳打を理由に「重く」処罰するとともに，他方では厳打であることを理由の１つとして，大功績を認定しつつ，裁量で処罰を減軽・免除しなかった事例と考えられる。

4.3.3.5　法制宣伝

(1)　判決宣告大会・公開処刑

中央政治局委員・中央政法委書記の羅幹は４月10日，「各地で公開勾留・判決宣告大会をできるだけ速やかに開催し，黒悪勢力の犯罪者を公開で勾留し，判決を言い渡すことにより，厳打の気勢を上げ，厳打整治闘争全体の幕を上げなければならない」[117]と指示した。毎度お馴染みの，「気勢」を巻き上げるための判決宣告大会強化の指示である[118]。

また，「2001年『厳打』においては，四川省の人口140万余りの農業大県において死刑を言い渡された犯罪者は10名余りおり，わずか2，3ヶ月で10名余りが大衆の面前で公開処刑され〔た〕」[119]という。

(2)　自首の勧告

刑法改正により自首の要件・効果が変わったため，ここでまず説明しておこう。自首について刑法67条は次のように定める。

> 犯罪後に自主的に出頭し，自己の犯行をありのまま供述した場合は，自首である。自首した犯罪者については，処罰をより軽くし，または減軽することができる。その内，犯罪がわりあい軽微な者は，処罰を免除することができる。

---

[117]　「羅幹同志在全国公安機関"打黒除悪"暨厳打整治闘争電視電話会議上的講話（摘録）」南英・前掲注72）書151～152頁。なお，会議の日時は前掲注85）による。

[118]　なお，ここでは83年厳打中に最高検が禁止した公開勾留大会を，羅幹が指示していることを看過してはならない。その背景には，大衆の厳打離れという現状を改善するために，煽動的法制宣伝に力を入れなければならないという考えがあるのであろう。

[119]　暁祥・秦徳良「"厳打"中合理控制死刑的思考」『刑法学文集（2001）』462頁。

表 4-10　新旧刑法における自首の法的効果対照表

事　由	旧 63 条	現行 67・68 条
特記事項なし	任意的従軽	任意的従軽・減軽
犯罪がわりあい軽微	任意的減軽・免除	任意的免除
犯罪がわりあい由々しいが功績あり	任意的減軽・免除	規定なし
自首かつ大功績	規定なし	必要的減軽・免除

　強制処分を採られた被疑者，被告人および服役中の受刑者が，司法機関がなお把握していない本人のその他の犯行をありのままに供述したときは，自首として論ずる。

　まず要件について，1 項は旧法期の 84 年自首解答所定の要件①②を踏襲した[120]。また 2 項は最高裁・最高検・警察部「反窃盗闘争における自首犯を厳格に法により処理することに関する通知」(1986 年 9 月 13 日)—を「基本的に吸収した」[121] ものである(旧規定については 3.3.6 参照)。また，自首の法的効果は，旧刑法よりも自首した者にとって有利になっている(表 4-10 参照)。

　次に，自首勧告の具体例を示そう。例えば湖南省では，厳打開始後すぐに省警察・検察・裁判所・司法行政機関が連名で黒悪勢力に対して 9 月 30 日までに，また 8 月には省警察・検察・裁判所・司法行政機関が銃・爆発物関連犯に対して 10 月 31 日までに自首するよう勧告し，ともに期間内に自首した者については，刑法 67 条に基づき「処罰をより軽くし，減軽し，または免除することができる」とした[122]。また，福建省アモイ市でも警察・検察・裁判所が連名で 5 月 21 日までに自首するよう勧告した[123]。

---

120) 周道鸞・単長宗・張泗漢主編『刑法的修改与適用』(人民法院出版社，1997 年) 176〜177 頁〔羅書平〕参照。なお，最高裁「自首および功績の処理における法律の具体的運用の若干の問題に関する解釈」(1998 年 4 月 6 日採択，1998 年 5 月 9 日施行) 1 条 1 号は「被疑者が自主的に出頭した後に逃走したときは，自首を認定してはならない」としており，84 年自首解答一の要件③も自首の成立要件となっている。
121) 趙秉志主編『新刑法典的創制』(法律出版社，1997 年) 113 頁。
122) それぞれ「四家聯合発《通告》　形成厳打高圧勢態　湖南郭促黒悪勢力投案自首」人民法院報 2001 年 4 月 9 日 1 面，「湖南公検法司聯合発出通告　敦促渉槍渉爆犯罪投案自首」人民法院報 2001 年 8 月 30 日 4 面参照。なお，期限内に自首した場合と期限後に自首した場合に違いが生じるのかは不明である。以下の事例についても同様である。

他方，広東省では4月11日に省警察庁が自首を勧告する通告を出し，6月1日までに自首した者については，「法により処罰をより軽くし，または減軽するであろう[将]。その内犯罪がわりあい軽微な者は処罰を免除することができる。他人の犯罪行為を申告・摘発するなどの功績がある者は，法により処罰を減軽し，または免除するであろう。およそ規定期限内に自首を拒み，または引き続き犯行を重ねる者については，警察は断固として取り締まり，法により重く懲らしめる」[124]と呼びかけた。ここでは，本来ならば任意的従軽・減軽事由である通常の自首でも，期限内であれば「法により処罰をより軽くし，または減軽するであろう」とされていることを看過してはならない。「法により」といいながら，当の刑法には書かれていないことを約束しているのである(なお，229頁参照)。

　また本通告は，自首に加えて「功績を挙げた者」について，処罰の減軽・免除を約束する。刑法上，自首した者が大功績を挙げたときは必要的減軽・免除であるが，単なる功績は任意的従軽・減軽事由である(68条1項)。つまり，「自首し，かつ，功績を挙げた者」は，自首と功績という任意的従軽・減軽事由が2個あるにすぎず，これについてまで処罰の減軽・免除を約束することは，刑法67・68条に反することになる。

　ところが，警察によるこうした約束は，広東省警察庁だけにとどまらない。同年4月22日の警察部厳打通告は犯罪者に対して次のように告げた。黒悪分子，重大暴力犯などの犯罪者は同年9月30日までに自首せよ。①期限内に自首した者は法により処罰をより軽くし，または減軽するであろう。その内②犯罪がわりあい軽微な者，または③大功績を挙げた者はより寛大に処理するであろう。期限内に自首しない者および犯行を継続する者は，法により重く処罰する，と(丸数字は説明のために筆者が付した)。①については上の広東省警察庁の通告と同じことがいえる。②および③にかかる「寛大に処理す

---

123)「集中公判揚法威陣陣掌声彰民意」人民法院報2001年4月25日4面参照。
124)「河南開通社会治安挙報信箱　広東敦促違法人員投案自首」人民公安報2001年4月17日1面(CD)。

る」［従寛処理］は刑法上，より軽くする，減軽，免除のことであり，したがって，必要的減軽・免除事由である③の場合には——警察部が約束したことはさておき——刑法規定に合致する。しかし，②のわりあい軽微な犯罪の自首は，任意的免除事由であり(刑法67条1項)，これも広東省警察庁の通告と同じ問題があるといえる。

　そして何よりも見落としてはならないことは，自首や功績の成否，より軽くするのか減軽するのか，さらには免除するのかなど，いずれも裁判により判断されるべき事項であるにもかかわらず，警察が約束している点である。この点，4.2.2.5で検討した96年厳打期の自首勧告とは質的に異なる[125]。そこでは，自首することにより寛大な処理を勝ち取るよう勧告したにすぎず，その結果がどうなるかについては約束していない(暗黙の了解があるのであろうが)。しかし，上に挙げた警察部および広東省警察庁の自首勧告は，裁判で決すべき事項を事前に約束しているのである。しかも，刑法に違反する内容をである。裁判の結果を警察が約束するということは，とりもなおさず——事前に裁判所や検察と協議した上であろうが——警察が裁判における判決形成プロセスに口出しできるということを意味している。

4.3.4　小　　括

　01年厳打も「党の指揮の下で，リソースを総動員した，犯罪の予防・鎮圧および大衆の正義感情の満足を目標とするキャンペーン」であったと考える。

　今回の厳打においても，政策決定から，政策の具体化，そして政策の実施に至るまで，常に党がその指揮を執った。

　そして，「リソースの総動員」については，以下のように考えられる。

　まず，刑事司法の担い手については，01年厳打においても厳打の気勢を作り出すために，大衆的自治組織や防犯協力者が動員され，また一般大衆に

---

[125] とはいえ，96年厳打期においても，否，そこではなおさら同様の自首勧告がなされていたと推測されるが，確固たる証拠がないため，ここでは触れない。

対しても違法行為・犯罪者を連行したり，通報したりするよう呼びかけた。

次に，法については，黒社会的組織組織・指導・参加罪(294条1項)について最高裁が示した「後ろ盾」要件をめぐる国家機関内部の見解の対立およびその結末を見た。最高裁は黒社会的組織の黒幕をもまとめて処罰するために，「後ろ盾」を要件化したが，その結果，実務で01年厳打の重点対象である同罪が認定されないという事態が生じたため，検察は不当な縮小解釈であると全国人大常委会に直訴した。結果，全国人大常委会は検察の意見に与したのであった。ただし，ここでの争いは，黒幕をもまとめて処罰しようとしたのか，それとも挙証の負担が重い黒幕はとりあえず置いておき，黒社会的組織の認定を緩くすることにより，より多くのメンバーをより重く処罰しようとしたかにすぎない。この意味で，最高裁の司法解釈において，条文が不明確であるから限定的に解さなければならないという発想は乏しい。両者ともにどのようにすれば厳打に資するのか，という合目的性に支配されているといえよう。

また，実務においては，法制宣伝のために，判決宣告大会・公開処刑が行われるとともに，警察・検察・裁判所などが合同で自首を勧告した。

最後に，裁判についてである。裁判でも「重く速く」という政策課題の実現のために，様々な手段が講じられた。すなわち，①厳打開始とともに寛刑化の流れが逆転し，実際に「重く」裁判がなされたこと，②「重く」のために裁判についてノルマが課されたこと，③「速く」のために「2つの基本」が提唱されたこと，④「速く」のために刑事手続の枠組みを破壊する事前介入，合同事務処理および合同事件処理が行われたことである。このほか，裁判に関連して，広東省警察庁および警察部が単独で自首を呼びかけた際に，裁判結果まで約束したことを看過してはならない。しかも，刑法規定とは異なる約束をである。このことは端的に裁判が厳打遂行の道具とされていることを示している。

他方で，01年厳打においても，96年厳打に見られた次の2点の傾向がさらに進んだ。1つは，厳打による「重く」が，96年厳打よりもさらにそれほど「重く」ではなくなった。もう1つは，「我々の初期の実務において，法

を突破したところがあったが,後になれば,厳打において直接的な違法現象はかなり減った。しかし,法があっても従わない[有法不依]の現象がなお存在している」[126]という指摘が示すように,これまで見てきた違法現象はかなり減少したものと推測されることである。筆者が資料を調べているときにも,同様の印象を持った。なぜなら,後になればなるほど,例えば合同事務処理,合同事件処理,公開処刑などの上に挙げた違法現象を探すのが困難になったからである。とはいうものの,「法があっても従わない」現象がなお存在しているという点を忘れてはならない。

このように,01年厳打においても裁判が権力の道具であったことが確認できる。

4.4 裁判の実像

以上,前章および本章で検討してきたように,83年厳打およびそれ以降の厳打において裁判は一貫して権力の設定した目的を実現する道具とされてきた[127]。3度にわたる全国的な厳打が,中央の政策決定者を震撼させる事件の後に行われていることを,とりわけ01年厳打が警察部の「打黒除悪」専項闘争の期間中に発動されたことを考えると,裁判を含む「政法部門」が権力の意のままに操られていることは明白である。ただし,現象としては,96・01年厳打は83年厳打と比べて「理性的」になり,厳打だからといってそれほど「重く速く」ではなくなり,また違法現象も減ってきている,という象徴的な変化を確認することができる[128]。

---

126) 曲新久「厳打的刑事政策分析」『法治的界面』204頁。
127)「多かれ少なかれある種の正統性を賦与された法の本質および価値に関する法学理論として,法道具主義の正当性・合理性は度重なる学界の挑戦を受けはしたものの,その支配的地位は,我々の法制度の現実において決して根本的に揺るいでいないようである」という指摘も,このことを示している(梁根林「"刀把子"、"大憲章"抑或"天平"?——刑法価値的追問、批判与重塑」中外法学2002年3期334頁)。
128) 学界の議論において,法的安定性や司法の中立・公正性に立脚した厳打批判論が力

さて，ここで視点を過去へと向けると，新たな発見がある。それは，「党の指揮の下で，リソースを総動員した，犯罪の予防・鎮圧および大衆の正義感情の満足を目標とする」活動が，実は1979年以降83年厳打以前においても行われていたことである。

2章では詳論しなかったが，この時期の立法および法実務においては，厳打期と同様の現象が散見されるのである。まず，立法においては，全国人大常委会が全国人大の制定した「法律」を改正したことは，憲法所定のその立法権限を踰越している点で違憲と考えられる。政策課題の実現に適さない法律は，そのためだけに違憲をも厭わず改正された。

次に，法実務においては，「重く速く」が提起されたことを挙げねばならない。この段階ですでに裁判が目的を達成するための手段とみなされていたのである。また，大衆の動員，合同事務処理，「2つの基本」，判決宣告大会などの現象も，厳打に先駆けて生じていた。このほか，2章では紹介しなかったが公開処刑も行われた[129]。

このように，この時期の犯罪対策およびその実践においては，厳打期と同様の現象が生じており，いうなれば，「厳打」は1979年以降，一貫して行われてきたことになる。ただ1979年以降83年厳打以前においては，犯罪予防・鎮圧の手段として，打撃(=「重く速く」)よりも社会治安総合対策の「教育」面が強調されたにすぎない。

それでは，裁判が権力の道具となるのは厳打といった特定の期間に限るのであろうか。答えは否である。以下では，全国の注目の的となった，ある組織売春事件[130]が決着するに至るまでの経過を見てみよう[131]。ただし，途中

を持ちつつある(6.3参照)ことから，その背景として西洋近代法的思考様式の影響を指摘することができよう。

129) 党学遷「不応組織中小学生囲観死刑執行現場」法学雑誌1982年2期49頁〔初出：人民司法1981年12期〕では，「犯罪者に対する死刑を執行する際に，意識的に大衆を組織して野次馬見物させている地方があり，はなはだしきに至っては，小学生，中学生，高校生に見物させているところもある」との指摘がある。

130) 本件1審判決および2審裁定については刑事審判参考2004年3集137頁以下参照。

から非公開の「舞台裏」に入るためか，情報は錯綜している。以下では，

刑法358条
　他人を組織して売春させ，または他人を脅迫して売春させた者は，5年以上10年以下の有期懲役に処し，罰金を併科する。次に掲げる事由のいずれかに該当する者は，10年以上の有期懲役または無期懲役に処し，罰金または財産没収を併科する。
　(1) 他人を組織して売春させ，情状が重いとき。
　(2) 14才未満の女児を脅迫して売春させたとき。
　(3) 多数の者を脅迫して売春させ，または何度も他人を脅迫して売春させたとき。
　(4) 強姦後に脅して売春させたとき。
　(5) 売春を脅迫された者に重傷，死亡その他の重大な結果が生じたとき。
　前項に掲げる事由のいずれかに該当し，情状が特に重い者は，無期懲役または死刑に処し，財産没収を併科する。
　他人を組織して売春させることに協力した者は，5年以下の有期懲役に処し，罰金を併科する。情状が重い者は，5年以上10年以下の有期懲役に処し，罰金を併科する。

131) 本件が注目を集めたのは，本件管理売春が，男性客に男性を紹介し，性交類似行為を行わせるという「同性売春」の管理だったからであると思われる。というのも，当該所為が「他人を組織して売春させ〔る〕」(358条)に当たると解することは，特に「売春」〔売淫〕の解釈において罪刑法定原則(3条)に反するのではないか，という問題があるからである。
　この点について，警察部「同性間の金品を媒介とした性的行為の性質認定・処理の問題に関する批復」(2001年2月28日)は，「不特定の異性間または同性間において金銭・財物を媒介として不当な性関係を発生させる行為は，オーラルセックス，手淫，鶏姦などの行為を含み，いずれも売買春行為に当たり，行為者を法により処理しなければならない」とする。また学説では，例えば陳興良は時代とともに「売春」概念も変化を遂げ，「営利目的で不特定の同性との間で性の取引に従事する行為」をも包摂することができ，またそうすべきである，として本件1・2審を支持する(同「組織男性従事同性性交易行為之定性研究――対李寧案的分析」国家検察官学院学報2005年1期121頁)。
　他方，但偉主編『人民検察院検控案例定性研究』(中国検察出版社，2001年)366～367頁(評者は江蘇省通州市検察院の羅璐・顧志華)は，1998年に某市で起きた類似の事案について，無罪にすべきとする(無罪のケースとして紹介されている)。その理由は，刑法358条所定の「他人」には男性も含まれるが，「売春とは異性間で一方が身体を売る行為を指し，現行法が同性間の対価を伴う性的活動を売春行為と明確に規定していない以上，同性間の性的サービスの提供はなお法律により『売春行為』にカテゴライズされていない」からであるとする(「身体を売る[出売肉体]」は単なる「性的活動」，「性的サービスの提供」とは区別されており，それは性交を指すものと解される)。

238　I　裁判の実像

2004年2月7日付の『人民法院報』の報道に基づいて時系列順に経過を辿る132)(以下の丸数字は筆者が行論の都合上付したものである)。

①2003年8月17日に警察がXを逮捕し、その後検察へ勾留承認を請求した。

②検察は「刑法上、同性売春を組織する行為は明確に画定されておらず、『法に明文規定なければ罪としない』法律原則」により勾留不承認を決定した。

③警察は検察に再議を請求した(同時に逮捕の拘束期限が満了したためXを釈放)が、検察は従来の意見を維持した。

④警察・検察は「上級部門」に報告した133)。

⑤江蘇省政法委員会の調整の下で、省級政法部門が事件検討会を開催した。

⑥省政法委員会の責任者はX等の所為はわりあい重大な社会危害を惹起しており、犯罪の基本的メルクマールに合致すると判断した。

⑦会議は直ちに省高裁が最高裁に指示を伺うことを決定した。

⑧最高裁は指示伺いを受けた後に直ちに全国人大常委会に報告[滙報]した。

⑨2003年10月下旬、全国人大常委会の注目を引き、その下属の[専業委員会]が事件の報告を聴取した後に口頭で「売春組織罪に[比照]して罪責認定・量刑する」と回答した134)。

これを受け、警察は直ちにX等を逮捕し、その後刑事手続が順調に進められ、1審(南京市秦淮区基層裁)は非公開で審理を行い、2004年2月17日、Xに同罪の成立を認めた。Xは同罪不成立および量刑過重を理由に上訴した

---

132)「定性一波三折凸顕法律盲点」人民法院報2004年2月7日4面参照。
133)「南京"同性売淫"案引起各方関注」法制日報2004年2月11日2面は、警察は省政法委員会に報告した、とする。
134) [比照]([比較対照]の意)とは、旧刑法下において類推適用する際に用いられた用語である。だとすると、「全国人大常委会下属の[専業委員会]」が罪刑法定原則(3条)に反して、類推適用を指示したことになる。なお、法制日報・前掲注133)は、全国人大常委会が「直ちに強制処分を採るべし」と回答した、とする。これは[比照]とはされていない。

が，2審(南京市中裁)は1審判決を支持し，これを棄却した。

さて，本書の問題意識からは，以上の経過を辿った本件のポイントは，以下の3点である。

(ⅰ) 警察の再議請求が失敗に終わった後，警察・検察がそれぞれ上級に報告し，結果的にその報告が省政法委員会にまで到達した(③④)。しかし，刑訴法によると，警察がその再議請求に対する検察の決定になお異議があるときは，1級上の検察に再審査を請求することになる(70条)。にもかかわらず，法定手続を踏まず，上級部門が省政法委員会に報告したということは，刑訴法を無視し，直接的に権力に訴えかけたことになる。

(ⅱ) 政法委員会が開催した会議は，いわゆる政法委員会が警察・検察・裁判所の見解の相違を調整するための会議である(⑤～⑦)[135]。ハードケースに遭遇すると，通常時でも政法委員会主宰の下でこうした協議を行うのである。なお，高裁が最高裁に指示を伺うことになったのは，この会議においても見解が一致しなかったからであると考えられる[136]。

(ⅲ) 最高裁は法解釈上の問題の解決を全国人大常委会に委ねた(⑧⑨)。その行動が法律上の如何なる手続であるのかは不明である。可能性としては，最高裁が全国人大常委会に立法解釈の制定を求める手続(解釈決議2条3段，立法法43条[137])が考えられる。あるいは立法法55条[138]か

---

135)「司法機構間で矛盾が生じたときは，常に党の政法委員会が出てきて調整を図〔る〕」という(賀衛方『司法的理念与制度』(中国政法大学出版社，1998年)45頁)。
136) 政法委員会の会議でも決着がつかなかったときは，「1級上の政法委員会に指示を伺い，上級指導機関の指示および問題解決への協力を求め，さらには主管政法部門に上級主管部門に指示を伺うことを許し，またはいっそのことそう命令〔する〕」という(『政法職能』586頁)。
137) 解釈決議2条3段
　　最高人民裁判所と最高人民検察院の解釈に原則的な相違があれば，全国人民代表大会常務委員会に報告して解釈または決定を求める。
　　立法法43条
　　国務院，中央軍事委員会，最高人民裁判所，最高人民検察院および全国人民代表大会各専門委員会ならびに省，自治区および直轄市の人民代表大会常務委員会は全国人民代

もしれない。いずれにせよ、本件においては最高裁ですら法律問題を終局的に決定することができなかったのである。

なお、最高裁に回答した「全国人大常委会下属の[専業委員会]」[139]（以下、「全国人大常委会下属機構」と呼ぶ）は全国人大常委会自身ではないため、少なくともこれには法の解釈について両高に指示を下す権限はない。ただし、これが全国人大常委会法制工作委員会を指すのであれば、上述の立法法55条による質問[詢問]に対する回答[答復]の可能性がある。その法的拘束力は不明だが、起草当局のコンメンタールによると、それは「全国人大常委会業務機構が法規定により、厳格な業務手続に照らして検討・提起するものであり、特に業務機構は法律の具体的制定作業に参加し、立法原意を比較的理解しているため、法律の質問に対するその回答は法律の理解について比較的権威があり、各部門〔最高裁も含まれる〕・地方はそれを法律の理解・執行の根拠とすべきである。もし質問に対する回答に異議があれば、法定手続により法律解釈を要求することができる」[140]とされる。少なくとも事実上、各部門・地方はそれに従うべきだ、ということであろう。

さて、以上のような本件の経過の構造は、厳打期における合同事務処理の下での裁判のあり方と——最終的決定者が全国人大常委会下属機構であったという点を除けば——同じである。本件の真の裁判機関は南京市秦淮区基層裁ではなく、全国人大常委会下属機構であり[141]、同裁判所はその指示を宣

表大会常務委員会に法律解釈の要求を提出することができる。
138) 立法法55条
全国人民代表大会常務委員会業務機構は具体的問題に関する法律についての質問を検討した上で回答することができ、その場合、常務委員会に届け出る。
139) なお、憲法70条によると全国人大には[専門委員会]（例えば法律委員会）が設置されるが、ここでは全国人大常委会の[専業委員会]とされているため、これとは異なると考えられる。
140) 張春生主編『中華人民共和国立法法釈義』（法律出版社、2000年）162頁。またカッコ内について161頁参照。
141) 周永坤「対"組織'男男売淫'案"的法理分析」法学 2005年1期 119頁参照。

言したにすぎない[142]。裁判が権力の道具となるのは厳打だからではなく，そもそも裁判というものが権力の道具だからなのである。厳打期においては，こうした「裁判」のあり方が集約的に表れているにすぎない。それは——曲新久の揶揄を借りて表現するならば——党・政府・人大といった指揮官の命令に従い，「法」という「砲弾」(＝武器)を発射する「砲台」にすぎない。

　なぜ裁判は権力の道具であり続けたのか。これを解明することがⅡ部の課題である。

---

[142] なお，筆者は2006年6月20日に宇田川幸則(名古屋大学准教授)とともに，南京大学において，孫国祥(南京大学教授)，A(江蘇省高裁判事)，B(江蘇省高検検事)等計5名と座談会を開催し，そこで断片的ながらも，本件の経緯を当事者(A判事・B検事)から聞くことができた。以下，特に重要と思われる指摘を紹介しておく(丸数字は人民法院報の記事に付したものに対応する)。

　まず⑤⑦について，(B)「政法委員会は本件のためだけに会議を開催したのではなく，また高裁に指示を伺うよう決定することもできない」，(A)「確かに本件のために会議が開かれたという記憶はない。おそらく，何らかの会議の議題の1つであろう。また，高裁が最高裁に指示を伺ったかも記憶がない。おそらく高裁の誰かが最高裁の裁判官に電話か何かで個人的に聞いたのであろう。指示伺いは文書で行われ，裁判所の印鑑が必要である。しかも指示を伺うか否かは所長が独断で決めるのではなく，副所長や廷長と相談して決める」。

　⑧について，(B)「『報告』［滙報］としているが，そのような手続はない。それは『咨訊』である。『咨訊』は指示伺いとは異なり，それに対する回答は拘束力がなく，従わなくてもよい」(なお，「咨訊」は立法法55条の質問［詢問］を指しているかもしれない)。

　⑨について，(B)「これは全国人大常委会法制工作委員会刑法室である」。

　以上のように，報道とは異なる経緯を当事者から聞くことができた。そしてそこからは，(i)本件が政法委員会の会議で議論されたこと，(ii)少なくとも高裁のスタッフが最高裁に個人的に問い合わせをしたこと，(iii)全国人大常委会法制工作委員会刑法室の回答には拘束力はない(が，実際にそのとおりに事が運んだ)ことが分かる。だとすると，結局，以上に見られる裁判も，本文に示した結論と同じことであると考えられる(なお，指示伺いの手続きについては5.2.3参照)。

II　なぜ裁判が権力の道具となるのか？

Ⅰ部で解き明かしてきたように，現代中国の裁判は，これまで一貫して権力の指示を忠実に遂行する道具であり続けてきた。Ⅱ部ではこのことを前提に，なぜ現代中国の裁判が権力の道具となるのかを探る。この問題を解きほぐすために，Ⅱ部では次の2つの作業を行う。

　1つは，裁判統制システムの解明である(5章)。すなわち，これまで裁判が権力の道具であり続けたのは，単なる偶然や気まぐれの連続ではなく，確固たる仕組みに支えられているからこそであると考える。そうした裁判を権力の道具とする諸制度により形成される仕組みを，本書は「裁判統制システム」と呼ぶ。まず5章でその解明を目指す。なお，「裁判統制」といっても，中国には裁判体以外の者が裁判内容に直接的に干渉する法的・非法的制度があり，また直接的に裁判官の身分を変動・喪失させるというハードな手法もある。この点で，日本でいわれる「裁判統制」とは，ハードさに質的な違いがある。

　もう1つは，裁判観の解明である(6章)。すなわち，日本では裁判はその目的・役割から，決して権力の指揮命令に従う道具となってはならない作用とされている。そのため，司法権の独立，なかんずく裁判官の独立が要請される。他方，中国では裁判統制システムが大手を振って存在し，また今日でも整備されている(ことを5章で明らかにする)。本書では，両国における裁判のあり方の違いが，その根底にある裁判観の差異に根差すものと考え(1.3参照)，6章でその解明を目指す。

5. 裁判統制システム

　本章の課題は，裁判を権力の道具とする裁判統制システムの構造を明らかにすることである。

　この課題に迫るため，本章では次の順序で考察を進めていく。まず，どのような人物が裁判官になっているのかを明らかにする(5.1)。次に，権力構造上の上位者がその意思を下位者である裁判官に伝達し，裁判を統制し得る制度が存在していることを明らかにする(5.2)。その後，この裁判統制制度の安定的な運行を担保する仕組みとして，裁判官の人事行政のあり方を検討する(5.3)。最後に，政府と裁判所の関係を明らかにした上で(5.4)，裁判統制システムの全体像を提示する(5.5)。

5.1　裁判官の人物像

　本節では，実際にどのような人物が裁判官になっているのかを検討する。裁判の(主たる)担い手たる裁判官の人物像を明らかにしようとするものである。こうした作業を行う理由は，端的に，裁判のあり方を探る上で裁判官の人物像が極めて重要な資料となると考えられるからである。

　以下ではまず，法規定から見た裁判官の任用条件から，裁判官になるための資格をまとめる。しかる後に，中国における論説，裁判官募集時の実際の応募条件および最高裁の方針から，誰が裁判官になっているのかを浮かび上がらせる。なお，裁判官の任免は日本のように全国統一的に行われるのではなく，各地方で行われる(詳しくは 5.3.1 参照)。

5.1.1　裁判官になるための資格[1]

　79 年裁判所法が定める裁判官の任用条件は，選挙権・被選挙権を有する満 23 歳以上の国民(ただし政治的権利を剥奪されたことがある者を除く)，ということだけであった(34 条。54 年法 31 条も同じ)。これさえ充たせば，規定上，法的な知識・能力を問わずに，誰でも裁判官になれたのである。

　この点，83 年改正法は，34 条 1 項に上記規定を掲げた上で，2 項に「人民裁判所の裁判人員は法的専門知識を有していなければならない」という規定を追加した。一見したところ，誰でも裁判官になれるわけではなくなったようであるが，実際にそれをチェックするシステムが構築されなかったため[2]，同項規定はほとんど機能していなかった(この点については，次項で明らかになろう)。

　次に，旧裁判官法(1995 年)を見てみよう。本法はおよそ裁判官が充足しなければならない要件と，新しく判事・判事補になる者が充足しなければならない要件を定める。

　前者については 9 条 1 項各号が定める(丸数字は号数。以下，これらをまとめて「9 条 1 項要件」と呼ぶ)。すなわち，①中国国籍を有すること，②満 23 歳以上であること，③憲法を擁護すること，④良好な政治的，業務的資質を備え，品行方正であること，⑤身体健康であること，⑥(i)大学[高等院校]の法律専攻卒業者[3]，もしくは非法律専攻を卒業して法的専門知識を有する者で，

---

1) 本項の内容全般について，宇田川幸則「中国における司法制度改革──裁判官制度改革と『裁判官の独立』を中心に」社会体制と法 2 号(2001 年)39〜43 頁，鈴木賢「〔補論〕中国の法曹制度」広渡清吾編『法曹の比較法社会学』(東京大学出版会，2003 年)355〜362 頁を参照した。

2) 鈴木・前掲注 1)355 頁参照。

3) 大学教育は 2〜3 年制の[専科]と 4〜5 年制(一般的には 4 年)の学部[本科]に分かれる(なお，高等教育法(全国人大常委会 1998 年 8 月 29 日採択，1999 年 1 月 1 日施行)17 条参照)。ここでは両者が含まれているため，最低学歴は[専科]卒業となる(周道鸞主編『法官法講義』(人民法院出版社，1995 年)81 頁参照)。なお，学士号は，成績優秀で，一定の学術水準に達した学部[本科]卒業者に授与される(学位条例(全国人大常委会 1980

2年以上の業務経験のある者，(ii)法学士の学位を取得し，1年以上の業務経験のある者，または(iii)法学修士もしくは法学博士の学位を取得した者のいずれかでなければならない，と。なお，「業務経験」の「業務」の内容に制限はない[4]。また，本法施行前に裁判官になっていた者については，研修を受け，期間内に6号所定の要件をクリアしなければならないとされた(同条2項)が，その「期間」がいつまでかについては明確にされていない。なお，裁判官の欠格事由は，①犯罪により刑事処罰を受けたことがある者，および②公職を懲戒免職[開除]されたことがある者である(10条)。

後者については，本法施行後に判事・判事補に新規任用される者について，全国統一の資格試験である「初任判事・判事補全国統一試験」[初任審判員、助理審判員全国統一考試]に合格しなければならないとした(12条1項。なお，46条3項参照)。試験は2年に1回で，1995年，1997年，1999年に行われた[5]。

ただし，本制度については，以下の2点に注意する必要がある。1つは，本試験は「〔旧〕裁判官法の規定によると，社会に開かれた全国統一試験でなければならなかったが，実際に行われたのは内部試験であり，受験者は主に書記員および裁判所のその他の司法補助者であった」[6]ことである。もう1つは，本規定の射程が，本法施行後に判事・判事補に新規任用される場合に限られており，次の両者については適用除外とされたことである。すなわち，本法施行以前に判事・判事補であった者(本法施行以前に判事補であった者が判事に任命される場合も含む[7])，および本法施行以後に新規に所長・副所長・裁判委員・廷長・副廷長に任用される場合(同条2項)である。これらの者については，9条1項要件を充たしさえすれば，任用され得ることになる。ただし，実際の業務経験[8]のある者から優秀な者を選ばなければならないとされた

年2月12日採択，2004年8月28日同改正)4条(改正前も同じ))。
4) 周道鸞・前掲注3)81頁参照。
5) 『法律年鑑(1996)』135頁，『法律年鑑(1998)』144頁，『法律年鑑(2000)』140頁参照。
6) 周道鸞「独立審判与司法公正」法律適用2002年10期(CD)9頁。
7) 最高裁「初任判事・判事補試験暫定辦法」(1996年6月26日施行)2条2項。

（同項）。

　このように漠然と「法的専門知識」を要求していた裁判所法とは異なり，本法は法的専門知識をチェックする仕組みを設けたものといえよう。

　他方で，任用条件の１つとして，「良好な政治的，業務的資質を備え，品行方正であること」(9条1項4号)も規定されている。ここでいう「良好な政治的資質」とは，「第１に，裁判官となる者は必ず憲法を擁護し，党の基本路線を擁護し，社会主義の道を堅持し，人民主主義独裁を堅持し，共産党の指導を堅持し，マルクス・レーニン主義，毛沢東思想を堅持し，自主的に党の路線・方針・政策を執行し，党中央との一致を保つこと」9)である。要するには党の言う事をおとなしく聞く者ということであろう。後述（次項）するように，本法施行以前の実際の裁判所職員の新規採用において筆頭に挙げられていた政治的要件が取り込まれたのである。

　最後に，2001年に改正された現行裁判官法の内容を見ておこう。裁判官の任用条件に関する改正点は，主に以下の４点である。まず９条１項要件については，①最低学歴が[専科]以上から原則学部以上へと引き上げられ10)，②業務経験の内容が「法律業務」と明記された上で，経験年数が引き延ばされた(6号)，また資格試験について，③裁判所の内部試験から全国統一司法

---

8) 解釈上は主に裁判業務を指し，それ以外の場合でもその他の法律関係の業務や法学研究・教育であると解されている（周道鸞「法官法──現行法官制度的重大改革」中国法学1996年2期109頁，葉向東「談談《法官法》第十二条的適用」政法論壇1996年3期51頁など参照）。

9) 周道鸞・前掲注3) 80頁。

10) 9条1項6号は「大学法律専攻学部を卒業し，または大学非法律専攻学部を卒業して，法的専門知識を有し，法律業務に満2年従事していること，その内高級人民裁判所または最高人民裁判所の裁判官に就く者は，法律業務に満3年従事していなければならない。法律専攻の修士号もしくは博士号を有し，または非法律専攻の修士号もしくは博士号を有して法的専門知識を有し，法律業務に満1年従事していること，その内高級人民裁判所または最高人民裁判所の裁判官に就く者は，法律業務に満2年従事していなければならない」と定める。なお，同条3項は「1項6号に定める学歴要件の適用が確かに困難な地方においては，最高人民裁判所の審査確定を経て，一定期間，裁判官就任の学歴要件を大学法律専攻専科卒業に引き下げることができる」とする。

試験へと改められ，④判事・判事補のみならず，裁判委員・廷長・副廷長に新規任用される場合にも，その合格が必須とされた(12条)。なお，所長・副所長については「裁判官その他裁判官の要件を具備した者」(同2項)から選抜するとされた。ここで「裁判官の要件」とは，9条1項要件のことであり，結局，所長・副所長については，司法試験合格は任用条件とされなかった[11]。

5.1.2 誰が裁判官になっているのか

建国以降今日に至るまでの裁判官の主な給源は以下の5者であるといわれている[12]。①書記員。多くの裁判官が書記員から昇格してきたといわれ，例えば，深圳市南山区裁判所(基層裁)のWebサイト[13]で主な指導者として紹介されている所長，副所長などの裁判官6名の内，5名が書記員からその裁判官人生をスタートしている。②警察，検察および政法委員会などの政法機構のスタッフ。③退役軍人。④大学法学部の卒業生，教員など。ただし，この割合が最も小さく，「政法高等教育機関[政法院校]を卒業した大学生・大学院生の中で裁判所・検察院に就職する者は，卒業生のごく一部にすぎない。某大学法学部の統計によると，1984年から1998年の15年間の2000名近い学部卒業生の内，裁判所・検察院に就職した者は20%に満たない」[14] という。⑤党政機関のエリート幹部。これらが裁判所に異動した際には，所長，副所長などの裁判所管理職に就くのが常だという。

以上の5者の内，法的専門知識のトレーニングを受けたといい得るのは②

---

11) 胡康生主編『中華人民共和国法官法釈義』(法律出版社，2001年)27〜29頁参照。なお，そのために「実務では少なくない司法試験を受験したことも，また裁判官になったこともない者が人民裁判所の所長に任命されている」という(李昌林『従制度上保証審判独立：以刑事裁判権的帰属為視角』(法律出版社，2006年)202頁)。
12) 範思深「中国法院系統概観」梁治平編『法治在中国：制度、話語与実践』(中国政法大学出版社，2002年)180頁参照。なお，②ないし④の中には，裁判官に直接就任する者もいれば，①書記員を経由して裁判官になる者もいたと考えられる。
13) http://nsqfy.chinacourt.org/参照(2006年10月31日付。なお，日付は当該ページに記載されている更新日を示す。以下同じ)。
14) 王映暉「依法治国与司法改革」法商研究1999年2期47頁。

の一部および④のみであり，その他はいずれも法の素人，ないしはそれに近い。しかも，裁判官の大部分は書記員から昇格してきたものである。法律上，裁判官の任用条件として法的専門知識の有無が問われなかったことと相俟って，このことは，裁判官が法に精通したプロフェッショナルしかなれない職業ではないことを端的に示していよう。それでは，どのような基準をもって裁判官が選ばれてきたのであろうか。本項ではこの点を明らかにする。

　建国後，また建国後順次「解放」されていった地方では，「人民裁判所」が建設されていった。そこでは当然に裁判官が必要になる。こうした裁判官のニーズは，「古くからの解放区の司法幹部を指導的幹部に充当したが，彼らの数は多くはなく，業務のニーズを満たすにははるかに不足していた」。そこで，その不足は次の3者により埋められたという。それは①南進中[15]の解放軍の政治的にしっかりしていて有能な幹部，②法律を学んだことのある青年インテリゲンチアを含む新しい幹部，③中華民国の裁判官(いわゆる「旧司法人員」)である。③は中華民国の裁判官が全員留任されたわけではなく，党中央の「対象を区別して慎重に処理する」政策に照らして選抜された者が留任された。この中で法のプロフェッショナルといい得るのは③のみである。

　1952年の時点で，全国の裁判所の幹部総数は約2.8万名であり，その内「旧司法人員」は6000名いたという。しかし，このプロフェッショナルも1952年から始まった司法改革運動において「旧法観点」，「旧司法スタイル」と批判され，その多くが職を追われた(ここで「旧法」とは，西洋近代法の継受に努めた中華民国法を指す)。司法部の統計によると，司法改革運動を経て留任された「旧司法人員」は2000名余りであったという。実に4000名が裁判所から追放されたことになる。

　それと同時に，土地改革運動および反革命鎮圧運動に際して設置された人民法廷の幹部，ならびに大衆運動の積極分子から選抜された優秀な者，合わせて6000名余りが裁判所に入った[16]。また，最高裁所長の董必武は，失業

---

15) 中華人民共和国建国の1949年10月1日時点で，現在の版図全てが共産党政権に属していたわけではなく，内戦が続いていた。

者および傷痍軍人を各級裁判所に充当し失業問題および軽度の傷痍軍人の就業を解決する方法とするよう提案し，これが採り入れられた[17]。裁判所が失業者や傷痍軍人の受け皿となったのである。

このように，50年代初期における裁判官の大部分は，法のプロフェッショナルではなかったのである。留任された「旧司法人員」も西洋近代法的思考様式に基づき裁判を行えば，「旧法観点」との批判が手ぐすね引いて待っていることは火を見るより明らかであった。その後，周知のように1957年の反右派闘争を皮切りに政治運動が断続的に展開され，1966年の文革を迎えたわけである。

文革が始まり，以上のような裁判官が[下放]され，また1972年以降，続々と元の裁判所に呼び戻されたが，それも多くはなく，文革以前の幹部は当時の幹部の10％にすぎなかったことは先述のとおりである(2.1参照)。

こうした状況において，裁判所スタッフの質・量的強化を図るのは焦眉の課題であった。党中央は旧刑法・刑訴法の施行に際して，1979年9月9日，「刑法・刑事訴訟法の適切な実施を断固保証することに関する指示」[18]（いわゆる「64号文書」）を出し，「党政機関，軍系統および経済部門から，思想が良好で仕事のスタイル[作風]が正しく，身体健康な一定の政策的・文化的水準を備えた大量の幹部を，計画的・段階的に選び出し，相応の訓練を経た後，司法部門の業務に配置する」(三)という方針を打ち出した。ここでは法的専門知識が全く問われておらず，採用後の研修でそれを培うという考えが示されている。ただし，ここで看過してはならないことは，当時，文革期に大学が機能不全に陥ったために，大学法学部の卒業生自体がほとんどいなかったことである。つまり，法的素養を任用条件としたくとも，その前提を欠いて

---

16) 以上の建国以降の記述については，『当代審判工作』24〜25，39〜41頁を参照した。
17) 『董必武法学文集』(法律出版社，2001年)130〜132頁(「関於司法隊伍的改造和補充問題給中共中央書記処，劉少奇的信」(1952年6月25日)，「給中共中央各中央局負責同志的信」(1952年5月23日))参照。
18) 『司法手冊(1)』68頁以下(邦訳は季刊中国研究5号(1986年)164頁以下〔田中信行訳〕)参照。

おり，採用した後に研修を行うほかなかった。

以下では，こうした状況において，実際にどのような基準で裁判官を採用してきたか，またすべきとされていたかの具体例を示そう。

(1) 1982年の河南省の人事[19]

1982年，河南省党委員会は，警察・司法部門に戸籍警察官，刑事警察官，司法警察官，看守員，預審員，検事，判事，書記員，公証人，弁護士などの人員5000名の増員を決定した。そこで，河南省党委組織部，同政法小組（政法委員会の前身と目される）および省人事局は，「政法部門に5000名の業務人員を選抜転属・採用することに関する通知」を連名で下達し，5000名の分配については，省編制委員会が決定するとした。

そして具体的な採用条件については，「思想が良く，政治的経歴がはっきりとしており，党の3中全会以降の路線・方針・政策および6中全会の決議を支持し，4つの基本原則を堅持し，仕事のスタイルが正しく，大衆と連携を取り，公正に業務を行い，忠実・誠実で，高卒以上の者。一定の政策水準と事務処理能力を有する者。健康で25歳から35歳までの者。方法はクラス毎に転属・新規採用する。原所属先が推薦し，試験(主には国語[語文])を経て，優秀な者を採用する。裏口や，情に駆られた不正などは厳禁する」といった基準が示された。

ここで挙げられている条件は，①政治的立場，②人格，③学歴(高卒以上)，④健康状態，⑤年齢(25〜35歳)の5点であり，法的専門知識は全く問われていない。試験が主には国語であることはこのことを端的に示している。また，今回の人事は党組織が中心となり行われていること，および判事が書記員や警察官などの行政職と同じ条件でまとめて募集されていることを指摘しておく。前者は党委組織部・政法小組および政府人事部門が人事を掌握していることを，後者は上記職業が「政法戦線」として同質の仕事であると認識されていることを意味していると考えられる。このほか，今回の募集は25歳以上で所属先の推薦を必要としていることから，学部新卒者ではなく，すでに

---

19)「河南省委決定給政法部門増調五千名業務人員」人民検察1982年1期17頁参照。

他の職に就いている者を対象としていることがうかがえる。

(2) 1983年の第9回全国人民裁判所業務会議[20]

1983年11月21日に開催された第9回全国人民裁判所業務会議においては，最高裁の意見として，「必ず政治的にしっかりしていて，考え方の品が良く，仕事のスタイルが正しく，若く，高校卒業以上の学歴を有し，身体が健康であるなど」といった条件が挙げられた。そして，こうした人材の主な給源は，「大学に合格しなかったこれまでの高校卒業生から募集し，優秀な者を採用すべきであり，また上の条件に合致する退役軍人から選抜してもよく，短期間の研修に合格した者に業務を担当させる。裁判所の人員採用は上述の要求に厳格に照らして行うべきであり，裏口採用を厳禁し，抱き合わせをしてはならず，頑なに裁判所に人員を受け入れる任務を負わせてはならない」，と。

ここで挙げられている条件は(1)と同じく，①政治的立場，②人格，③学歴(高卒以上)，④健康状態，⑤年齢(若い者)の5点である。主な給源としては第1に大学不合格の優秀な高卒の若者を挙げているが，上述の条件に合致する退役軍人も視野に入っている。

(3) 1991年の最高裁「裁判所の定員増に伴う人員募集業務に関するいくつかの意見」[21]

1990年10月1日の行政訴訟法施行に応じて，地方各級裁判所では行政裁判廷を設置する必要が出てきた。そこで，国家機構編制委員会は「全国の地方人民裁判所の定員を23万5420名から1万2000名増加して24万7420名とし，主に地方各級人民裁判所が行政訴訟法を実施するために，行政裁判機構を設置するために必要な定員，および際立った問題を適切に解決するために用いること」を決定した[22]。これに呼応して最高裁は本意見を出し，新規

---

20) 「第九次全国人民法院工作会議紀要」(1983年11月21日)人民司法1984年1期7頁参照。
21) 『法院年鑑(1991)』401頁参照。
22) 国家機構編制委員会「地方人民裁判所の定員増に関する通知」(1990年12月30日。『法院年鑑(1991)』402頁)により1991年に定員(裁判官に限定されていない。書記員や

採用の条件として次の3点を示した。①政治的立場。必ず4つの基本原則を堅持し，党の改革・開放政策を支持し，品行方正で，スタイルが正しく，滅私奉公の精神を持ち，規律を遵守しなければならない。②学歴。公募採用する幹部，退役軍人幹部および選抜して異動させる裁判業務に適合する国家在職幹部は，高卒以上の学歴がなければならず，条件の整った地方では大学専科［大専］以上の学歴がなければならない。③年齢。公募採用する幹部は28歳以下，退役軍人幹部は原則として30歳以下の連排級幹部および35歳以下の営級幹部，選抜して異動させる裁判業務に適合する国家在職幹部は原則として35歳以下とすべきである。裁判業務のために直ちに必要となる専門家については，年齢を適度に緩和してもよい。

　以上に共通する条件は，①良好な政治的立場，②人格，③高卒以上の学歴および④若いことの4点である。なお，(3)では健康状態が明示されていないが，これらも当然の条件であったと推測される。
　このように，80年代から90年代初頭において，裁判官になるには法的専門知識が必須とされていなかった。この点に比して，政治的立場が常に真っ先に掲げられていることが特徴的である。専門性よりも政治性が重視され，極端にいえば，政治的に安心できる人であれば，誰でもよかったのである（いわゆる［紅］と［専］の問題）[23]。
　その典型例は，裁判官を採用する際に退役軍人の名が挙げられていることである。こうした現象が生じるのは，退役軍人の政治的立場が良好であることと相俟って，裁判所が解放軍と同じく階級独裁の「伝家の宝刀」と性格づけられている[24]からにほかならない。某県党委副書記が語った次のエピソードは，このことを如実に示している。すなわち，同県は大量の退役軍人

　　事務職などをも含む可能性がある）1万2000名増が決定された。
23) 祝銘山はこの半世紀の間，「政治的に信頼でき，少々の教養・知識がありさえすれば，裁判官になることができた。裁判官に対する要求は党政幹部に対する要求と基本的に何ら違いはなかった」という（同「法官職業化与現代司法観念」法学家2003年3期4頁）。
24) 張衛平「建築与法治理念」法学2002年5期5頁参照。

を裁判所に受け入れることとなった。そこで，法学部出身の当該副書記が，組織部長に「そんなに多くの退役軍人が裁判所に来たらまずいことになるだろう」と言った。すると組織部長は，「何でまずいんだ？ いずれにせよ独裁の道具だろうが！ 簡単な道理じゃないか。我々の解放軍は何をしてるんだ？ 独裁の道具だろ。政法機関は何をしてるんだ？ これも独裁の道具じゃないか。同じことだ！」と切り返したという[25]。独裁の担い手である裁判官にとって必要なのは，法的専門知識ではなく，独裁の道具としての適格性＝良好な政治的立場なのである。またそうである以上，83年厳打において大量の「敵」に迅速に打撃を加えるために，急遽，党政機関の人員を裁判官に仕立て上げたことは，当然の成り行きであったといえよう。

この点，前項で見たように旧裁判官法は裁判官の任用条件に大きな変革をもたらし，学歴および法的専門知識を必須の要件とした。しかし，当該規定は実際には十分に徹底されていないという。例えば，「わが国の裁判所系統は近年，大量の退役軍人幹部を受け入れ，その内，多くの者が直接的に裁判業務に従事しており，しかも，部隊在籍時の階級により，相応の行政上の指導的職務，例えば所長，副所長，廷長，副廷長などに充てる場合がほとんどである」[26]という。

また旧裁判官法は他方で，政治的資質もおよそ裁判官たる者の不可欠の要件であるとする立場に立っている。前項であらかじめ指摘したように，建国以来の裁判官採用の第1の条件が取り込まれたのである。

そしてこの要件が，裁判官に対して党を支持し，党の指示に従うこと，換言すると党の政策の忠実な執行者であることを求めていることはいうまでもない。とりわけ所長，副所長，裁判委員，廷長および副廷長についてはこうした傾向が顕著である。それは，これらの裁判所管理職が裁判委討議制や所

---

[25] 賀衛方『司法的理念与制度』(中国政法大学出版社，1998年)39〜40頁参照(1994年5月6日のインタビュー)。
[26] 蔡彦敏「独立審判探源及其現実分析——尋求実現立法与現実的契合」法学評論1999年2期19頁。このほか，康為民「中国法官管理制度的改革」法律適用2002年5期(CD)4〜5頁参照。

長審査制を通じて裁判結果の最終的決定権を有しており，これらの者を抑えれば，裁判結果をコントロールできるからであろう。実際，裁判所の管理職ポストは，党への忠誠心が高いと目される(1)党員，(2)退役軍人，(3)政治的エリートによって占められている(なお，(1)は(2)および(3)とかなり重複していると推測される)。以下，具体的に見ていこう。

(1) 党　　員

裁判所管理職における党員の割合について，一般的に「わが国において，党の裁判所系統に対する指導は非常に直接的なものであり，裁判所の所長，廷長は原則として党員であり，しかも党委書記は原則として所長が兼任する」[27]といわれている。具体例を3つ挙げよう。

①山東省広饒県基層裁。同Webサイト[28]で「指導部メンバー」[領導成員]として紹介されている王建民(所長)，孟黎明(副所長)，趙連玉(副所長)，郭華(副所長)，李祝田(規律検査組長)，馬国柱(執行局長)の6名全員が党グループメンバーであり，同書記は王所長が，同副書記は孟副所長が兼任している。なお，全員が裁判委員でもある。

②山東省墾利県基層裁。同Webサイト[29]では「裁判所党グループメンバー」[院党組成員]として所長，副所長等5名が紹介されている。その内，副院長1名が「非党員」であるが，他の4名は党グループメンバーであり，所長が同書記を兼任している。なお，非党員の副院長も含めて，この5名全員が裁判委員である。

③雲南省麗江市中裁。同Webサイト[30]では「指導部」[領導班子]として院長1名，副院長等7名が紹介されている。その内，副院長1名が党グループメンバーではない(非党員と目される)が，他の6名は党グループメンバーであり，院長が同書記を兼任している。

---

27) 張衛平ほか『司法改革：分析与展開』(法律出版社，2003年)523頁〔韓波〕。
28) http://grfy.chinacourt.org/参照(2004年7月29日付)。
29) http://klfy.chinacourt.org/参照(2006年6月7日付)。
30) http://ljzy.chinacourt.org/参照(2008年2月19日付)。

5. 裁判統制システム　257

表 5-1　高裁所長の同党グループ書記の兼任状況(1997 年 9 月時点)

地方	所長	組	地方	所長	組	地方	所長	組	地方	所長	組
北京	盛連剛	書	上海	胡瑞邦	書	湖北	李其凡	書	雲南	邱創教	書
天津	張柏峰	書	江蘇	李佩佑	書	湖南	詹順初	書	チベット	白剣	書
河北	李玉成	書	浙江	夏仲烈	書	広東	麦崇楷	書	陝西	王発栄	書
山西	李玉臻	書	安徽	韓雲萍	書	広西	黄任文	書	甘粛	王世文	書
内モンゴル	巴士傑	書	福建	方忠炳	書	海南	田忠木	書	青海	馬有功	書
遼寧	範方平	書	江西	李修源	書	重慶	趙俊如	書	寧夏	鄒献朝	書
吉林	楊慶祥	書	山東	宇培昊	書	四川	李玉龍	書	新疆	阿不都熱依木・卡徳爾	－
黒龍江	唐憲強	書	河南	李道民	書	貴州	謝錦漢	書			

注：「所長」は各地方の所長を，「組」は党グループを，「書」は「書記」を指す。「－」はポストなしである。
出典：『党組織史資料 7 巻(上)』368 頁以下，『同 7 巻(下)』，『同附巻一(下)』1032 頁以下を参照した。

　次に高裁所長が所属裁判所党グループにおいてどのような地位にあるかを見てみよう。表 5-1 は 1997 年 9 月時点のその状況をまとめたものである。本表から明らかなように，高裁所長 31 名中，新疆ウイグル自治区高裁所長を除く，30 名が所属裁判所党グループ書記である。また 2008 年 1 月に省クラス人大の改選に伴い，高裁所長も改選されたが，その結果もこれと大差はなく，改選時の高裁所長 31 名中，27 名が所属裁判所党グループの書記，2 名が同副書記であった(残り 2 名(広西チワン族自治区・新疆ウイグル自治区)は記載なし)[31]。

　以上のことから，裁判所の所長・副所長などの重要管理職ポストのほとんどを党グループメンバーが占めていること，および所長が所属裁判所党グループの書記を兼任する場合がほとんどであることが明らかになったといえよう。

---

31) 以上については人民法院報 2008 年 1 月 14，17，22〜26，28〜31 日，2 月 1 日各 1 面参照。なお，改選時に党グループ副書記であった馬新嵐(福建)および周玉華(山東)，ならびに記載がなかった羅殿龍(広西)は，その後すぐに同書記になった(それぞれ林忠明「服務海西求先行　依法履職樹形象——訪福建省高級人民法院院長馬新嵐」中国審判 2008 年 4 期 8 頁，「年輪篇：1978 年以来省法院歴任院長」山東審判 2008 年 S 1 期(CNKI)12 頁，「2008 年 1 月、2 月自治区党委、政府幹部任免」当代広西 2008 年 5 期(CNKI)51 頁参照)。

258　II　なぜ裁判が権力の道具となるのか？

表 5-2　遼寧省遼陽市中裁における軍人出身の幹部

氏名	職	党組	裁判委	軍
宋景春	院長	書記	○	
趙所科	副院長	副書記	○	
範文来	副院長	副書記	○	○
高田	副院長	○	○	
伍崇偉	副院長	○	○	
邢亜栄	政治部主任	○	○	○
範国春	規律検査組長	○		○
那占久	調査研究員		○	
呂辛徳	調査研究員	○		

注：「職」は裁判所内の職を，「党組」・「裁判委」・「軍」の項目の「○」はそれぞれ党グループメンバー，裁判委員，退役・転業軍人であることを示す。

(2)　退役軍人

「河南省高級人民裁判所が 1999 年に発行した『前進中的河南法院』によると，洛陽市所轄の 16 の区・県人民裁判所の現任の正職所長の内，9 名が軍人出身であり，部隊から転業した後裁判所に入り裁判所の指導者となったのである。これは基本的にわが国の基層裁判所の全体的状況を代表しており，退役・転業軍人がわが国の裁判官隊伍において占める割合はかなり大きい」[32]。半数以上の所長が退役軍人であり，しかもこうした状況が普遍性を持つというのである。

このほかにも，例えば遼寧省遼陽市中裁の Web サイト[33]では，指導部メンバー［班子成員］として 9 名の裁判官が紹介されている（表 5-2）。その内 4 名が退役軍人である。裁判所指導者の半分近くが退役軍人により占められているのである。

(3)　政治的エリート

「大部分の中級人民裁判所の所長は政治的考察を経て幹部から任命された

---

32) 王盼・程政挙ほか『審判独立与司法公正』(中国人民公安大学出版社，2002 年) 347 頁〔王春芳〕。古い記録だが，1982 年に江西省の各級裁判所で約 200 名の退役軍幹部を受け入れ，その際，着任前に半年間の研修を行ったという（『江西省法院誌』48 頁参照）。
33) http://lyzy.chinacourt.org/参照 (2008 年 11 月 4 日付)。

ものであり，正規の法学教育を受けていない」，「党政機関の高級指導幹部も裁判所に異動し所長または副所長などの指導的職務に就くのが常である」[34]といわれており，政治的エリートの出世街道の到達点または一通過点として裁判所の管理職ポスト，とりわけ所長・副所長ポストが用いられている。

　上海市を例に挙げよう。『上海審判誌』には，建国以降の上海市内の裁判所(高裁，中裁，基層裁)所長・副所長の氏名，経歴などの情報が掲載されている[35]。1976年以降1995年10月までに所長・副所長であった者は113名であり(1976年以前に所長・副所長に就任し，同年以降も在職していた者を含む)，その内31名がその最後の所長・副所長(代理を含む。以下同じ)就任までに裁判所(軍事法廷[軍法処]を含む)以外のキャリアがある。これは全体の27.4%に上る。内訳は，検察経験者が6名，警察・司法行政部門経験者が6名，これら以外の法律とは直接的なつながりがない職場出身者(党委員会も含む)が19名である。例えば，胡瑞邦は同市黄浦区党委書記，中共上海市警察局党委副書記兼政治部(人事部門)主任を歴任した後，1993年2月に同市高裁所長に就任した。また，先(3.1.1参照)に引用した楊時は中共中央辦公庁中央警衛科長，同市警察局政治部主任，上海人民ラジオ局代理局長を歴任した後，1964年11月から1966年4月まで，そして1978年2月から1983年3月まで同市高裁副所長を務めた(中断は文革によるものと推測される)。なお，残りの82名についても，所長・副所長就任期間しか記載されていない者が多いため，全員が裁判官出身とは限らない。

　また，113名中12名(上の31名と重複あり)が，所長・副所長でキャリアを終えることなく，退任後(場合によっては在職中に兼務で)裁判所以外の国家機関の要職に就いている。例えば関子展は，警察部辦公庁副主任，上海第二医学院党委書記兼院長を歴任した後，1978年から上海市高裁所長を務め，1983年4月に上海市8期人大常委会委員に選ばれた。

---

34) 範思深・前掲注12)172，180頁。
35) 《上海審判誌》編纂委員会編『上海審判誌』(上海社会科学院出版社，2003年)492〜511頁参照。

5.1.3 ま と め

　以上見てきたように，少なくとも90年代前半までにおいて，法のプロフェッショナルであることが裁判官の必須条件ではなかった。これに対して，建国以降今日に至るまで，政治的立場がしっかりしていることは一貫して裁判官となるための必須条件であった[36]。裁判の担い手は本来的に党の政策の忠実な遂行者であることが求められているのである。とりわけ，裁判の最終的決定権を握る裁判所管理職についてはこうした要請が強く，そのほとんどが党員を筆頭とする政治的立場がしっかりしていると目される者により占められている。より忠誠心の高い者が裁判所管理職に就き，裁判委員会討議制や所長審査制を通じて，党の意思を裁判に反映させ得る仕組みになっている。

5.2　裁判統制制度

　「人民裁判所が裁判をする際には，合議制を実施する」(裁判所法10条1項)。また，例外的に単独制も採られる[37]。実際に事件を審理するのは，この両者(＝裁判体)である。

　しかし，実はこの裁判体だけで判決(広義)を決定することができるわけではない。というのも，裁判体以外の者が，判決を事前にチェックする法律上の，そして法律に明文規定のない制度・慣行が存在するからである。いわゆる「審理する者は判決せず，判決する者は審理しない」［審者不判、判者不審］と呼ばれる問題である。

　そこで，本節では，こうした制度・慣行を考察し，裁判が権力の道具になるシステムが築き上げられていることを明らかにする。具体的には(1)裁判

---

[36] なお，「事実，今日においても裁判官の給源は広く，誰でも裁判官になれる状況は決して根本的に変わっておらず，多くの法的専門訓練を受けていない者が依然として様々なチャンネルを通じて絶え間なく裁判所に入って〔いる〕」といわれている(劉会生「人民法院管理体制改革的幾点思考」法学研究2002年3期18頁参照)。

[37] 現行刑訴法上は簡易手続(147条1項但書，174条柱書)，また旧法では自訴・軽微事件(105条1項)で単独制が採られる。

所内部における所長審査制および裁判委討議制，(2)地方ブロック［塊塊］における党委審査制，ならびに(3)縦ライン［条条］における上級裁判所への指示伺いである。以下，順に見ていこう。

5.2.1 裁判所内部

本項[38]では，所長審査制(5.2.1.1)および裁判委討議制(5.2.1.2)を検討する。実務でも，この順序で審査が進んでいくと考えられる。例えば，蘇力（北京大学教授）は次のようにいう。すなわち，「廷長は合議廷が起草した具体的事件の法律意見を受け取った後，審査する。彼が合議廷の意見に同意したときは，事案を上司，すなわち所長または主管副所長の審査に付すため，これに移す。合議廷の意見に同意しないときは，自らの意見をしたため，合議廷に再評議を求める。事案が所長または主管副所長の手に渡った後は，大体次の3パターンに分かれる。①所長が合議廷の意見に同意するときは，判決を決裁［簽発］する。②合議廷の意見に同意しないときは，業務廷長と同様に，合議廷に再議を求める。③彼が事案が重大・複雑と判断したときは，事案を裁判委員会に付議するよう求める」[39]と。つまり裁判所内部においては，裁判体→廷長（副廷長）→所長・主管副所長の順で判決がチェックされ（所長審査制），重大・難解事件であれば，裁判委員会に回されるというのである（裁判委討議制。これは法律上の制度である）。ただし，後述するように，全国一律に，また全ての事件についてこうした手続を経ているわけではない。

5.2.1.1 所長審査制

所長審査制は，「裁判所の所長・副所長・廷長・副廷長が合議廷の審理に参加しないで，その他の裁判官が審理を担当する事件の裁判結果を審査承認し，またはその他の裁判官の裁判文書をチェックして決裁する活動を指す」[40]。法律上，こうした所長審査制を明示的に認める根拠はない[41]が，そ

---

38) 本項の内容全般について，田中信行「中国刑事訴訟法の改正と裁判の独立」中国研究月報50巻11号(1996年)1頁以下を参照した。
39) 蘇力「論法院的審判職能与行政管理」中外法学1999年5期41頁。

れは少なくとも建国前後より存続してきた[42]。

それは具体的には,「裁判文書を廷長・所長がチェックし,決裁する」[43]というものであり,その際に「決裁者が決裁権行使時に,文書に手を入れることができ,裁判書の事実認定,証拠分析,法適用,裁判結果および文字・表現などの各面を審査するとともに,誤っている,あるいは不当であると考えた箇所を修正し,さらには削除したり,内容を加筆したり,あるいは文書作成者に差し戻したり,修正を命じたりする権限があり,その実質は裁判内容の変更である」[44]。なお,ここでは事実認定・法適用のほかにも,「文字・表現」といった国語的な問題も審査・修正の対象とされている点に留意されたい。こうしたチェックが必要なほど,質の低い裁判官がいると認識されており,この意味で所長審査制には裁判統制とは質的に異なる目的も含まれている[45]。また,決裁に際して廷長や所長は署名する[簽]が,それは裁判書に

---

40) 陳瑞華「司法裁判的行政決策模式——対中国法院"司法行政化"現象的重新考察」吉林大学社会科学学報2008年4期(CNKI)135頁。
41) 法的根拠の有無については争いがある。肯定説の有力な論拠の1つに旧刑訴法107条がある。というのも同条(5.2.1.2参照)は,所長が裁判委員会に付議するか否かを決定するために事件をチェックし得ることを前提とした規定と読むことができるからである(例えば孫常立「法院院、庭長審批案件是完全合法的」法学雑誌1981年3期45頁参照)。しかし,たとえそうであったとしても,それは所長が審査承認する権限までをも認めたものではない。しかも刑訴法改正により,現行法においてはその前提も成り立たない。したがって,やはり「実際にはこれ〔所長審査制〕は法的根拠のない制度である。なぜならどの法律も院長・廷長に合議廷がした裁判をチェック・審査承認する権限を与えていないからである」(陳衛東・石献智「審判長選任制的缺陥芻議」法商研究2002年6期9頁)と考えられる。
42) 國谷知史「建国期の裁判制度」季刊中国研究5号(1986年)27~29頁参照。
43) 張民「按照司法規律改革案件審批制度」人民司法1999年10期26頁。
44) 重慶市第一中級人民法院課題組「合議庭職責和院庭長裁判文書簽発権限制度的完善」西南政法大学学報2008年3期(CNKI)87頁。
45) 田中信行は「したがって,事前審査制度〔所長審査制,裁判委討議制,党委審査制を指す〕はすべて党の意思や利益を確保するという目的のためにだけ運用されているわけではないが,逆に言えば,事前審査制度を利用して,党は必要とあればいつでも裁判に介入し,その指導力を発揮できることが制度的に保障されている点に,ここでの問題が存在するといえるであろう」と指摘する(同「中国の司法改革に立ちはだかる厚い壁」

表 5-3　最高裁における所長審査制対象事件

<table>
<tr><td rowspan="8">①所長・副所長</td><td>1</td><td>死刑再審査事件：事実が明らかで，証拠が確実，十分で，犯罪認定が正しく，裁判廷の審査意見が一致しており，各面から勘案して必ず死刑を言い渡さなければならないもの</td></tr>
<tr><td>2</td><td>死刑再審査事件：裁判廷の審査意見が「(旧)刑法 43 条規定により，死緩に改判すべき」で一致し，死刑許可を請求した裁判所の同意を得て死緩に改判するもの</td></tr>
<tr><td>3</td><td>一般的な渉外事件</td></tr>
<tr><td>4</td><td>当裁判所の 2 審事件</td></tr>
<tr><td>5</td><td>類推許可事件：裁判廷の審査意見が類推不当で一致したもの</td></tr>
<tr><td>6</td><td>事案が複雑で，政策的，または新たな状況に遭遇し，法的・政策的根拠を欠き，裁判廷が十分な自信を持っていないもの</td></tr>
<tr><td>7</td><td>下級裁判所の発効裁判について確かに誤りがあることを発見し，下級裁判所に再審を命じるもの</td></tr>
<tr><td>8</td><td>当裁判所が 1979 年 12 月 31 日以前に審査承認し，または以前の当裁判所各大区支部が言い渡した事件について，確かに誤りがあることを発見し，改判すべきとの見解で一致しているもの</td></tr>
<tr><td rowspan="3">②廷長</td><td>1</td><td>死刑再審査事件：裁判廷の審査により，死刑に処すべきでないという認識で一致し，許可を請求した裁判所と協議の上，認識が一致したもの</td></tr>
<tr><td>2</td><td>高裁の判決・裁判に対する不服申立て[申訴]について，裁判廷の審査を経て，原裁判が不当ではないという判断で一致し，申立てを却下するもの</td></tr>
<tr><td>3</td><td>事案が簡単で，法的根拠があり，また援用できる案例があるもの</td></tr>
</table>

直接署名するわけではない[46]）。

　次にどのような事件が所長審査制の対象となるかについて見てみよう。最高裁において所長審査制の対象となる事件については，最高裁「事件審査承認辦法(試行)」(1981 年 4 月 16 日採択。以下，「事件審査承認辦法」と呼ぶ)が定める。表 5-3 は本辦法 3・5 条を整理したものであり，「所長・副所長」の欄に挙げた各事件はそれぞれ所長・副所長が審査の上で決裁する事件であり，「廷長」の欄に挙げた各事件は，所長・副所長が必要なときに廷長に授権した上で，これが審査する事件である。

　中国研究月報 61 巻 4 号(2007 年)28 頁)。
46) 判決書は合議廷構成員および書記員が署名しなければならない(刑訴法 164 条。旧 122 条も同じ)。また，最高裁「判決書・裁定書に所長が署名すべきか否かの問題に関する批復」(1964 年 1 月 7 日)は，所長は判決書・裁定書に署名すべきではないと指示する。

ここから読み取れるように，事案の重要性ないしは重大性により，所長・副所長が審査するものと，廷長が審査するものに分けられている。なお，前者については，合議廷の評議意見，裁判廷の審査意見を付さなければならない (2条)。また，この分類からは，最高裁が受理した刑事事件の全てを所長ないしは廷長がチェックしていると考えられる。例えば，①-6と②-3を比較すれば，シンプルケースは廷長が，ハードケースは所長・副所長が審査することとなっている[47]。

ただ，これは最高裁についてのものであり，下級裁判所においてどのような事件が所長審査制の対象となっているのかは分からない。この点については，「決定する前に，所長・廷長に報告して同意を得，所長・廷長が裁判文書をチェック・決裁しなければならない」[48]，「長期にわたり，裁判実務において所長・廷長による事件審査はすでに慣習となっており，裁判官は事件の事実の審理のみに責任を負い，どのように判決するか(すなわちどのように法を適用するか)については，所長・廷長が『チェック』し，実際に行われているのは首長責任制である」[49] という指摘がある。

そして，所長審査制において，最も現場に近い廷長は，日常的な審査業務における最初の審査者となっている。すなわち，「廷長の許可を受けた裁定・判決こそが正式な裁定・判決である。たとえ判事が単独で下したものであっても，必ず廷長の許可が必要である」[50] と。ここでは，あたかも全ての判決・裁定が所長審査制の対象となっているかのようにいわれている。

とはいえ，所長審査制は元々明文の制度ではないため，制度としての普遍

---

[47] 1981年3月19日に江華(最高裁所長)が天津市河西区裁判所で同裁判所スタッフと座談会を行った際の発言によると，当時の最高裁では，次のような手順で所長審査制が運営されていた。すなわち，①合議廷による審理・評議，②廷長・担当副所長による審査，③所長による審査，④所長・担当副所長が決裁して発効，⑤争いのある，または重大な事件については裁判委員会に付託する，と(「江華同志談人民法院独立審判問題」民主与法制1981年6期5頁)。なお，⑤については下表5-4参照。
[48] 陳衛東主編『刑事訴訟法実施問題調研報告』(中国方正出版社，2001年)167頁。
[49] 周道鸞・前掲注6)7頁。
[50] 範思深・前掲注12)178〜179頁。

性は低く，地方によってそのあり方は異なる。例えば，「異なる裁判所，または同じ裁判所であっても事件によっては，合議廷の権限行使状況は異なり，大体次の3パターンに分かれる。①合議廷には事実認定権しかない，②合議廷は事実認定権があるのみならず，所長・廷長と共同で法適用権を行使する（合議廷が裁判し，所長・廷長がチェックする），③合議廷は独立して，事実認定権および法適用権を含む審理・判決の全ての権限を行使する」[51]という指摘がある。ここでは，①を所長審査制と，③を所長・廷長が裁判結果に全く関与しないケースと，②を①と③の中間形態と位置づけることができよう。ここから，全ての事件が所長審査制に係るわけではないことがうかがえる。

そして，裁判体の意見と，所長・廷長のそれとが異なるときは，「一般的には，下級が上級に従う，つまり担当者および合議廷は廷長・所長の決定に従う」[52]という[53]。まさに「廷長および所長が事実上，事件の裁判の真の決定者であり，事件を自ら審理する合議廷ないしは単独裁判官は裁判についての提案者および執行者にすぎない」[54]。なお，「（事件）担当者」とは，合議廷の構成員から1名を指定し（裁判長とは限らない），主な業務・責任を負担させる不文の制度であり，不文ながらも，全国で普遍的に行われているという。この担当者が公判準備（起訴状の送達，法廷外での証拠の確認など），公判の主導，裁判委員会への報告，裁判書の作成などを担う[55]。

ところで，最高裁が1999年10月20日に出した，今後の5年間の裁判所改革の総綱領である「人民裁判所5ヶ年改革綱要」（以下，「（第1次）改革綱要」

---

51) 左衛民・周長軍・陸賢剛・呉衛軍「法院内部権力結構論」四川大学学報（哲学社会科学版）1999年2期（CNKI）84頁。
52) 王国慶・馬海翔「審判組織運行機制改革之探討」法律適用2002年8期（CD）76頁。
53) 裁判体がなお自らの見解を貫く場合は，最終的に法的拘束力を持つ裁判委員会に付託されることになる（範思深・前掲注12）177頁参照。詳しくは5.2.1.2参照）。
54) 劉会生・前掲注36）16頁。
55) 許蘭亭『刑事一審程序理論与実務』（中国人民公安大学出版社，2002年）53頁，尹忠顕主編『法院工作規律研究』（人民法院出版社，2003年）395頁参照。なお，事件担当者は，担当裁判官，［主審人員］とも呼ばれる（王慶延「角色的強化、弱化与衡平――負責制視角下的合議庭成員考論」安徽大学法律評論2008年1輯（CNKI）179頁参照）。

と呼ぶ。なお，2005年10月26日には2004年から2008年までを対象とする「人民裁判所第2次5ヶ年改革綱要」が出された。以下，これを「第2次改革綱要」と呼ぶ)は，「裁判長および単独判事は裁判職権により裁判文書を決裁する」(18)，「裁判長選任制度の全面的推進を基礎として，合議廷が法により所長に裁判委員会の討論・決定に付託するよう提起した重大・難解事件を除き，その他の事件は一律に合議廷が審理・裁判し，所長・廷長は個人で合議廷の決定を変更してはならない」(20)という目標を打ち出した[56]。これは所長審査制の存亡に関わる目標といえよう。

そして，こうした改革目標を実現するために出されたのが最高裁「人民裁判所裁判長選任辦法(試行)」(2000年7月11日採択)および同「人民裁判所合議廷業務に関する若干の規定」(2002年7月30日採択，8月12日発布，同月17日施行)である(以下，それぞれ「(裁判長選任)辦法」，「(合議廷)規定」と呼ぶ)。以下，これらにより何が変わったのかを見ていこう。

従来，刑訴法147条6項(旧105条5項)，裁判所法10条4項によれば，合議廷の裁判長は，所長・廷長が構成員である場合はそれらが担うほか，事件毎に所長・廷長が判事[57] 1名を指定することになっていた。

ところが，本辦法は優秀な者を事前に「裁判長」に選任しておき，その者が原則[58]として合議廷の裁判長を担うこととした。いわば「裁判長」という常設ポストを創設したわけである(以下，本辦法上の「裁判長」のみを指す場合は，「　」を付して区別する)[59]。

---

56) なお，刑事における「裁判文書」は判決書・裁定書・刑事附帯民事調停書を指す(最高裁「裁判所刑事訴訟文書様式(様本)」(1999年4月6日採択)周道鸞編『中国法院刑事訴訟文書的改革与完善』(法律出版社，2002年)29頁以下参照)。
57) 最高裁「『刑事訴訟法』実施における若干の問題に関する解釈」(1998年6月29日採択，9月2日発布，同月8日施行。以下，「刑訴解釈」と呼ぶ)111条によれば，判事補も「所長の建議に基づいて裁判委員会の可決」を経れば，裁判長に就くことができる。
58) 法は所長・廷長が合議廷に参加した場合には，これが裁判長を担うとするが，本辦法はそれに加えて副所長・裁判委員・副廷長も同様とする(2条3項)。なお，合議廷規定2条1項によると，裁判長は「裁判長任職要件に該当する裁判官が担当する」。また，裁判長は特別手当を受けることができる(本辦法8条)。

こうした「裁判長」になり得るのは，原則として判事である。優秀な判事補を選任することもできるが，その場合は，法により判事に任命するよう請求しなければならない(辦法2条2項)[60]。このほか，「裁判長」の必須要件として，以下の5点が定められている。すなわち，①憲法・法律を遵守し，裁判規律を厳守し，公明正大で，清廉潔白で，良好な職業倫理を持つこと，②身体健康，③一定の学歴(最高裁・高裁は法学部卒以上，中裁は原則法学部卒以上，基層裁は法学専科卒以上)，④裁判業務の就業年数(最高裁・高裁は5年以上，中裁は4年以上，基層裁は3年以上)，⑤裁判実務経験，問題解決能力，訴訟指揮能力，口頭・文書表現能力，訴訟文書作成能力である。ただし，経済・教育が発達していない地域では1級上の裁判所の承認により③④を緩和することができる(3条)。

　「裁判長」の権限は以下の諸点である。すなわち，①事件担当者を自ら担当するか，または指定すること，②合議廷構成員・関連人員を組織して公判準備・関連業務を行うこと，③公判の主宰，④評議を主宰し，裁判をすること，⑤重大難解事件・合議廷の意見が大きく分かれた事件について，所定の手続により裁判委員会への付議を所長に請求すること，⑥所定の権限に基づいた訴訟文書のチェック・決裁，⑦法によるその他の裁判業務である(5条1〜7号)。ここでは，「裁判長」の権限内[61]であれば，「裁判長」限りで判決

---

59) 本辦法6条3項・7条は裁判長を「職務」と表現する(陳衛東ほか・前掲注41)5頁参照)。なお，裁判官法11条によると，所長・副所長・裁判委員・廷長・副廷長・判事・判事補は裁判官の「職務」である(周道鸞・前掲注3)135頁参照)。
60) しかし，最高裁であってもこの規定は守られておらず，「一部の『優秀な判事補』は，代理裁判長に指定された後でも法により判事への任命を要請されていない。このため，同級人大常委会が法により任命した判事には裁判長就任資格はないが，同級人大常委会に任命されていない判事補は裁判長に就くことができるという奇妙な現象が生じており，裁判官選任制に対する疑義をもたらすのみならず，裁判長選任制の科学性・公平性にも大きな疑問を投げかけている」と批判されている(聶洪勇「対審判長選任制度的反思」中国司法2008年11期39頁)。
61) 5.2.1.2で見る，裁判委員会に付議しなければならない事件は，少なくともその権限外となると考えられる。

書を決裁できるとされたことが特筆に値する(6号。なお,合議廷規定6条6・7号も同旨と解される)。実際,例えば,浙江省台州市・紹興市・杭州市などを対象としたアンケート調査によると,裁判長選任制実施後,廷長・副廷長は基本的に審査・承認権を行使しなくなり,これに対応して,全省各級裁判所の廷長・副廷長が出廷して裁判長を担う事件数が明らかに増えたことが指摘された[62]。つまり,廷長・副廷長は合議廷に参加し,「裁判長」として決裁権限を行使するようになったのである[63]。ただしその一方で,決裁権限[64]が「裁判長」に移っただけであるため,今度は「裁判長が同意しない意見(正しいか否かを問わず)の訴訟文書は決裁されがたい」[65]という問題が生じる。

また,合議廷規定では,所長・廷長に「合議廷の評議意見および作成した裁判文書」のチェック権限が認められた。ただし,チェックするだけで,「評議の結論を変更してはならない」(16条)。

とはいえ,所長・廷長はチェック後,何もできないわけではない。すなわち,所長・廷長が合議廷の評議の結論に異議がある(つまり変更したい)ときは,問題点および理由を書面で示した上で,合議廷に再議を求めることができる(17条1項)。そして再議後,廷長になお異議があるときは所長にチェックを仰ぐことができ,所長は裁判委員会に付議することができる(2項)[66]。この

---

62) 葉向陽「対当前職業法官合議制実施情況的調査与思考」法律適用2004年7期30頁。なお,同論文は所長・副所長が裁判長を担当する件数は,なお少ないと指摘する(同上)。また,「一般に副廷長が合議廷の裁判長を兼任している」という(「対審判方式改革和審判長選任的幾点思考——王懐安同志在江蘇法院考察期間的講話摘要」人民司法2000年10期(CNKI)12頁)。
63) 南京市中級人民法院研究室「審判長選任後審判組織発揮職能情況的調査報告」法律適用2003年3期15頁参照。
64) なお,ここでの「署名発付権は決して従来の意味における事件の審査承認権ではなく,事件の審査承認の性質をカバーせず,また有していない。裁判長の法律文書の――決裁権はせいぜい当該文書と評議内容が一致するか否か,および文書の表現・文字・スタイルなどの裁決に関わらない内容の修正と変更にすぎない」,「裁判文書の内容を実質的に変更する場合には合議廷に再評議・評決を要請するほかない」という指摘がある(孫山・劉茂順「審判長制度要義」人民司法2000年6期(CNKI)23, 22頁参照)。
65) 許蘭亭・前掲注55)62頁。

ことが刑訴法149条と抵触することはしばらくさておき(これについては5.2.1.2参照)，ここでは，これらのプロセスにおいて，裁判統制が事実上行われ得ることを指摘しておきたい。というのは，「選任裁判長は任職，昇進，異動，表彰，批判，弾劾，福利，勤務条件，勤務環境などの多方面において所長・廷長に左右されるため，迅速に，経常的に所長・廷長に『指示を伺い』，『報告』し，意思に反して所長・廷長の『建議』意見や『再議』意見に従うことになるのも当然の成り行き」[67]だからである。

また，辦法施行後，「裁判長列席会議」，「裁判長会議」などと呼ばれる会議[68]が行われるようになった。これは廷長・副廷長・裁判長からなり，所長・廷長などの提案により，各合議廷が報告した重大・難解事件，指示伺いに対する回答(最高裁ではさらに司法解釈も含む)などを検討し，指導的な意見を出して合議廷の参考に供するものである[69]。これも所長・廷長の裁判統制のチャンネルとなっている[70]。

このほか，重慶市では2000年から2003年頃まで，一度は死刑・執行猶予

---

66) 森川伸吾は「裁判委員会による個別事件の討論・決定の制度と院長・廷長審査制度は相互排他的に機能しているわけではなく，前者を後者が補完するという関係にあるとみることもできる」と指摘する(同「外国判決承認・執行の要件としての裁判官の独立——中国を例として(4・完)」法学論叢161巻6号(2007年)13頁)。
67) 金鐘「我国法院審判長選任負責制的検討与前瞻」江蘇警官学院学報2003年6期(CNKI)78頁。このほか，少々古いが，祝銘山(最高裁副所長)は現行刑訴法施行に際して「廷長・所長は裁判について意見を異にするときは，合議廷・単独裁判官に再議を提案することができる。合議廷・単独裁判官は廷長・所長の意見を重視すべきである。意見が一致し得ないときは，ハードケースとして所長から裁判委員会の討論・決定に付託することができる」と説く(同「認真学習貫徹修改後的刑事訴訟法　全面改革和完善審判方式」『法院公報全集(95-99)』724頁。なお，これは1996年7月15日の全国裁判所裁判方式改革活動会議における演説であり，最高裁が同年8月13日に最高裁文書(法発〔1996〕27号文書)として全文を各裁判所に転達した)。
68) それ以前は，裁判が終われば裁判長は当然に任を解かれるため，「裁判長列席会議制度」はあり得なかった(葉向陽「試論審判長聯席会議制度的運行機制及功能実現」法律適用2008年7期41頁参照)。
69) 徐瑞柏「合議庭工作機制的改革」法律適用2003年7期38頁参照。
70) 葉向陽・前掲注68)41頁参照。

言渡事件を除く事件について，裁判長に決裁権限が委譲された。だがその後，再び所長・廷長が決裁する対象が拡大されたという[71]。

さらに，そもそも従来の所長審査制に裁判長のチェックが加わっただけであるとする指摘もある。すなわち，「裁判長責任制実施後，事件の行政的審査承認制が変わらなかったばかりか，逆に，まず裁判長が事件を決裁するという内部審査承認の段階となった。現在，各級人民裁判所は固定的な合議廷・裁判長のやり方を採っているが，事件の処理はなお行政的審査承認制である。……裁判長責任制以降，合議廷が事件を審理し終えた後に辦法が定めるように裁判長が直接的に法律文書を決裁するのではなく，なお内部の審査承認手続により級を追って副廷長，廷長，副所長，所長の承認を得なければならないため，審査承認手続に裁判長の審査・承認の段階が増えたにすぎず，合議廷責任制，裁判長責任制は真に実施されがたい」[72]と。常設「裁判長」ポストを設けたばかりに，以前よりも「関門」が増えてしまったというのである。

5.2.1.2　裁判委討議制

裁判委員会は民主集中制を実施するために裁判所に設置された組織であり（裁判所法11条1項前段），裁判業務に対して集団指導を行う[73]。その「本質的性格を具体的事件の審判に対する集団指導のための組織形態であるとし，これを規準にした場合」，そのルーツは建国前まで辿ることができる[74]。建国後も一貫して法令上に根拠を持ち[75]，現在では裁判委討議制は裁判所法および刑事訴訟法に規定されている制度である。

---

71) 重慶市第一中級人民法院課題組・前掲注44)88頁以下参照。
72) 聶洪勇・前掲注60)37〜38頁。
73) 中央政法幹校刑法、刑事訴訟法教研室編『中華人民共和国刑事訴訟法講義』(群衆出版社，1982年)355頁，陳光中主編『刑事訴訟法(第2版)』(北京大学出版社，2005年)62〜63頁〔陳瑞華〕など参照。
74) 國谷知史「中国における裁判の集団指導制——裁判委員会について」早稲田大学大学院法研論集33号(1984年)58頁以下参照。
75) 鈴木賢「中国における裁判の独立の実態と特徴的構造」社会体制と法8号(2007年)49頁参照。

裁判所法によると、その任務は「裁判の経験を総括し、重大または難解な事件およびその他の裁判業務に関する問題を討議することである」(裁判所法11条1項後段)。ここで重要なことは、それが「重大または難解な事件」を「討議する」とされている点である。この任務について、刑訴法は次のように定める。

「およそ重大または難解な事件について、所長が裁判委員会の討議に付す必要があると認めるときは、所長が裁判委員会に討議決定を付託する。裁判委員会の決定については、合議廷は執行しなければならない」(旧刑訴法107条)。

「合議廷は開廷して審理を行い、かつ、評議してから判決を作成しなければならない。難解、複雑または重大な事件について、合議廷が決定しがたいと認めるときには、合議廷が裁判委員会に討議決定を付託することを所長に要請する。裁判委員会の決定については、合議廷は執行しなければならない」(現行刑訴法149条)。

これらの規定から明らかなように、裁判委員会は旧刑訴法上「重大または難解な事件」を、また現行刑訴法上「難解、複雑または重大な事件」を討議し、合議廷はその決定を執行しなければならない[76]。つまり、裁判委員会に付議された事件については、それが最終決定権を持つのである。ただし、刑訴解釈115条後段によると、「合議廷に異なる意見があるときは、所長に裁判委員会に再議を付託するよう要請することができる」。

次に、具体的にどのような事件が裁判委員会の討議の対象となるのかを見てみよう。まず、上述の事件審査承認辦法によると、最高裁では以下の11類型の事件が裁判委員会に付託される(表5-4参照)。

また、最高裁「裁判委員会業務規則」(1993年8月20日採択, 1998年12月29日改正)2条2項によると、同裁判委員会は「次に掲げる事件における重大また

---

[76] なお、裁判委員会の決定を受けた事件の判決書に署名するのは、裁判体構成員である(最高裁「裁判委員会の討議を経た事件について判決書に如何に署名するかの問題に関する復函」(1957年7月23日)参照)。

表 5-4 最高裁における裁判委討議制対象事件

1	当裁判所の合議廷・裁判廷の審査において意見が分かれた事件
2	原判決変更の必要がある場合に，関係裁判所の意見を求めたが，改判の同意を得られなかった事件
3	重大な渉外事件
4	当裁判所が裁判する1審事件
5	全国的影響のある経済事件
6	県級以上の幹部・知名人の，または影響が大きい死刑事件
7	許可しなければならない刑事類推事件
8	高裁・専門裁判所の判決・裁定に対する，または最高検の当裁判所に対するプロテスト事件
9	各級裁判所の発効裁判に確かに誤りがあることが判明し，当裁判所が審級を引き上げて裁判する事件
10	当裁判所の判決・裁定に確かに誤りがあることが判明し，裁判し直す必要のある事件
11	所長・副所長が裁判委員会の討議に付託する必要があると認めるその他の事件

は難解な事件を討議し，決定する」。すなわち，①最高裁が審理した1・2審事件，②許可を求められた死刑事件，③最高裁が裁判監督手続により再審または審級を引き上げて自ら審理することを決定した事件，④最高検が裁判監督手続によりプロテストした事件，⑤その他の重大・難解事件である(各号)[77]。

ところで，現行刑訴法149条は合議廷が所長に裁判委員会の討議に付すかを決定するよう要請すると定める[78]。旧刑訴法が合議廷の主体性を全く認めていなかったことと比べ，条文上は，合議廷のイニシアティブを強化したものと評価することができよう[79]。これを受け，刑訴解釈114条2項は，以下

---

[77] 旧刑法においては，最高裁の許可を受けた場合，類推適用することができた(79条)。そのため，改正前は「許可を求められた類推事件」も対象とされていた(旧2号)。また，改正前は「所長または所長が委託した副所長が提出した」各号事件を対象としていた。

[78] その際，所長が付議不要と判断すれば，合議廷に再議を1度建議することができる(刑訴解釈114条3項)。

[79] 立法目的は「裁判委員会が討議する事件の範囲を狭め，合議廷が独立して自主的に裁判権を行使できるようにすることである」(陳衛東・前掲注48)152頁。このほか，郎勝主編『関於修改刑事訴訟法的決定釈義』(中国法制出版社，1996年)180〜181頁，周道鸞・張泗漢主編『刑事訴訟法的修改与適用』(人民法院出版社，1996年)245，247頁〔李

の5類型の難解・複雑・重大事件について，合議廷が所長に裁判委員会への付議を要請できるとする。すなわち，①死刑判決を起案しているもの，②合議廷構成員の意見が大きく分かれているもの，③検察がプロテストしたもの，④社会的に大きな影響があるもの，⑤その他の裁判委員会が討議・決定すべきもの，である。

　だが，その後の司法解釈により，合議廷の要請を前提とせずに，所長の判断で裁判委員会に付議される事件類型が定められていく[80]。それを最も一般的・包括的に定めるのは，先(5.2.1.1参照)の合議廷規定である。すなわち，同12条但書は「ただし，次に掲げる事件について，合議廷は所長に報告し，これが裁判委員会の討議決定に付託することを決定するよう要請しなければならない」として，次の4類型を掲げる。すなわち，①死刑判決を起案しているもの，②疑難・複雑・重大・新類型の事件について，合議廷が裁判委員会の討議・決定に付託する必要があると認めるもの，③合議廷の意見が法適用の面で大きく分かれているもの，④合議廷が裁判委員会の討議・決定に付託する必要があると認めるその他の事件，または当該裁判所裁判委員会が確定した裁判委員会が討論・決定すべき事件である。これらの内，②および④前段は合議廷のイニシアティブによる付議と解される[81]が，その他はいずれも合議廷の自主性が認められておらず，それは裁判委員会への付議を要請しなければならない。特に④後段は「白地規定」である。「これが合議廷の

暁〕参照)。
80) 最高裁「人民法廷の若干の問題に関する規定」(1999年6月10日採択，7月15日発布・施行)20条は，人民法廷の廷長が必要と認めた場合に所長に裁判委員会への付議を要請できるとする。また，同「当裁判所の発効裁判事件に対する不服の処理に関する若干の規定」(2001年10月16日採択，同月29日施行)5条1項は，最高裁の発効裁判について再審すべきと判断した場合，および再審開始後に改判すべきと判断した場合には，所長が裁判委員会に付議すると定める。
81) 王立文によると，これらの規定の目的は「合議廷の責任を際立たせ，合議廷の独立意識を強化するためである」(同「理解与適用」最高人民法院研究室編『最高人民法院司法解釈(2002年巻)』(法律出版社，2003年)297頁)。なお，これは同条1・4号に対する指摘であるが，「1号」は「2号」の誤植と考えられる。

機能強化という道において後退であることは疑いない」[82]と批判されるのも無理ない。

　また，先述(5.2.1.1参照)のように，同17条所定の場合も，合議廷の要請を前提とせずに，所長はその判断に基づいて事件を裁判委員会に付議することができる。これも刑訴法149条に悖るものといえよう[83]。

　そして，実際に裁判委員会が討議する事件は少なくない[84]。例えば，刑事事件とは明示的に限定されていないが，某高裁では「1998年に138回(日)裁判委員会会議を開催し，1011件(回)の事件を審査承認し，これは同年の全終局件数の3分の1以上を占めた。この前後においても，同裁判所では，毎年裁判委員会で討議する事件の割合は基本的に3分の1前後であった。つまり，この高裁においては終局する3件に1件は裁判委員会が『審査承認』しているのである」[85]という指摘がある。また，蘇力(北京大学教授)の調査によれば，対象となった基層裁においては，「毎年大体10～15％，約20件の事件が裁判委員会の討議にかけられる」[86]という[87]。さらに厳打期においては，裁判

---

82) 陳衛東・劉計画「論集中審理原則与合議庭功能的強化——兼評《関於人民法院合議庭工作的若干規定》」中国法学2003年1期138頁。なお，これは12条全体に対する批判である。

83) 陳衛東ほか・前掲注82)138頁参照。

84) 範思深によると，ある中裁では死刑(死緩を含む)事件・逆転無罪事件・プロテストを受けた事件などの刑事事件，所長・主管副所長と合議廷の意見が分かれた事件などについて，裁判委員会のチェック[審核]を受けなければならないと定めているという(同・前掲注12)175頁参照)。

85) 羅書平「審判委員会"審批案件"制度応予取消」張衛平主編『司法改革論評(第3輯)』(中国法制出版社，2002年)52頁。

86) 蘇力『送法下郷——中国基層司法制度研究』(中国政法大学出版社，2000年)104頁。

87) 中には大半の事案が裁判委員会に付託されたという指摘もある。例えば，「某高級人民裁判所では1996年に終局した刑事事件の70％以上が裁判委員会に付議された」という(劉亜林「論審判委員会討論個案職権」重慶大学学報(社会科学版)1998年4期(CNKI)71頁)。また，某中裁では1審事件および改判する2審・再審事件の全てを裁判委員会に付託すると規定しているという(厳紅兵・周天勤「論審判委員会制度的改革与完善」律師世界1999年10期(CNKI)44頁)。このほか，鈴木賢が1994年に行った調査によると，重慶市中裁では「刑事事件の一審事件では3分の2近く，二審事件で

委員会は厳打に関するほとんどの事件を討議していたという。すなわち，「『重く速く』の事件については，担当した裁判官がそのほとんどを裁判委員会に報告していた。裁判委員会は報告に基づいて事件の性質認定・量刑について討議し，被告人の犯罪認定・量刑を決定していた。そのため，一般的に裁判所がある事件の裁判の開廷を決定したときには，当該事件の裁判内容はすでに裁判委員会が裁判前に決定していた。さらには公式の判決書を制作・印刷していた地方もあった」[88]と。

このように，合議廷が裁判するといっても，その一部は裁判委員会の決定なのである。

なお，裁判委員会に「同級人民検察院の検察長は列席することができる」(裁判所法 11 条 3 項)。つまり，判決を左右する裁判委員会会議に検察も参与できるのである。このことは「裁判所の独立」と緊張関係にあると考えられる。しかし実態としては，検察長が同級裁判委員会に出席することはほとんどなく[89]，また「数人の裁判官に聞いたところによると，検察長は通常，刑事事件の討議に列席し，他の討議に参加することは少ない。たとえ出席しても，検察長の意見はあまり重視されない。なぜなら，その行政クラスが裁判委員会の裁判官と同じだからである」[90]という。

5.2.2 地方ブロック——党委審査制

党委審査制は，党委員会が重要な事件や警察・検察・裁判所で争いのあるハードケースの判決を審査するという制度である。これは根拠地時代にはすでに存在していたといわれており[91]，現在に至っても党委員会による審査は

10〜20％を裁判委員会で討論している」という(同「中国における市場化による『司法』の析出——法院の実態，改革，構想の諸相」小森田秋夫編『市場経済化の法社会学』(有信堂，2001 年) 255 頁)。
88) 陳瑞華『刑事審判原理論(第 2 版)』(北京大学出版社，2003 年) 344 頁。
89) 恵恩邦「試議検察長列席人民法院審判委員会会議」法学 1988 年 6 期 26 頁参照。
90) 範思深・前掲注 12) 176 頁。なお，「行政クラス」については，5.3.2 参照。
91) 「江華院長在北京市刑事審判工作会議上発表重要講話——人民法院必須認真執行"両

存続している。

　とはいうものの、党委審査制は、制度としては実は党中央によりすでに否定されている。すなわち、党中央は1979年9月9日に「刑法・刑事訴訟法の適切な実施を断固保証するについての指示」を出し、「今後、司法業務に対する党の指導の強化における最も重要な事項は、法律の実施を確実に保障して、司法機関の役割を十分に発揮させ、人民検察院が独立して検察権を行使し、人民裁判所が独立して裁判権を行使することを確実に保障して、これらの機関がその他の行政機関・団体または個人の干渉を受けないようにしなければならない。国家の法律は党が指導して制定したのであり、司法機関は党が指導して打ち立てたのであるから、何人であろうとも法律および司法機関の職権を尊重しなければ、それはまず、党の指導および党の威信を損なうことにほかならない。党委員会と司法機関はそれぞれにそれぞれの責任を有しており、互いに取って代わることはできず、両者を混同すべきでもない。それゆえ、党中央は各級党委員会による事件審査承認制度を廃止するよう決定した」としたのであった。

　これを裁判所に引きつけていえば、次のように要約できよう。「司法業務に対する党の指導の強化」とは、党が制定した法律を遵守し、裁判所が「行政機関・団体または個人の干渉」を受けないようにすることである。また、党委員会と裁判所は職責が異なり、一緒くたにしてはならない。よって、両者の職責を混同することになる党委審査制を廃止する、と。

　しかしそれと同時に、「各級司法機関における党組織および党員幹部は、同級党委員会に自主的に業務を報告して指示を伺わなければなら〔ない〕」とも指示した。党委審査制は廃止するが、裁判所の党グループは党組織として、また裁判官は党員として、同級党委員会にお伺いを立てろというのである。

――――――――――

法"、厳格依法辨事」法学雑誌1980年2期8頁。なお、50年代の党委審査制の運用については、胡軍「公安、検察和法院応正確貫徹互相配合、互相制約的原則」法学1958年1期27頁、庚以泰「捍衛党対人民法院的領導、駁"審判独立"的謬論」政法教学1958年1期17頁参照。

このことは，次のような発言からも明らかである。すなわち，彭真は64号文書下達の翌年である1980年2月1日に，「個別具体的な事件については，党委員会が問わなければならない特殊なものを除き，やはり検察院・裁判所が独立して処理する」[92]と述べ，個別具体的な事件について，「党委員会が問わなければならない特殊なもの」が存在することを示唆する。また，劉晋峰(天津市党委副書記)も1990年2月17日に，「各級裁判所は自主的に党委員会の指導に依拠し，これを受け入れなければならない。人民裁判所は日常的に党委員会に活動を報告し，およそ方針，政策などに関わる重要問題，または重大・難解事件を処理するときには，自主的に党委員会に報告し指示を伺い，手助け・支持を得なければならない」[93]と述べる。

　また実際に，次のような指摘から，党委審査制が形を変えて残っていることがうかがえよう。すなわち，「警察・検察・裁判所3機関が重大事件，渉外事件もしくは統一戦線に関わる事件，または方針や政策に関わる問題に遭遇したときは，必ず自主的に党委員会に報告して指示を伺わなければならない。党委員会の指示および決定については，真摯に徹底執行すべきである」[94]，「確かに党委員会の刑事事件の審査承認制度は今日においてはもはや制度ではないが，現在においてもなお地方党委員会から中共中央に至るまで，具体的事件の捜査・起訴・審理に対する干渉は完全になくなったわけではない」[95]と。また「河北省3級裁判所の裁判実務から見て，大多数の地方党委員会，人大および同常委会は裁判所の具体的事件の裁判にほとんど干渉しておらず，95％以上の刑事・民事事件は人民裁判所が法により独立して裁判している」[96]という。これは「95％以上」の事件が「法により独立して裁判」

---

92) 彭真「在広東省和広州市公検法匯報会上的講話要点」『彭真2』214頁。
93) 「天津市委副書記劉晋峰在天津市法院工作会議上的講話(摘要)」『法院年鑑(1990)』524頁。
94) 中央政法幹校刑法、刑事訴訟法教研室・前掲注73)138頁。
95) 曲新久『刑事政策的権力分析』(中国政法大学出版社，2002年)124頁。
96) 樊守禄「完善人民法院依法独立行使審判権的理論思考和制度設計」河北法学2003年1期(CNKI)71頁。

するようになったことを誇示するものと読めるが，裏を返せば，それ以外の事案は「法により独立して裁判」していないということになる。まさに田中信行が指摘したように，64 号文書は「裁判員としては党委員会に報告しなくともよいが，党員として報告せよという要求であ〔り〕」[97]，党委審査制は形の上では廃止が指示されたが，実質的には裁判に対する「党の指導」は温存されてきたのである。

　そして，裁判所の裁判に対する党委員会の指導は，主には政法委員会による事前調整という形で行われる。このことは，政法委員会が政法業務を指導するために党委員会が設けた[対口部]であることから，当然のことといえよう。

　この政法委員会による事前調整は，前部ですでに指摘したように，厳打期に多用された手法である。すなわち，83 年厳打においては，「速く」を実現するために，政法委員会主宰の下で合同事務処理・合同事件処理が採られた。そして，両者はその後の厳打においても行われた。

　とはいえ，合同事務処理や合同事件処理は，厳打だからこそ生じる特別な現象ではなく，日常的に行われているものである。このことは 4.4 で検討した同性向けの売春組織事件の顛末，そして次のような指摘からも明らかである。すなわち，「少なくない地方の党政法委員会は政法機関の関係を調整するとの名目で，警察・検察・裁判所・司法行政機関の 4 機関を組織して刑事事件を討議し，犯罪認定・量刑を決定している。湖南省某市の政法委員会は重大・難解事件を討議・決定するために，政法委書記をリーダーとする警察・検察・裁判所・司法行政機関などの機関の責任者から成るチームを設置している。福建省の一部の地域では，1994 年に至ってもなお政法委員会が警察・検察・裁判所 3 機関を組織して合同事件処理を行っている」[98]，「見解に相違が生じればいつも，法定手続に照らして制約権を行使するのではなく，

---

97) 田中信行「中国における裁判の独立と党の指導――1954 年〜1981 年」季刊中国研究 5 号(1986 年)76 頁。
98) 張懋・蔣恵嶺『法院独立審判問題研究』(人民法院出版社，1998 年)164 頁。

ほとんどは政法委員会主宰の下で『党内合同事務処理』を行う。およそ重大・重要事件であれば，いずれも政法委員会が調査チームを統一的に組織し，『合同事務処理』の名目で議論を統一し，決定を下し，その後，政法機関が形式的に法定手続を行う。この間求められるのは一致のみであり，制約はなく，また法による相互協力も語るに及ばない。過去に生じた『合同事件処理』の教訓を受け，中央は繰り返し合同事務処理が合同事件処理と異なることを強調している。しかし，制度が変わりさえしなければ，合同事務処理は現実において『合同事件処理』しかもたらし得ない。これはまさに『厳打』以降，多くの地方で50年代のやり方が復活している要因である」[99]と。

そして今日においては，実際に次のようなやり方で政法委員会による裁判の事前調整が行われているという[100]。

まず，事前調整は主に会議の形式で行われる。これは「党内事件調整会」［党内案件協調会］と呼ばれており，政法委員会の書記，副書記，事務局長または副事務局長が議長を務める。参加者は同級の政法部門や下級政法委員会の責任者である。また，政法委員会が文書(いわゆる［紅頭文件］)を発し，政法部門に指示することもあるという。

会議で「調整」される事案は，主に以下の9種類である。すなわち，①国内外への影響が大きく，注目されている特大刑事事件，②国内外への影響が大きく，または大きな影響を生みやすい政治的な事件，特に渉外事件(具体的にはほとんどが国家の安全に危害を加える罪)，③国内外を震撼させ，影響が極めて悪い悪質な事故犯罪，④事案が複雑で，関係者が多く，特に党政指導的幹部が関与しており，干渉を受けている，または受け得る事件，⑤新類型の刑事事件，または経済紛争・民事事件，⑥政法部門間で争いのある事件，⑦下級の政法委員会間で争いのある事件(多くは地方保護主義を背景とした地方間の経済的紛争)，⑧下級政法委員会と上級の政法部門との間に争いのある事件，⑨

---

99) 石泰峰「政法体制改革芻議」複印報刊資料法学 1987 年 3 期 38 頁〔原載：江海学刊（経済社会版）1987 年 1 期〕。
100) 以下の記述については，『政法委職能』582〜587 頁を参照した。

上級党委員会・政法委員会，同級党委員会またはこれらの主要指導者から調整するよう求められた事件，である。

　会議ではまず議長または事件の主な担当機関の責任者が事案を説明し，問題点を摘示する。その後，参加者で討議する。最終的に議長が総括し，「参加者の共通認識となった意見，もしくは少なくとも多数者の正しい意見をまとめ，または少数意見ではあるが正しいものは，議長の調整・説明を通じて，最終的に大多数の支持をとりつける」。また，統一見解を形成できないときは，上級の政法委員会や政法部門に指示を伺ったり，同級政法部門に対して上級政法部門に指示を伺うよう指示したりする。

　以上の説明からは，政法委員会が裁判内容の形成に実質的に関与していることが明らかであろう。政法委員会の事前調整の対象となる事案の種類も少なくなく，およそ見解が分かれた事件や重要性の高い事件は，いずれもその射程内にある。

　そして，ここで何よりも注目したいのは，こうした会議においてどのように意思決定がなされているかである。上記説明からは，同一クラス内で決着がつく場合と，上級に指示を伺う場合の2パターンがあることが分かる。後者については，上級の見解が大きな影響力を持っていることは疑いない。このことは，4.4で検討した事例の経緯からも明らかであろう。

　他方，前者については，同級の政法委員会，各政法部門の「話合い」という観を呈しているが，実際は政法委員会の意思が貫かれているようである。というのは，会議の結論となるのは，①「参加者の共通認識となった意見」，②「少なくとも多数者の正しい意見」，または③「少数意見ではあるが正しいもの」，とされている。①は全会一致であるため，これが会議の結論となることに何ら疑問はなかろう。問題は②および③でいうところの「正しい意見」である。とりわけ③は少数意見であるが，それが「正しい意見」であれば，（大多数の支持をとりつけた上で）会議の結論となるという。そこで，「正しさ」を判断する基準が，政法委員会による事前調整の実質を明らかにするカギとなる。これを考える手がかりは，次の指摘である。すなわち，「①一部の重大事件は，ほとんどの場合において政法委員会が裁判の前に方向性を定

めており，警察・検察・裁判所・司法行政機関の各機関に考え方・認識を統一し，全力で協力するよう指示する。②一部のハードケースについて，警察・検察・裁判所・司法行政機関が性質認定において見解が分かれたとき，または処理において反目しあうときには，政法委員会が最終的決断を下すことが多々ある。……④少数の政法委指導者がその言葉を法に代え[以言代法]，個人の意思を裁判所の裁判に代え，裁判業務に粗暴に干渉する」[101]と。要するには政法委員会が決定を下すというのである。だとすると，上の説明にある「正しい意見」とは，政法委員会が「正しい」と考える意見になろう。

ところで，宇田川幸則は，党が裁判に干渉するルートについて，興味深い指摘をしている。すなわち，「90年代以降，裁判委員会のあり方がクローズアップされるようになり，それに対する批判が強くなったが，これは『外圧』をはじめとする諸処の理由により，党の関与がこれまでのようにおおっぴらにできなくなり，法律上根拠のある裁判委員会をいわば隠れ蓑として利用し始めたフシがあることに世間が気付き始めたからではないか」[102]と。つまり，法的制度である裁判委討議制を通じて党が裁判に干渉しているのではないかというのである。

「裁判委員会は裁判所党グループを核心として構成され，所長は通常，裁判所党グループの主要な指導者である」[103]といわれ，実際，裁判委員の役職を調べると，そのほとんどが所属裁判所党グループのメンバーでもある。先述(5.1.2参照)の山東省広饒県基層裁のWebサイトで「指導部メンバー」として紹介されている所長以下6名全員が党グループメンバー兼裁判委員である。また，遼寧省遼陽市中裁(表5-2)では指導部メンバーとして紹介されている所長以下9名の内8名が裁判委員である[104]。その内2名の調査研究員を除き全員が党グループメンバーを兼任している(2名の調査研究員は元党グ

---

101) 鮑遂献・張偉・趙小山「影響人民法院正確定罪量刑的原因与対策」法学評論1991年6期20頁。胡学相『量刑的基本理論研究』(武漢大学出版社，1998年)225頁も同旨。
102) 宇田川幸則「小口彦太『現代中国の裁判と法』」社会体制と法5号(2004年)97頁。
103) 左衛民ほか・前掲注51)87頁。
104) なお，規律検査組長の範国春はそもそも裁判官ではない。

ループメンバー）。このように党グループが裁判委員会を掌握しているのならば，党の指導はこの法律上の制度により合法化され得ることになる。

　以上のことを筆者なりにまとめると，次のような党による裁判に対する「指導」の流れが見えてくる。すなわち，地方の党委員会は，［対口部］である政法委員会を窓口として，これが「事前調整」という形で裁判所党グループを「指導」する。そして，同党グループは法律上の制度である裁判委員会の意思として，この「指導」内容を合法的に実現する，と。こうした手法は，党委審査制の廃止を謳いながら「各級司法機関における党組織および党員幹部は，同級党委員会に自主的に業務を報告して指示を伺わなければなら〔ない〕」としていた64号文書よりも，党の指導に「合法」の衣をまとわせることができる点で，「洗練」されているといえよう。

5.2.3　縦ライン——上級裁判所への指示伺い

　裁判官の独立の下では，たとえ裁判所が裁判において難題に逢着した場合でも，独立して結論を示さなければならない。だが中国ではこうした場合，本節で検討してきた諸制度のほか，上級裁判所に指示を伺い，その指示に基づき判決するという方法も採られる。いわゆる「指示伺い」［請示］である。

　これは法律に定められた制度ではなく，「中国の法制環境の下で生成してきたものであり，決してあらかじめデザインされた結果ではなく，経験的事実である」[105]とされる。すなわち，党は建国時に中華民国の法制度を全面的に否定したため，「解決を急ぐ大量の問題について法規定を欠き，下級人民裁判所は裁判実務でハードケースに遭遇するたびに，上級人民裁判所に指示を伺い，最高人民裁判所およびその……支部も日常的に下級裁判所の指示伺いに対応し〔た〕」[106]，と。こうして指示伺いは実務上のニーズから生まれ，その後存続してきたとされる[107]。

---

105) 万毅「歴史与現実交困中的案件請示制度」法学2005年2期17頁。
106) 万毅・前掲注105) 11頁。
107) 蒋恵嶺「論案件請示之訴訟化改造」法律適用2007年8期2頁参照。なお，「いかに

5. 裁判統制システム　283

　そして，その具体的な制度枠組みを形作っているのは，最高裁の通達である。以下，1980年以降のその制度枠組みを概観する。

　まず指示を伺う相手について，最高裁辦公庁「問題解答業務改善に関する通知」(1964年9月11日)は，1級上の裁判所とする。そしてこれを繰り返し，最終的に高裁が最高裁に指示を伺うとする(これを[逐級請示]という。最高裁辦公室「問題についての指示伺いに関する通知」(1973年11月7日)も同旨)[108]。

　次に指示を伺うことができる問題について，最高裁「事件の指示伺いを送付する際に注意すべき問題に関する通知」(1986年3月24日。以下，「86年通知」と呼ぶ)[109]は，犯罪認定・量刑に限り，事実認定を対象外とする。最高裁「刑事指示伺い事件の報告の範囲および注意すべき事項に関する通知」(1995年11月30日。以下，「95年通知」と呼ぶ)は事実認定の問題を対象外とした上で，量刑にしか大きな争いがない場合も，指示を伺ってはならないとする(2・3条)。

　さらに95年通知は，次の5類型の事件に「厳格に限定しなければならない」とする。すなわち，①中央および最高裁が注視している事件，②当該省・市ないし全国的または国際的に重大な影響があり，大衆の激憤，新たな社会矛盾および外事交渉を惹起しやすい事件，③法適用が不明な事件，④関係規定により当裁判所に内部審査のために報告しなければならない渉外，香港・マカオ・台湾関係，および華僑関係事件，⑤事件の管轄が不明な，または管轄に争いのある事件である。そして，これら以外は高裁が処理せよとする(以上につき1条)。

　　処置すべきか判断に迷う事案について，上級者に問合わせる制度」が伝統中国にあったことについて，滋賀秀三『清代中国の法と裁判』(創文社，1984年)38頁参照。
108)　高裁が最高裁に送らずに，自己で解決できると判断した場合は解決し，手続はその段階で打ち切られる(董皞『司法解釈論』(中国政法大学出版社，1999年)219頁参照)。
109)　なお，最高裁は1990年8月16日に「事件の指示伺いを送付する際に注意すべき問題に関する補充通知」[関於報送請示案件応注意的補充通知]を発したといわれる(例えば万毅・前掲注105)11頁参照)。しかし筆者未見のため，ここではその存在を指摘するにとどめる。

また手続の方式について，86年通知は「正式な伺報告を作成し，かつ，詳細な事案報告および一件記録を添付しなければならない。伺報告には高級人民裁判所裁判委員会の意見または政法委員会の意見を明記しなければならない。裁判委員会に複数の異なる意見があるときも，裁判委員会がどの意見に傾いているかを明記しなければならない」(2条)とする。

95年通知も正式な伺報告に「詳細な事案報告および一件記録」を添付せよとした上で，①中・高裁裁判委員会の意見を明記せよ，②重大事件・司法部門間に原則的な見解の相違がある場合は，政法委員会の意見を添付せよ，③裁判委員会・政法委員会に異論がある場合はそれぞれの傾いている意見を明記せよとする(4条)。

このように，86年通知以降は「正式な伺報告」を作成して，指示を伺うこととされている。ただし，実態としては上に見た手続によらずに問い合わせる場合(例えば口頭[110])もある。

また86・95年通知からは，裁判委員会の討議を経て，傾向意見を形成することが前提とされていること，および場合によっては政法委員会の意見を伺うことが前提とされていること(ただし95年通知②はその場面を限定している)の2点を知ることができる[111]。つまり，高裁はまず当該裁判委員会で討議し，また(省クラス)政法委員会に意見を聴取し，それでも調整がつかない場合に，最高裁に指示を伺うとされているのである[112]。

そして，こうして最高裁に到達した指示伺いが，司法解釈の端緒となる。すなわち，「司法解釈は永遠に実務を土台に登場するものであり，あなた〔実

---

110) 例えば4.4で紹介した2006年南京調査における⑤⑦に対するA判事の発言参照。このほかにも，電話・訪問などによる問い合わせが実務では広く行われているという(徐建新・毛建青・呉翠丹「案件請示制度的問題与実践分析」法律適用2007年8期9頁参照)。

111) なお，蒋恵嶺・前掲注107)3頁参照。

112) なお，最高裁「高級人民裁判所が最高人民裁判所に事件の記録資料を送付する活動を規範化することに関する通知」(2005年7月1日)3条は，「伺報告において当該裁判所裁判委員会の意見または傾いている意見を説明しなければならない」とし，政法委員会の意見については明記されていない。

務家を指す〕が実務を通じて，事例を提供し，問題を提起しなければ，それに対応する司法解釈が作られない」[113]。最高裁が出す「答復」，「批復」，「復函」などの司法解釈は，まさに高裁の指示伺いに対する最高裁の回答である（具体例としては 3.3.4.2(3) で紹介した「答復」）。実際，「『最高人民法院公報』を紐解けば，そこに大量に掲載されているのは，地方から最高人民裁判所に出された指示伺いと，最高人民裁判所の批復である」[114]という指摘が示すように，高裁から最高裁への指示伺いは，裁判実務において広く行われている。

なお，法は司法解釈を最高裁（そして最高検）の専権事項[115]としているが，実務においては，高裁もそれらしき文書を出している。例えば上海市高裁が 2000 年 5 月 18 日に出した「薬物犯罪事件の審理における法律の具体的運用の若干の問題に関する意見」などである[116]。

このように高裁が司法解釈的文書を発出しているのは，「司法実務で遭遇した問題について，最高人民裁判所や最高人民検察院に司法解釈を求めてもそれを得られない」[117]からである。つまり，高裁が敢えて司法解釈的文書を発出せざるを得ないほど，下級裁判所からの指示伺いが多いのである。実際，「裁判委員会が事件を討議した後に，法適用の問題について自信がない，または事案が重大であると判断したときは，上級裁判所に指示を伺うと決定する」[118]という。また，無錫市中裁では「1996 年初頭に，事実，証拠および実体的処理の問題については原則として指示を伺ってはならないと明確に規

---

113) 姜偉「"厳打"整治闘争中如何深化公訴改革」最高人民検察院公訴庁・公安部刑事犯罪捜査局編『厳属打撃危害社会秩序犯罪法律適用指導』（中国検察出版社，2002 年）23 頁。
114) 王利明『司法改革研究』（法律出版社，2000 年）345 頁。
115) 解釈決議 2 条。また，最高裁「地方各級裁判所が司法解釈的文書を制定すべきではないことの問題に関する批復」（1987 年 3 月 31 日）も，地方各級裁判所が司法解釈的文書を制定してはならないと指示する。ただし，何をもって「司法解釈的文書」［司法解釈性質文件］とするかは不明である。
116) 遊偉主編『華東刑事司法評論(第 5 巻)』（法律出版社，2003 年）331 頁以下参照。
117) 呉孟栓・羅慶東『刑法立法修正適用通解(1997-2001)』（中国検察出版社，2002 年）27 頁。
118) 王国慶ほか・前掲注 52) 76 頁。

定した。……統計によると，1996年以降，終局件数が毎年32％の成長率で増加する中，市内全裁判所の書面による事件の指示伺いは30％の割合で減少し，今年上半期の指示伺件数は1審終局件数の1000分の1.6であった」[119]とその成果を賞賛する指摘があるが，その反面，「厳しく制限し，規範化する」以前においては，「指示伺いの過多・濫用問題」が存在していたことがうかがえる。

5.2.4　ま　と　め

本節では，実際に裁判を担当した裁判官だけでは判決を下すことができないことを見た。すなわち，裁判官は判決する前に，廷長，所長，裁判委員会，党委員会(政法委員会)，上級裁判所などの上位者による重畳的なチェックを受けなければならないことが，法律上ないしは事実上制度化されている。そして上位者はこれらの制度を通じて法律上または事実上，裁判を統制するのである。厳打においては裁判体以外の者により判決のチェックが行われていたが，これは厳打だからこそ生じる特別な現象ではなく，中国においてはまさに日常なのである。ここでの「裁判」は，究極的には，より上位にある者(党委員会，同政法委員会，上級裁判所，裁判委員会，所長)の指示を遂行する作用にすぎない。

5.3　統制の潤滑油──裁判官の身分の不保障と責任

本章ではこれまで，裁判統制システムを構成する担い手および制度を検討してきた。すなわち，5.1では裁判官が本来的に党の政策の忠実な遂行者であることを，また5.2では裁判体だけでは判決することができず，党組織(党委員会および政法委員会)や「上司」(所属裁判所の所長，廷長，裁判委員会，そして上級裁判所)の意向を受け入れる法的ないしは非法的な制度が形成されている

---

119)　徐懿・周耀明・金飈「改進業務指導　減少個案請示」江南論壇1998年10期 (CNKI) 27頁。

ことを明らかにした。

　それではこうした仕組みの実効性を担保する制度は何であろうか。具体的には，裁判官が党の政策の忠実な遂行者であり続け，また党組織や「上司」の意向を受け入れる制度が実効的に運営されるための制度的担保である。

　これについて中国や日本で議論に上がるのは，主には裁判官の人事(特に身分保障)と裁判所の財政の2点であるが，ここではまず前者を検討する(後者については次節で検討する)。

　以下では裁判官人事をめぐり，次の3点を検討する。すなわち，①裁判官の実質的な人事権者，②裁判官の序列化，および③裁判官が負うべき責任である。③には，具体的な審理を担う裁判官の責任と，そうした裁判官の「上司」である所長(副所長)の責任がある。

5.3.1　裁判官の人事権者――党管幹部

　法[120]は裁判官の任免権者を次のように定める。まず，各級裁判所長については，原則として同級人大が選挙・罷免する。ただし，地区・直轄市中裁所長については，対応する同級人大がないため，裁判所所在地の省クラス人大常委会が主任会議の指名に基づき任免する[121]。

　次に，各級裁判所の副所長，裁判委員，廷長，副廷長および判事については，原則として所属裁判所の所長が同級人大常委会に付託し，これが任免する。ただし，地区・直轄市中裁の上記裁判官については，上級に当たる高裁所長が省クラス人大常委会に付託し，これが任免する。このほか，各級裁判所に必要に応じて配置される判事補については，所属先となる裁判所の所長が任免する。

　このように法は，裁判官の任免権が人大・同常委会にあると定める(判事補を除く。以下同じ)。しかし，裁判官任免の真の決定者はこれらではない。裁

---

[120] 具体的には憲法62条7号，63条4号，67条11号，101条2項，裁判所法11条2項，35条，37条1項，裁判官法11条2〜6項参照。なお，裁判所法36条2項も参照。
[121] 1986年改正以前の裁判所法35条2項は，省クラス人大が選挙するとしていた。

判官の任免は，［党管幹部］原則の名の下で党に掌握されている。

党管幹部原則は建国前から続いてきたといわれており[122]，具体的には「幹部の補充，任用，育成・訓練，審査，監督，賞罰，配置転換，給与，福祉・厚生，退職・休職等の諸制度」[123]を党が管理するというものである。ここでいう「幹部」は党員に限らず，およそ幹部であれば全てその対象となる。「党員システムによると，彼ら〔判事・判事補〕は一般幹部に属する」[124]ため，裁判官はいずれも党管幹部原則の射程内にあることになる[125]。

そして，この党管幹部原則こそが，国家機関内に設置される党グループ，［対口部］と呼ばれる党内に設けられる国家機関を指導するためのカウンターパート（裁判所の［対口部］は政法委員会である），そして個々の党員というチャンネルを通じた「党の指導」の制度的担保である。このことは，中央政法委員会に長年身を置いてきた林中梁の次の指摘から明らかであろう。すなわち，「党の政治指導，思想指導，組織指導の3者は緊密につながっている一体であり，政治指導および思想指導は組織指導の方向性，性質および内容を決定し，組織指導は政治指導および思想指導に組織的保証を提供し，政治指導および思想指導はともに組織指導に依拠して実現される」[126]と。

---

122) 『現代中国法』41頁〔田中〕参照。
123) 中村桜蘭「中国の幹部管理体制(1949～1953)」アジア研究38巻2号(1991年)39頁。
124) 範思深・前掲注12)178頁。
125) 幹部とは誰か，という問いに答えることは極めて困難である。中国では一般的に，およそ国家機関職員は「国家勤務人員であり，また国家幹部である」とされており（景杉主編『中国共産党大辞典』(中国国際広播出版社，1991年)296～297頁参照），裁判所に勤務する者も幹部となる。したがって，裁判官だけではなく，書記員や司法警察なども幹部となる。しかし，裁判所に勤務する者全員が幹部であるかというと，そうではないようである。というのは，裁判所には肉体労働者も勤めているからであり，これについては幹部とされていないと思われるからである。裁判所については不明であるが，例えば甘粛省検察においては，検察官は当然のこととして，書記員や司法警察，さらには一般の事務員も幹部とされているが，肉体労働者［工勤人員］は幹部とされていない（例えば『甘粛検察年鑑(1999)』(2000年)208頁）。おそらく裁判所においても同様であると推測される。
126) 『政法委職能』7頁。また，矢吹晋も「実際にはノーメンクラツーラ制こそが〔党の〕そうした働きかけに実効性を与える制度的保証であり，『指導的役割』の実体そのもの

5. 裁判統制システム　289

　現行の党管幹部制度のひな形は，中共中央「幹部管理業務を強化することに関する決定」(1953年11月24日)[127]であり，そこではいわゆる「分部・分級」管理方式が採用された。「分部管理とは，すべての幹部を軍事，文化教育，工業計画，財政貿易，交通運輸，農林水利，統一戦線，政法，大衆活動その他，の九つの部門に分け」，党委員会の関係部門が管理することであり(例えば，裁判官を含む政法業務幹部は，その[対口部]である政法委員会が管理する)，「分級管理とは，中央および地方各級の党委員会のあいだの，各級ごとの幹部管理についての分業制度をさだめたものである」[128]。そして，党中央は1955年に中国版ノメンクラトゥーラである「中共中央が管理する幹部職務名称表」を出し，同年9月には各地区・部門に対してそれぞれが管理する職務名称表を速やかに定めるよう催促した[129]。なお，中央が「管理する」とあるが，実質的には中央が任免することを指すと考えられる。このほかに「中央に届け出る[備案]幹部職務名称表」もある。これは任免について中央の承認を要するという意味であると考えられる[130](以下，前者を「任命ポスト」，後者を「承認ポスト」と呼ぶ)。

である〔る〕」と指摘する(同『巨大国家中国のゆくえ──国家・社会・経済』(東方書店，1996年)117頁)。なお，1987年の政治体制改革プランでは[対口部]の廃止と党グループの段階的廃止が提案されたが，党管幹部原則にメスを入れることには及び腰であった(趙紫陽「沿着有中国特色的社会主義道路前進」(1987年10月25日)『十三大以来(上)』36～38頁参照。このことからも，党にとっての党管幹部原則の重要性がうかがえよう(毛里和子『新版現代中国政治』(名古屋大学出版会，2004年)163頁参照)。なお，その後実際，中央政法委員会は1988年5月19日に党中央の決定により，大幅に権限・規模縮小された中央政法指導小組に改組された。だが，中央政法委員会はその後1990年3月に復活を遂げ，今日に至っている。『政法委職能』72～73頁参照)。

127)　『党組織史資料9巻(下)』187頁以下参照。
128)　以上について，田中信行「中国──『党政分離』と法治の課題」近藤邦康・和田春樹編『ペレストロイカと改革・開放──中ソ比較分析』(東京大学出版会，1993年)249頁。
129)　景杉・前掲注125)307頁参照。なお，両表は筆者未見である。
130)　矢吹・前掲注126)118頁が「中央が管理する職務名称」を「任命ポスト」と，また「中央への報告を要する職務名称」を「承認ポスト」と呼ぶのもこの意味と考えられる。

II　なぜ裁判が権力の道具となるのか？

表 5-5　党中央が任免・承認する裁判所ポスト

	中　　央	省クラス
任免	最高裁所長・副所長・裁判委員および同党グループ書記・副書記・メンバー	高裁所長
承認	最高裁廷長・副廷長・廷クラス判事	高裁副所長，専門裁判所の所長・副所長*

注：＊　専門裁判所は省クラスとは限らないが，便宜的にこのようにした。

　さて，以下では 1990 年 5 月 10 日付の中国版ノメンクラトゥーラに基づき，その概要を見てみよう[131]。表 5-5 はそこに記されている党中央が任免・承認する裁判所のポストをまとめたものである。同表から明らかなように党中央は，中央の最高裁裁判官および党グループメンバーを，そして 1 級下の省クラスの重要ポストを任免・承認することになっている[132]。

　省クラス以下の党委員会が管理するものについては，少々古いが，中共最高裁党グループ「各級人民裁判所党グループが党委員会の裁判所幹部管理に協力することに関する辦法」(1984 年 1 月 10 日)[133] が詳しく定める。本辦法は「地方各級人民裁判所の幹部管理については二重指導とし，地方党委員会を主とする方法を実施する」とし，地方各級裁判所幹部の任免における地方党委員会および裁判所党グループの関係を定めた(具体的には表 5-6 参照)。なお，これは法定手続に代わるものではなく，党内の承認を得た後に，法定手続を行わなければならない(同辦法一 5・6 参照)。

　本表から明らかなように，裁判所幹部たる者は党が，また判事以上の裁判官はいずれも地方党委員会が実質的な人事権を有している。また，裁判官人事については，裁判所党グループもそれに協力するとされた。特に，ポスト

---

131) 中央組織部「『中共中央が管理する幹部職務名称表』改正の通知」(1990 年 5 月 10 日。人事部政策法規司編『人事工作文件選編(13)』(中国人事出版社，1991 年)35 頁以下)参照。

132) 1984 年までは原則 2 級下まで管理することとなっていたが，同年の改正により，原則 1 級下までとなった(中央組織部「中共中央が管理する幹部職務名称表に関する通知」(1984 年 7 月 14 日。労働人事部政策研究室編『人事工作文件選編(7)』(出版社・年不明)39 頁以下)，唐亮『現代中国の党政関係』(慶應義塾大学出版会，1997 年)79〜81 頁参照)。

133) 『司法手冊(3)』609 頁以下参照。

表 5-6　地方各級裁判所幹部人事の管理・協力者一覧表

ポスト	管理者	協力者
高裁所長	党中央	省クラス党委・最高裁党組
高裁副所長	省クラス党委	最高裁党組
中裁所長・副所長	省クラス党委 地区クラス党委	地区クラス党委・高裁党組 高裁党組
直：中裁所長・副所長	市党委	高裁党組
基層裁所長・副所長	地区クラス党委 県クラス党委	県クラス党委・中裁党組 中裁党組
直：基層裁所長・副所長	市党委 県クラス党委	県・区党委・高裁党組 高裁党組
直：（市党委が管理する）中裁裁判委員・廷長・副廷長・判事	市党委	高裁党組
（同級党委が管理する）その他の裁判委員・廷長・副廷長・判事	同級党委	同裁判所党組
（同級党委が管理する）正副処長・正副科長・正副主任・執行員・判事補・その他の幹部	同級党委	同裁判所党組
その他の幹部	同裁判所党組	なし

注：「直」は直轄市を示す。また「党組」は党グループを示す。

のある裁判所の同級地方党委員会と1級上の裁判所党グループとは，「十分協議する」［充分協商］ことが求められていた。だが，実質的な人事権を有しているのは，あくまでも地方党委員会である。

　なお，近年，裁判官人事における両者の関係に若干の動きが見られる[134]。すなわち，上記辦法では，幹部の任免について，両者が「十分協議する」よう求められていた。これに対し，中共中央「政法幹部隊伍の建設をさらに強化することに関する決定」(1999年4月15日)[135]は，「地方党委員会が政法部門

---

134) 1988年から一部地域に限定して，上級裁判所党グループが主となり管理し，同級地方委員会がそれに協力するという改革を試験的に実施していた（陳有西「近年来我国法院改革運作状態」中外法学1994年4期72〜73頁参照）。
135) 『十五大以来(中)』817頁以下。なお，1979年の「刑法・刑事訴訟法の適切な実施を断固保証することに関する指示」は，「地方党委員会は警察・検察・裁判機関の党員指導的幹部の配置転換［調配］について，上級警察・検察・裁判機関の同意を得なければならない」(三)としていた。

の指導的幹部の任免を決定する際には，1級上の政法部門党グループ(党委員会)の同意を得なければならない」(七)とした。裁判所に引きつけていえば，これは1級上の裁判所党グループの同意を必須としたのであり，「党委員会は独自の判断で人事を決定することができなくなった」[136]ことになる。

　ところが，中共中央「党政指導的幹部選抜任用業務条例」(2002年7月9日)[137]は，これとは異なる規定を設けた。すなわち，裁判所の指導部構成員の任免について両者の意見が一致しない場合は，最高裁所長を除き(4条1項)，「正職の任免は上級党委組織部門に報告し，これが調整し，副職の任免は主管サイド〔すなわち地方党委員会〕が決定する」(31条)とした。結局，1級上の裁判所党グループの同意は必須の要件ではないことになる[138]。ただし，最高裁「裁判官任命管理業務の強化に関する通知」(2002年9月4日)[139]は，基層裁・中裁が「裁判官を任命し，または任命を提案する際には，党内の幹部管理手続および法律手続を履践する前に，1級上の人民裁判所に報告してチェックを受け，かつ，高級人民裁判所に届け出なければならない」とする。したがって，この限りにおいて，事実上，1級上の裁判所(実体は党グループ)の同意がなければ，裁判官の任命手続を進めることはできないことになる。

　さて，次に党委員会内部の手続を見てみよう。まず，1995年に中共中央辦公庁が転達した中共中央政法委員会「各級党委政法委員会の業務の強化に関する通知」[140]によると，①最高裁所長〔原文を直訳すれば「中央政法各部門の指導部の中で中央の管理に属する幹部」となる〕の任免については，「中央組織部が観

---

136) 田中・前掲注45)37頁。
137) 『十五大以来(下)』2443頁以下。
138) なお，本条例の前身である中共中央「党政指導的幹部選抜任用業務暫定条例」(1995年2月9日。『十四大以来(中)』1206頁以下)26条も本条例31条とほぼ同じ規定を置くが，正職の任免について，上級党委組織部門は報告を受けて「1ヶ月以内に意見を出さなければならない」としていた。
139) 最高人民法院政治部編『法官等級評定工作必備手冊』(人民法院出版社，2004年)190～191頁参照。
140) 「中共中央辦公庁転発《中共中央政法委員会関於加強各級党委政法委員会工作的通知》的通知」(庁字[1995]28号。筆者未見。本書の引用は『政法委職能』639頁による)。

察した後，中央政法委員会に意見を求め，または中央組織部の観察チームに中央政法委員会のメンバーを加え，共同で観察して任免意見を提出し，中央の関連規定に照らして中央に報告し，これが審査・承認する」，そして②各級政法委員会は①を参考にして幹部管理に協力するとされている。

また，地方各級政法委員会は，実際に次のようなやり方で人事に協力しているという[141]。①政法委員会が観察し，指導的幹部の任免意見を提出し，組織部に意見を求めた上で，党委員会の審査に付す，②組織部と政法委員会が共同で観察し，その任免意見を党委員会の審査に付す，③組織部が任免意見を提出し，政法委員会に意見を求めた上で，党委員会の審査に付す，と。組織部と政法委員会のいずれが主となるかは統一されていないが，いずれにせよ党内においては，両者が共同で人事案を固め，最終的に党委員会が決定していることは明らかであろう。

なお，裁判所幹部の人事については，政府も関与している。まず，裁判所の定員を決めるのは各級機構編制委員会である。また，「裁判所職員は，事務員であろうが執行員であろうが，書記員であろうが，勤務年数が規定に達すれば，自然に判事補になることができる」[142]といわれるが，その職員になるためには，手続上，政府人事部門の承認が不可欠である[143]。ただし，「『党管幹部』の原則の下では，政府の人事部門と党の組織人事部門は一体化

---

141) 『政法委職能』639〜640頁参照。
142) 孫建「法官選任制度的構建」法学雑誌2004年2期74頁。
143) 最高裁・国家計画委員会・労働人事部「1985年に地方各級人民裁判所で幹部を募集し，採用することに関する通知」(1984年11月25日)，中共中央組織部・人事部・最高裁・最高検「地方各級人民裁判所・人民検察院の定員増の幹部補充活動をしっかりと行うことに関する通知」(1993年8月13日)参照(それぞれ労働人事部政策研究室・前掲注132)77頁以下，最高人民法院政治部・前掲注139)40頁以下)。なお，司法試験制度実施後も，その合格者が直接判事・判事補に任命されているわけではない。判事・判事補に任命されるは，司法試験に合格した裁判所の既存の職員から任命される。そして裁判所職員になるためには，「組織部門が統一的に組織した公務員試験に合格しなければ(ならない)」(孫建・前掲注142)74頁)。このほか，北京市高裁「北京市裁判所系統の職員の異動受入，採用に関する暫定規定(試行)」(2000年2月25日。北京市高級人民法院編『首都法院改革与建設規範』(知識産権出版社，2002年)360頁以下)7条参照。

している［合二而一］」144)ため，結局は「裁判官任免の実務において，地方党政指導者が直接決定する役割を果たしている」145)という事態になる。

さて，こうしたプロセスを経て決定された人事案が人大で覆されることはまずないといわれる。曰く，「一般的にいって，人大が党委員会の意見に逆らうはずがなく，党委員会の指名は原則として通過する」146)と。

そのため，党に任免を掌握されている裁判官は，これらの意向に服従せざるを得ない。例えば，1980年に江華(最高裁所長)は，「彼らは『何が裁判の独立だ，お前を業務からはずしてやる』，『裁判の独立に手を出すことはできない。だがお前は幹部だ，俺は管理できる』と言う。司法幹部が〔裁判の独立〕原則を堅持したために，人民裁判所から異動させられるということがたびたび生じている」147)という状況を指摘した。

この点，裁判官法は，裁判官の権利として「法により事件を裁判する際に行政機関，社会団体および個人の干渉を受けない」のみならず，「法定の事由によらずに，および法定の手続によらずに，免職，降任［降職］，分限免職［辞退］または処分されない」(8条2・3号。旧法も同じ)と定めた148)。そして任建新(最高裁所長)は3号を「裁判官保障制度」の1つに位置づける149)。

だが，これらの規定により裁判官が守られるとはいいがたく，それは形骸化している150)。すなわち裁判官法上，免職事由として「当該裁判所から異

---

144) 郭道暉「実行司法独立与遏制司法腐敗」法律科学1999年1期7頁。
145) 王利明・前掲注114)167頁。
146) 張衛平ほか・前掲注27)40頁〔張・胡夏冰〕。
147) 江華・前掲注91)9頁。
148) 各処分に対しては原処分機関に対する再議請求，およびその上級機関に対する不服申し立てが可能である(裁判官法44条)。
149) 任建新「関於《中華人民共和国法官法(草案)》的説明——1994年5月5日在第八届全国人民代表大会常務委員会第七次会議上」全国人民代表大会常務委員会公報1995年1号73頁参照。
150) 康為民は「裁判官法13・40条所定の広範な理由を根拠として，裁判官は在任期間中でも免職・分限免職され得る。このほか，裁判官に対する懲戒についても立法は厳格な権限と手続を規定していない。そのため，法規定から見て，裁判官の職位の安定は制度的保障を欠いている」と指摘する(同・前掲注26)5頁)。

動させるとき」,「職務の変動により原職務を保留する必要のないとき」,「勤務評定により職務不適合と確定されたとき」(13条2～4号)などが定められている[151]。また分限免職事由として,「年度勤務評定において,2年連続で職務不適合と確定されたとき」,「現職務を全うできず,また別の配置転換を受け入れないとき」,「裁判機構の調整または定員数の削減のために業務を調整する必要があり,本人が合理的な配置転換を拒絶したとき」(40条1～3号)などが定められている。

このほか,「規律違反……により引き続き任職できないとき」(13条8号)も免職事由であり,この「規律」には党規も含まれると解されている[152]。そして,中国共産党規律処分条例(中共中央2003年12月31日発布)は「民主集中制原則に反し,党組織が下した重大な決定の執行を拒絶し,もしくは勝手に改め〔る〕」(61条)ことを党規違反としている。したがって,裁判官法上,少なくとも党員の裁判官は党組織の決定の不履行を理由に,免職され得ることになる[153]。

さらに,そもそも「人大が党委員会の意見に逆らうはずがな〔い〕」以上,法定手続の進行に支障は無きに等しい。実際,裁判官法施行後でも「〔裁判の独立〕原則を堅持し,その指示に従わない司法機関の指導者および事件処理担当者は恣意的に更迭・免職され,あるいは異動させられ〔る〕」[154]といわれている。

結局,裁判官の身分は保障されておらず,極めて不安定な状況に置かれたままであり[155],真の人事権者である党・政府に逆らえば,自身の仕事を失

---

151) なお,旧法には「その他の原因により免職する必要があるとき」(13条9号)という白地の免職事由もあった(改正により削除)。
152) 胡康生・前掲注11)32頁。なお,最高裁「裁判所勤務に適さない人員をさらに整理することに関する通知」(1999年5月17日)四参照。
153) 裁判長選任辦法7条1項2号は党の規律処分を受けることを「裁判長」免職事由とする。なお,この点については森川・前掲注66)8～9頁参照。
154) 譚世貴「論司法独立与媒体監督」中国法学1999年4期18頁。
155) 姚莉・楊帆「法官的自治、自律与司法公正」法学評論1999年4期126頁参照。

うことになるかもしれないのである[156]。そうである以上，裁判官が自らの進退を握っている党・政府の意向に従順であることは必然といえよう[157]。

5.3.2 裁判官の序列化

従来，裁判官は行政官の基準(行政クラス[行政級別][158])により格付けされていた(給与も行政クラスに対応する[159])。だが裁判官法は，裁判官の職務が一般の行政官とは異なり，独立した序列が必要であることなど[160]を理由に，裁判官の「等級」を設けた(したがって，それは裁判官を序列化すること自体を否定したものではない[161]。また，それを初めて規定したのは旧法であるが，以下では論述の便から，現行法に依拠して論を進める)。

この「等級」は「裁判官の級[級別]，身分の称号を示し，裁判官の専門レベルに対する国の確認である」(中共中央組織部・人事部・最高裁「裁判官等級暫定規定」(1997年12月12日。以下，「等級規定」と略す)3条)とされる。そして法18

---

156) なお，地方各級人大の代表の60％以上は行政官であるという(欧陽順楽「人民法院独立行使審判権的唯一之路在於改革現行法院体制」現代法学1994年6期78頁，胡夏冰・馮仁強編『司法公正与司法改革研究綜述』(清華大学出版社，2001年)141頁〔胡〕参照)。
157) 康均心『法院改革研究──以一個基層法院的探索為視点』(中国政法大学出版社，2004年)307頁参照。
158) 公務員法(全国人大常委会2005年4月27日採択，2006年1月1日施行)16条2項，17条2項，国家公務員暫定条例(国務院1993年8月14日採択，10月1日施行)10条参照。
159) 中共中央辦公庁「地方各級裁判所・検察院の幹部配備を強化することに関する通知」(1985年9月1日)，最高裁「地方各級裁判所副所長等の裁判業務人員の職級配置の関係規定の転達に関する通知」(1987年9月2日)参照。また，給与については国務院工資制度改革小組・労働人事部「地方各級人民裁判所職員給与制度改革問題に関する通知」(1987年11月20日)参照(以上について，『司法手冊(3)』613頁以下，最高人民法院政治部・前掲注139)32頁以下)。
160) 任建新・前掲注149)72頁，周道鸞・前掲注3)137～138頁参照。
161) 侯猛は「裁判官等級制度は上下級裁判官の間の序列観念を強化し，裁判官を公務員法の管理に組み込〔んだ〕」と評する(同『中国最高人民法院研究──以司法的影響力切入』(法律出版社，2007年)143頁)。

条によると，裁判官は「首席大法官」，「大法官」(1・2級)，「高級法官」(1〜4級)，「法官」(1〜5級)の4等12級に分けられる(首席大法官は最高裁所長である)。なお，「　」内が「等」を示し，それぞれ(　)内の級(クラス)に分けられる(級については等級規定5条参照)。また，裁判官一般と区別するために，「等」としての[法官]はそのまま表記する)[162]。

　この裁判官等級は職務に対応する。すなわち，職務毎に決められた等級の範囲内で，当該裁判官の等級が決せられる[163]。そして「裁判官等級の確定は，裁判官が任じられている職務，人格・能力，業務レベル，裁判業務実績および勤務年数を根拠とする」(等級規定9条参照)。

　1級法官以下への昇級は，一定期間経過後に審査[考核]を受けなければならない。その主たる根拠は，年度勤務評定である(12条)。裁判官法上，「裁判官に対する勤務評定は所属人民裁判所が組織して実施する」(21条)ものとされ，各裁判所には，その指導機関として裁判官査定委員会(所長が主任)が置かれる(48・49条)。ただし，「年度勤務評定は裁判所指導部が責を負わなければならない」[164]とされる。こうして裁判所管理職も裁判官人事に大きな影響力を行使し得ることになる[165]。例えば広西チワン族自治区では，全スタッフを次のように3類に分けて，それぞれの評価責任者を定める[166]。すなわち，①裁判所指導者は主には現地党委組織部門が，また②各部門の中層指導者は裁判所査定指導小組(裁判所指導者からなる)または担当する裁判所指導者が，③裁判官およびその他のスタッフは，各部門指導者が責を負う。このほか，高級法官に昇級するためには専門研修に合格しなければならない

---

162) なお，前掲注59)参照。
163) 職務の昇任・降任に応じて，その等級が当該職務に対応する等級の範囲外にあるときは，それぞれの最低・最高等級に昇・降級させて対応させる(等級規定16・17条)。
164) 胡康生・前掲注11)46頁。
165) 蘇力「法院的審判職能与行政管理」信春鷹・李林主編『依法治国与司法改革』(社会科学文献出版社，2008年)325頁参照。また，副所長以下の裁判官人事においても所長は重要な役割を果たす(前節参照)。
166) 課題組「関於法官考評与評価制度的調研報告」覃日飛主編『法官考評与評価機制実務研究』(人民法院出版社，2007年)3〜4頁参照。

(14 条)。なお，最高裁所長の承認を得て，繰り上げ昇級も可能である(15 条 2 項)[167]。

また，等級の評定はそれぞれ最高裁・高裁・中裁所長が承認する(具体的な対応関係は表 5-7 参照。なお，11 条参照)。ただし，承認前には幹部管理権限に応じた審査を受けなければならない(10 条)。

そして，「裁判官等級は公務員の副総理から科員までの 2～13 級に対応し，警察階級は公務員の正部長から辦事員までの 3～15 級に対応し，等級の幅は基本的に同じである」[168]というように，それは実質的には行政クラスを改称したにすぎない[169]。しかも，今でも裁判官の給与や各種待遇は行政クラスにより決まるという[170]。結局，裁判官は行政クラス・裁判官等級・職務という相互に関連する 3 つの基準[171]により序列化されているのである[172]。

こうした裁判官の序列化が裁判統制に都合がよいこと[173]は，日本の例を

---

167) なお，違法・規律違反があったときは，規定(主には最高裁「人民裁判所裁判規律処分辦法(試行)」(1998 年 9 月 7 日。以下，「規律処分辦法」と略す)と考えられる)により，級(原則として 1 級)を引き下げる(18 条)。

168) 「最高人民法院政治部副主任王秀紅在全国法院法官等級評定工作会議上的講話(1998 年 11 月 16 日)」・前掲注 139)書 86 頁。このほか「法官等級与公務員級別対照表」同書 105 頁参照。

169) 李建波主編『司法和諧与社会主義司法制度革新』(中国民主法制出版社，2008 年)41 頁参照。

170) 雲南省高級人民法院課題組「関於完善法官保障制度的調研報告」最高人民法院研究室編『審判前沿問題研究——最高人民法院重点調研課題報告集(下)』(人民法院出版社，2007 年)1058 頁参照。なお，「裁判官等級は実際にはほとんど形骸化している」(同上)という。

171) 最高裁政治部「裁判官等級の評定に関係する公文格式の印刷配布に関する通知」(1998 年 12 月 22 日)添付の「首次評定法官等級的条件(対照表)」(前掲注 139)書 115 頁以下)，および最高裁「高級法官等級選抜昇格基準(試行)」(2006 年 2 月 6 日)は，第 1 回目の裁判官等級の認定および高級法官への昇進の条件を，行政クラス・職務・現等級在任期間などから定める。

172) 兪静堯「司法独立結構分析与司法改革」法学研究 2004 年 3 期 54 頁参照。

173) 賀衛方・前掲注 25)121 頁，季衛東『中国的裁判の構図——公論と履歴管理の狭間で進む司法改革』(有斐閣，2004 年)183 頁参照。

表5-7 職務・等級対照表および承認権

		首席大法官	大法官 1	大法官 2	高級法官 1	高級法官 2	高級法官 3	高級法官 4	法官 1	法官 2	法官 3	法官 4	法官 5
最高裁	所長	○											
	副所長		○	○									
	裁判委員			○	○	○							
	廷長				○	○							
	副廷長				○	○	○						
	判事				○	○	○	○					
	判事補								○	○	○		
高 裁	所長		○										
	副所長				○	○	△						
	裁判委員					○	△	△					
	廷長					○	△	△					
	副廷長						○	△	△				
	判事					○	△	△	△	△			
	判事補								△	△	△	△	
中 裁	所長				○	○	△						
	副所長					○	△						
	裁判委員						△	△	△				
	廷長						△	△	△				
	副廷長						△	△	△				
	判事						△	△	△	△	□		
	判事補								△	□	□	□	
基層裁	所長						△	△					
	副所長						△	△					
	裁判委員						△	△					
	廷長						△	△					
	副廷長						△	△	△	□			
	判事						△	△	△	△	□		
	判事補									□	□	□	

注：○は最高裁所長が，△は高裁所長が，□は中裁所長が承認権者であることを示す。なお，「大法官」，「高級法官」，「法官」の下段の数字は各「等」における「級」を示す。また，直轄市・副省級市などの中裁およびその区・県裁判所の裁判官等級については等級規定7条参照。
出典：等級規定6・10条により筆者が作成。

引き合いに出すまでもないであろう。

5.3.3　裁判官の責任

中国では「80年代後半に始まる『民事裁判方式の改革』を契機として，とりわけ90年代中期以降，『司法改革』が声高に叫ばれるようになってきた」[174]。以下に検討する裁判官の責任を追及する諸制度は，こうした司法改革において誕生したものである。その生誕の直接的な契機は，党15回大会(1997年)において江沢民(総書記)がした活動報告の，「司法改革を推進し，司法機関が法により独立・公正に裁判権および検察権を行使することを制度的に保証し，えん罪事件・誤判事件の責任追及制度を打ち立てる」[175]という一節にある。つまり，責任追及制や監督により，独立・公正な裁判権行使を制度的に保証しようというのである。これが以下に検討する誤判責任を追及する制度，および裁判所の所長・副所長の指導責任を追及する制度に結実した。前者は「誤判」とされた場合に関係裁判官に懲戒処分等を科し，後者は所長・副所長がその勤務する裁判所で行われた裁判について生じた問題の責任をとり，辞職を申し出なければならないとする。以下，順に見ていこう。

5.3.3.1　誤判責任制

誤判責任追及制(以下，「誤判責任制」と呼ぶ)とは，1990年に河北省秦皇島市裁判所系統で行われた試みであり[176]，司法改革の最重要課題として「司法の公正」が叫ばれている近年においてはとりわけ強調されている。これは「誤判」と認定された場合に，当該裁判をした裁判官個人の責任を問い，懲戒処分[177]を科したり，あるいはそこまで至らなくとも人事評価でマイナス

---

174) 宇田川・前掲注1) 39頁。
175) 江沢民「高挙鄧小平理論偉大旗幟，把建設有中国特色社会主義事業全面推向二十一世紀」(9月12日)『十五大以来(上)』33頁。
176) 賀日開・賀岩「錯案追究制実際運行状況探析」政法論壇2004年1期150頁参照。
177) 裁判官法上，懲戒処分には警告・過誤の記録・大過の記録・降級・職務取消し[撤職]・懲戒免職がある(34条1項。旧32条1項も同じ)。なお，懲戒免職は分限免職[辞退]とは異なり，失業手当が支給されない(周道鸞・前掲注3) 239頁参照)。また，職務

査定を付けたりする(その結果，ボーナスが減額されたり，昇進・昇給に響いたりする)[178]という制度である[179]。以下では，江西省人大常委会が1997年8月19日に施行した江西省司法機関誤処理誤判責任追及条例を例にして，懲戒制度としてのそれが具体的にどういうものかを見よう。

本条例は，制定目的として「司法機関が厳格に法を執行し，公正に事件を処理し，誤判を予防し，および是正し，国民，法人その他の組織の合法的権利利益を守る」(1条)ことを掲げる[180]。そして本条例は「司法機関が処理した，事実認定を誤った，もしくは法適用を誤った，または法定手続に違反した事件」を「誤判」[錯案]とした(3条)上で，裁判所については，①判決に誤りがあり，2審または再審で改判されたとき，②裁定に誤りがあり，2審または再審で破棄されたとき，③違法に調停を行い再審で破棄されたときが「誤判」に該当すると定める(8条)。要するに，本条例のいう「誤判」とは，

取消しは，「原職務を取り消すと同時に級および職務給与を引き下げることを指し，職務取消後は1級以上職務を引き下げ別に職務を定め，新任職務により相応の級および職務給与のランクを確定する」(規律処分辦法15条)。

178) 劉家琛「対当前我国刑罰適用的幾点思考」人民司法2002年7期30頁，陳瑞華『刑事訴訟的中国模式』(法律出版社，2008年)311〜313頁など参照。なお，実際の裁判官もそうしたマイナス影響があることを認識していることを示すインタビュー結果として，強世功・趙暁力「双重結構化下的法律解釈――対8名中国法官的調査」梁治平編『法律解釈問題』(法律出版社，1998年)228頁参照。

179) なお，周永坤は本制度が次の2点において裁判官法に反すると批判する(対象は旧法であるが，この批判は現行法にも妥当する)。1つは，8条3号違反である。すなわち，同号は「法定の事由によらずに，および法定の手続によらずに……処分されない」ことを裁判官の権利とする。この「法」は，「全国人大および同常委会が制定する法律でしかあり得ない」。したがって，地方法規や裁判所の内部文書で誤判に対する処分を定めることは，同号違反となる。もう1つは懲戒事由を定める30条(現行法は32条)違反である。その理由は次の2点である。まず，30条各号は「行為」を対象とするものであり，誤判を対象とするものではない。次に，同条は13類型の処分行為を列挙するが，そこには誤判が規定されていない(同「錯案追究制与法治国家建設――一個法社会学的思考」法学1997年9期8〜9頁参照)。

180) なお，「司法機関」とは同省各級裁判所，検察院，警察・国家安全・司法行政機関を指す(2条)。

事実認定・法適用・手続を理由として，原審の判断が2審・再審で維持されなかった場合を指していると解されよう。ここには，裁判には唯一正しい正解があり，それ以外は誤った裁判であるとする考え方[181]，および上級裁判所の判断が「正解」であるとする「唯上主義」[182]が潜んでいるといえよう。

そして，誤判責任を追及するのは所属裁判所の裁判委員会であり，上級裁判所がそれを監督する(5・6条)。「誤判」と認定されれば，責任者には懲戒処分[183]が科され，また場合によっては犯罪として処罰される[184]。また，「誤判」により当事者に損害をもたらしたときは，国家賠償法に基づき賠償する(13条)[185]。

「誤判」の責任を負う者[186]については，12条が定める。表5-8は同条に基づき，誤判を招いた原因とその場合に責任を負う者，そして各事由に対応する決定の形態をまとめたものである(「決定の形態」は筆者の推測である)。

このように，実は自分の上司や上級裁判所の意見に従えば，「誤判」に対する責任追及を回避できる制度になっているのである。だとすれば，所長審査制，裁判委討議制や上級裁判所への指示伺い[187]が，個別具体的事件の審

---

181) 王晨光「法律運行中的不確定性与"錯案追究制"的誤区」法学1997年3期5頁，陳東超「現行錯案責任追究制的法理思考」法商研究2000年6期10頁など参照。
182) 李建明「錯案追究中的形而上学錯誤」法学研究2000年3期88頁。
183) 具体的な懲戒処分の内容は規定されていない。なお，「ある省高級裁判所の裁判官は私に『裁判所で懲戒処分，例えば警告，過誤の記録などを受けたことがあれば，今生出世しようと望まないことだ』と述べた。つまり，懲戒処分を受ければ，指導者に悪い印象を残し，人事ファイルに汚点を残し，将来の先進〔称号〕の認定，昇進の評定の妨げになるということだ」という(呉英姿『法官角色与司法行為』(中国大百科全書出版社，2008年)93頁)。
184) 裁判官について想定されているのは枉法裁判罪(399条)と考えられる。
185) 本条例は賠償者を規定していないが，国家賠償法(全国人大常委会1994年5月12日採択，1995年1月1日施行)によれば，まず賠償義務を負うのは，「誤判」とされた判決を言い渡した裁判所となる(19条4項，24条1項参照)。
186) 判決は必ずしも裁判体の意思とは限らない(5.2参照。また甘文「司法公正和法官独立的内涵」畢玉謙主編『中国司法審判論壇(第1巻)』(法律出版社，2001年)23〜24頁参照)。
187)「裁判実務において，上級裁判所により改判・差し戻される事件のほとんどは指示を

表 5-8　誤判の事由と責任者および決定の形態

誤判の事由	責任者	決定の形態
裁判官の過誤	当該裁判官	一人制
主管指導者の誤った決定	主管指導者	所長審査制
集団で検討した決定	誤った意見を主張した者	合議制・裁判委討議制
上級機関・関連責任者の指示	上級機関・関連責任者	上級裁判所への指示伺い

理を担う裁判官にとって，保身の盾となることはいうまでもなかろう[188]。実際，こうした誤判責任制は全国で広く行われており[189]，所長審査制などが活発に利用されるようになっているといわれている[190]。

ところで，最高裁は1998年8月26日に「人民裁判所裁判人員違法裁判責任追及辦法（試行）」を出し，「違法裁判責任」という概念を創出した。本辦法は「人民裁判所裁判人員が裁判または執行業務において，故意に裁判業務に関連する法律もしくは法規に違反し，または過失により裁判業務に関連する法律もしくは法規に違反して重大な結果を惹起したときは，違法裁判責任を負わなければならない」（2条），「違法裁判責任は違法事実，行為者の法定職責，主観的故意過失および違法行為により惹起した結果により確定する」（3条）と定める。具体的には5条から21条までに「違法裁判責任」が問われ

　　伺っていないものであり，［疑請］手続を経た上訴事件であれば，上級裁判所は一般的に原判決を維持する」という（陳衛東・前掲注48）165頁）。なお，ここで［疑請］とは，「ハードケースについての指示伺いの略称」である（同164頁）。

[188]　例えば李建明・前掲注182）90頁，陳東超・前掲注181）12頁参照。なお，党委員会や政法委員会の指示に従い，「誤判」とされた場合に誰が責任を負うかについては不明である（「上級機関・関連責任者の指示」に該当するのかもしれない）。

[189]　例えば，河北省人大常委会「河北省の誤判および法執行中の過誤の責任追及条例」（1997年9月3日採択・施行），山東省人大常委会「山東省司法職員違法事件処理責任追及条例」（1999年6月18日採択・施行）など参照。ただし，一度はこうした地方法規を制定したが，以下に述べるように最高裁等が責任追及に関する規定を設けたことから，それを廃止した地方もある（例えば陝西省人大常委会「各級人民裁判所，人民検察院，警察機関誤処理誤判責任追及条例」（1996年1月30日採択，3月27日施行，2000年3月29日廃止），海南省人大常委会「各級人民裁判所，人民検察院，警察機関誤処理誤判責任追及条例」（1997年9月26日採択，10月22日施行，2007年12月1日廃止））。

[190]　蘇力・前掲注86）126頁，李建明・前掲注182）90頁参照。

る行為類型が規定されている(なお，本辦法は「誤り」のある判決・裁定だけを問題にしているわけではない)。

「誤判」については，14条が「事実および法律に故意に違背し，誤った裁判を行ったとき」(1項)，「過失により裁判の誤りをもたらし，重大な結果を惹起したとき」(2項)を定める。ただし，こうした裁判の誤りがあったとしても，故意・過失がなく，それが解釈の相違や事実および証拠の認識の相違によるものであれば，責任を問わないとした(22条)。これは誤判責任制のような結果責任ではなく，行為責任を問うものといえよう[191]。

責任を負う者については，次の4パターンがある。①単独判事が違法に裁判したときは，その者が責任を負う。②合議廷構成員が事件の評議において，または裁判委員が事件の討議において，「故意に法律の規定に違反し，または事実を歪曲し，法律を曲解し」，もって評議結論または決定の誤りをもたらしたときは，その者が責任を負う。③裁判委員会議長が民主集中制の原則に反したことにより，その決定の誤りをもたらしたときは，当該議長が責任を負う。④所長・廷長が「故意に法律の規定に違反し，または著しく無責任に，単独判事または合議廷の誤りを法定手続により是正しなかったことにより，違法な裁判をもたらしたときは，所長，廷長，独任判事または合議廷関係者がいずれも相応の責任を負わなければならない」(23～26条)。ここでは，上級裁判所に指示を伺った場合は規定されていないが，それ以外はおおむね江西省条例に重なると考えられる[192]。

責任を追及するのは，各級裁判所の監察部門である(28条)。誤判か否かは，裁判所の「裁判組織」(1.1参照)が確認しなければならない(27条)。違法裁判の処分責任を負う者については，①情状が軽ければ，始末書提出・戒告とし，②重ければ，規律処分辦法所定の規律処分(警告，過誤の記録，大過の記録，降級，職務取消し，懲戒免職。同13条参照)を科し，さらに③犯罪の嫌疑があるときは

---

191) 周永坤・前掲注179)8～9頁参照。
192) ④は所長・廷長が裁判体の裁判内容をチェックし，是正すべきにもかかわらず，裁判委員会に付議しなかったケースを念頭に置いた規定と考えられる。

関係機関に移送する（本辦法32条）。

とはいえ，誤判責任制がこの違法裁判責任制に完全に取って代わられたわけではない。例えば，賀日開・賀岩の調査によると，「某基層裁判所では1999年から正式に最高人民裁判所の両『辦法』が実施され，3年余り経ったが，違法裁判責任を追及されたのはわずか1件だけである。誤判責任を追及されたのは，1999年はなく，2000年は8件，2001年は5件であり，2002年は7月末まででわずか2件であり，3年余りで計15件しか追及されておらず，しかも逓減傾向を見せている」[193]という。両制度は併存していることになる。

実際，なお「主には実体的判決の誤りから誤判を認定している。……最高人民裁判所の誤判追及の基準は，手続を主な基準とするものであり，これは各地の法規と衝突するところがあり，しかも当該辦法はまだ試行であり，本当に統一的に実施されていない」[194]といわれている。また，先に検討した江西省司法機関誤処理誤判責任追究条例は，2007年3月29日に改正されたが，誤判について責任を負う事由・主体については手が加えられておらず，なお誤判「結果」の責任を追及することになっている。さらに，人事行政における「誤判」評価も看過してはならないであろう。

5.3.3.2　所長引責辞任制——裁判所指導者の責任

前項で論じたように，誤判責任制は事件を担当する裁判官を上司や上級裁判所に指示を伺うように仕向けるものであるが，これとは逆のベクトルで働く制度も，近年の「司法改革」の一環として作られた。それは「所長・副所長引責辞任制」（［院長、副院長引咎辞職］。以下，「所長引責辞任制」と呼ぶ）である。

これは，最高裁が2001年11月7日に発布・施行した「地方各級人民裁判所および専門人民裁判所の所長および副所長引責辞任規定（試行）」により一般的に制度化[195]されたものであり，「職責を果たさず，または正しく果たさ

---

193)　賀日開ほか・前掲注176) 155頁。
194)　葛磊「法院錯案追究制度分析」中国司法2004年4期(CNKI) 35頁。
195)　なお，最高裁「中共中央『政法幹部隊伍建設をさらに強化することに関する決定』

ず，業務上の重大な過誤をもたらし，または重大な結果を惹起した」場合は，直接的な指導責任を負う所長・副所長が，自主的に職を辞さなければならないとする（3条）。

具体的には，所長・副所長はその直接管轄する範囲内において，以下に掲げる4点の事由のいずれかが生じたときは，「自主的に辞職を申し出なければならない」(4条)。すなわち，①重大な枉法裁判事件が生じ，国家利益・公共の利益および人民大衆の生命・財産が重大な損失を被り，または悪質な影響を惹起したとき，②その他の重大な規律・法律違反の事件が生じたにもかかわらず，それを秘匿して報告せず，または調査を拒み，重大な結果を惹起し，または悪質な影響を惹起したとき，③装備または行政管理業務において監督を怠り，重大事故または深刻な経済的損失を惹起したとき，④所長・副所長の職務を引き続き担当すべきではないその他の事由，の4点である(同条各号)。

これらの事由の内，「〔少なくとも〕前2号の規定は事実上，所属裁判所における不正な裁判，裁判における枉法について所長に直接的な責任を負うよう

を徹底し，高資質の裁判官隊伍を建設することに関する若干の意見」(1999年7月29日)は本規定に先立ち，「裁判官の収賄枉法により重大な影響を惹起した事件」について，1999年から「情状が特に重く，悪影響を惹起し，刑事責任を追及される事件が発生したときは，深刻な官僚主義によるもので，人選ミスであり，管理を怠ったために直接的な指導責任を負う裁判所長が選出・任命した機関に辞職を申し出なければならない」(22)としていた(このほか，先述の違法裁判責任追及辦法(試行)26条参照)。以下に見るように，本規定の適用対象は「裁判官の収賄枉法により重大な影響を惹起した事件」よりも広い(しかも一般条項もある)。その上，必ずしも「刑事責任を追及される事件」であることを必須としていない点で，上記意見よりも要件が緩和されているといえよう。また，「わが国の裁判所のあらゆる裁判書はある具体的な裁判所の名義で出され，当該裁判所は総体として事件の正確さに責任を負わなければならない。この意味からいって，ある事件を誤れば，裁判組織構成員の責任だけではなく，また廷長・所長の責任でもある。ここでいう廷長・所長の責任は指導という意味における責任に限られない」(張民・前掲注43)27頁)といわれるように，それ以前においても個々の裁判について，その審理に加わっていない所長・廷長の責任(広くは人事評価におけるマイナス査定も含めて)が問われていたと考えられる。

求めている」[196]といえよう(なお，中国では一般に副職であっても「副」を付さずに呼ぶ。ここでも「所長」には副所長が含まれていると考えられる。以下も同様)。そしてこのことは，「所長の命運が事実上，所属裁判所の事件の裁判と一蓮托生であることは明々白々である。事件の判決の善し悪しは，もはや判決を下した裁判官1人の事柄ではなく，所長もその責任を負わなければならない」[197]ことを意味する。

　こうして所長・副所長は監督責任を果たすために，裁判官に対する監督・管理を強化せざるを得なくなる[198]。そしてそのチャンネルは，主には所長審査制および裁判委討議制である[199]。実際，「権限・責任一致の原理から，所長が裁判所全体の裁判結果について全体的責任を負わなければならないのであれば，裁判官の裁判結果を統制・変更し，枉法裁判ができるだけ出ないように保証する理由は十分にある。これにより，所長の事件審査承認が史上空前の強化を遂げ，合議廷裁判官の裁判における役割はこのため大いに低下した」[200]と指摘されている。つまり，所長引責辞任制が所長審査制・裁判委討議制などを通じた所長・副所長による裁判統制を強化するように作用しているというのである[201]。

　次に，具体的な手続については，次の2パターンが定められている。1つは，所長・副所長が本規定どおりに辞職を申し出る場合である。この場合は，

---

196) 孫霞「誰是法官的上司？院長還是法律？——論法官独立審判的実現」法学評論2002年4期157頁。
197) 廖丹「試析法院院長引咎辞職制度」広西政法管理幹部学院学報2002年3期(CNKI)28頁。
198) 蘇力「中国司法改革邏輯的研究——評最高法院的《引咎辞職規定》」戦略与管理2002年1期(CNKI)30頁参照。
199) 賀日開『司法権威与司法体制改革』(南京師範大学出版社，2007年)5頁参照。
200) 李建波・前掲注169)42頁。
201) 陳衛東主編『刑事訴訟法実施問題対策研究』(中国方正出版社，2002年)274～275頁は，本制度により「合議廷の独立した裁判に干渉したがっている裁判所長に絶好の口実を与えただけではなく，また合議廷に権限を返したがっている裁判所長までをも合議廷，ひいては裁判委員会の独立した裁判活動に積極的に干渉せざるを得なくさせており，もって裁判権の行政化を一層進めている」と指摘する。

「幹部管理権限を有する党委員会および上級人民裁判所に辞職申請書を提出し，党委員会が上級人民裁判所と協議した上でその同意を得た後，法定手続に照らして処理する」(5条)とされている。もう1つは，所長・副所長が辞職を申し出ない場合である。この場合は，「幹部管理権限を有する党委員会が上級人民裁判所と協議し，これが同意した後，人大または人大常委会に法定手続に照らして罷免し，更迭し，またはその職務を免じることを提案する」(6条)とされている。以上の手続から，実際に上級・同級党委員会(表5-6参照)が上級裁判所と協議した上で，裁判官人事が進められていることが露骨に示されているといえよう[202]。

以上のように，本制度は，所長・副所長に連帯責任を負わせることによって，個々の裁判官の重大な枉法裁判や規律・法律違反を防止しようとするものといえよう。こうした制度設計に対しては，「それは裁判所という司法機構内において所長個人の行政首長責任制を推進しようとするものであり，このことは行政の手段で司法機関を直接管理することに等しい」[203]，「我々の多くの司法の管理者・政策決定者，司法改革の唱道者およびマスメディアは，司法制度のロジックと行政制度のロジックおよび立法制度のロジックが全く異なるという点を全く意識していない」[204]と批判されている。確かに，憲法86条2項は「国務院は総理責任制を実施する。各部，各委員会は部長，主

---

[202] 本手続については憲法および裁判官法に違反しているという批判がある(蘇力・前掲注198)35頁参照)。まず前者は，先述(5.3.1参照)のように，所長・副所長の任免は，憲法上，人大・同常委会の専権事項であるが，本規定では上級裁判所がそれに関与するとされている点，および上級裁判所の下級裁判所に対する監督は裁判業務を対象とすることが明記されている点を指す。また後者は，裁判官法が「裁判官が辞職を求めるときは，本人が書面で申請し，法の定める手続に照らしてその職務を免じなければならない」(39条。旧37条も同じ)としているにもかかわらず，辞職申請書の提出を強制している点を指す。

[203] 孫霞・前掲注196)158頁。

[204] 蘇力・前掲注198)33頁。また，張少凱は「本規定は，行政機関が『幹部人事制度改革深化綱要』，『党政指導的幹部選抜任用業務暫定条例』に基づき確立した指導的幹部引責辞任制度の内容と本質的に一致するものであり，行政的管理制度のレベルにおける改革措置である」と指摘する(同「司法改革若干問題反思」法律適用2005年1期61頁)。

任責任制を実施する」とし，また検察については，検察院法が「検察長は検察院の業務を統一的に指導する」(3条1項後段)と定める。他方，裁判所については首長責任制の規定はないことから，「立法者はすでに論理的に裁判所の組織原則を首長責任制から排除している」[205]といえよう。したがって，本制度は法の立場とは異なり，裁判所を行政のロジックで管理するものといえよう。

5.3.4 ま と め

本節では実際に裁判官の身分が保障されておらず，極めて不安定な状態に置かれていることを見た。まず5.3.1では，法規定とは裏腹に，裁判官の人事は，党管幹部原則の名の下で党に(政府とともに)掌握されており，個別具体的事件の結論が党(および政府)の指導者の意向に合致しなければ，恣意的にその地位を剝奪される恐れが常に存在していることを見た。

次に5.3.2では，裁判官は細かく序列化され，常に上を見て裁判をするよう動機づけられていることを見た。

最後に5.3.3では，誤判責任制および所長引責辞任制により，個々の担当裁判官にとっては「上司」の意向に従うことが，また裁判所指導者である所長・副所長にとっては，「部下」である担当裁判官の裁判結果を管理することが保身につながる仕組みになっていることを見た。

このように，本章で検討してきた諸制度は，裁判官の「責任」という潤滑油により，安定して運営されているのである。

5.4 政府と裁判所の関係

本章ではこれまで，党と裁判所の関係，上級裁判所と下級裁判所の関係，および裁判所内部における裁判所指導者と裁判官の関係に焦点を合わせ，裁

---

205) 張沢涛「最高院"法官枉法、院長辞職"的規定違憲」法学2001年12期26頁。また，廖丹・前掲注197)29頁は違憲までを主張しないが，合法性に問題ありとする。

判統制システムを検討してきた。しかし、一府両院の憲法規定とは裏腹に、実態として、政府も裁判所に指示を下している。実際、厳打において、裁判所、検察および警察は党委員会および政府の指揮下に置かれていた(3.3.1、4.2.2.1、4.3.3.1参照[206])。憲法が政府と裁判所の間には指導ないしは監督の関係はないとされているにもかかわらず、なぜ現実においては裁判所が政府の指揮下に置かれるのか。その理由としては、次のようなことが考えられる。

まず、一地方の指導者が党委員会であるとすれば、政府は「準指導者」であり、裁判所を指導する立場にある。というのは、政府首長は一般に同級地方党委副書記(書記も少数ながらある)を担っている[207]。そうであれば、政府首長は同時に党のナンバー2でもあるため、党組織(党グループを通じた指導)および党の規律、すなわち「党員個人は党の組織に従い、少数は多数に従い、下級組織は上級組織に従い、全党各組織および全党員は党の全国代表大会および中央委員会に従う」(党規約10条1号)により、政府の「準指導者」としての

---

206) 民事訴訟におけるいわゆる「地方保護主義」の問題もその典型例である。
207) 曲新久・前掲注95)115頁参照。なお、曲も「もちろん、政府が同級人民裁判所・人民検察院の人・財・物を管理するシステムも、人民裁判所や人民検察院の政府に対する依存および政府のアドバンテージを形成している」(同115頁)とし、政府が人事および財政を握っていることによるその影響力の強さを否定しているわけではないが、政府と裁判所の関係を決定づけているのは、それらの党内の序列にあるとする。この点について、中国では一般に、裁判所の「人事・財政・物資」が同級党委員会・政府に掌握されているため(なお、予算は人大の審査・承認を受けなければならない。この点については後述する)、裁判所はこれらに従属せざるを得ないといわれている(例えば、張德森・周佑勇「論当前我国実現司法正義的条件和途径」法学評論1999年1期23頁、譚世貴・前掲注154)18頁、王利明・前掲注114)121頁など)。しかし、経費を同級地方財政により賄っているのは裁判所だけではなく、実は党委員会も同様である(予算法(全国人大1994年3月22日採択、1995年1月1日施行)4条1項、5条3項、予算法実施条例(国務院1995年11月22日発布・施行)3・4条参照)。だが、当たり前だが、だからといって党委員会が同級地方政府に従属しているということは管見に及ばない。同じく経費を同級地方財政に依存しているといっても、党委員会と裁判所では政府との関係は全く異なる。こうしたことは、地方各級党委員会が最終的には管轄行政区画内の人事や財政を掌握しているシステムにおいては、当然のことと考えられる。そしてそうであるが故に、各国家機関の首長の党内序列が各国家機関相互の関係に反映されるのであろう。

地位が確保される[208]。政府首長が党委書記を兼任している場合についてはいうまでもなかろう。

実際，省クラス党委員会の指導者を見てみると，政府首長が省クラス党委副書記を兼任するのが通例となっている。この点については，1997年9月時点における省クラスの政府首長・政法委書記・警察庁(局)長・高裁所長・高検検察長が，省クラス党委員会においてどのようなポストに就いているのかをまとめた表5-9から明らかである。省クラス政府首長31名中，同級党委書記が4名，同副書記が27名である。これに対し，31名の高裁所長は，いずれも同級党委常務委員ですらないのである。そして，2008年時点でもこうした状況に変化はない[209]。政府が「準指導者」であり，裁判所がその「指導」を受ける立場にあることは明らかであろう。

そして裁判所は[公検法(司)]という呼称が示すように，警察(そして司法行政部門)と同様に政府の業務部門と同格に扱われることもある。このことは次の指摘が端的に示していよう。すなわち，「『全国優秀宣伝刊行物』の某直轄市の指導機構責任者の経歴を紹介する資料において，市党委員会，市人大，市政府，市政治協商会議，市規律検査委員会の責任者を紹介し終えた後に，『市政府各機構責任者』の部分でようやく『市高級人民裁判所長』の名前を目にすることができるのであり，これはまさに裁判所を同級政府の一権能部門，一内設機構としているのではないか？」[210]，と。

そして，警察・検察・裁判所の関係においては，裁判所が警察の格下となることが通例となっている。それは政法委員会の存在によるものである[211]。

---

208) 曲新久・前掲注95)114〜115頁参照。
209) ラヂオプレス編『中国組織別人名簿(2009)』(RPプリンティング，2008年)272頁以下参照。同書によると2008年10月10日現在，省クラス政府首長31名全員が同副書記であるのに対して，高裁所長はいずれも同常務委員ですらない。
210) 李漢成「建立社会主義市場経済体制迫切需要樹立人民法院的権威」法律適用1994年11期(CD)7頁。
211) このほか，政府との関係で論じたように，地方党委員会における地位も重要であり，1997年9月時点で，省クラス警察庁(局)長31名中，同常務委員が11名もいる(表5-9参照)。ここでも両者の上下関係が生じる。

312   II なぜ裁判が権力の道具となるのか？

表 5-9 省クラス主要指導者の同級党委員会におけるポスト（1997 年 9 月時点）

地方	政府 首長	党	政法委員会 書記	党	警察 首長	党	裁判所 所長	党	検察 検察長	党
北京	賈慶林(代)	書	強衛	常	張良基	－	盛連剛	－	何訪拔	－
天津	張立昌	書	宋平順	常	宋平順	常	張柏峰	－	張徳銓	－
河北	葉連松	副	許永躍	副	兪定海	常	李玉成	－	侯磊	－
山西	孫文盛	副	張秉法	常	李玉璋	常	李玉臻	－	左祥	－
内モンゴル	烏力吉	副	万継生	常	李慶玉	常	巴士傑	－	張鶴松	－
遼寧	聞世震	書	董万徳	－	郭大維	常	範方平	－	楊業勤	－
吉林	王雲坤	副	趙永吉	常	趙永吉	常	楊慶祥	－	李向武	－
黒龍江	田鳳山	副	王建功	副	徐衍東	常	唐憲強	－	于万嶺	－
上海	徐匡迪	副	王力平	常	劉雲耕	常	胡瑞邦	－	倪鴻福	－
江蘇	鄭斯林	副	李明朝	常	李明朝	常	李佩佑	－	張品華	－
浙江	柴松岳(代)	副	斯大孝	常	斯大孝	常	夏仲烈	－	葛聖平	－
安徽	回良玉	副	陳瑞鼎	常	陳瑞鼎	常	韓雲萃	－	宋孝賢	－
福建	賀国強	副	黄松禄	常	黄松禄	常	方忠炳	－	鄭義正	－
江西	舒聖佑	副	彭宏松	常	丁鑫発	－	李修源	－	闞貴善	－
山東	李春亭	副	張恵来	常	高新亭	常	宇培昊	－	臧坤	－
河南	馬忠臣	副	鄭増茂	常	王明義	常	李道民	－	李学斌	－
湖北	蒋祝平	副	劉栄礼	常	劉栄礼	常	李其凡	－	鍾澍欽	－
湖南	楊正午	副	李貽衡	常	李貽衡	常	詹順初	－	張樹海	－
広東	盧瑞華	副	陳紹基	常	陳紹基	常	麦崇楷	－	王駿	－
広西	成克傑	副	丁廷模	副	陸炳華	－	黄任文	－	韋家能	－
海南	阮崇武	書	王学萍	常	陸志華	－	田忠木	－	秦醒民	－
重慶	蒲海清	副	陳邦国	常	陳邦国	常	趙俊如	－	秦信聯	－
四川	宋宝瑞	副	王景栄	常	呂卓	－	李玉龍	－	龔読綸	－
貴州	呉亦俠	副	胡克恵	常	姜延虎	－	謝錦漢	－	胡克恵	常
雲南	和志強	副	姜興長	常	馮家聡	－	邱創教	－	和占鈞	－
チベット	江村羅布	副	子成	常	子成	常	白剣	－	土登才旺	－
陝西	程安東	副	楊烈	－	趙英武	－	王発栄	－	張文宣	－
甘粛	孫英	副	楊振傑	副	郝洪涛	－	王世文	－	李徳奎	－
青海	白恩培(代)	副	馮敏剛	常	恵文林	－	馬有功	－	劉暁	－
寧夏	白立忱	副	王魁才	－	龐明元	－	鄒献朝	－	胡叙明	－
新疆	阿不来提・阿不都熱西提	副	李逢滋	常	張秀明	－	阿不都熱依木・卡徳爾	－	買買提・玉素甫	－

注：「党」は省クラス地方党委員会での役職を意味し，当該項目における「書」は同書記を，「副」は同副書記を，「常」は同常務委員を指す。「－」はポストなしである。また「(代)」は代理を指す。なお，江西省党副書記は「舒聖佐」と記されているが，同常務委員リストにその記載はない。あるのは「舒聖佑」であり，またこの時期の江西省長もこのように記されているため（『党組織史資料 7 巻（下）』744 頁，『同附巻一（下）』1157 頁参照），前者は誤植と判断した。

出典：警察庁(局)長については『法律年鑑(1998)』1298～1299 頁を参照した。ただし，このデータは 1997 年 12 月 31 日時点のものである。それ以外については，『党組織史資料 7 巻（上）』357 頁以下，『同 7 巻（下）』，『同附巻一（下）』1032 頁以下を参照した。

というのは，警察のトップが政法委員会の書記・副書記を兼任した場合，政法委員会指導者として裁判所を指導する立場に立つことになるからである（むろんその逆もあり得るが，実態としてはごく稀である）。すなわち，「政法委員会は警察・検察・裁判所の業務を調整するというが，憲法上，党の指導的地位が確立されており，また『党が全てを指導する』の政治的現実があるため，それは実際には警察・検察・裁判所の共通の上級である。一般に，政法委書記は同級党委員会の副職兼常務委員であり，裁判所長のランクは同級党委員会の副職に相当するが，常務委員ではなく，裁判所長の党内の地位は明らかに政法委書記ほど高くなく，政法委員会において，同委員である裁判所長は当然に同書記の下級となる。そのため，職級によろうが，党の組織原則によろうが，裁判所長は必ず政法委書記の指導に従わなければならない。このことは裁判所長に法律という上司以外にも，少なくとももう一人の上司——政法委書記がいることを意味しており，司法の独立の下での裁判官には法律という上司しかいないという要請に合わない。意味深長なことに，現在の一般的なやり方は，地方の警察局長が政法委書記を兼任し，あるいは政法委書記が警察局長を兼任するというものである。……〔警察と裁判所が対立した場合には政法委員会の調整により〕最終的には党の組織原則により，所長委員は局長書記に従う」[212]といわれている。

実際，省クラスにおいて，警察庁(局)長が政法委書記を兼任することは少なくなく，他の政法部門と比較すれば圧倒的に多い。表 5-10 は，省クラス

---

[212] 賀日開・前掲注 199) 13 頁。曲新久も「警察の行政首長が党委員会政法委員会書記を兼任すれば，警察は人民裁判所や人民検察院に対して相対的なアドバンテージを獲得することになる」と指摘する (曲新久・前掲注 95) 115 頁)。なお，兼任した場合，①両業務に対するエフォートが分散する，②政法部門間の争いを法に従い公正に処理できない，またはセクト主義に陥りやすいという 2 点の理由から，同級の「政法指導者」は政法委書記を兼任すべきではないという批判もある（『政法委職能』14〜15 頁参照）。党もこうした問題があることに気づいており，1999 年には中共中央「政法幹部隊伍の建設をさらに強化することに関する決定」(4 月 15 日) を出し，「各級政法委書記は，同級党委常務委員が担当しなければならず，原則として同級のその他の政法部門の指導的職務を兼任してはならない」(七) と指示した。しかし，現実は以下に見るとおりである。

II　なぜ裁判が権力の道具となるのか？

表 5-10　省クラス「政法部門」首長の政法委員会書記兼任状況（1990～2007年）

地方	氏名	所属機関	政法委	兼任	地方	氏名	所属機関	政法委	兼任
北京	強衛	警	99-00	96-01 04-06	99-00	湖北	陳訓秋	警	98-01	01-02	01
						鄭少三	警	03-06	03-07	03-06
天津	宋平順	警	90-97	93-04	93-97		呉永文	警	07	07	07
河北	王其江	検	06-07	07	07	湖南	朱東陽	警	90	90-92	90
山西	杜玉林	警	06-07	01-07	06-07		李貽衡	警	93-99	95-01	95-99
内モンゴル	万継生	警	95-97*	93-01	95-97		周本順	警	00-02	02-03	02
遼寧	丁世発	裁	01-06	97-01	01		李江	警	04-07	04-07	04-07
吉林	趙永吉	警	96-98	96-00	96-98	広東	陳紹基	警	91-98	93-01	93-98
	聶文権	警	05	02-06	05		梁国聚	警	99-06	02-06	02-06
	李申学	警	06-07	07	07	広西	林超群	警	90-95	90-96	90-95
上海	劉雲耕	警	97-99	98-01	98-99	重慶	陳邦国	警	97-00	98-01	98-00
	呉志明	警	00-06	02-07	02-06		朱明国	警	01-05	02-06	02-05
江蘇	李明朝	警	93-00	95-00	95-00		劉光磊	警	06-07	07	07
浙江	夏仲烈	警	90-92	90-92	90-92	貴州	胡克恵	検	93-97	90-97	93-97
	斯大孝	警	93-97	93-98	93-97		姜延虎	警	94-04	98-06	98-04
	王輝忠	警	03-07	07	07		崔亜東	警	06-07	07	07
安徽	王勝俊	警	90-91	90-92	90-91	雲南	姜興長	司	93-94	95-98	98
	陳瑞鼎	警	92-97	96-99	96-97			検	98		
	趙正永	警	98-00	00	00		孟蘇鉄	警	04-07	07	07
	徐立全	警	06-07	05-07	06-07	チベット	子成	裁	90-92	90-97	90-97
福建	黄松禄	警	90-97	94-00	94-97			警	93-97		
	鮑紹坤	検	98-01	02-07	06-07		楊松	警	03-04*	03-05	03-04
		警	06-07				王賓宜	警	04-07	06-07	06-07
江西	舒暁琴	警	07	02-07	07	陝西	宋洪武	警	05-07*	05-07	05-07
山東	高新亭	警	96-01	97-05	97-01	青海	唐正人	警	92-94	90-94	92-94
河南	鄭増茂	裁	90-95	93-99	93-95	寧夏	李順桃	警	98-05*	99-06	99-05
湖北	田期玉	警	90-91	90-91	90-91		蘇徳良	警	05-07	07	07
	劉栄礼	警	93-97	93-97	93-97	新疆	張秀明	警	96-02	00-06	00-02

注：表中の下二桁の期間はそれぞれの就任期間を指し、兼任期間は所属機関の長と政法委書記を兼任した期間を指す。また「＊」は所属機関の党組織書記就任期間も含む。
出典：『法律年鑑』各年度版「省、自治区、直轄市政法部門及有関部門負責人名単」参照。

政法委書記の中で，各年度末時点において警察・検察・裁判所・司法行政機関の庁(局)長，検察長，所長ないし党書記を兼任していた者の一覧表である。本表から明らかなように，政法委書記を兼任するのは，ほとんどが警察庁(局)長である。とりわけ湖北省や広東省ではその傾向が顕著であり，18 年間で警察庁長が政法委書記を兼任していた期間は，それぞれ 13，11 年間である。そしてこの場合，党内の序列において裁判所長が政法委書記である警察庁(局)長の下にあることはいうまでもない。「筆者は調査中，警察が裁判所・検察院の上級機関であると多くの人々が考えていることに気づいた。このジョークはおそらく現行制度と関係があるのであろう」[213]。

さらに，政法部門間の序列という点からは，当該部門出身者が政法委書記に就く場合も考えなければならない。例えば，重慶市は 1998 年以降(1997 年に直轄市に昇格)，現・元警察局長が一貫して政法委書記ポストを占めており，同市では警察局長とはまさに政法委書記のことである。

以上のように，裁判所の地位は一府両院の建前とは異なり，党のロジックによれば同級政府の格下であるばかりか，業務部門と同列に扱われ，さらには業務部門の指導下に入ることすらある[214]。そして，政府首長が同級党委副書記を担うのは固定化された図式であり(というよりも，党委員会のナンバー2，ないしはトップが政府首長のポストに就くと表現した方がより適切であろう)，したがって，政府が「準指導者」として裁判所を指導する立場にあることも固定化されているといえよう。ただし，それは上述のように，あくまでも党内の序列によるものである。この意味で，たとえ政府首長が裁判所を「指導」したとしても，それを政府による裁判統制とのみ把握していては，事態を正確に捉えることができない。けだし，裁判所にとって，政府首長の「指導」は

---

213) 石泰峰・前掲注 99) 38 頁。
214) なお，行政クラスのランク付によると，裁判所は同級政府よりも半クラス下の国家機関と位置づけられている。すなわち中共中央辦公庁「地方各級裁判所・検察院の幹部配備を強化することに関する通知」(1985 年 9 月 1 日)は，裁判所長の行政クラスを政府首長の半クラス下とする。例えば，省クラスであるならば，省政府首長が省長クラスで，高裁所長が副省長クラスとなる。

党の指導だからである[215]。

　そして，こうした「準指導者」の地位にある政府は，指導者である党委員会とともに，管轄地域の治安について責任を負わなければならないとされている。すなわち，中央社会治安総合対策委員会「社会治安総合対策活動において『属地管理』原則を実施することに関する規定(試行)」(1991 年 12 月 25 日)[216]は，各級党委員会および政府は管轄地域の社会治安の維持に全体的な責任を負い，同地域における社会治安総合対策活動について全面的に責任を負うとした。なお，1979 年の全国都市治安会議において治安回復を図らなければ「党および政府の失政」とされるという認識が示されたように(2.2.1 参照)，本規定以前においても党委員会・政府が管轄地域の治安について責任を問われなかったわけではなかろう。実際に厳打においては，例えば湖北省荊沙市では，「数年来，わが市における各『厳打』行動においては，党政主要指導者が全体的責任を負い，分担指導者が当該部分について責任を負い，政法委員会が実際上の責任[実責]を負い，政法各部門は各々の職責を果たし，各々について責任を負い，関連部門が積極的に協力し，政法警察幹部・警察官が主力軍を担い，広範な大衆が積極的に参与する闘争の局面を形成している」[217]という。裁判所の「働き」が不十分であれば，裁判所のみならず，党委員会や政府も「上司」として責任を問われるのである。あたかも各地方ブロックが一組織となって現地の治安維持を請け負っているかの様相を呈している(この点については次節で改めて検討する)。

　そして，政府はこうした「責任」を果たすために，「準指導者」として裁判所に指示を下す。この「準指導者」の指示を担保するものは，指導者の指示を担保するものと同じである。すなわち，人事と財政である[218]。人事に

---

215) 蘇力「中国司法中的政党」同主編『法律和社会科学(第 1 巻)』(法律出版社，2006 年)262〜267 頁(拙訳「中国の司法における政党」北大法学論集 58 巻 3 号(2007 年)385〜391 頁)参照。
216) 筆者未見。以下の内容については，肖揚主編『中国刑事政策和策略問題』(法律出版社，1996 年)123〜124 頁を参照した。
217) 張普華「"厳打"闘争的実効問題」人民公安 1995 年 14 期(CD)31 頁。

ついては，5.3.1 ですでに検討した内容と重複するため，ここでは省略する。以下では財政に焦点を合わせて見ていこう。

まず，各級裁判所の経費は主に各級財政から支出される。予算編成は政府の職務である（憲法 89 条 5 号，地方組織法 59 条 5 号）。

憲法上，予算案はそれぞれ各級人大が審査・承認することになっている（62 条 10 号，99 条 2 項。なお，全国人大常委会について 67 条 5 号参照）が，項目内[219]での配分や補正予算における政府の裁量が大きく，また流用・繰越しも政府が柔軟に行うことが可能となっている[220]。そのため，「裁判機関の経費は行政機構の財政部門により掌握され，その人員編成は，同級行政機関編制委員会により決定され，その設備および〔後勤〕の保障は，行政機構の関連部門が担当し，または協力する」[221]。むろん「このことは政府が裁判所の裁判の独立に干渉する脅迫手段とな〔る〕」[222] ことは容易に想像できよう。

しかも，裁判所の経費は潤沢どころか，赤字というのが現状である。例えば 1985 年 8 月 31 日に最高裁が財政部と連名で出した「人民裁判所の業務経費難問題を適切に解決することに関する通知」は，「一部の基層人民裁判所の経費は依然としてわりあい厳しく，全く足りておらず，1 年の経費を

---

218) 「〔裁判所長は〕現在県党委員会から金をもらうために 70％の精力を使わなければならない」（「法官談法制」中外法学 1989 年 4 期 51 頁〔楊玉茹（泰安市中裁副所長）〕）という指摘が示すように，当然のことながら財政も「党の指導」に服する。
219) 財政部の「政府予算収支科目」において，裁判所の予算は「警検裁司支出」（警察・検察・裁判所・司法行政）類の下位の「裁判所支出」款であり，それは財政部門が管理する行政経費の一項目にすぎない（郭紀勝「関於司法経費保障体制改革的若干問題」孫謙・鄭成良主編『司法改革報告——中国的検察院、法院改革』（法律出版社，2004 年）339 頁参照）。なお，歳出・歳入は上位から類・款・項・科の 4 層に分類されるが，全ての項目が公開されているわけではない（大西靖『中国財政・税制の現状と展望——「全面的な小康社会実現」に向けた改革』（財団法人大蔵財務協会，2004 年）5〜6 頁参照）。
220) 大西・前掲注 219）23〜26，135〜138 頁参照。
221) 黎国智・馮小琴「人大対法院個案監督的反向思考」法学 2000 年 5 期 10 頁。なお，〔後勤〕とは後方勤務のことであり，具体的には財務，会計，備品管理，福利厚生などを指す。
222) 張慜ほか・前掲注 98）248 頁。

10ヶ月，ひいては半年で使い切ってしまうところもある」と指摘した。そしてその上で，「人民裁判所の経費についてなお独立の項目としていない地方は，1986年1月1日から『国家予算収支科目』所定の項目により，単独の項目とし，単独で支出する。各級財政部門は裁判所の経費を独立の項目とした後，財政予算を策定する際には，人民裁判所が必要な司法業務経費および幹部研修費について，実際のニーズと可能性に基づき，適切に保障しなければならない。これは人民裁判所が『独立して裁判権を行使』し，法により事件を裁判するための重要な条件である」と指摘し，財政難がもたらす「裁判の独立」に対する脅威への危惧を露わにし，経費の保障の必要性を説いた。

　その後も，例えば中共中央辦公庁・国務院辦公庁が1998年6月19日に転達した財政部・国家発展計画委員会・監察部・警察部・最高検・最高裁・国家工商行政管理局「警察，検察院，裁判所および工商行政管理部門の手数料および過料・罰金・没収収入[罰没収入]の『収入と支出の分離』管理業務に関する規定」は，「警察・検察・裁判所部門の公用経費については，現地の一般行政機関の2倍以上の基準で策定しなければならない」(五)とした。このように，裁判所の経費は厚遇されているはずである[223]。

---

223) なお，財政難の応急処置として，最高裁・財政部「訴訟費用の管理強化に関する暫定規定」(1989年9月18日)(一)は，訴訟費用を「暫定的に財政に上納せず，裁判所の業務経費の不足に充てる」とした。訴訟費用収入がそのまま経費になるわけである(これが裁判所の「予算外収入」(表5-11)の主体である。王利明・前掲注114)172頁参照)。しかし，そのために恣意的な手数料徴収[乱収費]などの問題が生じたことから，その後，「収入と支出の分離」[収支両条線]の方針が打ち出された(財政部「行政的費用徴収，過料・罰金・没収収入に予算管理を実施することに関する規定」(中共中央辦公庁・国務院辦公庁1993年10月9日転達)，財政部・国家発展計画委員会・監察部・警察部・最高検・最高裁・国家工商行政管理局「警察，検察院，裁判所および工商行政管理部門の行政的費用徴収および過料・罰金・没収収入の『収入と支出の分離』管理業務の強化に関する規定」(中共中央辦公庁・国務院辦公庁1998年6月19日転達)など参照)。これは訴訟費用などを各級財政に上納する一方で，各級財政が裁判所の経費を(訴訟費用収入などとリンクさせずに)支出するというものであるが，なお浸透していないといわれている(例えば顧秀蓮「全国人大常委会執法検査組関於検査《中華人民共和国法官法》和《中華人民共和国検察官法》実施情況的報告——2006年8月26日在第十届全国人民代

表 5-11　江西省裁判所の収支状況(1997〜2000年)　　(単位：万元)

年	収入 財政支出	収入 予算外収入	収入 計	支出 人件費	支出 行政経費	支出 業務費	支出 基礎建設	支出 計	収支
1997	6451.2	12300.0	18751.2	5717.7	4072.1	7459.3	3576.9	20826.0	−2074.8
1998	7909.0	14218.8	22127.8	6937.6	4958.0	7753.9	3870.0	23519.5	−1391.7
1999	9785.4	16304.3	26089.7	8616.8	5420.0	8608.4	3755.5	26400.7	−311.0
2000	13671.8	13184.9	26856.7	11313.3	5405.6	10218.3	1016.5	27953.7	−1097.0

注：2000年度には借入金も含まれている。
出典：薛江武・張勇玲「法院経費保障問題的分析与思考——江西法院経費保障情況調査報告」人民司法 2001 年 8 期 37 頁。

だが，裁判所の財政難という状況は，今日でも変わっていない。このことを示すのが，江西省の全裁判所の 1997 年から 2000 年までの収支状況をまとめた表 5-11 である。本表から明らかな様に，江西省の裁判所は全体として赤字が続いており，財政支出では人件費を賄うのが精一杯であり，しかも地方によっては給与の未払いすらあるという[224]。

そして，こうした状況は何も江西省に限ったことではない[225]。人件費を例に挙げれば，2002 年までに，全国の裁判所の未払給与は計 9.9 億元に達したという[226]。したがって，裁判所としてはより多くの予算をとりつけ，財

　　表大会常務委員会第二十三次会議上」全国人民代表大会常務委員会公報 2006 年 7 号 637 頁参照)。

[224] 「2000 年末までに，全省の 112 の裁判所(専門裁判所を含まない)中，給与未払いの裁判所は 87 あり，裁判所総数の 77.68% である。その内，各種の補助・手当が未払いの裁判所は 77 あり，総数の 68.75% である。基本給も補助・役職手当も未払いの裁判所は 10 あり，総数の 8.9% である。さらには一部の裁判所では連続数ヶ月生活費のみ支給し，給与を支給しない現象も存在している。全省の裁判所で給与未払い人数は 3736 人に達し，未払い総額は 1398 万元に上る」という有様である。とりわけ深刻なのは基層裁であり，100 ある基層裁の内，正常な業務の運営に足りるだけの経費が支出されているのは 9% しかないという(薛江武・張勇玲「法院経費保障問題的分析与思考——江西法院経費保障情況調査報告」人民司法 2001 年 8 期 37 頁)。

[225] 上記薛江武ほか論文の編集者コメントによると，「全国の裁判所と比較すると，江西の状況は典型的のみならず，さらには一定の普遍性を有する」という。また，裁判所の財政問題の現状については，王亜新「中国の裁判所の財政的基盤について」比較法研究 63 号(2002 年)154 頁以下参照。

政収入の拡大を図ることが必須となる。

　もちろん，財源が無限にあるわけではなく，それは裁判所と他の機関との間の限られたパイの奪い合いとなる[227]。こうして，「二重の忠誠〔縦ラインと地方ブロック〕の圧力の下で，司法権が正当に行使できないときの最終的な結果は，大体において地方権力の意思に従わざるを得ないというものである――裁判所の『幹部・警察官』全体の衣食住と交通の責任を負う所長・副所長にとって，『節操を失う』ことは些細なことであり，餓死するかどうかこそが大問題である」[228]という状況に陥っているという。

5.5　システムの全体像

　本章では要するに，上位者の意思が下位者に伝達され，裁判が統制される仕組みが築き上げられていることを明らかにした。

　まず，裁判の担い手たる裁判官の第1の要件は，そもそも党の政策の忠実な遂行者であることであった。旧裁判官法施行後，法的専門知識が試験により問われるようになったが，政治的立場はなおその地位を保っている。

　次に，裁判(官・体)は，裁判所内部では常設「裁判長」，廷長・副廷長，所長・副所長，裁判委員会の，また地方ブロックでは同級の党委員会・同政法委員会・政府の，そして縦ラインでは上級裁判所の統制を受けていることを見た。「裁判」はこうした上位者による統制を重畳的に受け，その指示を遂行する作用なのである。

　そして，実際に身分が保障されていない裁判官は，こうした統制を受け入

---

226) 郭紀勝・前掲注219) 338頁参照。
227) 特に経済的に貧しい県などではなおさらである。例えば江西省では1999・2000年に中央から政法専用補助金の交付を受けたが，県クラスが財政難に陥っているために，本来ならば地方財政で支出すべき費用に補助金を充てたり，財政難を緩和するために交付金をピンハネしたりするなどの問題が生じたという(薛江武ほか・前掲注224) 38頁参照)。
228) 賀衛方「司法改革中的上下級法院関係」法学1998年9期43頁。

れざるを得ないことを見た(こうした摩擦を極力抑えるためにも，裁判官は党の政策の忠実な遂行者であることが求められる)。すなわち，党管幹部原則により，その身分は党委員会に掌握されている。また，細かく序列化されている裁判官が「出世」を望むのならば，上を向いて裁判をせざるを得ない。さらに誤判責任制はより直接的・ハードに，責任回避のために，「誤判」の判定基準となる上級裁判所に指示を伺う，あるいは裁判委員会や所長・廷長の決定に従う(さらには積極的にこれらを活用する)よう裁判官を動機づける。所長引責辞任制はこれとは反対に，所長・副所長が裁判体の判断を積極的にチェックするように動機づける。

こうして「責任」を担保として，上位者が下位者を統制する制度装置が安定的に作動しているのである。それは，裁判官が上位者に従順であり続け，またそうした統制装置を積極的に活用し，それに従っておくことこそが，「裁判官」としての処世術となるような仕組みとなっている。

そして，こうした統制システムは，前節で指摘したように，あたかも党委員会を指導者とし，政府を「準指導者」[229]とする各地方ブロックが一組織となって当地の治安維持を請け負っているかの様相を呈している点で特徴的である[230]。例えば，社会治安総合対策において採用された「属地管理」原則を北京市に当てはめて考えると，次のようになろう。まず，北京市(省クラス)の党委員会および政府は，北京市全体の治安について責任を負うことになる。次に，例えば北京市の市轄区である海淀区の党委員会および政府は，北京市海淀区内の治安について責任を負うことになる。そして，各級裁判所は同級党委員会および政府の指示に従い行動するのであるが，何か問題が生じたときは，裁判所が責任を負わなければならないだけではなく，同級党委員会および政府もその上位者に対して責任を負わなければならない，と。

---

229) 中国では一般に「党委員会と政府の指導の下」[党委、政府的領導下]といわれる。こうした表現は党委員会と政府の関係および両者の位置づけ(指導者と「準指導者」)を反映しているといえよう。
230) 清代の裁判制度が「請負」的であったとする研究として，陶希聖『清代州県衙門刑事審判制度及程序』(食貨出版社，1972年)60頁がある([責任制]と表現する)。

また先述(前節参照)のように,湖北省荊沙市では厳打に際して,「党政主要指導者が全体的責任を負い,分担指導者が当該部分について責任を負い,政法委員会が実際上の責任を負い,政法各部門は各々の職責を果たし,各々について責任を負〔う〕」とされた。これも上と同様の構造であるといえよう。「現在,依然として少なくない人が裁判所と行政機関を『法執行機関』と呼び,裁判所を党委員会や政府の一部局とみなし〔ている〕」[231]という指摘は,裁判所のこうした位置づけを何よりも明確に物語っていよう。裁判所は政府業務部門と同じく,党委員会および政府の指揮の下で法律を執行する機関＝行政とされているのである[232]。

このように,現行システムにおいて,裁判所の上位者には縦ラインにおける上級裁判所と地方ブロックにおける同級党委員会・同政法委員会・政府があるが,実際の責任負担の形態からいえば,まず地方ブロックの上位者に対して責任を負わなければならない仕組みになっている。このことはまた,人事・財政制度のあり方とも吻合していよう。

以上を踏まえて,一地方ブロックにおける党・国家機関の関係を概念図化したものが図5-1である。本図で示す各地方ブロックの積み重なりにより,裁判統制システムが形成されていると考えられる。

それでは,裁判所の縦ラインにおける上位者,すなわち上級裁判所との関係をどう考えたらよいのであろうか。まず,先述(5.2.3参照)のように,指示伺いに関する最高裁の通達からは,「高裁はまず当該裁判委員会で討議し,また(省クラス)政法委員会に意見を聴取し,それでも調整できない場合に,最高裁に指示を伺う」という図式を見出すことができる。実際に,4.4で検討した同性向けの売春組織事件の経緯はこの図式を裏書きしている。そこでは,まず地方ブロックで解決を試み,それが果たせなかったから上級裁判所

---

231) 李承武「淡化行政色彩:法院改革的必由之路──関於改革現行法院行政化管理体制的幾点思考」行政与法 2000 年 5 期(CNKI)56 頁。
232) そしてこのことはまた,裁判所の作用が行政と質的に区別されていないことを意味する。小口彦太は判決形成のあり方からこの点を指摘する(同『現代中国の裁判と法』(成文堂,2003 年)44 頁)。

```
         ┌─────────────┐
         │   党委員会    │
      ┌──┴──────┬──────┴┐
      │ 政法委員会 │ 政府  │
      └─────────┴───────┘
              ⇩
    ┌─────┐ ┌─────┐ ┌─────┐
    │ 検察 │ │ 警察 │ │裁判所│
    └─────┘ └─────┘ └─────┘
```

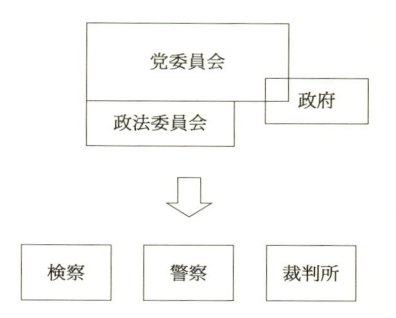

図 5-1　地方ブロックにおける党・国家機関の関係

注：なお，政府が党委員会と一部重なっているのは，政府首長のほとんどが党委書記・副書記に就いていることから，両者が重なり合っていることを反映するためである。

に指示を伺ったのである。

　また，このことは，中央政法委員会に長年身を置いてきた林中梁の次の指摘からも確認できる。すなわち，いわゆる「党内事件調整会」において，「参加者の共通認識となった意見，もしくは少なくとも多数者の正しい意見をまとめ，または少数意見ではあるが，正しいものは，議長〔政法委の書記・副書記・事務局長・副事務局長が務めるのが通例〕の調整・説明を通じて，最終的に大多数の支持をとりつける」。また，統一見解を形成できないときは，上級の政法委員会や政法部門に指示を伺ったり，同級政法部門に対して上級政法部門に指示を伺うよう指示したりする，と[233]。つまり，同会議において統一見解を形成できれば，上級の出る幕はないが，逆に統一見解を形成できなかったときは，上級裁判所，上級政法委員会などに指示を伺うのである[234]。

---

[233]　『政法委職能』586〜587頁参照。
[234]　ただし，これは政法委員会が「調整」する必要のある重大・難解事件についてであり，政法委員会が口出しする必要のないケースについては，政法委員会の「調整」会議を経由することなく，上級裁判所に指示を伺うものと考えられる。なお，「一般的な大量の事件は政法部門がそれぞれ法によりその職責を果たし，法により処理すればよく，人為的に手続を増やす必要はな〔い〕」（『政法委職能』582頁）といわれているように，政法委員会の「調整」会議を経由しない事案が多数を占めるのであろう。

このように見てくると，まず地方ブロックで解決を試み，それが不調に終わったときは，上級にお伺いを立てるという構図が見えてくる。そして，上級にお伺いを立てた場合には，「司法実務において，多くの地方人民裁判所が指示を伺う必要のない問題について最高人民裁判所に指示を伺うのは，往々にして裁判所が何らかの形で権威からの挑戦を受け，最高人民裁判所の支持を得たいからである」[235]という指摘から読み取れるように，その回答に従うことになるのであろう。

こうした統制システムの下にある裁判は，必然的に上位者の指示を「執行する」道具となろう。けだし，こうした統制システムは中立公平な第三者として「裁判所が行政権による刑罰権の行使を法の見地から控制すること」[236]を予定しておらず，まさに上位者(究極的には党中央)の指示を下位者に貫徹するためのものだからである。「こうした制度の下では，裁判官は事件処理において真っ先に党委員会・政府の意向を考慮しなければならず，『法律に従う』ことは二の次である」[237]。そうである以上，厳打のような政治的任務においては裁判の道具化がより徹底されることになろう。さもなくば，「重罰を科すべき罪である『厳打』対象について，重く処断できずに軽く処断すれば，我々が有すべき政治的原則性および法の厳粛性を失うことになる」[238]という指摘が示すように，自らの政治的立場に疑いが生じることになる。

なお，中国における司法の独立や裁判官の独立を一般的に論じる上では，憲法上，裁判所を監督する立場にある人大と裁判所の関係も論点となる。しかし，地方人大は「党委員会が首を縦に振らなければ監督できず，政府が不愉快になれば監督できず，難題に遭遇すると監督できない」[239]という指摘が示すように，憲法の建前とは裏腹にこれまで実質的な役割を果たしてこな

---

235) 曲新久・前掲注95)181頁。
236) 平川宗信『刑事法の基礎』(有斐閣，2008年)211頁。
237) 張海玉・王良華「法官独立審判芻議」法学評論2001年1期106頁。
238) 黄祥青「"厳打"刑事政策的掌握与運用」政治与法律2001年6期25頁。なお，著者は上海市高裁に所属している。
239) 郭道暉・前掲注144)12頁。

かった。それは次のような理由によるといわれている。すなわち，「『一府両院』を監督し，法律を徹底実施させるための多くの問題は，党委員会と政府が共同で決定し，連名で文書を発し，政府が実際に行う。警察・検察・裁判所 3 機関の関係も，長期にわたり党委員会・政法委員会が調整している。さらに，政府首長は党委員会の第 1 副書記である。このほか，地方国家権力機関の構成員は，基本的に同級行政機関，裁判機関，検察機関の定年間近の幹部が移ってきたものであり，彼らの給与および福祉待遇のかなりの部分は依然として元の所属先に頼っている。……一部の人民大衆が，『4 つの看板，1 つの扉〔党委員会，人大，政府，政協〕，主人は 1 人〔党委書記〕』というのも無理ない」[240]と。つまり，人大が裁判所に対して果たすべき監督の権限は，党および政府が行使しているため，人大の出る幕がないというのである。実際，前部で明らかにしたように，厳打に際して裁判活動を指揮したのは党および政府であったし，人大は実務の第一線ではなく，第一線から退いた者の職場と認識されている[241]。

このように地方国家権力機関としての地方人大は形骸化しており，その実務に対する影響力は限られている。加えて，「経験科学的見地よりすれば，日常的に業務を遂行しない機関にどれほどの権力性があるかきわめて疑問であり，対『国家権力機関』との関係で司法の従属を云々することにはあまり

---

[240] 王果純・伍玉功「我国司法体制存在的問題及其対策」常徳師範学院学報（社会科学版）2000 年 5 期（CNKI）18 頁。

[241] 例えば，チベット自治区で高裁所長，警察庁長，同自治区政法委書記を歴任した子成は，60 歳になったときに「自分も年をとった」という理由から人大常委会を最後の職場に選んだという（李祥編『西蔵公安的揺籃』(中国人民公安大学出版社，2003 年) 178 頁参照）。また，次のようなエピソードも，人大の実際上の地位の低さを示していよう。組織部長，規律検査委員会書記，党委常務委員などの要職を歴任し，党委副書記と政法委書記を兼任していた福建省順昌県の李建は，1998 年の任期に伴う指導部刷新の際に，今度こそ県長になれると思っていた。しかし，「上級は彼を県長にしようとは考えておらず，県人大常委会主任ないしは政協主席に就かせようと考えていた。そのため，李建はひどい『挫折』感を味わった」と（蘇傑「従"厳打"先進到黒悪勢力"保護傘"——原福建省順昌県委副書記兼政法委書記李建的堕落軌跡」記者観察 2002 年 9 期（CNKI）47 頁）。

意味がない。問題の中心は何よりもまず党との関係にある」[242]（傍点は原文）。

ただし，90年代中頃以降，学界において注目を集めている人大による個別具体的事件の監督（いわゆる［個案監督］）[243]の問題が示すように，近年においては人大の役割の実質化が模索されているようである[244]。このことを示すように，近年，省クラスにおいては党委書記・副書記が人大常委会主任ポストに就くようになっている。例えば，1997年9月時点において，省クラス人大常委会主任31名中，同級党委書記が3名，同副書記が4名であったのに対し，2008年の地方人大改選後，省クラス人大常委会主任31名中，同級党委書記が24名，同副書記が1名であった[245]。「国家機関の指導者の権威の有無が，当該機関の機能の発揮に非常に重要な意義および作用を有する」[246]といわれることから，この変化は人大のあり方が大きく変わる兆しといえよう[247]。憲法上，裁判官の任免および裁判所の予算を最終的に決定す

---

242) 小口・前掲注232) 26頁。
243) 例えば，李暁斌「対"人大"質詢法院的質疑」法学1996年9期2頁以下，王晨光「論法院依法独立審判権和人大対法院個案監督権的衝突及其調整機制」法学1999年1期18頁以下など参照。
244) 例えば中共全国人大常委会党グループ「さらに全国人大代表の作用を発揮させ，全国人大常委会の制度建設を強化することに関する若干の意見」（中共中央2005年5月26日転達。『十六大以来（中）』886頁以下）参照。また，各級人民代表大会常務委員会監督法（全国人大常委会2006年8月27日採択，同日公布，2007年1月1日施行）は，各級人大常委会に裁判所による特別活動報告の聴取・審議，法律法規の実施状況の検査，司法解釈の審査，裁判所責任者への質問，特定問題調査の権限があると定める(2，4～7章)。なお，同法は「個案監督」について規定を設けなかったが，起草当局は，それを［信訪］（手紙・訪問による陳情）の問題とし，経験を総括してからルール化するとする（李飛主編『中華人民共和国各級人民代表大会常務委員会監督法釈義』（法律出版社，2008年）30～31頁参照）。
245) 1997年については『党組織史資料7巻（上）』357頁以下，『同7巻（下）』，『同附巻一（下）』1031頁以下参照。2008年については「2008地方政壇新図譜」領導決策信息2008年7期（CNKI）28頁参照。なお，2008年の残る6名の党委書記は，中央政治局委員を兼任している。
246) 曲新久・前掲注95) 131頁。
247) 加茂具樹『現代中国政治と人民代表大会——人代の機能改革と「領導・被領導」関係の変化』（慶應義塾大学出版会，2006年）298～301頁も同旨。

るのは人大・同常委会であるため,それらは現在の党および政府と同じ役割を合法的に果たすことが可能である[248]。省クラス党委書記・副書記が同級人大常委会主任に就くようになったのは,まさにその布石であるといえよう。

---

248) 江沢民は党 16 回大会における報告で,「人大が法により国家権力機関の権能を履行することを支持し,法定手続を経て,党の主張を国家意思とし,党組織が推薦した人選を国家政権機関の指導者に就かせ,かつ彼らを監督する」とする(同「全面建設小康社会,開創中国特色社会主義事業新局面」(2002 年 11 月 8 日)『十六大以来(上)』26 頁)。このほか,中共中央「党の執政能力建設の強化に関する決定」(2004 年 9 月 19 日採択。『十六大以来(中)』271 頁以下)五(二)も参照。なお,但見亮は「これは,憲法上の最高権力と事実上の最高権力の一体化をもたらすもので,今後国家運営の重点が行政機関から立法機関へと移行する,すなわち『民主』という正当性根拠の重要性が高まっていく,という党指導部の意識が表れたものであ〔る〕」と分析した上で,「今回の組織変更は,権限の肥大化しつつある人大の常務委員会に対する党の統制確保とその強化を目的とするものであり,要するに,党による随意の介入に合法的な形式を付した,ということにすぎない」と指摘する(同「中国の『監督』制度における『民主』と『法治』(2・完)」比較法学 39 巻 2 号(2006 年)65,66 頁)。

6. 裁　判　観

　本章では，中国において，裁判に期待されている役割，あるいは裁判とは何をすべきであり，またどうあるべきと考えられているのかを明らかにする（本書ではこれらを「裁判観」と呼んでいる）。先述のように，本書ではこれが今日において，裁判統制システムを実質的に支え，また厳打という現象を生み出していると考える。

　以下ではまず，法が裁判の任務をどのように定めているのかを明らかにする(6.1)。次いで党中央と最高裁の裁判観を明らかにする(6.2)。その後，厳打の賛否をめぐる論争を概観し，「大勢」として，党の指導により裁判が「重く速く」なることについて，どのような態度を採っているのかを明らかにする(6.3)。最後に，以上の考察を通じて明らかにした中国の裁判観と日本のそれとを比較した上で，中国の裁判統制システムを支える裁判観を析出したい。

6.1　法 の 立 場——任務規定の検討

　本節では刑事裁判に密接に関係する①裁判所法，②刑法，③刑事訴訟法を素材として，各法が定める裁判所，刑法および刑事訴訟法の任務を明らかにする。こうした作業を行う理由は以下のとおりである。すなわち，中国には「裁判法」といった類の法律がないため，法が裁判の任務についてどのような立場を採っているのかは自明のことではない。とはいえ，本章の課題を解きほぐすためには，法の立場を明らかにすることは不可欠である。そこで本

節では，こうした作業を通じて，裁判の任務に関する法の立場をあぶり出す。とりわけ裁判所法が定める裁判所の任務と，裁判に課せられた任務には極めて密接な関係があるといえよう。

6.1.1 裁判所法

これまでの裁判所法(およびその前身である人民裁判所暫定組織条例(1951年9月3日採択))に共通する特徴として，裁判所の任務規定の存在を挙げることができる。例えば54年裁判所法3条1項は次のように定める[1]。

> 人民裁判所の任務は刑事事件および民事事件を裁判し，かつ，裁判活動を通じて，あらゆる犯罪者を懲らしめ，民事紛争を解決し，もって人民民主主義体制を守り，公共の秩序を維持し，公共の財産を保護し，国民の権利および合法的利益を保護し，国の社会主義建設および社会主義改造事業の順調な進展を保障することである。

こうした任務規定の存在は，資本主義法にはない社会主義法の特徴であり[2]，「そのちがいの出てくるもとは，前者では裁判所が超階級的に，普遍的な正義の実現の機関として存在する建前になっているのにたいし，後者では，国家，法，したがって裁判所の階級的本質が率直に表明され，支配階級の権力の強制機関として示されていることにある」[3] といわれる。実際，「超階級的に，普遍的な正義の実現の機関」のように振る舞えば，[旧法観点]などとして批判された。例えば董必武は，建国後も留任された中華民国時代の裁判官について，「彼らのスタンスは一般的に立場がない，または反動的立場であ〔る〕」[4] と批判したのであった。反動的立場である場合はもとより，

---

1) 2項は社会主義法共通の特徴とされる教育目的を定める(福島正夫・幼方直吉・長谷川良一『中国の裁判』(東洋経済新報社，1957年)62頁参照)。現行法3条2項も同様である。
2) 福島正夫編『社会主義国家の裁判制度』(東京大学出版会，1965年)3頁〔同〕参照。
3) 福島ほか・前掲注1)57頁。
4) 董必武「関於改革司法機関及政法幹部補充、訓練諸問題」(1952年6月24日)『董必武法学文集』(法律出版社，2001年)121頁。

立場がない場合にも批判されたのである。裁判官は中立公平・不偏不党で
あってはならなかった[5]。

　また，任務の内容としては，刑事・民事事件の裁判以外に，それを通じて
様々な目的を達成することが挙げられる。本書の問題関心からは，特に裁判
活動を通じて，社会主義建設等の順調な進展の保障が，またその前提とし
て[6]公共秩序の維持が任務とされていることを見落とせない。

　次に現行裁判所法を見てみよう。同3条1項は以下のように定める(なお，
79年法以降現在まで改正されていない)。

　　人民裁判所の任務は刑事事件および民事事件を裁判し，かつ，裁判活動
　を通じて，あらゆる犯罪者を懲らしめ，民事紛争を解決し，もってプロレ
　タリアート独裁体制を守り，社会主義的適法性および社会秩序を維持し，
　社会主義の全人民所有の財産および勤労大衆による集団所有の財産を保護
　し，国民による私人所有の合法的財産を保護し，国民の人身の権利，民主
　的権利その他の権利を保護し，国の社会主義革命および社会主義建設事業
　の順調な進展を保障することである。

　本項は基本的に旧規定を踏襲しており，それと同様のことを指摘できる。
すなわち，現行法においても，裁判所は裁判だけではなく，それを通じて究
極的には社会主義建設事業等の順調な進展，すなわち政策課題の実現を保障
することが任務とされているのである。また，現在でも最高裁所長の口から，
「裁判の考え方において，『誰のために権力を掌握しているのか，誰のための
司法なのか，誰に奉仕するのか』という根本問題を真に解決し，最も広範な
人民の根本的利益の保護を最高の追求目標とする」[7]と，裁判官には立場が

---

5) 何兵は，「董氏のこのくだりは，残存した職業裁判官と人民司法との間の衝突を浮き
　彫りにしている……『立場がない』ことは旧法人員にとっては職業裁判官が守るべき職
　業道徳——価値中立である。他方，董氏にとっては，裁判官には必ず立場があり，『立
　場がない，または反動的立場であ』れば，人民と対立していることになる……衝突の結
　果は惨烈であった。旧法人員のほぼ全員が淘汰され，旧政権の副葬品となった」と指摘
　する(同「司法職業化与民主化」法学研究2005年4期104～105頁)。
6) 魏文伯「対於『中華人民共和国人民法院組織法』基本問題的認識」政法研究1955年
　1期1頁参照。

必要であることが説かれる。

6.1.2 刑　　法
旧法 2 条は次のように刑法の任務を定める。

　　中華人民共和国刑法の任務は，刑罰によってあらゆる反革命その他刑事犯罪行為と闘争し，もってプロレタリアート独裁体制を守り，社会主義の全人民所有の財産および勤労大衆による集団所有の財産を保護し，国民による私人所有の合法的財産を保護し，国民の人身の権利，民主的権利その他の権利を保護し，社会秩序，生産秩序，業務秩序，教育研究秩序および人民大衆の生活秩序を維持し，社会主義革命および社会主義建設事業の順調な進展を保障することである。

旧法制定後の代表的教科書である『教材刑法学』は，本条を次のように説明する[8]。すなわち，あらゆる搾取階級の刑法の任務とは截然と異なり，本条は中国刑法が何に打撃を加えて，何を守るのか，そして刑法の任務と国家の任務との関係についてはっきりと説明している。「〔中国〕刑法は党および国家の異なる歴史時期における主要任務に奉仕するものである」。そして本条が定める，刑罰によって①反革命犯罪と闘争し，プロレタリアート独裁の国家体制を防衛すること，②その他の刑事犯罪と闘争し，社会主義的公共財産および国民個人の合法的財産を保護すること，③その他の刑事犯罪と闘争し，国民の人身の権利，民主的権利その他の権利を保護すること，そして④反革命その他刑事犯罪と闘争することは，結局のところ，本条所定の各秩序を維持し，安全で良好な社会環境を創造し，社会主義現代化建設事業の順調な進展を保障することである。「刑法の全規定は，いずれも敵を鎮圧し，犯罪に懲罰を加え，人民を保護し，4 つの現代化建設を守るためのものである。必ず刑法の規定に厳格に則り事を行わなければならず，そうしなければ，刑

　7）肖揚「全面落実司法為民的思想和要求　扎扎実実為人民群衆辦実事」最高人民法院公報（2003 年巻）85 頁。

　8）『教材刑法学』24〜27 頁参照。

法の人民民主主義独裁の道具としての役割を十分に果たすことができない」、と。

このように本条が定める刑法の任務は，犯罪との闘争を通じて，各秩序を維持し，もって「4つの現代化建設」という政策課題の実現に資する社会環境を創造することとされている[9]。ここから刑法は政策課題の実現に奉仕すべきという考え方を読み取ることができよう。「刑法の人民民主主義独裁の道具としての役割を十分に果たすことができない」という表現は，このことを雄弁に物語っている。

また，刑法の保護の対象が「人民」に限られていると解されている点も見逃せない。というのは，保護対象が「人民」だけに限定されれば，論理必然的に，「敵」は保護の範疇に含まれなくなる。本条が「刑法が人民の利益を守り，敵に打撃を加え，犯罪に懲罰を加える重要な武器であ〔ること〕……を表している」[10]といわれる所以である。なお，以下に見るように，現行刑法および刑訴法においては「人民を保護する」という目的が実定化されている。その意味は同じであるため，以下では贅言しない。

次に現行法を見てみよう。1条は刑法制定の目的を次のように規定する。

> 犯罪に懲罰を加え，人民を保護するために，憲法に基づき，わが国における犯罪闘争の具体的経験と実際的状況を結びつけ，本法を制定する。

本条から明らかなように，刑法制定の目的は，「犯罪に懲罰を加え，人民を保護すること」である[11]。なお，ここでいう「人民を保護する」とは，「人民の利益を保護することであり，人民の根本的利益を代表する国家政権，社会主義的政治・経済体制のみならず，人民の人身の権利，民主的権利，財

---

9) 高銘暄編『中華人民共和国刑法的孕育和誕生』(法律出版社，1981年)26頁。また王作富『中国刑法研究』(中国人民大学出版社，1988年)10頁も，刑法の任務を「まとめると一言である。すなわち社会主義革命および社会主義建設事業の順調な進展の保障である」とする。
10) 銅山「保護人民、打撃敵人，懲罰犯罪的武器——学習中華人民共和国刑法総則的一点体会」法学雑誌1983年1期43頁。
11) 李淳・王尚新主編『中国刑法修訂的背景与適用』(法律出版社，1998年)17頁参照。

産権などを含む」[12]。

そして2条は，刑法の任務を次のように定める。

> 中華人民共和国刑法の任務は，刑罰によってあらゆる犯罪行為と闘争し，もって国の安全を守り，人民民主主義独裁の政権および社会主義体制を守り，国有財産および勤労大衆による集団所有の財産を保護し，国民による私人所有の財産を保護し，国民の人身の権利，民主的権利その他の権利を保護し，社会秩序および経済秩序を維持し，社会主義建設事業の順調な進展を保障することである。

本条については，「基本的に旧刑法2条所定の内容であり，情勢の変化および犯罪闘争の実際的ニーズに基づき，旧条文の文言を若干修正しただけである」[13]とされている。それ故，その主たる内容も旧2条と同じであり，「刑法の根本的任務を概括すると，刑罰を用いて犯罪に制裁を加えるという特殊な手段を通じて，社会主義建設の障碍を取り除き，社会主義建設事業の順調な進展を保障することである」[14]とされる。

以上のように現行・旧刑法が定める刑法の任務は，刑罰により各種の権利・秩序を守り，もって社会主義革命や社会主義建設事業といった政策課題の実現を推し進めることであるといえよう。

6.1.3　刑事訴訟法

旧法2条は，次のように刑事訴訟法の任務を定める。

> 中華人民共和国刑事訴訟法の任務は，犯罪事実を的確に，適時に明らかにし，法律を正しく運用し，犯罪者に懲罰を科すことを保証し，罪のない者が刑事的追及を受けることのないよう保障し，国民が自覚的に法律を遵守し，積極的に犯罪行為と闘争するよう教育し，もって社会主義的適法性を維持し，国民の人身の権利，民主的権利その他の権利を保護し，社会主

---

12) 郎勝主編『中華人民共和国刑法新注』（中国法制出版社，2002年）3頁参照。
13) 李淳ほか・前掲注11）17頁。
14) 趙秉志主編『刑法総論』（中国人民大学出版社，2007年）34頁〔賈宇〕。

義革命および社会主義建設事業の順調な進展を保障することである。

本条は学説上，刑事訴訟法の具体的任務を明示し，これらの具体的任務の実現を通じて達成すべき総任務を定めたものと解されている。例えば，刑事訴訟法の任務は，①犯罪事実を的確に，適時に明らかにし，法律を正しく運用し，犯罪者に懲罰を科すことを保証すること，②罪のない者が刑事的追及を受けることのないよう保障すること，③国民が自覚的に法律を遵守し，積極的に犯罪行為と闘争するよう教育することの3点の具体的任務の実現を通じて，最終的に「社会主義的適法性を維持し，国民の人身の権利，民主的権利その他の権利を保護し，社会主義革命および社会主義建設事業の順調な進展を保障する」という根本目的を実現することであると説かれる[15]。刑事訴訟法においても，やはり最終的には社会主義革命や社会主義建設事業という政策課題に行き着くのである。

次に現行法を見てみよう。1条は刑事訴訟法制定の目的を次のように規定する。

> 刑法の正しい実施を保証し，犯罪に懲罰を加え，人民を保護し，国の安全および社会公共の安全を保障し，社会主義的社会秩序を維持するために，憲法に基づき，本法を制定する。

起草当局によると，「刑法の正しい実施の保証」が刑訴法制定の主要な目的である。そしてそれは，実体法は手続法に保障されなければ正しく実施されず，それが果たされなければ，後に続く目的を達成することができないからであると説かれる[16]。

2条では刑事訴訟法の任務を次のように定める。

> 中華人民共和国刑事訴訟法の任務は，犯罪事実を的確に，適時に明らか

---

[15] 陶髦主編『刑事訴訟法学』(高等教育出版社，1993年)28〜31頁〔徐静村〕参照。なお，王国枢主編『刑事訴訟法学(第2版)』(北京大学出版社，1995年)30〜40頁は①と②を1つの具体的任務とするが，理論構成は同じである。すなわち，①＋②および③という2つの具体的任務を通じて根本目的を実現する，とする。

[16] 胡康生・李福成主編『《中華人民共和国刑事訴訟法釈義》』(法律出版社，1996年)2頁参照。

にし，法律を正しく運用し，犯罪者に懲罰を科すことを保証し，罪のない者が刑事的追及を受けることのないよう保障し，国民が自覚的に法律を遵守し，積極的に犯罪行為と闘争するよう教育し，もって社会主義的適法性を維持し，国民の人身の権利，財産の権利，民主的権利その他の権利を保護し，社会主義建設事業の順調な進展を保障することである。

本条は文言上若干の修正が加えられたにすぎない[17]。そのため，本条も旧条文と同じように解釈されている[18]。

6.1.4 ま と め

以上のように，裁判所法，刑法および刑事訴訟法が定める裁判所の任務，刑法の任務，刑事訴訟法の任務は究極的には一点に収斂される。それは，社会主義建設事業等の順調な進展の保障である。刑事裁判は，裁判所の裁判官が刑事訴訟法に則して刑法を適用するものであり，したがってその任務も，社会主義建設事業等の順調な進展の保障であると考えるのが筋であろう。なお，これは，法文上，「社会主義革命」ないし「社会主義建設」と抽象的には表現されるが，それらが具体的に何を指すのかは，必ずしも明らかではない。しかし，いずれにせよこの「社会主義建設」等が，党が設定した政策課題であることに変わりはなく，裁判所はその実現に向けて裁判を行うのである。この意味で，裁判は政策課題の実現を目的とした作用ということができよう。

それでは，具体的にどのように裁判をすれば，社会主義建設事業等の順調な進展を保障することになるのだろうか。

---

17) 改正点は，国民の権利として「財産の権利」を明文規定したこと，および旧刑訴法の根本目的の1つと解されていた「社会主義革命」を削除したことの2点である。
18) 郎勝主編『関於修改刑事訴訟法的決定釈義』(中国法制出版社，1996年)7～8頁，周道鸞・張泗漢主編『刑事訴訟法的修改与適用』(人民法院出版社，1996年)38～40頁など参照。

6.2　権力の裁判観

　本節では権力の裁判観に迫る。具体的にはまず，党中央が，裁判にどのような役割を期待しているのか見る。その後，最高裁がそうした期待にどのように応えようとしているのかを見る。

6.2.1　党中央の期待
　1978年の党の第11期中央委員会第3回全体会議において「階級闘争を要とする」時代に終焉が告げられ，今日に続く「経済建設を中心とする」時代の幕が切って落とされた。これに伴い，「政法各部門は経済建設を中心とする社会主義現代化建設の防衛と促進に，より自主的に，より明確に精力を込めなければならない」[19]とされた。

　その後も，こうした考え方は受け継がれていく。例えば江沢民(総書記)は1997年の全国政法業務会議において，「経済の発展に集中的に精力を注ぎ，人民の生活を不断に改善していくことは，社会・政治の安定を維持する根本である。安定は改革と発展の前提であり，安定がなければ，何事も上手くいかず，すでに獲得した成果を失ってしまうかもしれない。この意味から，安定は全てを圧倒する。……各級党委員会および政府，特に党政のトップリーダーは，安定維持という政治責任をしっかりと果たさなければならない。安定に影響する様々な要素を適時に把握し，雨が降る前に雨戸を修理し，必要な対応策を講じなければならない。……政法部門は社会の安定を維持する専門力であり，引き続き社会の安定維持を政法業務の最重要任務とし，党委員会・政府の参謀・助手となり，敵対勢力の破壊活動および各種の刑事犯罪活動に厳しく打撃を加え，突発事件を法により適切に処理し，社会のさらなる安定を確保しなければならない」[20]と述べた。つまりはこういうことであろ

---

19)「全国政法工作会議紀要(節録)」(1982年8月12日)『司法手冊(2)』293頁。
20) 江沢民「在全国政法工作会議上的講話」『十五大以来(上)』161〜162頁。なお，「安

う。「経済の発展」は「安定」維持に必要であり，また「安定は改革と発展の前提」でもある。改革・発展・安定の 3 者はこうした関係にあるが，何よりも大事なのは「安定」である。政法部門はまさに社会の安定維持を目的とする専門集団として，その責任者である党委員会・政府の参謀・助手とならなければならない，と。

　それでは具体的にどうすればよいのか。例えば，中共中央「政法業務を強化し，改革・開放および経済建設により良く奉仕することに関する意見」(1992 年 7 月 22 日)[21] 二(一)は，「政法業務は経済建設にしっかりと沿い，これに服従・奉仕しなければならず，如何なる時であろうともこの中心から離れたり，これを妨害したりしてはならない。各業務を展開する際には，政治効果，経済効果および社会効果を重んじ，治安のみを考えたり，事件だけを考えて処理したり［就案辦案］，孤立して事件を処理する傾向を防止しなければならない」とする。つまり，治安や眼前の事件のみを考えるのではなく，政治的・経済的・社会的な効果を考えて事件を処理しなければならないというのである。とはいえ，だからといってそのために「法規定に反したり……してよいと理解してはならない」。

　また，中共中央「人民裁判所・人民検察院の活動をさらに強化することに関する決定」(2006 年 5 月 3 日)[22] は，「二，裁判および検察権能作用を適切に発揮し，改革・発展・安定の大局を守る」と題して，「人民裁判所・人民検察院は社会主義の調和のとれた社会の構築の要求に照らして，改革・発展・安定の関係を適切に処理し，一貫して安定が全てを圧倒する方針を堅持し，小康社会の全面的建設の順調な進展を保障しなければならない。……法によ

　　定は全てを圧倒する」は元々は鄧小平の言葉である(『鄧小平文選(第 3 巻)』(人民出版社，1993 年)331，284 頁参照)。
21)　『十三大以来(下)』2127 頁以下。
22)　『十六大以来(下)』436 頁以下。なお，「小康社会の全面的建設」は党 16 回大会で確立された施政目標である。また，「社会主義の調和のとれた社会」［社会主義和諧社会］の構築は中共中央「社会主義の調和のとれた社会の構築の若干の重大問題に関する決定」(2006 年 10 月 11 日。同上 648 頁以下)により示された施政目標である。

り事件を処理し，司法を公正にし，被疑者・被告人の合法的権利・利益の保障を重視し，法律効果と社会効果の有機的統一を実現するように努めなければならない」とする。

ここでは，「改革・発展・安定の大局を守る」[23]ために，「法律効果と社会効果の有機的統一」(以下，「両効果統一論」と呼ぶ)という方法が示された。それは具体的には次のようなことを意味する。

まず，[法律効果]とは，一般に，法規定の厳格な執行と理解されている[24]。他方，[社会効果]に対する理解は必ずしも一致しない。例えば，李国光(最高裁副所長)は「裁判活動を通じて秩序，公正，効用などの法の基本的価値を実現するという効果である。……〔それは主に〕矛盾を解消し，社会の安定を維持し，国家利益を守り，社会の正義および公徳を守り，市場主体の合法的権利・利益を保護し，裁判結果の実現可能性および高い公認度を保障すること」[25]と説く。これは民事裁判を念頭に置いた説明であるが，ほとんどの要素(社会の安定の維持，国家利益の保護，社会の正義・公徳の伸張，裁判結果の高い公認度[26]など)は刑事にも妥当する。また，沈徳咏(最高裁副所長)は経済犯罪について，「事件処理が改革・発展・安定に資する」ことを「良好な社会効果」と

---

23) 「大局とは，党および国家の中心任務および活動の重点を指し，それは開かれたシステムであり，党および国家の異なる歴史段階および背景の条件の下で，政権を打ち固め，関係を調整し，社会を統合し，発展を求める執政の思想・行動を集中的かつ際立たせて反映する」(尹忠顕主編『法院工作規律研究』(人民法院出版社，2003年)74頁)。そして，高銘暄によると，「改革・発展・安定の関係を上手く処理することは，全国の活動の大局である。目下のところ，我々の国家の中心任務は社会主義現代化建設である」(高銘暄・馬克昌主編『刑法学』(中国法制出版社，2007年)12頁〔高〕)。
24) 孔祥俊「論法律効果与社会効果的統一——一項基本司法政策的法理分析」法律適用2005年1期26頁参照。なお，[法律効果]は日本で一般的に考えられている「一定の法律要件の存在を原因としてそこから生ずる結果としての法律関係の変動」(『有斐閣法律用語辞典(第3版)』1278頁)という意味ではない点に留意されたい。
25) 李国光「認清形勢　統一認識　与時倶進　開拓創新　努力開創民商事審判工作新局面為全面建設小康社会提供司法保障——在全国法院民商事審判工作会議上的講話」(2002年12月9日)民商審判指導与参考2002年2巻13～14頁。
26) 裁判に対する社会の承認・支持度である。刑事では特に「民憤」が問題となる。

表現する[27]。

　要するには、安定第一として「改革・発展・安定の大局」を守るために、両効果を有機的に統一せよ、というのである。とはいえ、ここではどのようにすれば両効果が「(有機的に)統一」されたことになるかは示されていない。この点について、周本順(中央政法委副秘書長)は次のような例を挙げて説明する。すなわち、「経済犯罪には打撃を加えなければならないが、そのプロセスにおいては、法律効果と社会効果の統一に注意しなければならない。事件処理のために大企業を倒産させれば、労働者は職を失い、財政の税収はなくなる。それではこの処理は成功か失敗か？ こうして、我々が事件処理過程で、発展という大局から考慮しなければならないことが求められる。犯罪打撃はさらなる発展を促進するためであり、経済関係の調節も発展を促進するためである。経済犯罪事件の処理、民商事事件の処理においては、事件処理の出発点および帰着点を考えなければならない」[28]、と。つまり、「さらなる発展」に益しないような犯罪打撃は失敗であるため、その場合は処罰するな、といいたいのであろう。だが、もしそうだとすると、刑法3条前段(「法律に犯罪行為であると明文規定しているものは、法律により罪を認定し刑を科す」)との関係で、その根拠が問われざるを得ない。この点について、周副秘書長自身がどう考えているかは不明であるが、当該行為を「情状が顕著に軽く、危害が大きくない」と評価することができれば、刑法13条但書(「……ただし、情状が顕著に軽く、危害が大きくないものは、犯罪とは認めない」)により無罪とすることはできる[29]。こう考えることができれば、なお法規定に反したことにはならない。

---

27) 沈徳咏「関於做好当前経済犯罪審判工作的幾点意見」人民司法2004年1期6頁参照。
28) 周本順「政法機関在構建社会主義和諧社会中的地位和作用」中国司法2006年3期(CNKI)9頁。
29) この規定は、理論的には「社会危害性」を用いて説明される。すなわち、「行為が重大な社会危害性を有することは犯罪の本質的特徴であ〔る〕」とされ、それは「わが国の社会主義初級段階の社会関係に対して惹起した実際の危害および現実の危険[威脅](あるいは惹起し得る損害)を指す」。そして13条但書は、社会危害性がない、あるいは社会危害性が小さいと説明される(例えば高銘暄ほか・前掲注23)48, 53頁〔馬克昌〕参照)。

さて，このことを前提として以上をまとめると，党中央においては，裁判は「改革・発展・安定の大局」に奉仕しなければならず，そのためには安定を最優先に考え，法規定の枠内で様々な影響を考えながら事件を処理していかなければならないとされているといえよう。ただし，「安定は全てを圧倒する」とされている以上，少なくとも「安定」の前では法遵守(あるいは「法により」)の要請は道を譲らざるを得ないことになる。

それでは最高裁はこうした期待をどのように受け止めているのだろうか。

6.2.2　最高裁の立場

最高裁も以上の党中央の期待を重々承知しており，それに忠実に応えようとしている。例えば任建新(最高裁所長)は1992年に，「人民裁判所は裁判活動を通じて，法により生産力の解放・発展にプラスとなる行為を保護し，生産力の解放・発展にマイナスとなる行為を制限し，生産力の解放・発展を破壊する行為に制裁を加えなければならない。……人民裁判所は人民民主主義独裁の重要な道具であり，敵対独裁の権能作用を強化し，人民民主主義独裁の政権を転覆し，社会主義経済建設を破壊しようと企む反革命分子およびその他の重大刑事犯を法により厳しく懲らしめ，社会の醜悪な現象を除去し，腐敗を懲らしめ，国家および社会の安定を維持し，改革・開放および現代化建設のために良好な社会環境を創造しなければならない」[30]と述べた。このように，裁判は直接(前段。刑事裁判では特に制裁[31])・間接的(後段)に発展に奉仕すべきものと位置づけられている[32]。

---

30) 任建新「進一歩全面加強審判工作　更好地為加快改革開放和現代化建設服務——在第十六次全国法院工作会議上的報告」『法院公報全集(85-94)』942頁。
31) 任所長はまた1997年に，「市場経済秩序を破壊する犯罪活動に厳しく打撃を加えることは，人民裁判所が経済建設に司法的保障を提供するという重要な任務である」(同「高挙鄧小平理論偉大旗幟　把人民法院工作全面推向二十一世紀——在全国高級法院院長会議上的報告(摘要)」『法院公報全集(95-99)』742頁)とする。
32) 「党および国家の奮闘目標の実現を保障することが，人民裁判所の奮闘目標であり，またそのために奮闘することが政治的方向である」といわれる(尹忠顕・前掲注23)56頁。なお，同書は肖揚が総主編を担う「公正与効率叢書」の1冊である)。

また，肖揚(最高裁所長)は 1998 年に，「裁判業務が党および国家の活動の大局に服従・奉仕することは，人民裁判所が政治を重んじることの集中的表れである。各級人民裁判所は自主的に裁判業務を全局的活動の中に位置づけ，裁判業務が党および国家の全局に奉仕するとの考え方をしっかりと確立し，裁判権能の作用をしっかりと発揮させ，党 15 回大会が提起したわが国の経済および社会の発展の全体的目標の実現を保障・促進しなければならない」[33]と説いた。

それでは，具体的にどのように裁判すれば大局に奉仕することになるのか。この点について肖揚は同年，「改革・発展・安定に奉仕することは，人民裁判所が裁判業務において終始堅持しなければならない政治的方向である。……我々は法を厳格に執行し，事件処理の質と効率を不断に高め，社会効果を重視してこそ，改革・開放および経済建設の発展の保障にしかるべき貢献をなすことができるのである。……社会の安定の問題は，つきつめれば政治問題である。一定の意味からいって，社会の安定に関わる事件に取るに足らない事件はない。そのため，各裁判業務における厳正な法執行と社会効果の重視を堅持するという観念をしっかりと樹立し，厳正な法執行を堅持しなければならないだけではなく，また迅速かつ効果的に不安定要素を除去し，良好な社会効果を得られるように努めなければならない」[34]と指摘した。長々と引用したが，要するには，「厳正な法執行と社会効果の重視の統一」である。先述(前項参照)のように，これは現在，「法律効果と社会効果の有機的統一」とテーゼ化されている。

両効果の内容についてはすでに見た。だが，両者を如何にして有機的に統一するのかについては，なお問題として残されたままである。しかし，裁判ではこの問題を回避することはできない。以下では，最高裁がこの問題をど

---

33) 肖揚「全面推進人民法院的各項工作　為改革、発展、穏定提供有力的司法保障──在全国高級法院院長会議上的講話」『法院公報全集(95-99)』763 頁。
34) 肖揚「鞏固発展教育整頓成果　進一歩加強隊伍建設　全力維護司法公正(摘要)──在全国高級法院院長座談会上的講話」『法院公報全集(95-99)』758 頁。

のように解決すべきとしているのかを見る。

　まず，両者の関係について李国光は，「社会主義の上部構造の重要な構成要素である法はプロレタリアートと広範な勤労人民の意思および利益の表現であり，党の基本路線に奉仕するものである。……事件の審理を通じてプロレタリアートおよび広範な勤労人民に奉仕し，党の基本路線の順調な実施を保証することは，事件処理の社会効果の集中的体現である」[35]とする。そしてこうした理解に基づき，「裁判の法律効果が実現されれば，法の価値，すなわち社会効果も同時に実現されるはずである」[36]と説く。つまり，法律効果を実現すれば，社会効果も自動的に実現されるはずだ，というのである。

　ただ，両効果の統一とはいいながらも，実際には，常に両者を満足させることができるとは限らない。というのも，李も認めるように，静態的な条文と動態的な現実との間にギャップが生じることは不可避だからである[37]。

　ではその場合はどうすべきか。肖揚は2004年にイェール大学で行った演説において次のように説く。すなわち，「法は司法機構および裁判官が考慮しなければならない第一に重要な要素であるが，中国は伝統的に『礼俗』社会であり，法はあらゆる紛争を解決する『万能薬』とはなりえず，法以外の要素，例えば道徳や情理も司法プロセスにおいては軽視してはならない。判決は単純な法的責任の判断だけではなく，より重要なことは，それが一連の社会的影響をもたらし得る司法的決定だ，ということである。このため，中国の司法機構は『裁判の法律効果と社会効果の有機的統一』の問題を提起したのである。この問題を提起したのは，実務において両者は一致しないことが常であり，単純に法条を援用して判決をしても，社会の承認を得られるとは限らないからである。例えば，判決によりある工場が破産し，大量の労働者が失業し，その結果，局地的な騒乱が起きたような場合である。そのため，正義に執着して，それを追求する『理想主義』は，ある程度は紛争解決のた

---

35) 李国光「堅持辨案的法律効果与社会効果相統一」党建研究1999年12期(CNKI) 5頁。
36) 李国光・前掲注25) 14頁。
37) 李国光・前掲注35) 5〜6頁参照。

めの『現実主義』に譲歩しなければならないかもしれない。裁判官の判決は社会の安定、経済発展の問題を考慮しなければならず、法の価値を追求するために他の社会的価値を顧みないようではいけない。裁判官は司法プロセスにおいて総合的に考え、利害得失を衡量し、原則性と柔軟性の間で有機的な衡平を求めなければならない」[38]、と。

つまり、法は裁判における「第一に重要な要素」であるが、かといって裁判は「単純な法的責任の判断だけではなく」、「単純に法条を援用して判決を」すればよいわけでもない。裁判において裁判官は社会的承認を取り付けなければならず[39]、そのために「道徳や情理」、「社会の安定、経済発展の問題」をも考慮しなければならない[40]。だから両効果統一論を提起したのである[41]。

---

38) 肖揚「中国司法：挑戦与改革」人民司法2005年1期6頁。なお、呂芳によると、この肖揚の演説は重要な変化を意味する。すなわち、肖揚は2002年時点において、司法の「中立性、終局性、独立性、公正性、手続性、公開性およびプロフェッショナル性」を高らかに謳っていた。それが2004年にはこうした発言をするようになったのである。そして呂芳はその背景として、2004年末の中共中央「中央司法体制改革指導小組の司法システムおよび業務メカニズムの改革に関する初歩的意見」(筆者未見)が、「現行の司法システムが中国社会の発展の要求に合致し、それが抱える問題は業務メカニズムであり、システムの問題ではないことを強調し、司法改革が主には大衆が不満に思う際立った問題を解決することであり、解決の限度も大衆の満足を基準とした」ことによる司法改革の方針転換を指摘する(同『中国法院文化研究』(人民法院出版社、2008年)246頁参照。なお、2002年の肖揚の発言については、同「法院、法官与司法改革」法学家2003年1期4〜5頁参照)。
39) そのため、例えば「法律効果のみから問題を考え、判決は発効した……が、社会の大衆または当事者の承認を得られず、さらには上級への陳情[上訪]や集団陳情事件を惹起する場合もある。『事件は終結したが、事態は収束していない』という受動的な局面に陥っている」(胡敏・張震「正確執行刑事政策、促進和諧社会構建之対策研究」犯罪研究2007年3期(CNKI)68頁)といわれるように、事件は判決を言い渡せば終わりにすることができるというものではないと考えられている([不能一判了之]といわれる)。
40) この点について、最高裁「司法能力の増強、司法水準の向上に関する若干の意見」(2005年4月1日。最高人民法院公報(2005年巻)104頁以下)20も同旨。
41) 実際、最高裁「裁判官行為規範(試行)」(2005年11月4日)2条は「司法の公正を守り、司法の効率を高める」(柱書)とした上で、「裁判の質を高め、法律効果と社会効果の有機

しかも，時には理想主義よりも現実主義を優先させなければならないこともあり得る。上の例を借りれば，法に則した工場破産の判決であっても，それにより騒乱が起こるような場合には，「安定」のため，その判決をすべきではないことになろう。つまり，法が他の「社会規範」・「社会的価値」に譲歩しなければならないことがあることを認めているのである。ここで裁判に期待されているのは，まさに改革・発展・安定という大局に向けた法を筆頭とする諸規範・価値の総合判断であるといえよう。「裁判は法律を適用する法律判断」[42]では尽きない。

とはいえ，現行刑法は旧刑法79条の類推許容規定を削除し，「法律に犯罪行為であると明文規定していないものは，罪を認定し刑を科すことはできない」(3条後段)とした。したがって，こと刑事裁判に限っていえば，刑法に犯罪と規定されていない行為は，たとえ他の社会規範・社会的価値(すなわち社会効果的考慮)から処罰すべきとされても，例えば類推解釈[43]により犯罪とすることはできない。つまり刑法上，刑法を筆頭とする諸規範・価値の総合判断による有罪認定は，絶対に許されないはずである。

しかし現実は異なる。以下では，最高裁の司法解釈[44]を素材に，そのことを示そう。ここで検討するのは，学説により類推解釈と批判されている最高裁「郵便切手変造・同転売行為に如何に法律を適用するかの問題に関する解釈」(2000年12月9日施行)である。批判論のポイントは，刑法上「偽造」と

的統一の追求に努める」(2号)と定める。そして「各級人民裁判所は当該裁判所裁判官が本規範を遵守するよう指導し，監督する」(90条)とされている。
42) 兼子一・竹下守夫『裁判法(第4版補訂)』(有斐閣，2002年) 8頁。
43) 類推解釈が実質的には裁判所による事後的立法であることはいうまでもなかろう(趙秉志・前掲注14) 48頁〔同〕，山口厚『刑法総論(第2版)』(有斐閣，2007年)13頁。類推解釈と拡張解釈の区別については山口・同上13〜14頁参照)。なお学説上，人権保障の見地から，被告人に有利な類推解釈は3条所定の罪刑法定原則に反しないとする見解が有力である(例えば曲新久『刑法的精神与範疇』(中国政法大学出版社，2000年)406頁，陳興良『口授刑法学』(中国人民大学出版社，2007年)44頁)。
44) 司法解釈により実質的立法を行うことは，刑法3条に反すると解されている(例えば高銘暄ほか・前掲注23) 22頁〔高〕参照)。

「変造」が区別されているにもかかわらず、それが郵便切手変造・同転売行為に郵便切手偽造・同転売罪(227条1項[45])を適用せよとした点にある[46]。

本解釈の起草に際しては、最高裁でも賛否両論に分かれたという[47]。しかし、そこでの議論は、刑法が「偽造」と「変造」を区別しているのならば反対、そうでなければ賛成、という単純な図式ではなかった。すなわち、反対説は両者を区別するのが刑法の立場であるとし、本解釈に反対した。

他方、支持説は「変造行為は偽造行為に最も近く、刑法改正前の実務では、変造行為が犯罪を構成する場合、通常、偽造行為により処理していた。郵便切手変造・同転売行為を詐欺罪で処理すれば、最高刑は無期懲役であるが、227条1項の最高刑は懲役7年であるため、実務上、変造行為が偽造行為よりも重く罰せられ得ることになり、量刑のバランスを失する。さらに、行為者は郵便切手を変造し、または変造の郵便切手を転売したのであり、社会危害性があり、刑事責任を追及すべきである。しかし、詐欺罪で処罰するためには、さらに国家郵便資金または被害者に対する実際の損失の惹起の要件を充足しなければならない」と説く。「最も近い」という表現が示すように、実は、支持説も刑法が両者を区別している点は認めているのである。しかし本説はそれにもかかわらず、①変造は偽造に最も近いこと、②処罰のバランス、③社会危害性があるため刑事責任を追及しなければならないが、常に詐欺罪が成立するわけではないこと、の3点を論拠に本解釈を支持する。

---

45) 227条1項
　　乗車券、乗船券、郵便切手その他の有価証券を偽造し、または偽造の乗車券、乗船券、郵便切手その他の有価証券を転売し、わりあい多額な者は、2年以下の有期懲役、拘役または管制に処し、証券価額の1倍以上5倍以下の罰金を併科し、または単科する。巨額な者は、2年以上7年以下の有期懲役に処し、証券価額の1倍以上5倍以下の罰金を併科する。
46) 例えば通貨偽造・変造罪(170・173条)、金融証券偽造・変造罪(177条)。詳しくは、行江「試論刑法学中類推解釈与拡大解釈的区別」甘粛政法学院学報2007年1期(CNKI)149～150頁参照。
47) 以下の両説の主張については、李兵《関於対変造、倒売変造郵票行為如何適用法律問題的解釈》的理解与適用」刑事審判参考2001年5輯69～70頁参照。

確かに支持説が論じるように，変造郵便切手転売行為については，同時に詐欺罪が成立する場合も想定できよう。その場合に詐欺罪よりも法定刑の軽い 227 条 1 項を類推適用すれば，それは被告人に有利な類推解釈となり，3 条においても許容される余地はある。

　しかし，変造行為の時点では欺罔行為がなされていないため，詐欺未遂罪すら成立しない[48]。したがって，変造行為については②の前提を欠き，被告人に有利とはなりえないため，「赤裸々な類推にほかならない」[49]とする批判をかわすことはできない。また，詐欺罪に該当しない転売行為（③参照）についても同様である。

　このように本解釈は，刑事法領域において最高裁が社会効果のために法律効果を犠牲にした実例であるといえよう。ただし①から読み取れるように，刑法は全く無視してよい存在ではなく，それとの距離は近ければ近いほどよいとされている点を見落としてはならない。つまり法律効果とは，刑法に規定されているか否かというオールオアナッシングの判断ではなく，その内容にどれだけ近いか，という程度を付し得る評価なのである[50]。だからこそ，法律効果が不足していても，それを補うだけの社会効果が認められれば，総合判断で有罪とし得るのである（いわば「合わせ技一本」）。

　結局，法を筆頭とする諸規範・価値の総合判断は，最高裁の刑法解釈においても見出すことができる。

　なお，支持説は本解釈が旧法実務を踏襲したとする。しかし旧刑法が定めていたのは郵便切手偽造罪（124 条）だけであり，同変造罪は規定されていない。そして，旧法下においても「偽造」と「変造」は現行法下と同様に解されていた[51]。つまり，旧法実務も本解釈と同じ問題を抱えていたのであり，

---

[48] 欺罔行為が詐欺罪の構成要件要素であることにつき，例えば高銘暄ほか・前掲注 23）602 頁〔曹子丹〕参照。

[49] 杜宇「刑法上之"類推禁止"如何可能？——一個方法論上的懸疑」中外法学 2006 年 4 期 423 頁。

[50] 「法律効果とは，事件処理活動および事件処理結果と法規定との合致の程度を指す」（胡敏ほか・前掲注 39）70 頁）とする理解は，まさにこうした発想による。

類推許容規定を削除し，3条を設けた現行刑法下において，本解釈はそうした解釈を追認したことになる[52]。

6.2.3 ま と め

　以上を要するに，党中央および最高裁にとっての裁判とは，大局に奉仕すべき作用である。すなわち，それは「法律効果と社会効果の有機的統一」の名の下で，刑法を筆頭とする諸規範・価値(刑法は最も重要であるが，絶対ではない)の総合判断を通じて犯罪を処罰し，安定を第一として「改革・発展・安定」の実現に奉仕する作用であると考えられているといえよう。

6.3　厳打の賛否をめぐる論争概観——論争の前提となる裁判観

　厳打の賛否をめぐっては，中国の学界において90年代後半から徐々に注目を集め出した。83年厳打開始時には，厳打を正面から否定する見解は公の場では展開されなかった[53]が，今日においてはこうした見解も公の場に登場しており，厳打の賛否が学界の一大論点となっている。このことを示すように，中国法学会刑法学研究会では，2001年に厳打そのものが，また2003年には厳打を含む刑事政策が年次大会のテーマの1つとされた[54]。

---

51) この点につき，例えば趙秉志主編『刑法争議問題研究(下巻・刑法各論)』(河南人民出版社，1996年)176頁以下〔党剣軍〕参照。

52) このほか，類推解釈と解される現行法下の裁判例と，それを追認した司法解釈として，例えば拙稿「裁判実務から見る中国の罪刑法定主義――1997年改正刑法典の下で」比較法研究64号(2003年)172頁以下の【裁判例2】と最高裁「密輸刑事事件の審理における法律の具体的運用の若干の問題に関する解釈」(2000年)7条参照。

53) 「重く速く」の方針に対する批判の声は，当初からあったといわれている。すなわち，「1980年，彭真同志は復職してすぐに，はっきりと重大刑事犯罪には法により重く速く懲らしめる方針を実施しなければならないと提起した。理解を示さない同志もおり，ひいては『4人の共産党員』の名義で党中央に手紙を送り，法により重く速くに反対した」と(劉復之 "'厳打'就是専政——記小平同志対'厳打'的戦略決策"『中国検察年鑑(1992)』(中国検察出版社，1992年)3頁)。しかし，90年代前半まで，こうした厳打否定論は，厳打支持者がそれを批判するために持ち出されるものであった。

最高検重点プロジェクトの調査チーム「厳打」刑事政策研究課題組(以下,「検察課題組」と呼ぶ)は本論争における各説の論旨を次の3説に整理する[55]。すなわち,①肯定説は,厳打には問題も存在するが,それよりもメリットがはるかに大きいとして,厳打を肯定する。②否定説は,厳打は犯罪闘争の法則に違背しており,一般予防のみならず特別予防にもマイナスであり,しかも人権侵害を引き起こしやすく,マイナス面が顕著であるとする。③折衷説は,厳打については基本的に肯定するが,厳格に法により事件を処理していないこと,警察・検察・裁判所の合同事件処理などの問題点を指摘する。

　しかし,この整理によれば,肯定説と折衷説に大差はないと考えられる。というのも,今日においては,両説ともに厳打の実践には問題があり,それらを是正し,厳打を修正していかなければならないとするからである。つまり,上の整理によれば,両説の間に質的な相違を見出すことはできず,その区別は批判の程度の差にすぎない。

　だが私見では,検察課題組の整理によると折衷説にカテゴライズされると目される論者の中には,どのように厳打を修正するかという点について,肯定説とは異質の主張を展開する者がいる。すなわち,いわゆる折衷説の中には,表面的には厳打を支持しつつも,その修正プランにおいては,これまでの厳打を「骨抜き」にする,全く異質の「厳打」を提案している論者がいる。それは端的に厳打から裁判上の「重く速く」を排除しようとする主張である。これは実質的には否定説と同じであることから,本書では両者を区別せず,「否定説」とする。他方で,上のいわゆる「肯定説」およびそれと質的な相違のない「折衷説」を合わせて「支持説」とする。そして,このように区別

---

54) 『刑法学文集(2001)』,『刑法学文集(2003)』参照。
55) 課題組「"厳打"刑事政策研究」張智輝・謝鵬程主編『中国検察(第4巻)——刑事政策与証拠規則』(中国検察出版社,2004年)79〜80頁参照。また,游偉・謝錫美は①肯定説,②反省説,③反対説に分ける(同「"厳打"政策与預防犯罪」張穹主編『"厳打"政策的理論与実務』(中国検察出版社,2002年)247頁参照)。なお,游偉・謝錫美の整理によると,学説は主に反対説と反省説に分かれるのに対して,実務家においては肯定説が主流である(同上)。

した場合，支持説は実務および学界の「多数説」になるものと目される。

こうした本論争の論点は多岐にわたる。そこでの主戦場はおおよそ，①刑事政策的関心(厳打の犯罪抑止効果)，②刑法的関心(厳打期の厳罰化と罪刑均衡原則・法の下の平等原則との関係，法解釈と罪刑法定原則との関係)，③刑訴法的関心(「速く」のための諸措置(「2つの基本」，警察・検察・裁判所の相互協力，事前介入など)と訴訟法・手続的公正との関係)といった問題群に分けることができる。ただし，ここでは本書の問題意識に即して，党が「重く速く」裁判をするよう指導すること自体の是非という論点(以下，「本論点」と呼ぶ)に焦点を合わせて検討したい。

とはいえ，実はこの論争において本論点を問題視する議論はほとんどない。それは，「重く速く」裁判をすることはまさに「党の指導」の具体化であり，そのことは当然の前提であり，またその是非を問うこと自体がセンシティブな問題だからなのであろう[56]。

---

[56] そもそも厳打を正面から批判することにも勇気が必要とされるようである。すなわち，汪明亮は「このように重要な国家政策に対して，学界の研究はあまり多くない(このことは文革の教訓と関係がある。文化大革命という災難において，数え切れない無実の者が，言動のために『反党，反社会主義，反革命』の罪名ないしはその他のでっち上げられた罪名をかぶせられ，迫害を受け，監禁され，ひいては殺害された。こうした悲惨な経験は，数代にわたるインテリゲンチアにぬぐい去ることのできない恐怖感を植え付け，そのため，政治問題に関わることを恐れるようにさせた——脚注)」と指摘する(同「現実基礎与理性思弁：評厳打刑事政策」『刑事政策検討』208頁)。先ほど本書のいう肯定説について，カッコを付して「多数説」としたのは，こうした問題が存在するからである。なお，梁根林は「私見では，我々はすでに悪質な犯罪の情勢と『厳打』闘争との血腥さが充満したシーソーゲームに20年近くも悩まされ，苦しめられてきた。今こそ中国の刑法学者が学問的責任および学問的良識に基づき，『厳打』闘争の政策的利害得失を厳正に，客観的に分析し，効果的かつ合理的な政策代替案を探究し，もって国家・社会全体による犯罪対策戦略の科学化および法治化を推進する時期である。もし我々がなお『現実を正視しない』戦略を採り，国家権力および政治権威に追従し，『厳打』の多くの弊害を見て見ぬ振りをし，あるいは証明なしに肯定した上で，『厳打』政策の実施に対していわゆる技術的改良を提案するだけであれば，中国法学界で最大の陣容を誇るといわれる刑法学者はまとめてレイオフされるべきではないのか，と思ってしまう」と学界に喝を入れる(同『刑事政策：立場与範疇』(法律出版社，2005年)45〜46頁)。

例えば支持説の典型的な主張である肖揚主編『中国刑事政策和策略問題』[57]を見てみよう。同書は，83年厳打およびその後の厳打の実践から見て，「犯罪とは各種の消極的現象の総合的反映であるため起伏はあるが，この方針〔厳打を指す〕が徹底執行されているときは，犯罪情勢は抑制されており，犯罪のリバウンドの範囲・程度も小さいことは事実が証明するところである」とした上で，「これが完全に正しい方針であることは実践が証明するところである」とする。そして83年厳打を振り返り，「社会治安に由々しき危害を及ぼす犯罪者に厳しく打撃を加え，社会治安の異常な状態を転換させるとともに，その効果は社会治安回復の範囲をはるかに超え，政治，経済，社会，思想などの多方面・領域にわたり，積極的作用および深遠な影響を生み出した」と総括した上で，その「積極的作用および深遠な影響」を以下の5点にまとめる。すなわち，①人民のために害を取り除き，億万の人民大衆の支持を獲得したこと，②重大刑事犯の気炎に打撃を加え，不安定要素を取り除き，生産力の発展および経済建設に資する社会環境を創造したこと，③人民大衆の適法性観念を強化したこと（判決宣告大会，座談会，展覧会などを通じた法制教育），④犯罪者を震撼させ，不穏分子に警告を与え，大量の非行青少年を更生させ，犯罪の発生を減少させ，予防したこと，⑤政法隊伍を鍛錬し，法制建設を促進したこと，である。

しかし，厳打の消極面に目を向けないこうした論調は，その後影を潜め，多くの問題点が指摘されるようになる。例えば，貴州省高裁所属の鄒偉・張徳昌・陳文全は次のように論じる[58]。すなわち，厳打を長期的に堅持し，厳打を土台として社会治安総合対策を行わなければ，国家の安定と秩序を維持することはできない。他方で中国はWTOに加盟しており，また国際社会

---

57) 肖揚主編『中国刑事政策和策略問題』(法律出版社，1996年)156，174～176頁参照。なお出版当時，肖揚は司法部長であった。その後1998年から2008年まで最高裁所長を2期務めた。
58) 鄒偉・張徳昌・陳文全「論新時期的"厳打"方針」貴州警官職業学院学報2002年3期(CNKI)14頁以下参照。鄒は同副所長であるが，他の2名が裁判官であるかは不明である。

に融け込むためには，厳打においても罪刑法定原則，無罪推定原則，人権保障原則を堅持しなければならない。そのためには，厳打の実践において生じた次のような問題を是正しなければならない。それは，①法に反してはならず，法の枠内で厳打を行うこと，②厳打期間中は重くしなければならないが，一律に最高刑を科したり，刑法所定の加重減軽を無視したりしてはならないこと，③速さを追求するあまり，手続を軽視してはならないこと，④政法委員会による事案解決の調整は必要であるが，過度に多用してはならず，また合同事件処理は絶対に行ってはならないこと，などである。

　学界に目を移すと，例えば中国刑事訴訟法学の重鎮，陳光中は次のように論じる[59]。「厳打と司法の公正には，確かに相互対立の一面があることも否定できない。なぜなら，厳打はつまるところ，犯罪抑止を主な目標とするものであり，犯罪抑止と人権保障の間には天然の矛盾性が存在し，法が被疑者・被告人に賦与した合法的権利は往々にして，被疑者・被告人が捜査・訴追機関に対抗して訴追を逃れる盾となり，よって，犯罪訴追の効率・効果を上げるために，各国は犯罪への打撃力を強化するときに，往々にして被疑者・被告人の権利に一定の制約を加え，手続正義の実現に一定の消極的影響を与えている」。手続的公正についていえば，例えば事前介入，合同事務処理などは，刑訴法所定の手続的保障メカニズムを廃止・弱体化させるものである。また，実体的公正においても，誤判の可能性の増大，証拠が網羅的でなくなること，証明基準の引き下げなどの問題がある。しかし「たとえこのようであっても，私見では，厳打に一定の欠陥があることを理由に，厳打の存在の必要性を否定することは不当である。その理由は簡単である。すなわち，安定した安全な社会秩序は社会が存在する前提および基礎であり，また個人が生存する前提および基礎でもあり，安定した社会秩序を欠くと，社会の存続および発展が困難になるばかりか，市民個人も生存・発展しがたいからである」，と。

　このように，近時の本説は，厳打の実践において，人権保障や公正性など

---

[59] 陳光中「厳打与司法公正的幾個問題」中国刑事法雑誌 2002 年 2 期 5～6 頁。

について問題があることを認めつつも，厳打がもたらす実際的利益(治安の回復・維持)が大きいため，それを肯定していると把握することができる。すぐれて功利主義的な発想であるといえよう。

　他方で，以上に見てきたように，本説において本論点は全く問題視されていない。なお，「速く」のために行われた事前介入・合同事務処理・合同事件処理は本説でも問題とされている[60]。しかし，その批判は党が「速く」裁判を行うよう指導する点にではなく，それらの手法が法・手続〔あるいは公正〕に反する点に向けられている。本説においては，党の指導により裁判が「重く速く」なること自体は，問題視・疑問視する必要のない(できない)，当然の前提なのである。

　だが，否定説の中には，果敢に本論点に切り込む論者がいる。例えば安聡聡は「裁判官は『厳打』のいきり立つ銅鑼の中で，犯罪者の処罰を重くせざるを得ない。公正・公平の天秤はこのとき，当該政策の制約を受け，ひいてはそれに迎合せざるを得ない。……これにより憲法が賦与した『裁判官の裁判権の独立行使』の原則は骨抜きにされてしまう。この『厳』の字が書かれた扁額の下，また『厳』に対する多くの呼び声の中で，裁判官は往々にして客観的な公正・公平さを喪失し，もって罪刑法定原則から乖離してしまう。罪と刑は法が決めるのであり，政策ではない」[61]と説く。

　また，陳興良は「私個人は『厳打』は社会治安の維持に一定の役割を果たしたが，現状を見れば，警察機関が『厳打』の主力軍となるべきであり，裁判所はさらにそこから抜け出さなければならず，『厳打』の主体となってはならない。さもなくば裁判所の中立性を喪失することになり，裁判所を完全に犯罪打撃の独裁機関に変えてしまう」[62]と指摘する。これは裁判が中立でなければならないことを根拠としており，それは必然的に司法の独立を求め

---

60) 83年厳打において前2者は最高裁からも推奨されていた(3.3.2.3参照)。
61) 安聡聡「従"厳打"看刑罰的威懾効応」上海大学学報(社会科学版)2004年4期(CNKI)21頁。なお，憲法上の裁判権の独立行使主体は裁判官ではなく，裁判所である(126条)。このほか，裁判官法8条2号参照。
62)「刑事審判工作専家座談会側記(根据記録整理)」刑事審判要覧7集(2004年)156頁。

ることになろう[63]。

　このほか高超は，厳打は警察・検察・裁判所に相互協力を要求するため，「裁判所はその有すべき中立性・独立性を放棄し，起訴ひいては捜査段階に事前に介入し，警察や検察院と共同で犯罪訴追の権能を担う。裁判官はもはや公正な裁判者ではなく，法廷上の第2の検察官であり，しかるべき対抗・制約を失った法廷は，中世の『糾問主義』裁判方式へと堕落する」[64]と説く。高超においては，事前介入などはまさに厳打から当然に生じる問題とされている。

　このように今日では，司法の独立の見地から，厳打を批判する議論も登場している。だが，それはなお少数にとどまり，本論点に関しては，実務・学界の「多数説」はそもそも問題ではない，という立場に立っているものと目される。

　また，「多数説」が功利主義的思考様式に依拠して厳打を肯定するということは，その一要素である厳打における裁判のあり方も，それにより正当化されるということになる。つまり，裁判のあり方は，法的安定性や司法の公正性（独立）ではなく，どれだけ目的実現に役立つかという思考様式により決定づけられているのである。こうした厳打正当化のロジックは，端的に裁判が権力の道具と考えられていることを意味しているといえよう。

---

[63] 陳興良はまさに厳打の換骨奪胎を図っているものと解される。なお，このほかにも本論点を直接の対象とするものではないが，注目すべき見解がある。例えば周長軍は，法適用は「統一的かつ平等」でなければならないとし，厳打が裁判に影響することを否定する（同「博弈、成本与制度安排――厳打的制度経済学分析」『刑事政策検討』306〜307頁参照）。これは法的安定性を根拠とした立論であると考えられ，これも司法の独立につながるものと解される。また，厳打期の「重く」と量刑論に関連して，7.3で紹介する王暁光の議論も重要である。

[64] 高超「"厳打"的過去、現在与未来」梁根林・張立宇主編『刑事一体化的本体展開』（法律出版社，2003年）326〜327頁。

6.4 裁判観の析出――日中比較を切り口に

　以上のことをまとめると，中国において裁判とは，結局，党が設定した政策課題を実現するための道具と考えられていることになる。今少し具体的にいえば，裁判には，刑事政策的な課題を超えて，まさに党が国家を導いていこうとする目的の実現を目指して，「法律効果と社会効果の有機的統一」の名の下で，刑法を筆頭とする諸規範・価値(刑法は最も重要であるが，絶対ではない)の総合判断を通じて，安定第一として「改革・発展・安定」の実現に奉仕するという役割が課せられている(6.2参照)。中国の法・権力・実務・「学説」はこのようなものとして裁判を捉えていると考えられる。

　そしてこうした裁判観は，これまでに示した日本のそれとは，①目的，②立場および③判断構造という３点において，鮮やかなコントラストを示す[65]。以下，順に検討していこう。

　①日本では，「刑事裁判の意義は，裁判所が行政権による刑罰権の行使を法の見地から統制することにある。この意味で，治安維持の責任は，検察官にある。裁判官は，治安維持の責任者ではなく，刑罰権行使に対する人権保障・適正手続の見地からの監督者である」[66]とされる。「もちろん刑罰法の目的の一つは，社会の治安維持に寄与するものではあるけれども，それは法を正しく解釈・適用することによる必然的な結果であって，それを直接的な目的とするものではない」[67]。こうして「裁判所の任務が，法秩序の維持そのものにあるに対し，検察官の任務の重点は，むしろ社会秩序の維持にある。

---

65) なお，刑事裁判は「犯罪の成否の問題とその上に立った刑の量定」(井戸田侃『刑事訴訟理論と実務の交錯』(有斐閣，2004年)304頁)からなるが，量刑は「ある程度裁量的な行政であ〔る〕」(兼子ほか・前掲注42)336頁)とされることから，以下の比較は主に前者を念頭に置いている。

66) 平川宗信『刑事法の基礎』(有斐閣，2008年)211頁。

67) 井戸田・前掲注65)305頁。このほか，田中二郎『要説行政法(新版・補訂版)』(弘文堂，1979年)4～5頁参照。

356　Ⅱ　なぜ裁判が権力の道具となるのか？

裁判所は，法的安定性を原理とし，検察官は合目的性を原理とする」[68]とされる。そして，「治安の維持，公共の福祉の増進」は行政機関の任務である[69]。

他方，中国では，刑事政策的課題を超えた，安定を第一とする「改革・発展・安定」への奉仕，という政策課題の実現を直接の目的とすることが裁判に期待されている[70]。これはまさに行政と呼ぶに相応しい作用である。

②日本では，裁判官は中立公平・不偏不党でなければならないとされる。他方，中国では大局への奉仕という明確な方向づけがなされ，また「立場」がなければならないとされる。

③日本では，裁判は「法律を適用する法律判断」[71]とされているが，中国では，刑法を筆頭とする諸規範・価値の総合判断が期待されている。こうした両者の違いは，特に①目的と密接にリンクしていると考えられる。すなわち，日本では，裁判の直接の対象は「刑罰権の存否といった法的な問題点についての紛争の解決に限定され〔る〕」[72]。そして，「このような役割限定の故に，多種多様な紛争に一刀両断的な"法的"裁定が可能となる」[73]。逆に，裁判が安定を第一とする「改革・発展・安定」の実現を目指すのであれば，刑法だけで解決できる問題ではなくなる[74]。それは法律問題を超えた政治・

---

68) 平野龍一『刑事訴訟法』(有斐閣，1958年)62～63頁。
69) 団藤重光『法学の基礎(第2版)』(有斐閣，2007年)209頁参照。
70) なお，この点について高見澤磨『現代中国の紛争と法』(東京大学出版会，1998年)(特に4章)を参考にした。
71) 兼子ほか・前掲注42)8頁。
72) 平野仁彦・亀本洋・服部高宏『法哲学』(有斐閣，2002年)62頁〔服部〕。なお，最高裁判所事務総局総務局編『裁判所法逐条解説(上巻)』(法曹会，1968年)19～26頁参照。
73) 田中成明「現代司法の位置と課題」『岩波講座　現代の法5　現代社会と司法システム』(岩波書店，1997年)15頁。
74) この点について，法文化論の視座から「西洋法文化は全てを分解して，各事件において是非を区別し，各事案の権利義務，責任を明確に分けることを好む。他方で中国人が問題を考える際には往々にして totally であり，局部から出発するのではなく，全体から眺める」とする朱景文「服務大局与"法学家的幻想"」法学家 2006 年 5 期 30 頁の議論が示唆に富む(なお，鈴木賢「中国法の思考様式――グラデーション的法文化」アジ

経済・社会的問題だからである。両効果統一論はその素直な投影である[75]。

　なお，現行刑法 3 条が罪刑法定主義的規定を設けたことは，立法者が判断構造において，刑法の枠内でしか有罪認定・量刑を行うことができないとしたことを意味する。このことは，中国の裁判も条文上は「法律を適用する法律判断」になったことを意味しよう。しかし，先述(6.2.2 参照)のように現実は異なる。実務では両効果統一論が提唱され，また実際に最高裁の判断において，刑法は最も重要ではあるが，絶対にそれがなければ処罰できない，という存在にはなり得ていない。結局，裁判は法律判断に尽きず，安定を第一とした「改革・発展・安定」の実現に奉仕すべき作用のままである[76]。

　そして，こうした裁判観を前提とすれば，裁判所を含む政法部門が「党委員会・政府の参謀・助手」とされるのも，当たり前の発想となる。なぜなら，安定を第一とした「改革・発展・安定」という政策課題の実現は，最終的には党委員会(・政府)が担うべき課題であり，裁判所の役割はその一部に解消されるからである。したがって，「裁判過程も共産党の政策を推し進める政治過程にほかならない」[77]。

　だからこそ，「法律も分からず，事案の内容も理解していない」[78]といわ

　　ア法学会編『アジア法研究の新たな地平』(成文堂，2006 年)321 頁以下も表現は異なるが同旨と解される)。それはまさに法文化のなせる業であり，両者はそもそもの思考様式が異なるというのである。
75) 先述の周本順の説明(6.2.1 参照)および肖揚のイェール大学における演説(6.2.2 参照)はまさにこのことを如実に物語っている。
76) 最近提唱されている「3 つの至上」(①党の事業，②人民の利益，③憲法・法律の至上)でも，第 1 は「憲法・法律」ではなく「党の事業」である(例えば王勝俊(最高裁所長)「始終堅持"三個至上"実現人民法院工作指導思想的与時俱進」法律適用 2008 年 10 期 2 頁以下参照)。
77) 鈴木賢「裁判規範としての国家法と民間社会規範の緊張関係──中国法の特徴的構造」鈴木敬夫先生古稀記念『北東アジアにおける法治の現状と課題』(成文堂，2008 年)135 頁。
78) 張紹謙「反思刑法"厳打"方針　維護社会長治久安」鉄道警官高等専科学校学報 2002 年 4 期 9 頁。李昌林『従制度上保証審判独立：以刑事裁判権的帰属為視角』(法律出版社，2006 年)245 頁も，党の幹部の資質が長期の法的トレーニングを受けた裁判官

れる党委員会(・政府)が一地方ブロックの頂点に君臨し，裁判を統制し続けるのである。また，今日でも司法試験に合格しなくとも裁判所長・副所長に就くことが可能とされ，また所長審査制や裁判委討議制が存続し続けているのも，こうした裁判所の役割によるものと考えられる。「人民裁判所長，特に高級人民裁判所長はまずは政治家でなければならない」[79]とする王勝俊の発言は，このことを裏書きしている[80]。

そして，裁判がそうしたものと考えられている以上，党や政府の号令に従い，またときには最高裁自らがその号令を下し，裁判所が厳打に参加するのも，自然の成り行きであるとすらいえよう。さらに，こうした役割を効率的に果たすためには，裁判所が他の部門と一致団結することは，合理的な選択となろう。まただからこそ，最高裁の口からも政法部門同士の協力の必要性が説かれるのである[81]。

　　よりも高いとは限らないとする。
79) 王勝俊「高挙旗幟　与時俱進　努力開創人民法院工作新局面——在全国高級法院院長会議上的講話(摘要)」(2008 年 6 月 22 日)中国審判 2008 年 7 期 7 頁。
80) 任建新も「ハイクラスの裁判官は政治を分かっていなければならず，政治から離れれば良いハイクラスの裁判官とはいえない」と説く(同「高級法官応当既是法律家又是政治家」(1988 年 7 月 27 日)『政法工作五十年——任建新文選』(人民法院出版社，2005 年) 215 頁)。
81) 例えば最高裁・最高検・警察部「法により強盗・強奪等の多発型犯罪に厳しく打撃を加えることに関する問題の通知」(2002 年 7 月 30 日)は，「事件処理過程において，各地の警察機関・人民検察院・人民裁判所はコミュニケーション・協調を強化し，力を合わせて協力し，打撃の合力を形成しなければならない」とする。

7. 裁判をめぐる政治と法

7.1 総　　括

　裁判所は党が指示した，犯罪の予防・鎮圧および大衆の正義感情の満足を目標とする厳打に積極的に参加し，当該目標に向けて，実際に「重く速く」裁判した。そこでは裁判は党の指示を忠実に遂行する道具であった。しかし，これは厳打という特別な期間に限られたことではなく，通常期においても同様である。つまり，裁判はそもそも党の指示を忠実に遂行する道具なのである(2〜4章)。

　そこで本書の課題が出てくる。すなわち，なぜ「裁判の独立」が形骸化し，裁判が権力の「道具」となってしまうのか。

　これについては，制度上，裁判が権力の道具となるべき仕組み(＝裁判統制システム)が構築されていることを明らかにした(5章)。上位者はこの裁判統制システムを通じて下位者に服従を迫ることができ，またさらには下位者には自己の出世・保身のために自発的に上位者に服従するインセンティブがある以上，裁判所を主体とする「裁判の独立」ですら画餅に等しくなる。いわんや「裁判官の独立」をや。

　そしてこうした裁判統制システムは，裁判を党が定めた政策課題を実現するための道具と見る裁判観により支えられている(6章)。「革命」の時代はとうの昔に過去となったが，上の裁判統制システムが今日でも維持・整備されているのは，こうした裁判観がなお存続しているからだと考えられる。

　結局，こうした裁判観が根底にあり，またそれを実現する仕組み＝裁判統制システムが構築されているから，現実において，「裁判の独立」が形骸化

し，裁判が権力の「道具」となると考える。そして，厳打という現象は——「重く速く」裁判をすれば犯罪の予防・鎮圧および大衆の正義感情の満足を実現できるということを前提とすれば——こうした裁判観から必然的に生じる現象であると考える。

それでは，なぜ中国の裁判は政策課題の実現という役割を担い，権力の忠実な道具とならなければならないのか。換言すると，裁判の実像および裁判統制システムを支える上述の裁判観は何に支えられているのか。以下では，現行統治レジームにおける党の支配の正統性と裁判の関係，および法の本質という2つの視座から，この問いを解きほぐしたい。

7.2 党の支配の正統性から

まず，党の支配の正統性根拠について，鈴木賢は「中国の場合，この十余年の改革・開放をつうじて人民の生活水準は飛躍的に向上した。その成果を人民が享受していたからこそ，八九年の政治的風波〔いわゆる天安門事件を指す〕を乗り切ることができたのだと胸を張る。つまり，経済の改革・活性化は"社会主義体制の維持装置"として機能してきたのであり，これからもこの体制を守り抜くにはこれを有効に作動させつづけるしかないというのである。いわば政治改革を避けながら，共産党一党体制を堅持するためにこそ，経済面での改革と開放が必要となるという論理構造がそこにはある。……逆にいえば，中共の経済政策が人民の生活を豊かにさせなくなったとき，中国社会主義は本当の危機を迎えることになる」[1] と指摘する。つまり，改革・開放による経済発展により人民の生活が豊かになり続けているからこそ，党がその地位を保持し続けることができているというのである。裏を返せば，それができなくなれば，党の地位は「本当の危機を迎えることになる」。結局，党は「改革・発展・安定」を通じて社会的承認を取り付け，もって，その支配の正統性を調達していることになる。

---

1) 鈴木賢「中国法の非制度創設的性格」法学セミナー452号（1992年）14頁。

他方，先述(6.2参照)のように，裁判は「改革・発展・安定」という大局に奉仕しなければならないとされており，ここに党の支配の正統性の根拠と裁判の役割の絶妙な一致を見出すことができる。つまり，裁判には党の支配の正統性を調達できるような役割が課されていることになる。この意味で，中国の裁判は「党の支配の正統性」調達装置とされているということができる。そうすると問題は，なぜ裁判がそうならなければならないのか，ということになる。

　この問いを解くカギの1つは，党の支配の正統性そのものの基盤が極めて脆弱である，ということである。この点について寺田浩明は次のように指摘する。すなわち，「中国の共産党の政権の基礎はどこにあるかというときに，よく革命の実績にあると言われます。選挙を受けたわけではなくて，革命の実績しかないのだと言われます。しかし実はもっと厳しくて，むしろ中国共産党の政権の正当性は，今現に民意の支持を受けているというその事実にしかありません。それを裏側から言うと，まだ革命が起こっていないことだけが現政権の正当性の根拠になるようなところです」[2]，と。つまり，党はその地位を保持するために，絶え間なく社会的承認を獲得して，その支配の正統性を調達し続けなければならないのである[3]。特に2002年の党16回大会において「3つの代表」論で階級政党から国民政党への転生を宣言した[4]ことは，「革命」をしているとは主張できなくなっている党の危機意識を如実

---

[2] 寺田浩明「《人治》と《法治》——伝統中国を素材にして」京都大学法学研究科21世紀COEプログラム　オケージョナル・ペーパー第3号(2005年)16頁。

[3] 左衛民・何永軍は「革命時期であろうと，建設時期であろうと，人民大衆は中国共産党の力の源泉および正統性獲得の源泉なのである」と指摘する(同「信訪制度・政法伝統・司法理性——以最高法院為中心的研究」左衛民ほか『最高法院研究』(法律出版社，2004年)396頁)。

[4] 毛里和子『新版現代中国政治』(名古屋大学出版会，2004年)84〜85頁参照。なお，「3つの代表」論とは江沢民が提唱したテーゼであり，党16回大会で党規約を改正し，総綱冒頭を「中国共産党は中国労働者階級の前衛であると同時に，中国人民および中華民族の前衛であり，中国の特色ある社会主義事業の指導の核心であり，①中国の先進的生産力の発展の要求を代表し，②中国の先進文化の進む方向を代表し，③中国の最も広範な人民の根本的利益を代表する」(丸数字は代表する事項を示すために筆者が付した)と

に示しているとみられる[5]。

　そして，「事件処理のために大企業を倒産させれば，労働者は職を失い，財政の税収はなくなる。それではこの処理は成功か失敗か？」[6]という問いが示すように，実際上，裁判の結果によって「改革・発展・安定」が損なわれることは十分にあり得る[7]。もちろん，そうした結果になったからといって，一般に，そのことが直ちに政権の支配の正統性を揺るがすとは限らない。

　しかし，裁判統制システムにより「党の指導」を実際の裁判にまで貫徹させ得る中国においては，裁判の「失敗」は党の「失敗」にほかならない。そのため，そのことにより党がその支配に対する社会的承認を失うリスクは避けられない。

　だからこそ中共中央「人民裁判所・人民検察院の活動をさらに強化することに関する決定」(2006年5月3日)は，人民裁判所が「法による国家統治の基本方略を貫徹する重要な使命を担い，党の執政の地位を固め，国家の長期的安定を守り，人民大衆の安居楽業を保障し，社会主義物質文明・政治文明・精神文明と調和のとれた社会建設の調和的発展を促進する面で，重責を担っている」[8]とし，裁判を通じて政権の土台を固めるよう要求するのである。

　もちろん最高裁もこうした期待を承知しており，例えば肖揚は重大・重要事件について，「国家の安全は一国が生存発展する根本的条件であり，政治

　　した。なお，同論はその後2004年に憲法前文に書き込まれた。
 5) 中共中央「党の執政能力建設の強化に関する決定」(2004年9月19日。『十六大以来(中)』271頁以下)一は，党の「執政能力」の強化は，「中国の社会主義事業の盛衰・成敗に，中華民族の前途・命運に，党の存亡および国家の長期的安定に関わる重大な戦略的課題である。この課題を絶え間なく解決しなければ」ならないと同時に，「党の執政の地位は生まれつきのものではなく，また一度獲得すれば永遠に保持できるものでもない」と指摘する。
 6) 周本順「政法機関在構建社会主義和諧社会中的地位和作用」中国司法2006年3期(CNKI)9頁。
 7) このほかにも，例えば肖揚「在全国法院審理刑事大案要案工作会議上的講話(節録)」(2007年6月15日)刑事審判参考2007年4集105〜106頁参照。
 8) 『十六大以来(下)』436頁。

の核心的問題は政権問題であり，社会の安定は全局に関わる大事である。国家の安全がなければ，安定した政権がなければ，安定した社会環境がなければ，経済建設および社会の発展は水泡と帰す。……当面の情勢下では，国家の安全に危害を及ぼす刑事重大・重要事件の裁判業務をさらに上手くやり遂げることは，人民の安居楽業，社会の安定・秩序，国家の長期的安定を確保する客観的ニーズであり，また党の執政の地位を打ち固め，党の執政能力を高めるための必然的要求でもある」[9]と説く。

そこで，党および裁判所は裁判を通じて党の支配の正統性を調達しようと様々な努力を積み重ねている。条文だけではなく，(それをある程度犠牲にしてでも)社会効果にも目を配れとする両効果統一論の提起は，その表れである――この点については支配の正統性のみならず，法律の正統性も脆弱であるということを看過してはならない。それは端的に「立法権を行使する全国人大が実は民主的な手続によって選出されたものとはいえない」[10]からである。つまり，裁判で適用される法律が，すでに社会的承認を受けているわけではないのである。したがって，「条文にこう書いている」ということを盾にして一刀両断的に解決し得る素地を欠くため，その都度，社会的承認を獲得しなければならない，という事情もある。

また李川によれば，厳打は大事件の発生により動揺をきたした党の支配の正統性を調達するために発動される(4.3.1参照)[11]。筆者も厳打とは，犯罪の予防・鎮圧のみならず，大衆の正義感情の満足を目指したキャンペーンであり，その目標は党の支配の正統性の調達に統合され得ると考える。そして，

---

9) 肖揚・前掲注7)106頁。このほか，王勝俊「高挙旗幟 与時俱進 努力開創人民法院工作新局面――在全国高級法院院長会議上的講話(摘要)」(2008年6月22日)中国審判2008年7期5頁参照。
10) 鈴木賢「裁判規範としての国家法と民間社会規範の緊張関係――中国法の特徴的構造」鈴木敬夫先生古稀記念『北東アジアにおける法治の現状と課題』(成文堂，2008年)132頁。なお，関連して寺田浩明「『非ルール的な法』というコンセプト――清代中国法を素材にして」法学論叢160巻3・4号(2007年)88～89頁参照。
11) 李川「当前厳打研究中的四個誤区」中国刑事法雑誌2003年2期3頁参照。

実務サイドの見解を代表すると目される肖揚主編『中国刑事政策和策略問題』[12]では，厳打の「積極的作用および深遠な影響」の筆頭として，「人民のために害を取り除き，億万の人民大衆の支持を獲得したこと」が挙げられている。これは以上の議論を裏書するものといえよう。

実際，裁判が社会的承認の獲得に失敗し，大衆が不満を抱けば，最優先事項である「安定」を揺るがす事態が生じかねない。「各級党委員会が最も重視し，また最も恐れる」[13]問題といわれる「集団陳情」[集体上訪]はその代表例である。これは，大衆が何らかの不満を抱き，集団で党・国家機関に陳情するというものであり，その矛先が裁判に向けられることも少なくないという。すなわち，「司法実務，特に刑事司法実務において，数十，数百，ひどいときには数千の農民が警察，検察院，裁判所および省・市の党委員会や政府を取り囲む事件がよく起きている」[14]と。

そのため，裁判を通じた党の支配の正統性の調達プロセスにおいては，直接的に社会的承認を得るために，特に大衆の正義感情を満足させることに細心の注意が払われている[15]。例えば，法律・司法解釈に「民憤」などのタームが法律要件として登場すること(3.5(3)参照)や「殺さなければ民憤を鎮めることができない」[不殺不足以平民憤]が死刑判決の常套句となっているこ

---

12) 肖揚主編『中国刑事政策和策略問題』(法律出版社，1996年)174頁。
13) 劉忠「民憤：躁狂与断裂――一種刑事法治立場叙事」陳興良主編『刑事法評論(第13巻)』(中国政法大学出版社，2003年)316頁。なお，それは端的に，現地の社会秩序の維持を担う指導者としては，自己の責任問題にも発展し得る問題だからであると考えられる。
14) 劉忠・前掲注13)316頁。
15) 社会的承認の獲得はいわゆる「社会効果」の重要な要素である(6.2参照)。また，王雲海は中国で死刑が多用される要因として，「選挙を行わないのに，なぜ共産党が『一党指導』原則に従って国家権力を掌握することができるのか，という共産党政権の正当性と正統性の問題が浮かんでくる。……中国の国家権力は，『民主主義的選挙』という圧力の前で，かつてないほど民衆の意思を取り込もうとしており，『民主的選挙はやっていない』という弱みを補うために，逆に民主主義以上に民衆の意思に敏感となり，最大限にそれを尊重しようとしているのである」と指摘する(同『死刑の比較研究――中国，米国，日本』(成文堂，2005年)185頁)。

と[16]はその証左である。

　また，土地管轄は原則として犯罪地の裁判所が有するが，被告人居住地の裁判所が裁判する方が適しているときには，それが管轄することができる（刑訴法24条。旧19条も同旨）。そしてここでも民憤が重要な役割を担っている。まず，土地管轄を有する裁判所が原則として犯罪地であるのは，一般に犯罪地の民憤が最も大きいからであるとされる。他方，被告人居住地にも土地管轄が認められる場合があるのは，当地の民憤がより大きいときには，そこで裁判をすることが，民憤の鎮静に資するからであるとされる[17]。

　このほか，法制宣伝の一環として行われる判決宣告大会，死刑囚の市中引回し，公開処刑なども，威嚇予防のほかに，大衆の正義感情の満足という効果を狙ったものと考えられる。

　そして実際に「大衆の正義感情」の影響力は，判決を左右するほど強い。例えば，大衆の正義感情を満足させる（民憤を鎮める）ために，政法委員会が裁判に介入し，裁判官に死刑判決を下させたとされる次のケースである。すなわち，「最近筆者は，北方の某市の政法委員会が原告側（当地の当事者）の圧力に耐えきれず，裁判所長経由で，主審裁判官に対して，傷害致死罪であるが情状を斟酌してなお死刑を言い渡すには至らない被告（余所者である当事者）に死刑を言い渡すように指示した事件を耳にした（本件の主審裁判官によると，1審で被告に有期懲役の判決が下された後，原告側が何度も集団で陳情し，さらには裁判所を取り囲んだ。まさに『民憤』の圧力の下で政法委員会は本件に干渉したのであった——脚注）」[18]（「原告」・「被告」は原文のママ。なお，「原告」は被害者の親族等の関係者と考え

---

16) 胡雲騰『存与廃——死刑基本理論研究』（中国検察出版社，2000年）215～216頁，郭理蓉「我国死刑政策現状評析」趙秉志主編『刑法論叢（第11巻）』（法律出版社，2007年）234～235頁参照。
17) 宋世傑『刑事審判制度研究』（中国法制出版社，2005年）85頁，陳光中主編『刑事訴訟法（第2版）』（北京大学出版社，2005年）117～118頁〔甄貞〕参照。また旧法について王国枢主編『刑事訴訟法概論』（北京大学出版社，1981年）104頁〔同〕参照。
18) 張衛平ほか『司法改革：分析与展開』（法律出版社，2003年）523頁〔韓波〕。なお，この点は日本刑訴法17条1項2号と対照的である。また同18条も参照。

られる)。

　これは大衆の正義感情が「憎むべき犯罪者」を厳しく処罰するよう求めた場合の事例であるが，反対に，大衆の正義感情が「哀れむべき犯罪者」に対する処罰を軽くする方向で働いた事例もある[19]。

〔参考条文〕
旧刑法132条
　故意に人を殺害した者は，死刑，無期懲役または10年以上の有期懲役に処する。情状がわりあい軽い者は，3年以上10年以下の有期懲役に処する。

〔事実の概要〕
　被告人 X_1・X_2・X_3 は兄弟であり，X_4・Y は X_1 の子である。8年前，Y は両親に対して，妹を他家に嫁がせるかわりに，そこから妻を娶るよう提案したが，拒絶されたため，両親を憎み，X_1 夫婦を山上に追いやり，虐待するようになった。1994年1月2日，Y はまた母(X_1の妻)を虐待した。X_2・X_3・治防委の者が諫めにきたが，逆に Y に面罵された。Y が寝た後，X_1 は X_2・X_3・X_4 に Y 殺害を持ちかけ，自分が責任を取るといい，3名の同意を得，Y を殺害した。

〔1審〕(山東省泰安市郊区基層裁1994年4月29日判決・発効)
(結論)
　4被告人の所為は殺人罪を構成し，それぞれ X_1 を懲役4年に，X_2 を懲役1年，執行猶予2年に，X_3 を懲役6ヶ月，執行猶予1年に，X_4 を懲役2年，執行猶予3年に処する。

(量刑理由)
　事件後，被告人居住の村の大衆が連名で嘆願書を提出し，4被告人を寛大に処理するよう求めた。Y が X_1 夫婦を虐待してきたことを勘案すると，X_2 等親族が義憤に駆られて Y を殺害したことの情状はわりあい軽いと見るべ

---

[19] 「李洪泰等故意殺人案」中国高級法官培訓中心・中国人民大学法学院編『中国審判案例要覧(1995年綜合本)』(中国人民大学出版社，1996年)102頁以下参照。なお，〔解説〕は謝萍による。

きである。犯行において X_1 は主犯であり，X_2 等 3 名は補助的役割を果たしたことから，従犯である。4 被告人の犯罪の特定の情状，および民意を考慮し，法により処罰をより軽くし，または減軽することができる。

〔解説〕

どのような目的，理由があろうとも，人を殺してはならない，これが法の立場である。しかし，本件被告人等の所為は「義により親族を滅する」［大義滅親］である。本判決が「行為者が『義憤に基づき』という特殊な情状に基づき，本件被害者の生前の非行が義憤を引き起こしたという具体的状況，および現地の大衆がしきりに司法機関に対して被告人の処罰を軽くするように求めたという民意を総合的に考慮し，〔上記のように被告人を処断したことは〕妥当である。この量刑は罪刑均衡の法原則を具現化しただけではなく，また大衆の意見も考慮しており，情と法の双方を考慮したものといえよう」。

〔コメント〕

〔解説〕が指摘するように，本判決は大衆の正義感情を反映し，「哀れむべき犯罪者」を軽く処罰したものといえよう。本件からは次の 2 点を確認することができる。1 つは，民意，民憤，大衆の正義感情というものが処罰を軽くする方向でも働くことである[20]。もう 1 つは，大衆が「司法機関」(裁判所

---

20) 胡雲騰が「中国においては，国家は刑事司法に対して，人民大衆および庶民を満足させなければならないことをはっきりと要求している。そのため，我々の司法機関は常に人民が満足する裁判所，人民が満足する検察院，人民が満足する派出所となるための活動などを行っている。刑事司法が人民の満足を得るようにすることは何ら間違ってはいないが，司法機関が人民の意見を重視するときには，往々にして大衆の情緒の影響を受けやすい」と指摘した上で紹介する次の 2 例も，「民意」により裁判結果が変わったとされる。すなわち，「この 2 つの例はともに中国の山東省で起きたものであり，各犯罪者の犯行はともに殺人であり，犯罪者と被害者は親族であった。第 1 の事案は，犯罪者が喧嘩の過程で相手方を殺害したというものである。死刑抑制の刑事政策および当該事件の具体的情状に基づき，当該犯人の犯行はなお情状が極めて由々しい程度に達しておらず，法により死刑を言い渡さなくともよく，同省高級裁判所も当初は被告人に即時執行死刑を言い渡すことに決して賛成していなかった。しかし，被害者の親族およびそれが居住していた村の住民が不満に思い，断固として被告人を死刑に処すよう求め，しかも，ひっきりなしに裁判所の前で集合して騒ぎを起こしたため，最終的に，同裁判所は

と限定されていない）に働きかけ，裁判所がそれを民意として受け取り判決に反映させ，そしてそうした判決を「情と法の双方を考慮したもの」と評価する図式が存在していることである。これはまさに両効果統一論である。

　このように，裁判は大衆の正義感情を満足させるためのチャンネルとして機能している[21]。だが，その際に看過してはならないことは，裁判所だけではなく，地方ブロック全体が大衆の正義感情の受け皿となっていることである。政法委員会が「民憤」を受け入れ，それを鎮めるために裁判官に指示を下した上のケースはその実例である。

　そして，厳打期の合同事件処理や南京の同性売春事件の経緯も合わせて考えれば，実は真の裁判機関は地方ブロック全体ということになる。もちろん，実際にはほとんどの事件が裁判所限りで決着する[22]が，支配の正統性を揺

やはり被告人を死刑に処した。これは被害者サイドの態度が死刑に影響を及ぼした典型例である。第2の事案は，被告人が家庭内の争いにおいて，自己の妻および義母を殺害したというものである。中国刑法の規定によると，このような2人を殺害する犯罪は，犯行が極めて由々しいというべきであり，死刑に処しても何ら誤りはない。しかし，被告人の義父，すなわち両被害者の父・夫が，裁判所に被告人を死刑にしないように強く要求した。彼の理由は，被告人の10歳の子供はすでに母親を失っており，さらに父親を失うことはできない，というものであった。結果，山東省高級人民裁判所は被告人の義父の意見に同意し，被告人を即時執行死刑ではなく，執行延期2年付死刑に処した。中国の司法実務においては，死刑に処してもよく，また死刑に処さなくともよい事件について，被害者側の態度が死刑に影響を及ぼす事件は決して個別的な現象ではない」と（同「関於死刑在中国司法実践中的裁量」中国政法大学刑事法律研究中心・英国大使館文化教育処主編『中英量刑問題比較研究』（中国政法大学出版社，2001年）128〜129頁）。
21) 高見澤磨の次の指摘も同旨と考えられる。すなわち，「『民憤』は必ずしも復讐感情に由来するものではない。大衆の正義感情というべきものへの考慮が法令中に，またはその運用に組み込まれていることは……刑事的事件の処理にあたっては，被害者及びその周囲の人々と被告人（加害者）及びその周囲の人々のみならず，当地の大衆の納得を得ながら処理を進める必要があることを示している」と（同『現代中国の紛争と法』（東京大学出版会，1998年）201頁）。
22) 例えば河北省では95％以上の事件が裁判所限りで決着しているという（樊守禄「完善人民法院依法独立行使審判権的理論思考和制度設計」河北法学2003年1期（CNKI）71頁参照）。

るがすような事件の場合には，地方党委員会，同政法委員会などの上位者が決定する（また，そこで決着をつけることができないときには上級に指示を伺う）。

　大衆側も，このように「裁判」が営まれることを分かっているから，上位者である「党委員会や政府を取り囲む」のである。そしてその際，事件関係者（主には被害者・被告人（加害者）を念頭に置いている）は「不満の表れ」を大きく見せるために，様々な手法（例えば金で雇う）を駆使して頭数を揃える[23]。大衆にとっては，多数を集めて意見を表明すること，すなわち「民憤」を演出することは，いわば自らの要望をかなえるための「定石」なのである。

　そして，中国の権力にとっては幸いなことに，厳打を筆頭とする裁判の道具的運用は，ある程度，大衆の正義感情を満たし，社会的承認を獲得してきたようである。例えば陳興良は，「厳打はわが国社会において民意の基盤があり，しかも厳打においては人民大衆を広く参加させるよう動員することが強調される。……社会治安は人民大衆が注目することであり，厳打はかなりの程度において人民大衆に安心感を持たせることができる。したがって，厳打は広範な社会的支持を獲得した」[24]と指摘する。

　また01年厳打に際して，大衆の反応を「一部の地方における調査状況から見て，人民大衆は今回の『厳打』整治闘争に非常に厚い期待を寄せており，一部の大衆はひいては今回の『厳打』が1983年『厳打』と同じように，党委員会が直接指導し，刑事訴訟法の手続的な制約を変通・改正し，重大刑事犯を迅速に壊滅させるように望んでいる」[25]と分析する論者もいる。

　さらに，「01年厳打は必要であるか」を内容とするアンケート調査においても，99％近い大衆が01年厳打を必要であると考えていることが示されている（表7-1参照）。これは，北京市警察局西城分局が，2001年3月末に同分局管内において180名を対象に行った調査の結果である（うち未回収1）[26]。

---

23) その実例については劉忠・前掲注13)317頁参照。
24) 陳興良「厳打利弊之議」『刑事政策検討』4頁。
25) 劉炎・劉才光「論"従重"与刑事実体公正的関係」『刑法学文集(2001)』355〜356頁。
26) なお，こうしたアンケート調査に際して，一般大衆も何らかの政治的プレッシャーを感じているのか，筆者には知る由もない。少なくとも学者も大衆が厳打を支持している

表 7-1　01 年厳打は必要であったか？

とても必要		必要		どちらでもよい	
人	%	人	%	人	%
166	92.8	11	6.1	2	1.1

注：調査結果には「不要」の項目はない。調査時にこうした選択肢があったのかについては不明である。
出典：北京市公安局西城分局「関於人民群衆対厳打期望値的調査与思考」公安研究 2001 年 9 期 24 頁を元に作成。

　以上のことから，大衆の脳裏においても，治安が悪くなれば党は厳打を行い，裁判所はより重い刑罰を科さなければならない，という観念が根付いていることが分かる。しかも，大衆の多くは「犯罪は人でなしの行為であり，極めて醜悪で不名誉なことである，犯罪者は社会の腐ったリンゴであり，みんなで成敗すべきである」[27]と考えているという。そうである以上，治安が悪化したときに厳打を発動することは，党の支配の正統性調達の見地からいえば，大衆の正義感情に吻合した極めて適切な対応となろう。逆に社会秩序が混乱しているのにもかかわらず，政策決定者が手をこまねいていれば，それは大衆の正義感情に悖り，民意に背くことになり，もってその支配の正統性の危機をもたらすことになる。そうであるが故に，「学者は軽々しく『厳打』の様々な弊害を論証してもよいが，政策決定者は『厳打』を放棄できないし，またその勇気もない。『厳打を行わない』という試みが失敗すれば，その結果は想像しがたい」[28]といわれるのである。

　　と認識していることから，この調査結果は大衆の内心とかけ離れたものではないと考える。
27)　曲新久『刑事政策的権力分析』(中国政法大学出版社，2002 年) 119 頁。
28)　王平「刑罰軽重的根拠——兼論"厳打"」政法論壇 2002 年 2 期 99 頁。また，徳岡仁も「このような大々的な取り締まりを行ってもなお多くの犯罪者は，当局も認めるように網の目をかいくぐっているのが現状である。このことは，常識的に考えれば，取り締まり当局の能力を遙かに凌ぐ量や質の犯罪がすでに相当蔓延しているのである。かかる意味で『闘争』と銘打って行うこれらの集中取り締まりキャンペーンはもはや限界にきているといえよう。〔改行〕だとすれば，これらの『活動』は『大衆の強烈な希望』を一時的に叶える程度のものだといえば言いすぎであろうか」と指摘する（同『現代中国とその社会——治安問題と改革開放路線の 20 年』(晃洋書房，2005 年) 167 頁）。

結局，現行の一党支配の統治レジーム（裁判統制システムを含む）の下では，党が裁判を通じて社会的承認を獲得し，もってその脆弱な支配の正統性を調達しなければならないが故に，裁判は権力の道具でなければならないと考えられる。この意味で，裁判は党の「支配の正統性」調達装置の１つであるといえよう。

　そして，以上のことを抽象化すれば，次のような循環メカニズムを描くことができよう。すなわち，①（裁判統制システムにおいて）裁判は権力の道具である→②裁判に対する社会的な批判・不満は権力の支配の正統性問題に直接的にリンクする→③正統性を調達するために社会的に承認される裁判を行わなければならない→④権力が裁判をコントロールできる仕組み，すなわち裁判統制システムが必要となる（①に戻る），という具合である。こうした支配の正統性をめぐる循環メカニズムに裁判が巻き込まれているが故に，裁判は権力の道具でなければならないとされ続けてきたものと考えられる。

7.3　法の本質から

　ラートブルフは，裁判官の独立について，「目的は（イェーリング Jhering の語によれば）法全体の創造者である。しかし創造されるや否や，法はその創造者を否認し，一の目的から出発して，すぐさまその目的の達成を顧慮せずに自己の単なる存在のみを主張しようとし，自己目的として自己固有の法則に従って生きようとする。法の自己法則性を国家の目的活動に対して，司法を行政に対して，隔離するのに神経質に細心の注意が払われる。これが裁判官独立の原則の意味である。〔改行〕したがってこの原則は，法秩序と国家秩序とは同一のものではなく，むしろ法が自己法則的な世界として国家に対立するという見解を前提としている」[29]（傍点は原文）と説く。

　また彼は，「法規はそれを創造した立法者の手をはなれるやいなや重大な

---

29) 田中耕太郎訳『ラートブルフ著作集第１巻　法哲学』（東京大学出版会，1961年）362頁。

変化をうける。それは一つの目的のためにつくられたものでありながら、その目的のゆえにではなく、その単なる存在のゆえに適用さるべきもの、また、それがその目的に有用である場合だけでなく、そうでない場合にも無条件に適用さるべきもの、である。立法者にとっては法規は目的のための手段であるかも知れない。けれども、裁判官にとってはそれはつねに自己目的でなければならない。そして、法が裁判官を通じて現実化するときに、異質的な要素があまり多く混入しないように配慮がなされている。法律は裁判官をあらゆる国家権力の支配から解放することによって、彼がもっぱら法の支配にのみ服することを可能にする」[30]とも論じる。

団藤重光によれば、つまりは「『目的は法全体の創造者である』……は法の発生的原理であって、規範的原理としては、法は独自法則性(Eigengesetzlichkeit)をもつ。これが裁判官独立の原則の意味である」[31]ということである。

また団藤は、この法の独自法則性が司法権の独立を基礎づけるとし、次のように論じる。曰く、「司法権の独立は、まさしく、法の本質そのものから導かれる原則である。それは三権分立論的な自由主義からの基礎づけをこえて、法の本質そのものによって基礎づけられるというべきである。このようにいうことは、法に内在する目的があること、したがって法の運用においても目的論的解釈の必要なことを否定する趣旨ではない。しかし、法内在的な目的の範囲をこえて他の目的、ことに具体的な政治的目的からの打算によって法を運用することは、法の本質したがって司法の本質に反する。司法はまさに政治的に無色・中立であることによって、その機能を正当に発揮する。政治的司法、官房司法(Kabinettsjustiz)ないし階級司法の弊害は、これによってはじめて防ぐことができる。要するに、司法権の独立は、裁判所が他からの拘束を受けないだけでは足りない。かような対外的な保障のもとにおいて、あくまでも客観的に正しい法の実現を任務としなければならないのであ

---

30) 碧海純一訳『ラートブルフ著作集第3巻　法学入門(改訂版)』(東京大学出版会、1964年)170頁。
31) 団藤重光『法学の基礎(第2版)』(有斐閣、2007年)204頁。

る」[32]，と。

　以上の議論は次のようなことを意味すると考えられる。すなわち，司法権の独立および裁判官の独立は，「三権分立論的な自由主義」からも基礎づけられるが，それを超えて，「法の本質そのものによって基礎づけられる」。そしてこの「法の本質」とは，「創造されるや否や，法はその創造者を否認し，……自己目的として自己固有の法則に従って生きようとする」という「法の独自法則性」である。なお，法の運用においては法内在的な目的に基づく解釈はなされるが，それを超えた「他の目的，ことに具体的な政治的目的からの打算によって法を運用することは，法の本質したがって司法の本質に反する」ことになる[33]。

　そして団藤によれば，「逆にいえば，法に規範的な独自法則性をみとめない体制のもとでは，司法権の独立も否定されるか，すくなくとも軽視されることになる。たとえば，旧ソ連憲法でも裁判官の独立……はみとめられていたが(一一二条)，多くの点で，自由主義諸国のそれとは異なり，実質的には弱いものになっていた」[34]。

　私見では，中国の法も同じ問題を抱えている。すなわち，そこでは法の規範的な独自法則性が認められていないため，司法権の独立および裁判官の独立はもとより，憲法上認められているはずの「裁判の独立」ですら現実では力を持ち得ず，結果，裁判が権力の道具となっていると考えられるのである。以下，この点を敷衍する。

　共産党指導下の中国が受容した社会主義法学は，「一言でいえば，法をもって階級社会の産物とし，したがって法は必然的に階級性をおびるものとする。ブルジョア法学がこの立場を拒否し，法を超階級的な，ある普遍的価値に立脚する規範とするかぎり，出発点で完全に対立する。要するに，法を

---

32) 団藤・前掲注31)204〜205頁。このほか，同『刑事訴訟法綱要』(弘文堂，1943年)114〜115頁参照。
33) また，横川敏雄『刑事訴訟』(成文堂，1984年)70〜71頁も同旨。
34) 団藤・前掲注31)207頁。

それ自体独立の存在とせず、ある特定の階級の支配する道具とみる。それゆえ、法がそれに内在する理念によって成立しかつ高い意義と価値をもつとする法至上主義的な見解にも、断固として反対するものである」[35]。「政策は法の魂である」、「法は支配階級の意思」、階級支配・独裁の道具であるとのスローガンは、その素直な反映である。

そしてこのことは、実は今日でも変わらない。例えば、王暁光(中央政法委研究室処長)は「刑事政策は法の魂であり、刑事政策の指導がなければ、刑事法はよりよく役割を果たすことができない」[36]と論じる。また、周永坤(蘇州大学教授)は、「法および警察・検察・裁判所を『伝家の宝刀』とする理論は……今日では誰も口にしないが、多くの人の心中ではなお良いモノであり、明言しないだけである。治安が悪化すれば『厳打』を行うことはその証左である。しかし、それはより説得力のある新しい道具主義思想に取って代わられている。それは経済建設の道具である」[37]と論じる。つまり、法はかつて階級闘争の道具であり、「伝家の宝刀」であったが、今は経済建設の道具であり、それが権力の道具であることには変わらない、というのである。

結局、「法が自己法則的な世界として国家に対立するという見解」は、なお前提とされていない。

また、法の独自法則性を認める立場からは、法は「一つの目的のためにつ

---

35) 福島正夫『中国の法と政治——中国法の歴史・現状と理論(第3版)』(日本評論社、1976年)1〜2頁。
36) 王暁光「関於我国刑事政策的幾個問題」検察業務指導2003年4期2頁。なお、ここでの「刑事政策」は、「執政党または国家が国情および一時期の社会治安の情勢に基づき、適時・柔軟に」制定するものであり、それは「刑事立法・司法・執行をより良く客観的ニーズに適応させるよう指導し、犯罪の防遏において法律効果と社会効果の統一を実現する」とされる(同上)。
37) 周永坤「法律工具主義及其対司法的影響」学習論壇2006年7期(CNKI)75頁。なお、周は同時に、「『独裁』および『伝家の宝刀』という意識を捨て去ったことは、法が独裁の道具であるのみならず、人権を保障し、社会の公正を実現する『天秤』でもあることを意識したことを意味する。法は一定の目的を達成する手段であるだけではなく、またそれ自体にも特定の価値がある」(同上)と説き、そこに変化の息吹を感じとる。

くられたものでありながら，その目的のゆえにではなく，その単なる存在のゆえに適用さるべきもの，また，それがその目的に有用である場合だけでなく，そうでない場合にも無条件に適用さるべきもの」とされる。したがって，経済犯罪の裁判において「事件処理のために大企業を倒産させれば，労働者は職を失い，財政の税収はなくなる」[38]ということがあっても，法の世界ではそれは——少なくとも結論の正当化プロセスにおいて——そもそも問題になり得ない。しかし中国では，このことを法・裁判の問題として，真剣に問題としなければならない。両効果統一論の下では，法の独自法則性は相対化せざるを得ない。

なお，社会主義革命や社会主義建設事業の順調な進展の保障が裁判所法・刑法・刑訴法の目的であることが，それら自体に書き込まれている(6.1参照)。したがって「国の社会主義革命および社会主義建設事業の順調な進展を保障すること」(裁判所法3条1項)，「社会主義建設事業の順調な進展を保障すること」(刑法2条)に向けて裁判を行うことは，法内在的な目的に基づいて法を運用していることになる，といえそうである。

しかしながら，「社会主義革命」や「社会主義建設事業」が具体的に何を意味するのかを解釈するのは，裁判官ではない。それを(解釈というよりも，むしろ)決定できるのは，権力(最終的には党中央)だけである[39]。つまり，形式的には目的は条文に書かれているが，その内容を盛り込むのは裁判官ではなく，党なのである。実質的には「法の目的」は法に内在していない。法は法外在的な目的により運用されることになっており，また実際にそうなっている。

このことは，量刑理論および立法解釈制度からも明らかである。以下，順に見ていこう。

---

38) 周本順・前掲注6) 9頁。
39) 「階級闘争を要とする」時代から「経済建設を中心とする」時代への転換を決めたのが党11期3中全会(1978年)であったように(6.2.1参照)，全国の中心工作・大局が何であるのかを決めるのは党中央である。

まず，前者について，刑法上，刑は「①犯罪の事実，②犯罪の性質，③情状および④社会に対する危害程度に基づき，⑤本法の関連規定により」(刑法61条。旧刑法57条も同じ。なお，丸数字は筆者による)量定しなければならない[40]。①から④までの事実面の要素において，ここで着目したいのは④である。これは犯罪行為が社会に惹起した危害の大小を指し，犯罪の本質的特徴である犯罪の社会危害程度(犯罪論においては「社会危害性」と呼ばれる)は，犯罪の成否を決定するのみならず，刑罰の軽重をも決定する。ここで「犯罪の成否」とは，現行刑法13条但書[41]により，社会危害性が小さければ，犯罪とはならないことを意味する(6.2.1参照)。そして，犯罪の社会危害程度は①から③までの要素によって決定される[42]。

だが，刑法条文には明記されていないが，解釈上，「情勢」も社会危害程度の判断根拠とされている。すなわち，「社会の政治，経済，治安の情勢も犯罪の社会に対する危害の程度に影響を及ぼす。治安の情勢が峻厳なとき，または重大な自然災害が発生したときは，ある種の犯罪の社会危害程度は増大し得る」[43]と。しかも，「社会情勢が行為の社会危害性の大小に影響を及ぼし，量刑時に考慮すべきことは，わが国刑法学界の一部の学者のコンセンサスとなっている」[44]という[45]。

---

40) 「犯罪事実を根拠とし，刑法を準則とする」原則とされる。なお，前半の「犯罪事実」は①から④を含む広義のそれであり，後半は⑤から導かれる(高銘暄主編『新編中国刑法学(上冊)』(中国人民大学出版社，1998年)358頁〔李希慧〕参照)。
41) 旧刑法10条但書も同じ。
42) 以上については，高銘暄・前掲注40)358〜361頁〔李希慧〕，趙秉志主編『刑法総論』(中国人民大学出版社，2007年)478〜480頁〔陰建峰〕など参照。なお，②犯罪の性質とは，行為が何罪に該当するかを指す(高銘暄・同上358頁参照)。
43) 馬克昌「論死刑的適用」楊敦先・曹子丹主編『改革開放与刑法発展——1992年刑法学術研討会論文精選』(中国検察出版社，1993年)180頁。また，高銘暄・前掲注40)359〜360頁〔李希慧〕も，「犯罪の社会危害程度を評価する際には，さらに国家の政治，経済，社会治安の情勢を適度に考慮しなければならない」とする。
44) 馬克昌「関於"厳打"的刑法学思考」『刑法学文集(2001)』234頁。
45) そのため，厳打期により重い刑罰を科しても，刑法の法の下の平等(4条)と罪刑均衡原則(5条)には反しないという議論が展開される。例えば馬天山「従困惑的必然走向必

そして,「情勢は客観的に存在しているものであるが,情勢の善し悪しを観察・評価するに当たっては,人々の立場,観点および方法が異なるために,常に結論は異な〔る〕」[46]という指摘が示すように,「情勢」は判断によって導き出される。それではその判断者は誰か。それは党である。このことは,「刑法は懲罰の手段を用いて犯罪と闘争する重要な法律であり,その内容は必ず階級闘争の情勢を正確に反映し,社会政治,経済,文化的生活のニーズを反映し,党の方針・政策の要求に従わなければならない」[47]という指摘から読み取れよう。また,「長期にわたり,治安情勢の善し悪しは一貫してわが国の司法実務において量刑の軽重を決定する根拠となっており,治安情勢が悪化すれば,当然に矢継ぎ早に『厳打運動』と『専項闘争』が繰り広げられ,『重く』が政策化されている」[48]というように,厳打はまさにその表れである[49]。

　要するに,量刑に際して党の情勢判断を考慮しなければならないことが,量刑理論に組み込まれているのである。

　次に,立法解釈制度を見てみよう。これは,全国人大常委会が行う法律の解釈である(1.5.3参照)。その「目的は法規定自体についての異なる理解を排除ないしは除去することにより,法律の正しい適用を保証することにあ

　　然的頓悟――"厳打"方針的実践原則与完善思弁」『厳打中的法律与政策』147～149頁,また後者について馬克昌・前掲注44)236～237頁参照。
46) 樊鳳林「試論刑罰適用与形勢(上)」政法論壇1993年5期30頁。
47) 王伝生「適用刑罰与適応形勢」法学研究1981年6期4頁。
48) 胡雲騰・前掲注16)216頁。なお,著者は同時に「しかしながら,わが国の如何なる刑事法文書においても,悪い治安情勢をもってより重く量刑する根拠とする文言は見当たらず,さらにはより重く死刑を適用する根拠とすべきとの記述は存在しない」と指摘し,「情勢」を量刑事情とすることを批判する。
49) なお,王暁光は厳打期の「重く」について,「『厳打』行動期間は洪水緊急救援,『SARS』期間とは異なり,特殊な時期ではなく,犯罪の社会危害性と『厳打』行動には必然的なつながりがなく,『厳打』行動を展開しているか否かを量刑の根拠とすることはできない。わが国の刑事法および刑事政策もこれまでそのように規定したことはない」と論じ,法的・政策的根拠がないとする(同・前掲注36)12頁)。これは情勢が量刑事情であることは認めるが,それは党が判断するものではないとしたものと考えられる。

る」[50]といわれる。

　なぜ全国人大常委会の解釈が「法律の正しい適用を保証」できるのかと問えば，それは「立法者は国家権力機関であるため，立法原意は多くの場合，解釈が正しいか否かの判断基準とな〔り〕」[51]，「立法原意や立法意図についていえば，立法者自身が誰よりもはっきりと分かっている」[52]からである。つまり，立法原意・立法意図という法創造の目的——それを表明するのは対象となる法律の制定時点ではなく，解釈時点の立法者——に一致した解釈こそが「正しい解釈」とされるのである。

　結局，中国では「法規はそれを創造した立法者の手をはなれるやいなや重大な変化をうける」わけではなく，その後も「立法者にとっては法規は目的のための手段であ〔り続ける〕」ことにある[53]。法はいつまでたっても「自己法則的な世界」を構築することはできないが，中国法にとっては，むしろそれが法のあるべき姿なのである[54]。

　以上を要するに，中国の法には独自法則性が認められておらず，「法が自己法則的な世界として国家に対立するという見解」が正面から否定されているから，裁判の独立には拠って立つ基盤がない。むしろ逆に，法は権力の目的達成のための一手段であり続けるため，結局，裁判も権力の道具となると考えられる。

　彼我の裁判のあり方の違いは，突き詰めると，こうした法の本質の相違に

---

50) 欧陽春「試析法律解釈」法律科学1996年1期13頁。
51) 欧陽春・前掲注50)11頁。
52) 張志銘「中国的法律解釈体制」梁治平編『法律解釈問題』(法律出版社，1998年)175頁。
53) 兼子一・竹下守夫も「法規は一度制定されてしまえば，立法者の手を離れ，その解釈運用は，裁判官が独自の立場でするのであって，いわゆる立法者の意思も法文自体に表現された限りにおいての現在における合理的な意味に外ならないのであって，立法当時のまたは現在における立法関与者の現実の心理的意思ではあり得ないのである」(同『裁判法(第4版補訂)』(有斐閣，2002年)11頁)とするが，中国ではそのように考えられていない。
54) なお，先述2.4の「法により」に関する議論も参照されたい。

根差していると考えられる[55]。

7.4 残された課題

以上のように本書は,「厳打」という日本にはない現象を端緒として,中国の裁判がなぜ権力の道具になるのか,という問題を探究する旅路を踏破してきた。最後に,本研究に残された最大の課題の問題状況を概観し,しかる後に本書の長い旅路を,一旦締めくくることにする。

それは,本書で論じてきた裁判のあり方のルーツである。具体的には本書冒頭(1.2.2(2)参照)において,裁判が行政的であることは伝統法の連続である,とする小口彦太の主張に対して投げかけた次の疑問である。すなわち,伝統→西洋近代化→社会主義法の継受という歴史を辿ってきた現代中国において,「なぜ裁判のあり方に関する伝統中国法の遺伝子(裁判＝行政的)が今日においても残存しているのか」という点である。

中国法制史の研究成果が示すように,清代の裁判は,「事実問題についても法律問題についても,相争う当事者の主張に対して下される判定という性格をもたなかった。むしろそれは,紛争なり犯罪なり,およそ人の世の調和の乱れを意味する事件に対して,統治者として適切な処置をとるための手続であった」(傍点は原文)。それは「直接にせよ間接にせよ窮極的にはすべて皇帝から権限を賦与せられ,皇帝によって自由に任免されるところの官僚」によって行われる「王朝が天下を治める行為――天下の管理――すなわち行政の一環でしかなかった」[56]。

また,裁判における決定のあり方も,「下位者は上位者の指示,命令を仰ぐことが予定されており,それは決定の主体が自らの手で独立して決定を下すという裁判における決定の方式とは異質であった」[57]。そして,「法の適用

---

55) なお,現行統治レジームと法のこうした本質は循環していると考えられる。
56) 滋賀秀三『清代中国の法と裁判』(創文社,1984年)86,11,80頁。
57) 小口彦太『現代中国の裁判と法』(成文堂,2003年)65頁。

を誤って罪を擬した場合——誤ったか否かは，結局，最終段階においてどう決定されたかによって定まるわけであるが——原審の官とそれに同調した各級上司とは，それぞれの場合に応じて所定の懲戒処分を受けなければならなかったのであり」，これにより，「法の適正な運用が保障される仕組」となっていた[58]。

このように，清代における裁判をめぐる理念およびシステムは，現代と極めて類似しているといえよう[59]。そして，こうした理念およびシステムにおいては，厳打に似た現象を見出すことができる。

それは，「必要的覆審制では死刑にできない案件をより厳しく死刑にする」などのために用いられた「杖斃」（「官憲が犯罪者を杖で叩き死に至らしめること」）と呼ばれるものである[60]。例えば，その適用例である次の事案は，厳打の発想と酷似している。それは雍正3(1725)年に福建省で起きた集団による強盗未遂事件である。強盗未遂の首犯は杖一百流三千里であるため，正規の手続では死刑にできない。しかし，当該事件は同年廈門（アモイ）で起きた強盗事件の風潮に乗じて事を起こそうとしたのであり，「重きに従い厳しく処罰しなければ〔若不従重厳行究処〕，どうして奸人の肝を恐れさせることができようか」（〔　〕は原文）として，皇帝に上奏し，杖斃の許可を求めた[61]。

これは厳打のようなキャンペーンではないが，秩序を乱す者には既存の法

---

58) 滋賀・前掲注56)77頁。なお，「法の適用を誤って罪を擬した場合」について，「誤ったか否か」の決め方，および「誤って罪を擬した」とされた者の責任を追及する点は，誤判責任制に極めて類似している。ここにも伝統との連続を見出すことができよう（王琳「錯案追究：謹防"銭穆制度陥穽"」人民検察2005年23期47頁も同旨）。
59) 筆者は5.5で，現代中国における裁判統制システムについて，「各地方ブロックが一組織となって当地の治安維持を請け負っているかの様相を呈している点で特徴的である」と指摘した。当該部分で引用したように，この「請負」という発想は中国法制史の知見に拠るものであり，この点からいっても伝統法と現代中国法の連続性が確認できよう。
60) 鈴木秀光「杖斃考——清代中期死刑案件処理の一考察」中国——社会と文化17号(2002年)154，149頁。なお，「必要的覆審制」については滋賀・前掲注56)23頁以下参照。
61) 鈴木・前掲注60)151～152頁参照。

7. 裁判をめぐる政治と法　381

や手続を破ってでも厳罰を加え，秩序を回復しなければならない，という発想の点では，厳打と酷似しているといえるのではなかろうか[62]。

　ところで，現代中国法のルーツを探る上では，伝統法だけではなく，社会主義法の影響，とりわけ最も影響が大きかった旧ソ連法にも目を向けなければならない。このことは裁判のあり方も例外ではなく，裁判をめぐる制度の多くが旧ソ連の影響下にある。例えば，そもそも人大制は旧ソ連のソビエト制をモデルとしており[63]，また裁判統制システムの潤滑油たる党管幹部制度は，旧ソ連のノメンクラトゥーラを模倣したものであった[64]。さらに旧ソ連においては，「上級裁判所が管轄地域内の下級裁判所の活動を指導する『ゾーン＝システム』という制度が存在していた」[65]という。

　そして，実際に「特定の政策目的（たとえば「不労所得」の一掃）を実現するために『法秩序維持機関［……］』は協働すべきである，という考え方が存在した。法秩序維持機関には，検察庁・内務機関(警察)・国家保安機関・司法省のほか，裁判所も含められていた。こうした考え方のもとでは，警察・検察などの活動を法にもとづいて統制しつつ——とくに政治的性格の強い事件において——自律的な判断を行うことを裁判所に期待するのは困難であった」[66]。まさに中国の厳打を彷彿とさせる指摘である。実際，旧ソ連においても厳打と同様に，1960年代に党主導で反「経済犯」キャンペーンや反

---

62) 寺田浩明は「皇帝は同時に，その臣下に対して，事情が急な場合には，既存の法にも手続にも拘泥せず，本来的な社会正義の要請に応えて臨機応変に振る舞うことを求めたりもしました」と指摘する（同・前掲注2)7頁）。杖斃はその一例であろう。また，鈴木秀光が史料に基づきその運用の実態を明らかにした「恭請王命」や「就地正法」も，こうした裁判のあり方の実例といえよう（同「恭請王命考——清代死刑裁判における『権宜』と『定例』」法制史研究53号(2003年)47頁以下，同「清末就地正法考」東洋文化研究所紀要145冊(2004年)1頁以下）。
63) 蔡定剣『中国人民代表大会制度(第4版)』(法律出版社，2003年)19頁参照。
64) 陳野苹・韓勁草主編『安子文伝略』(山西人民出版社，1985年)109〜112頁，矢吹晋『巨大国家中国のゆくえ——国家・社会・経済』(東方書店，1996年)118〜119頁参照。
65) 小森田秋夫編『現代ロシア法』(東京大学出版会，2003年)44頁〔同〕。
66) 小森田・前掲注65)44頁〔同〕。

「無頼行為」キャンペーンが行われ，事後法の遡及適用やキャンペーン以前においては違反行為とすらされなかった無頼行為が刑事裁判にかけられるようになったという[67]。当時のモスクワの弁護士は次のように語ったという。「重大なキャンペーンが実施されているときには，いかなる手続法も実質法もキャンペーンの行手をはばむことはできない」[68]と。

このように現代中国における厳打という現象は，伝統時代と旧ソ連の両方に見出すことができるのである。したがって，現代中国の裁判のあり方は伝統法におけるそれと変わらないとする小口の見解に，筆者は賛同する。しかし他方において，社会主義法の立場からも，現代中国における裁判のあり方は導かれ得る。それは現代中国における裁判のあり方が伝統法と社会主義法の「共鳴」ないしは「適合(fit)」の産物であることを意味していよう。

そうすると，次に取り組むべき課題は，両者の「何が」「如何にして」共鳴したのか，ということになる。

---

67) 松下輝雄「社会主義体制における『裁判の独立』——ソ連と中国の司法力学」社会主義法研究会編『社会主義法研究年報 No.8　社会主義と司法』(法律文化社，1987年)32〜33頁。このほか，ジョージ・フェイファー(壁勝弘訳)『ソビエトの法律と市民』(弘文堂，1969年)159〜160頁も1961年から1962年にかけて行われた経済犯罪に対するキャンペーンにおいて，事後法により死刑が科されたケースを紹介する。
68) ジョージ・フェイファー・前掲注67)160〜161頁。

あ と が き

　本書の原型は，2006年3月に北海道大学より博士(法学)を授与された学位論文であり，加筆・修正の後，「現代中国における『司法』の構造――厳打：なぜ刑事裁判が道具となるのか？――(1)～(7・完)」と題して『北大法学論集』(57巻2号～58巻2号(2006～2007年)。以下，「前稿」と呼ぶ)に掲載されたものである。今回の単行本化に当たっては，前稿公表後にその補論として執筆した「中国における刑事裁判の役割に関する一考察――権力にとって裁判とは何か？」(鈴木敬夫先生古稀記念論文集『北東アジアにおける法治の現状と課題』(成文堂，2008年)所収。以下，「補論」と呼ぶ)を組み込んだ(本書6章，特に6.2および6.4)。その上で，構成(特にⅡ部)・訳語・表現を見直すとともに，誤字・誤植などのケアレスミスを修正した。また，文献を再読・追加し，誤解・誤読していた点を修正するとともに，論拠を改めて選定し，その充実化・適正(量？)化を図った。

　とはいえ，情報のアップデートは十分にはできておらず，なお修正すべき点もあろうかと思われる。だが，それはキリのない作業であり，どこかの時点で諦めが必要である。そこで本書を公にし，読者諸氏の忌憚なきご批判を賜ることにした次第である。

　なお，本書の刊行に際しては，平成21年度国立大学法人北海道大学学術成果刊行助成の交付を受けた。また本書は，平成17年度日本学術振興会科学研究費補助金(特別研究員奨励費)および平成21年度日本学術振興会科学研究費補助金(若手研究(B))の成果からなる。

　本書の元となった博士論文執筆時から本書刊行まで，多くの方々にご指導・ご助言・ご協力をいただいた。本来ならば全ての方のお名前を挙げてお

礼を申し上げたいし，またそうすべきでもあろう。だが，そうすると厖大な分量になってしまうため，限られた方のお名前を挙げるにとどめることをお許しいただきたい。

まず，修士論文(早稲田大学に提出)執筆時から，博士課程，日本学術振興会特別研究員(PD)を経て現在に至るまで，一貫して厳しくも暖かくご指導いただいている鈴木賢先生(北海道大学教授)に，感謝を申し上げたい。博士論文のテーマの選定に悩んでいるときに，先生には「厳打」という素材を薦めていただいたのみならず，「地方誌」という資料群の存在もご教示いただいた。研究を進めていく上でも，要所要所で貴重なご指導を賜った。その鋭いご指摘・ご批判は，当時の筆者にとってはまさに「厳打」であったが，今，本書を世に問うことができたのも，そうしたご指導があったからこそである。

そして，師兄・宇田川幸則先生(名古屋大学准教授)には，何度も，長時間にわたり，繰り返し筆者の疑問・議論にお付き合いいただき，またそのたびに的確なアドバイスをいただいた。中国人民大学留学時の指導教員である盧建平先生(北京師範大学教授)には，留学中のみならず，帰国後も筆者が難題に逢着するたびにご教示いただいている。寺田浩明先生(京都大学教授)からは，前稿に対して「中国『法』の存立構造について自立した分析」というキーワードを賜った。本書(特に6・7章)ではこのキーワードを意識しつつ筆を進めた(が，まだ不十分であることも自覚している)。通山昭治先生(九州国際大学教授)には前稿・補論に対して多くのご意見を賜った。解亘先生(南京大学副教授)には，4.4で引用した調査のアレンジの労を執っていただいた。

また，赤城美恵子先生(専修大学講師)には前稿に対する書評の執筆の労を執っていただいた(社会体制と法9号(2008年)84頁以下)。今回の加筆・修正に際しては，一部参考にさせていただいた。徐行氏(北海道大学博士課程)にはご自身の博士論文の執筆で多忙を極める中，本書の引用を精査していただいただけはなく，内容についても適切なアドバイスをいただいた。

このほか，本書の刊行に際して，北海道大学出版会の滝口倫子氏にお世話になった。その細緻な仕事ぶり，原稿を待つ辛抱強さには，畏敬の念を抱いている。また北大法学論集編集委員会には前稿の，成文堂には補論の転載を

快くお許しいただいた。
　ここに改めて，心よりお礼を申し上げたい。

　最後に私事で恐縮だが，私の人生の選択をいつも応援してくれる家族に感謝したい。特に私の最大の応援者でありながら，本書を見届けることなくこの世を去った母（享年49歳）に本書を捧げることをお許しいただきたい。
　また，長女・乙女と長男・一志には日々の研究のエネルギーを分けてもらっている。そして何よりも，妻・未来には結婚してから10年近く，私の我が侭で振り回しながらも，私の研究生活を辛抱強く支えてもらっている。自分の研究に没頭できたのも，ひとえに妻のおかげである。常日頃から感謝の気持ちを伝えなければならないとは思っている。だが，改まって面と向かって口に出すのは面映ゆいので，この場を借りて記しておくことにする。「ありがとう」。

　　2009年8月　　　　　　　　　　　　夏が過ぎゆく札幌にて

　　　　　　　　　　　　　　　　　　　　　　　坂 口 一 成

索　引

1. ［　］は中国語，（　）は略称を表す。
2. また，太字は参照ページが複数ある場合に，該当ページに定義が説明されていることを示す。

あ行

悪勢力　204　→黒社会的組織
　　無頼——　203
暗数　42
1審新規受理件数（新受件数）　42
一長代三長　196
一般予防　349
一府両院　5, 26
違法裁判責任　303
違法収集証拠の排除　31
後ろ盾［保護傘］　211

か行

可以　229
街道　26
　　——辦事処　26
会道門　96
改判　147
学部［本科］　246
過誤の記録　300
加重　71
過料［罰款］　61
過料・罰金・没収収入［罰没収入］　318
監督　28
幹部　288
偽造　345
起訴審査　33
起訴免除　33
級［級別］　296
旧司法人員　250
旧法観点　251
糾問主義　354
行政　**12**, 355
　　——的性格　18
行政クラス［行政級別］　296
行政拘留　61
強制召換［強制伝換］　32
強制処分［強制措施］　31
強制的留置就業［強制留場就業］　72
共犯　209
　　必要的——　209
居民委員会　56
勤務評定　297
クラス　26
　　区を置く市（市——）　27
　　市——　27
　　地区——　26
　　地区——市　27
愚連隊［流氓団夥］　87
黒社会的組織［黒社会性質的組織］　202, **210**
　　黒社会的組織組織・指導・参加罪　209
警告　61, 300
警察［公安］　**1**, 28
　　——派出所　28
　　——部　28
　　——扱いの事件　30
継続職務質問［継続盤問］　189
決裁［簽発］　261
検挙　42　→申告
　　——率　44
現行　56
厳打　1
現地裁判　163
個案監督　326
公安　→警察
公開処刑　166
強姦　85
合議廷［合議庭］　29
降級　300
控告　→告訴
功績　37
　　大——　229
公訴事件　30
合同事件処理［聯合辦案］　**116**, 120

合同事務処理[集合辦公，聯合辦公] 56, 59, **117**
降任[降職] 294
公憤 178 →民憤
公民 →国民
功利主義 353, 354
勾留[逮捕] 31, **32**, 188
拘留 →逮捕
黒悪勢力 203 →黒社会的組織
告訴[控告] 31
国民[公民] 29
戸籍[戸口] 73
5大都市治安座談会 67
国家安全機関 1
誤判[錯案] 301
誤判責任追及制(誤判責任制) **300**, 380

さ　行

再議 32, 239
罪刑法定原則 103, 350
罪刑法定主義 211
再犯 70
裁判(または事件)の蒸し返し[回頭案] 146
裁判[審判] 7, 23
裁判委員会 14, **270**
裁判委員会委員(裁判委員) 29
裁判委討議制 14, 36, **270**
裁判官 29
　　――等級 298
　　――の欠格事由 247
　　――の職務 298
　　――の任用条件 246
　　――の身分保障 23
裁判観 **22**, 329
裁判官(の職権行使)の独立 3　→裁判の独立
裁判官査定委員会 297
裁判監督手続 146
裁判機関 2
　　国の―― 6
裁判終局処理人員(終局人員) 99
裁判所管理職 29
裁判人員[審判人員] 29
裁判体 35

――の構成 36
裁判長 266
裁判廷(業務廷) 29
裁判統制 23
――システム **22**, 244, 322
裁判の独立 5
裁判文書 266
錯案 →誤判
殺人償命 169
3大刑 99
死刑 37
　　――緩期二年執行　→執行延期2年付死刑
　　――立即執行　→即時執行死刑
死刑許可権 107
死刑再審査手続[死刑復核程序] 38, 108
指示伺い[請示] 282
自首 **165**, 230
示衆 165 →市中引回し
事前介入[提前介入] 115, **116**
自訴事件 30
市中引回し[遊街示衆] 165, 166
執行延期2年付死刑[死刑緩期二年執行](死緩) 37
実事求是 176
質問[詢問] 240
指導[領導] **5**, 28
支配の正統性 108, 360
　　――調達装置 361, 371
事物[級別]管轄 34, 126
司法解釈 40
司法権の独立 4　→裁判の独立
司法効力 40
社会危害性 **340**, 376
社会効果 168, 338, **339**　→法律効果と社会効果の統一
社会主義市場経済 18
社会治安総合対策[社会治安綜合治理] 25, 95
就業配置[安置就業] 51
従軽　→より軽く
従重　→より重く
集団犯罪 49
収容審査 32, 51, 188
主犯 209, **226**
[少殺]政策 38

常人逮捕　113
杖斃　380
職務質問　32
職務取消し[撤職]　300
女児姦淫　85
新受件数　→1審新規受理件数
所長・副所長引責辞任制[院長，副院長引咎辞職制](所長引責辞任制)　305
所長審査制　14, **261**
処分　294
申告[検挙]　31
審判　→裁判
人犯　32
信訪　326
人民　57, 333
人民裁判所[人民法院]　2
　基層——(基層裁)　28
　高級——(高裁)　28
　最高——(最高裁)　28
　中級——(中裁)　28
人民参審員[人民陪審員]　29
人民代表大会(人大)　1, 5, 26
人民内部の矛盾　57, 89
人民法廷[人民法庭]　→人民裁判所
審理期限　123
請示　→指示伺い
青少年犯罪　49
政法工作　26
西洋近代法　96
　——の原理　3
専科　246
専項闘争　183
専門委員会　240
綜合治理　→社会治安総合対策
相互協力　115
相互制約　115
遡及適用　103
即時執行死刑[死刑立即執行]　37
村民委員会　56

た　行

大過の記録　300
大局　339
対口　278
逮捕[拘留]　31, 188　→勾留
　——状[拘留証]　32
縦ライン[条条]　28, 322
単位　188
団夥　49
　グループ犯罪[——犯罪]　49
　犯罪グループ[犯罪——]　49
治安管理処罰　61
治安積極分子　→防犯協力者
治安防衛委員会(治防委)　56
地方ブロック[塊塊]　28, 322, 368
中央社会治安総合対策委員会　25
中央政法委員会　25
懲役5年以上の刑の比率(重罰率)　138
懲戒処分[行政処分]　10, **300**
懲戒免職[開除]　247, **300**
通達　40
提前介入　→事前介入
廷長　29
敵対矛盾　57, 89
伝家の宝刀[刀把子]　185, 254
党委審査制　14, **275**
党管幹部　17, **288**
等級　296
党グループ[党組]　17
党政　16
党の指導　5
特別予防　349
土地管轄　**34**, 365

な　行

ノメンクラトゥーラ　289　→党管幹部

は　行

罰款　→過料
発効　36
　——裁判　36
判決宣告大会　164
判決発効人員　44
犯罪集団　209, **226**

判事［審判員］　29
判事補［助理審判員］　29
被告人　31
比照　238
複合的一元化システム　17
武警　111
2つの基本［両個基本］　68, 217
不利益変更禁止［上訴不加刑］　37
旧く軽く原則　103　→罪刑法定原則
プロテスト［抗訴］　36
プロレタリア文化大革命（文革）　1
分限免職［辞退］　294, 300
弁護活動　35
弁護士弁護人［弁護律師］　35
弁護人依頼権　104
　──の告知　35
変造　346
回鍋肉　148
法　1
法制宣伝　163
　煽動的──　163
法道具主義　**12**
法により　11, **81**, 341
法の独自法則性　372, 373, 375
防犯協力者［治安積極分子］　112
法文化　356
法律　1
法令　65
法律解釈　39
法律効果　339
法律効果と社会効果の統一　340
法律効果と社会効果の有機的統一（両効果統一論）　339, 342
法律効力　40
放浪犯罪者［流竄犯］　51
補充捜査　34
本科　→学部

ま　行

マフィア［黒社会組織］　202　→黒社会的組織
3つの代表論　361
民憤　**102**, 339
民兵　56, 113
免職　294
　──事由　294
黙秘権　31

や　行

遊街　165　→市中引回し
予算　310
預審　1, **42**
より重く［従重］　58
より軽く［従軽］　58
　従軽事由　58

ら　行

立案　30
　──基準　172
　──率　44
立法解釈　39, 377
リバウンド現象　172, 203
流竄犯　→放浪犯罪者
留置盤問　→継続職務質問
流氓団夥　→愚連隊
領導　→指導
両労（人員）　55
類推解釈　345
累犯　70
労働改造（労改）　55
　──犯（労改犯）　55
労働矯正（労矯）　**51**, 55
　──管理委員会　62
　──処分を受けている者［労矯人員］（労矯者）　55

坂 口 一 成（さかぐち　かずしげ）

1976 年	兵庫県に生まれる
1998 年	明治大学法学部卒業
2001 年	早稲田大学大学院法学研究科修士課程修了
2005 年	北海道大学大学院法学研究科博士課程単位取得退学
	日本学術振興会特別研究員（PD）を経て
現在	北海道大学大学院法学研究科助教
2006 年	博士（法学）を取得（北海道大学）

主要論文・翻訳

「中国刑法における罪刑法定主義の命運──近代法の拒絶と受容──(1)・(2・完)」(北大法学論集 52 巻 3 号・4 号，2001 年)
「罪刑法定主義的局限性在日本──以関於日本刑法第 175 条的判例為題材──」(趙秉志主編『刑法評論(第 5 巻)』，法律出版社，2004 年)
『中国物権法──条文と解説』(共訳，成文堂，2007 年)

現代中国刑事裁判論──裁判をめぐる政治と法
2009 年 9 月 30 日　第 1 刷発行

著　者　　坂　口　一　成

発行者　　吉　田　克　己

発行所　　北海道大学出版会
札幌市北区北 9 条西 8 丁目 北海道大学構内（〒 060-0809）
Tel. 011(747)2308・Fax. 011(736)8605・http://www.hup.gr.jp

アイワード／石田製本　　　　　　　　　　　　Ⓒ 2009　坂口一成
ISBN978-4-8329-6714-4

市民と歩む裁判官 ―ドイツと日本の司法改革―	札幌弁護士会 編	四六・240頁 定価1680円
平和憲法の確保と新生	深瀬忠一外 編著	A5・398頁 定価3780円
〈北大法学部ライブラリー1〉 人権論の新展開	高見勝利 編	A5・366頁 定価5040円
〈北大法学部ライブラリー6〉 複数の近代	小川浩三 編	A5・408頁 定価5460円
〈北海道大学大学院文学研究科研究叢書12〉 訳注『名公書判清明集』 官吏門・賦役門・文事門	高橋芳郎 著	A5・272頁 定価5250円
宋―清身分法の研究	高橋芳郎 著	A5・352頁 定価7980円
明清福建農村社会の研究	三木 聰 著	A5・574頁 定価10500円

〈価格は消費税を含まず〉

北海道大学出版会